文化与诗学

（2016年第1辑）

ECNUP 上海市著名商标 华东师范大学出版社
全国百佳图书出版单位

图书在版编目（CIP）数据

中国文论话语的现代生成：文化与诗学 / 李春青，赵勇主编 .
—上海：华东师范大学出版社，2017
ISBN 978-7-5675-6537-1
Ⅰ . ①中 … Ⅱ . ①李 … ②赵 … Ⅲ . ①文化研究 ② 诗学—研究
Ⅳ . ① G0 ② I052

中国版本图书馆 CIP 数据核字（2017）第 121523 号

文化与诗学 · 2016 年第 1 辑　总第 22 辑

主　　编　李春青　赵　勇
执行主编　李春青
责任编辑　任红瑚
封面设计　淡晓库

出版发行　华东师范大学出版社
社　　址　上海市中山北路 3663 号　邮编　200062
网　　址　www.ecnupress.com.cn
电　　话　021 - 60821666　　行政传真　021 - 62572105
客服电话　021 - 62865537
邮购电话　021 - 62869887　　地址　上海市中山北路 3663 号华东师范大学校内先锋路口
网　　店　http：//hdsdcbs.tmall.com

印 刷 者　北京密兴印刷有限公司
开　　本　700 × 1000　16 开
插　　页　1
印　　张　22.5
字　　数　320 千字
版　　次　2017 年 7 月第一版
印　　次　2017 年 7 月第一次
书　　号　ISBN 978 - 7 - 5675 - 6537 - 1 / G · 10399
定　　价　65.00 元

出 版 人　王　焰

中国文论话语的现代生成

文化诗学视野下的古代文学思想

古代文论范畴的现代阐释

文学观念的中西会通

文化诗学视角的文本细读

中国文论话语的现代生成

胡先骕新古典主义文化诗学的现代性价值及历史地位[1]

陶水平[2]

［摘要］ 胡先骕作为中国现代文学流派学衡派创始人和学术健将之一，其文学批评思想成为近年来的一个学术热点。本文从文化诗学视域透视胡先骕文学批评，认为胡先骕诗学批评极为博学和极具历史感，具有鲜明的文化诗学的学术品格。论者多以保守主义、人文主义和古典主义等评论胡先骕，本文则认为，胡先骕对进化论持审慎的接受态度，堪称一种新保守主义、新人文主义和新古典主义文化诗学，并呈现一种多面向、多维度、多层次的复合式理论结构。胡先骕的文化诗学研究是中国现代文学批评史上的重要一页，具有不同于胡适文学启蒙的“文化再启蒙”的现代性价值和历史地位。

［关键词］ 胡先骕　文化诗学　复合式理论结构　新古典主义　现代性

研究中国现代学术史，胡先骕是一个绕不过的重要个案。胡先骕（1894—1968），字步曾，号忏庵，江西南昌人。中国现代植物学的学科奠基人，著名教育家、诗人和文学批评家。青年时代曾二度赴美留学，先后在加

---

[1] 本文系笔者承担的江西省社会科学项目“20 世纪中外文化诗学流派研究”的阶段性成果，项目批准号 12WX06。

[2] 陶水平，江西师范大学文学院教授，文学博士，博士生导师，主要从事文艺美学与文化诗学研究。

利福尼亚大学获得农学学士、植物学硕士学位，在哈佛大学获得博士学位。回国后历任南京高等师范学校、东南大学、北京大学、北京师范大学等校教授，“国立中正大学”首任校长，“中央研究院”首批院士等职。胡先骕作为中国现代文学流派学衡派创始人和学术健将之一，其文学批评思想成为近年来的一个学术热点。论者多以保守主义、民族主义、人文主义、古典主义、精英主义等来评论胡先骕[1]，本文认为，应当在这些学术定位的表述之前，一律加一个“新”，以体现胡先骕学术思想似旧而新的创新品格。本文从文化诗学视域透视胡先骕文学批评，认为胡先骕诗学批评极为博学和极具历史感，具有鲜明的文化诗学的学术特点。胡先骕对进化论持审慎的接受态度，堪称一种新保守主义、新人文主义和新古典主义文化诗学，并呈现一种多面向、多维度、多层次的复合式理论结构。胡先骕的近体诗创作及评论和文化诗学批评是中国现代文学批评史上的重要一页，具有不同于胡适文学启蒙的“文化再启蒙”的现代性价值和历史地位。

一、传奇人生：从旧学神童到现代知识分子

胡先骕出生于南昌市新建县一个传统的仕宦家庭，有着传奇般的人生经历。他从少年时代就抱有“乞得种树术，将以疗国贫”[2]的远大志向，由一名聪明颖慧的旧学神童成长为中国现代杰出科学家和优秀人文知识分子，一生参与和经历了许多具有重要历史意义的学术文化事件，书写了可歌可泣的壮美人生。除取得享誉世界植物学界的科学成就，被毛泽东称为“中国生物

[1] 上述评论见于沈卫威《作为文化保守主义批评家的胡先骕》,《江西社会科学》，2005 年第 3 期；段怀清《文化精英主义？文化民族主？抑或文化保守主义？——试论〈学衡〉前后胡先骕的思想文化主张》,《江西师范大学学报（哲学社会科学版）》，2009 年第 3 期；江飞《胡先骕古典主义文学思想探究》,《江西社会科学》，2010 年第 11 期；李德成，方卉《守望传统　回归人文——胡先骕人文主义思想刍论》,《华东理工大学学报（社会科学版）》，2010 年第 3 期等论文。

[2] 胡先骕：五古《书感》之三，1917 年，见《胡先骕文存》(上卷)，张大为等编，江西高校出版社，1995 年，第 523 页。

学界的老祖宗”之外，胡先骕的文学成就同样骄人。胡先骕具有深厚的中国传统国学修养，尤其擅长旧体诗的创作，留美期间受到白璧德新人文主义的濡染，在科研和教学之余热心文学创作和诗学批评，取得了毫不逊色于中国现代一流诗人和文学批评家的业绩。1919 年，胡先骕在南京高师任教期间，针对胡适《文学改良刍议》激进的白话文主张，率先在《东方杂志》上发表《中国文学改良论》，阐述其与胡适迥异的新改良主义文学观。1922 年，胡先骕在东南大学任职期间，与梅光迪、吴宓等人创建《学衡》杂志，为中国现代史上重要文化流派“学衡派”创始人之一。胡先骕治学严谨，著述勤奋，在文学批评领域的代表作还有:《欧美新文学之最近趋势》(1920)、《评〈尝试集〉》(1922)、《论批评家之职责》(1922)、《评胡适〈五十年来中国之文学〉》(1923)、《文学之标准》(1924)、《评钱基博〈现代中国文学史〉》(1933)、《建立三民主义文学刍议》(1942)等。人文类译著有《白璧德中西人文教育谈》(1922)等。此外发表了大量有关晚清民国时期诗人诗作的评论序跋。在诗文创作方面，著有《忏庵诗》《忏庵词》《忏庵丛话》等。胡先骕长期关切中国现代社会文化建设各方面问题，还撰写了大量探讨教育、哲学、宗教、时政等问题的文章。

胡先骕身处 20 世纪中国由传统社会向现代社会变革的历史转型时期，他毕其一生孜孜不倦地探索民族发展和国家强盛的复兴之路，积极参与现代中国科技现代化和文化现代化的建设，对中国文学现代性的建构作出了杰出的贡献。胡先骕的文学实践和文化批评秉持一种返本溯源、守正开新的学术立场和致思路径。胡先骕主张立足中国文化本位，通过富有学理的批评与选择，对东西文化进行双重反思，互为参照，重建具有民族文化主体性的中国现代新文学。他拒绝胡适所理解的全盘西化的新文学，对中国文学现代性有更加稳健和包容的价值追求与文化诉求。

作为一位旧体诗大家，胡先骕一生创作了近八百首旧体诗，古体、近体、长短句各体皆工，篇篇佳作，尤擅古体。胡先骕何以更喜爱古体诗甚于近体诗（格律诗），本身就是一个极有学术含量和文化信息的研究课题。须知古体诗在旧体诗中的格律不像格律诗那么谨严，比格律诗相对自由和宽松，古体诗可谓格律诗中的自由诗。胡先骕的旧体诗兼有汉诗、唐诗、宋诗和清诗之众美，善于将现代生活情境写入诗歌作品中，开辟了旧体诗创作的新格局和新境界。尤以十几首长篇五古和七古最优，皆“以旧瓶装新酒”，以传统旧体描写现代新生活，叙事、写景、状物、咏史、抒情、言志，别开生面，无所不善。即便置于汉唐宋诗集中，也允为一流经典之作，达到了中国旧体诗在艺术可能性上的极致境界。其长篇七言古体《水杉歌》（1961）具有盛唐古风和歌行的气象和风味，为中国现代最早的科学文艺和生态文学佳作，已然跻身中国现代文学经典之列。胡先骕的诗歌创作是其诗学理论的实践化，也使得其诗学批评具有独特的实践品格。

作为一位文学批评家，胡先骕的文学批评承袭并超越了晚清民国以来维新派文人林纾、陈三立、沈增植等人的知识传统，吸纳了美国白璧德人文主义的文学和文化批评思想资源，对胡适倡导的“五四”白话文运动有着深刻的反思和纠正。胡先骕的文学批评兼综了传统与现代、中国与西方、诗学与文化，具有集大成的文化品格。其文学评论既具有深厚的中国学术史意识，又具有开阔的世界文学史眼光；既熟稔文学的审美批评、语言批评和文体批评，又具有广博深邃的文化视野和历史底蕴。

胡先骕之学术地位可谓三起三落，跌宕起伏。仅文学方面而言，胡先骕因二十世纪初期与胡适展开关于文言诗与白话诗之争（史称南北“二胡之争”），被视为“不合时宜”的守旧派，长期被文学史教材书写为新文化运动的对立面，处于被忽视的边缘状态，成为中国现代文学和文化史上的一个悲剧性存在。半个多世纪过去之后，新文化运动争论的喧嚣早已尘埃落定。透过历史的尘嚣，人们再回眸胡先骕与胡适之间关于新文学问题的论争，却愈来愈认识到，胡先骕的思想历经时间淘洗之后，历久而弥新。这可谓是“历史的辩证法”。

论者常以“保守主义”、“人文主义”、“古典主义”等来评论胡先骕的文学批评理论。然而，笔者以为，把上述词语用于评论胡先骕时，应当一律在前加一“新”字。胡先骕的文化诗学批评思想既区别于陈独秀、胡适的激进的新文学观，也不同于章炳麟、邓实、刘师培、黄季刚等国粹派的保守主义文学观。胡先骕的学术谱系具有复杂性，他既出身于仕宦之家，具有传统文人的深厚国学造诣和文学素养，又二度留学美国，多年接受西方现代科学与人文教育，获得科学方面的学士、硕士和博士学位，是一位取得世界重大科学成就的优秀科学家。其凌跨科技和人文的知识背景是同时代学人鲜能企及的。胡先骕以博学的素养、高远的视野和理性的精神，对中西传统文化之优劣进行了多元透视，为中国现代文学及批评之建构作出了独特的思考与贡献。胡先骕的学术思想貌似保守，其实先进；看似不合时宜，其实是文化先知。其深邃的思想和先知般的意识超越常人的认识，因此在当时不为人所理解。时过境迁，大浪淘沙，真金显现。自二十世纪九十年代文化反思和国学热以来，胡先骕及学衡派逐渐成为一个学术热点，胡先骕的学术魅力正日益彰显。

胡先骕文学批评理论有着深刻的改良创新的思维特性，具有新改良主义、新进化论、新保守主义、新人文主义与新古典主义的学术品格，成为中国文学和文学现代性建设的重要之维。故本文一律称之为新保守主义、新人文主义和新古典主义文化诗学。胡先骕文化诗学的学术个性是在与五四新文学家胡适的争鸣、辩驳、对话、反思和创新中得以成熟的，处处彰显出进化与保守、科学精神与人文精神、中学与西学、古学与新学、时代精神与超时代精神、审美价值与道德价值、语言批评与文化批评等双重属性相济相成、二元互补的内在张力。中国现代哲学史、思想史、文学史、批评史和文化史学者从不同角度展开了对胡先骕及学衡派的研究，涌现了不少有见地有分量的学术成果。然而，对于胡先骕博大精深的文论和诗学的研究仍缺乏深入研究和深度解读，专题研究胡先骕文学和文化批评理论的更为鲜见。本文兹从文化诗学角度开掘胡先骕文论和诗学，透视胡先骕文化诗学的理论特质及其历史地位。

二、学贵宏通：胡先骕文化诗学批评的复合型理论结构

胡先骕文化诗学批评理论博大精深，包含极为丰富的理论内涵，据笔者初步研读，胡先骕文化诗学大致涉及以下重要问题，诸如：1. 中国现代文学改良论；2. 大同郅治的世界文明论；3. 中国传统文化本位论；4. 取法经典的文学标准论；5. 与胡适之间的文言诗与白话诗之争论；6. 诗歌格律音韵论；7. 独具慧眼的中外文学史论；8. 形质统一的文体论；9. "脱胎即创造"的文学创新论；10. 批评家之责任论，等等。限于篇幅，兹不具论。本文择其要者，集中讨论胡先骕文化诗学的学术定位与理论个性等问题，旨在通过揭示胡先骕新古典主义化诗学的三个基本特质来彰显其在中国现代文学批评史上的现代性价值及其历史地位。

阅读胡先骕的著作，最强烈的印象是深感其"博学"。胡先骕不愧为中国现代学术史上一位大师级的学者，治学和执教一贯强调既要"专精"又要"博学"。他在高等教育理念上主张"大学教育，既贵专精，尤贵宏通"[1]，提出除接受专业训练之外，大学生还须选习相当数量之政治、经济、社会、历史、哲学、科学、美术等课程，造就学有专长又淹贯宏通之士。在科学研究上，胡先骕强调科学家应具备"广博之学"，善于以"种种有关系之学科"解决科学问题[2]，他对"生物活化石"水杉的发现即是得益于运用广博的各门科学知识和文化知识。在文学批评理念上，胡先骕同样具有博学宏通、文史哲打通的特点。1922 年，胡先骕发表《论批评家之责任》一文，对于文学批评家的责任提出六点要求，其中之二便是"博学"，指出："批评之业，异于创造。创造赖天才，故虽学问不深，亦能创造甚高之艺术。至批评则须于

---

[1] 胡先骕：《教育之改造》，《胡先骕文存》（上卷），张大为等编，江西高校出版社，1995 年，第 423 页。

[2] 胡先骕：《留学问题与吾国高等教育之危机》，《胡先骕文存》（上卷），张大为等编，江西高校出版社，1995 年，第 294 页。

古今政治历史社会风俗以及多数作者之著作，咸加以博大精深之研究。再以锐利之眼光，为综合分析之观察。夫能后言必有据，而不至徒逞臆说。……然苟真欲在吾国立批评之学，将中国固有之典籍重行估值，则必非近日所谓新文学家者所能胜任也。故吾谓今日批评家之责任，在博学也。”[1] 胡先骕论文评诗，善于中西比较、古今打通、科学与人文对话、文史哲多学科贯通，具有探本溯源、汇通中西的价值取向和跨学科研究的文化诗学学术品格，显示出广博的学术史视野和深厚的文化意识。善于通过学术反思来对中国传统文学和文化进行重估和转化，从中发掘出具有世界性意义和永恒性意义的价值内涵。大浪淘沙现真金，历经实践的筛选和时光的考验，胡先骕文化诗学之博学和深邃的思想日益受到学界重视。

1932 年，胡先骕在《今日救亡所需之新文化运动》一文中提出：“吾且主张对于政治经济，须取彻底之社会主义式之改造，使吾国不致重蹈资本主义、帝国主义之覆辙。……然根本之要图，为一种较五四运动更新而与之南辕北辙之新文化运动，所谓苟日新，日日新，又日新者，以革新人心，使知人与禽兽几希之辨，即在禽兽之行为，纯为自然律所支配；而人则不为自然律之奴隶，另须遵循得以生存于文明社会之人的规律。凡食色争夺之兽性，必须有所节制，而另求理智上道德上之安慰与愉乐。一方对于吾国文化有背于时代性之糟粕固须唾弃，而其所以维护吾民族生存至四千年之久之精神，必须身体力行，从而发扬光大之。则今日之弊政可以廓清，政法经济上重要之改革，亦可施行而无阻。”[2] 在此，胡先骕全方位思考中国社会之改革问题，提出政治、经济、文化改造的三元结构的思想，提出对传统文化应去其糟粕而取其精华的文化改造原则，显示其文化诗学思想具有丰富性和包容性，其文学批评具有多重维度与多侧面的关切。

---

[1] 胡先骕：《论批评家之责任》，《胡先骕文存》（上卷），张大为等编，江西高校出版社，1995 年，第 62、64 页。

[2] 该文刊于 1932 年《国风》第 1 卷第 9 期，见《胡先骕先生年谱长编》，胡宗刚著，江西教育出版社，第 182 页。

1940年代，在中华民族同仇敌忾英勇抗战的艰难岁月中，胡先骕写出论"精神之改造"、"教育之改造"、"思想之改造"、"经济之改造"等论"四大改造"之系列论文，多学科多角度地全面清理和批判了中国传统文化的种种弊端，强调厉行综合改革，振兴民族精神，谋求中华复兴。他指出："如欲发扬我民族之美德而祛除其恶德，则必须条分缕析之而穷究其所以养成之之道，方能对症下药，以求社会改造而达到思想之改造。"[1]1942年，胡先骕在《建立三民主义文学刍议》一文中更是以高屋建瓴的气势和精美绝伦的文字论述了时代思潮与文学创作互动嬗变之规律，指出：

> 时代之思潮，每反映于文章，若影之随形，响之随声，推之于艺术音乐，莫不皆然。当一民族之勃兴也，其始虽文化苟简，然其勇往迈进奋发有为之朝气，常能自然流露。故发为歌谣，形诸吟咏者，虽技术不精，而其气磅礴，必非叔世颓废哀伤之作可比也。及其文化已孕育至一相当程度，则内蕴既富，葩发自呈，其光彩乃绚烂，可逼视焉。又或民族间交通既频，不同之文化，相互影响，激荡启发，新机骤增；于是或介绍，或传译，或创作，或发扬，能使因袭陈旧之文坛，顿陈革新之气象，名世之著，遽如春笋怒发，其兴也勃焉。又或途穷则变，变而后通，苟有命世之才，必求自立之道；每能化腐朽为神奇，振庸俗为风雅，于是燕乐拔为雅奏，方音变为雅言；斯固一时风气之潜移，然亦由于三数隽才所提倡。之四途者，盖有价值之文学创造光大之所由，准诸古今中外，莫不皆然，而要以国民之文化与思想为其基础也。[2]

身处中华民族救亡与启蒙双重变奏的历史关头，胡先骕以其科学家、教育家、文学家和批评家的多重身份写下这篇弥足珍贵的文章，深刻阐述了重

[1] 胡先骕:《思想之改造》,《胡先骕文存》(上卷)，张大为等编，江西高校出版社，1995年，第429页。

[2] 胡先骕:《建立三民主义文学刍议》,《胡先骕文存》(上卷)，张大为等编，江西高校出版社，1995年，第369页。

要历史转捩时刻文化创造与时代精神的内在关系。胡先骕对文化建设的这种热切关注和深度考量，既是对中外文学与文化发展规律的总结，更是对中华民族文化自信心和同胞民族精神的提振，同时寄托着他对中国现代文学与文学发展愿景的前瞻，生动彰显了胡先骕作为一位杰出科学家、教育家、诗人和批评家的爱国情怀、文化使命感和学术担当意识。在文中，胡先骕进而论之:“故欲穷究其原委，必先钩稽其文物与思潮；欲有所因革建树，亦必导源其星宿海。斯本末终始，因缘业报，厘然毕陈。探讨则如网在纲，创作亦有根斯茂。必如此，方能绍述；亦必如此，始能创造。”[1] 在此，胡先骕以史论结合的跨学科方法，探寻民族文化的根本，推源溯流、钩稽历史，绍述传统，考量创造，主张在继承中华文化传统精华的基础上建树新文学，实现中国传统文化价值的现代转化与创造。再次显示出胡先骕在文化诗学批评上善于中西融汇、古今会通，在多学科之间进行比较研究的学术特点。其文化诗学批评关涉和泽被人文领域众多学科，对中国现代文论、中国古典诗学、中西比较诗学均有启迪价值。

胡先骕的文化诗学批评与整个学衡派的治学理路具有家族相似的特点。作为学衡派创始人之一，当初胡先骕与梅光迪、吴宓一起创办《学衡》杂志时，其刊名显然脱胎于王充《论衡》之书名，有“衡量学术”或“学术批评”之意。《学衡》的英文名则译为“The Critical Review”，意为“批评性地再思考”。从刊名上看，这显然是一份面向学者的学术批评刊物。正如刊物章程所言，其宗旨是“论究学术，阐求真理，昌明国粹，融化新知。以中正之眼光，行批评之职事，无偏无党，不激不随”[2]。前四句言其办刊目的，后四句言其治学方法。《学衡》主要刊发中外古今文史哲类学术文章，文学仅为栏目之一。可见，《学衡》杂志并非纯文学刊物，而是一份文化批评杂志，

[1] 胡先骕:《建立三民主义文学刍议》，《胡先骕文存》（上卷），张大为等编，江西高校出版社，1995 年，第 369 页。

[2] 载《学衡》1922 年第 1 期，见孙尚扬、郭兰芳:《国故新知论——学衡派文化论著辑要》，中国广播电视出版社，1995 年，第 494 页。

体现了学术性、学理性、反思性、批评性、文化性及跨学科性。

在学衡诸子甚至整个中国现代新文化诸子当中，胡先骕的学术跨度是最大的。胡先骕折中于中与西、古与今、科技与人文之间，胸襟博大，视野开阔，具有一种多元整合的文化心态。胡先骕文化理论和诗学批评呈现一种类似英国著名作家和批评家托马斯·艾略特（Thomas Stearns Eliot）与美国哈佛大学教授、著名文化理论家丹尼·贝尔（Daniel Bell）等人文化批评理论那样的复合式理论结构，具有丰富的理论内涵、真知灼见与学术张力。1928年，艾略特在《兰斯劳特安特罗斯》“序言”中宣称：“政治上，我是个保皇党；宗教上，我是英国教徒；文学上，我是个古典主义者。”[1]无独有偶，1976年，丹尼·贝尔则在《资本主义文化矛盾》一书中自称：“我所致力的文化批评……已经超越了眼下广为接受的自由派立场，而力图以一种不同层次上的构想来探究当代社会的众多难题”。“本人在经济领域是社会主义者，在政治上是自由主义者，而在文化方面是保守主义者。”[2]时间上介于二者之间，胡先骕在20世纪前半叶也形成了类似的复合式文化诗学批评理论。这三人的文化批评理论恰好鼎足而立，在各自国家的文化现代性建设进程中起到了同样性质且同等重要的历史作用。这种多面向、多层次的理论结构，一方面极具思想张力和学术生命力，另一方面也可能带来接受上的难度和误读。

三、多元张力：胡先骕文化诗学理论的三个基本特质

如上所述，胡先骕文化诗学批评理论呈现出一种具有内在张力的复合式结构。这种内在张力主要体现在以下三个方面，它们构成胡先骕文化诗学理论的基本特质。

1. 胡先骕决非顽固的守旧派或复古派人物，而是有创新思维和相当之

[1] 转引自艾略特著《四个四重奏》（裘小龙译）“前言”，漓江出版社，1985年，第4页。

[2] ［美］丹尼·贝尔：《资本主义文化矛盾》，赵一凡等译，北京三联书店，1989年，第20-21页。

先进性的新型知识分子；他兼综了历史进化主义与文化保守主义之长，可谓“社会历史观上的新进化论者和新保守主义者”。

论者多把胡先骕视为复古、守旧，一味地美化传统、宣扬国粹的顽固老派的文人，显然失察。相反，胡先骕是一位有着西方进化论科学史学术眼光的新型知识分子，对西方进化论和进步主义史学观有相当之接纳，历来主张中国社会文化之改良和改革。胡先骕曾两度留学美国，对外学术交往频繁。从其留下来的照片来看，平日在服饰符号上选择西装革履，这点截然不同于长袍马褂的辜鸿铭等人。胡先骕早在1915年就发表译著《达尔文天演学说今日之位置》，刊于《科学杂志》第1卷10期与第2卷7期（1915—1916）。胡先骕一生不断追求进步，学术思想也一直在变化发展。他在二十年代的文章中，多用“改良”一词；而在三四十年代，则更多地使用“改革”一词。他连续发表论“中国之改造”的系列论文，全方位地反思中国传统文化自身之缺点，阐明中国社会引入西方进步文化的迫切性，主张在政治、经济、教育、思想、精神、文学等各方面进行全面改革。1946年，胡先骕在《思想之改造》一文中，更明确指出：“吾人必须对于人类未来之进步有坚定之信念，寻求之决心，明切之认识，正确之方法，则中华民族方能逐渐改造而为最前进之人群。”[1] 质言之，胡先骕与胡适同为进化论者。所不同者，胡适主张突变型或彻底变革型的进化，其激进态度类似于前苏联生物学家米丘林与李森科；而胡先骕在生物学上不赞成李森科突变式理论，在文学上则不赞成胡适。胡先骕可谓是一位主张渐变、倡导脱胎与改良论的文学进化论者，类似于其生物学上信奉孟德尔—摩尔根基因论遗传学。

胡先骕对进化论持审慎的认同态度，主张限定其范围，以防其被滥用。胡先骕认为，科学与人文为两件事。物竞天择的天演说和进化论，不过是科

[1] 胡先骕：《思想之改造》，《胡先骕文存》（上卷），张大为等编，江西高校出版社，1995年，第436-437页。

学上之大发明，“不必影响于一般之人生观”[1]。何况自然界有些变化如天体演变和地球变化，也只能谓之为变迁，不得比之于进化与天演。连自然界的变化尚不可全部被解释为进化与天演，遑论宗教、道德、文学等人类社会的人文文化。后者更不得全部用进化、天演之观点来解释。例如：“自商周至于唐千余年而有李白、杜甫。自乔塞数百年而有莎士比亚、弥尔顿。以古况今，犹自可言进化与天演也。唐至清千余年而诗人未有胜于李白、杜甫者。自十七世纪至于今日，英国诗人未有胜于莎士比亚、弥尔顿者。则不得谓文学之变迁为进化与天演也。今日则以破弃规律之自由诗、语体诗为进化为天演矣。种种花样，务求翻新，实则不啻迷途于具茨之野，无所归宿，皆误解科学误用科学之害也。”[2] 可见，胡先骕在文学上持一种审慎的、有限的进化论，可谓新进化论者或新保守主义者。

2. 胡先骕主张物质文明与精神文明兼顾；既重视物质进步，更重视精神提升；既吸取中国古代人文传统的根本价值，又借鉴西方人文主义尤其是白璧德人文主义之精华，可谓“文化上的新人文主义者与新精英主义者”。

胡先骕是一位既有科学精神又极富人文素养的学者，对西方文明和文化之分有深刻理解。胡先骕认为，应区分物质科学与精神文化、物质文明与精神文明，不可以前者取代后者，必须在追求物质科学的同时重视人文主义文化。他主张：“必使之寻求精神与物质之进步，认进步为可能而且必需。此种进步主义，必须副之以卓越之眼光，丰富之学识，而非盲目的但求物质之进步。”[3] 又云：“庶于求物质学问之外，复知求有适当之精神修养。……庶几物质文明与精神文明，得以同时发达，则新旧文化咸能稳固。社会之进步，

[1] 胡先骕：《文学之标准》，《胡先骕文存》（上卷），张大为等编，江西高校出版社，1995 年，第 274 页。

[2] 同上。

[3] 胡先骕：《思想之改造》，《胡先骕文存》（上卷），张大为等编，江西高校出版社，1995 年，第 436 页。

政治之修明，虽目前未能实现，二三十年后，终能成也。”[1] 如何在追求物质科学进步的同时寻求精神上的进步呢？胡先骕主张发扬中国传统文化之精华，同时吸纳西方圣哲与吾民族性甚为契合之思想。他指出：“吾族真正之大成绩，则在数千年中能保持一种非宗教而以道德为根据之人文主义。”（同上，页 83）“吾国立国之精神，大半出于孔子之学说。老庄佛氏之学虽与之异，而时有以匡翼之。盖孔子学说为中国文化泉源，与基督教之为欧美文化之泉源相若。”[2] 胡先骕人文理想是中国儒道墨佛之人文传统与美国白璧德人文主义二者的融合创新。

胡先骕在人性论上持善恶二元论（人性有善有恶），认为人性有自然性与道德性二重属性。因此不可任由人性张狂而为，更不能任由情感泛滥。胡先骕的人性二元思想，是对中外哲学家关于人的自然人性与道德人性的哲学理论（其中也包括白璧德人文主义）的吸纳和发展。一方面，他主张以中庸、中正的道德规范来节制人的自然人性，使之“上达”高尚的道德人性；另一方面，又主张尊重和发扬人的个性和性情，强调诗文须“句句有我在也”，从而创造出个性鲜明的佳作。否则，虽得其形似，而终无其精神。[3] 可见，胡先骕文化诗学批评体现出一种新人文主义精神。

然而，胡先骕文化理论具有自视甚高的精英主义倾向，也是毋庸讳言的。研读《胡先骕文存》，第一印象就是其半文半白的雅正精美的文体，且采用传统圈点断句。既显示其有意与胡适白话文运动抗衡，也表征其智识阶级文化的高格和雅正，给人以文化贵族和学术精英的气派。除非少数专家学者，一般读者在接受上难免产生阅读障碍。在与胡适关于白话与文言的论争中，胡先骕批评胡适新文化派为文化平民主义，指责其“不惜将历代俊秀之

---

[1] 胡先骕：《说今日教育之危机》，《胡先骕文存》（上卷），张大为等编，江西高校出版社，1995 年，第 90 页。

[2] 胡先骕：《今日救亡所需之新文化运动》，见《胡先骕先生年谱长编》，胡宗刚著，江西教育出版社，第 181 页。

[3] 胡先骕：《评〈尝试集〉》，《胡先骕文存》（上卷），张大为等编，江西高校出版社，1995 年，第 47 页。

士所养成之高格文化、高格艺术，下降以就未受教育、资禀驽下之平民之视听”[1]。胡先骕在文学艺术上强调高格，在审美趣味上崇尚雅正，每每强调文学的上达作用。例如，他在论及“批评家之责任”时，强调批评应“取上达之宗旨”，“斯不愧为先知先觉矣。”[2] 胡先骕本人自幼天资甚高，在该文中他强调人的禀赋差异的作用，文化标准乃由少数精英确立，指出：“盖不齐乃生命之本性，人类之天性绝不相齐”。“人类物质和精神文化之幸福，多根据于少数大智慧家之学识。历史之往迹，亦随少数领袖人物为转移。”[3] 这固然有尊重个性与见贤思齐的积极意义，也说明在文学的“普及”与“提高”的关系问题上，胡先骕确实偏于“提高”这一端。因此，其文化诗学具有新精英主义的价值立场。

3. 胡先骕对古典主义与浪漫主义各有取舍，一方面信奉古典主义之典范，另一方面又不乏浪漫主义情怀。换言之，胡先骕书卷气十足，在总体上更显示古典主义的文化底色，其中又含有浪漫主义情愫，可谓“文学上的新古典主义和新理想主义”。

胡先骕将西方文学史简化为古学主义（古典主义）与浪漫主义之嬗变史，对二者各有选择。他虽然在总体上赞许西方古典主义较浪漫主义为多，但也并非全然接受古典主义，而批评其“仅须模仿昔人之著作为足”，认为古典主义重视共性而忽视个性，重视“形”而忽视“质”。他指出：“新古学主义派，则认技术为万能，以为苟认定亚氏（笔者案：亚里士多德）之规律，则虽无内部之灵悟，亦可作最佳之悲剧。故亚氏所主张者为模仿天然之事物与人情，而新古学派乃主张模仿昔人之著作。流弊遂如明代七子之学

[1] 胡先骕：《评〈尝试集〉》，《胡先骕文存》（上卷），张大为等编，江西高校出版社，1995 年，第 51 页。

[2] 胡先骕：《论批评家之责任》，《胡先骕文存》（上卷），张大为等编，江西高校出版社，1995 年，第 70 页。

[3] 同上，第 69 页。

杜。陈陈相因，依附草木，而个性尽矣。”[1] 胡先骕则强调文学规范与作家个性之于文学皆缺一不可，不可偏于一端。

对于浪漫主义，胡先骕也有取舍。他指出：“浪漫主义，苟不至极端，实为诗中之要素”，“夫浪漫主义苟不趋于极端，在文学上实有促进优美人生观之功效。”[2] 对于西方现实主义文学（笔者案，胡先骕称之为浪漫主义亚流），也称赞“其制胜处，全在于文学中开辟一未有之境界”[3]。但是，胡先骕认为，浪漫主义及其亚流现实主义与自然主义文学的弊端，均在片面人性的展示，缺乏对人类节制力的描写，因而须以中庸之道或中正规范纠正之。他强调，吾人对于文学，不必步趋古人。因为古人文学也不尽合于中正之典范，极端浪漫主义与极端古学主义均不得为好文学。[4] 他希冀建立一个以儒学价值为主体和主导，崇尚理性精神和人文精神，公民普遍知书达理的现代社会。然而，其文化理念有时难免有不合时宜、不切实际的贵族化精英化色彩，显得过于学理化和理想主义化。因此，胡先骕文化诗学批评又是一种兼收浪漫主义之长并富有创新意识的新古典主义批评。

综上所述，胡先骕的文化诗学批评具有悖论式、多扇面的复合型理论结构，笔者称之为**“社会历史观上的新进化论或新保守主义，文化思想和伦理道德上的新人文主义和新精英主义，文学创作和诗学批评上的新古典主义和新理想主义。一言以蔽之，则简称新古典主义文化诗学”**。胡先骕的新古典主义文化诗学批评是中国文学及批评现代性建构中所取得的重要理论成果，构成中国文论和诗学现代性建设的重要维度。

---

[1] 胡先骕：《评〈尝试集〉》，《胡先骕文存》（上卷），张大为等编，江西高校出版社，1995 年，第 50-51 页。

[2] 同上，第 52、54 页。

[3] 胡先骕：《欧美新文学之最近趋势》，《胡先骕文存》（上卷），张大为等编，江西高校出版社，1995 年，第 12 页。

[4] 胡先骕：《文学之标准》，《胡先骕文存》（上卷），张大为等编，江西高校出版社，1995 年，第 276 页。

四、守正开新：胡先骕文化诗学的独特现代性诉求

胡先骕登上学术舞台之时，正是新文化运动的草创时期，新文化建设尚未完全成型，胡先骕以批评者的角色参与到中国现代新文学的建构和确立的进程之中，成为中国文学和文化现代性建设的不同面向。胡先骕是一位有思想、有个性、不盲从的学者，他既驳斥胡适等人对传统文化的激进否定，也不认同国粹派盲目排斥西方文化。胡先骕强调："故在今日，欲以欧西文化之眼光，将吾国旧学重行估值，无论为建设的或破坏的批评，必对于中外历史、文化、社会、风俗、政治、宗教，有适当之研究。"[1] 他注重学理辨析和文化比较，善于从历史角度和学理层面思考，主张以中国传统文化为中国文学和文化现代性建构的根本源泉和价值基础，会通中西古今，脱胎创新。

1935 年，作为学衡健将，胡先骕在应邀为纪念南京高师二十周年所作《朴学之精神》一文中曾这样回眸中国现代新文化建设史："当五四运动前后，北方学派方以文学革命、整理国故相标榜，立言务求恢诡，抨击不厌吹求，而南雍师生乃以继往开来，融贯中西为职志。……自《学衡》杂志出，而学术界之视听以正，人文主义乃得与实验主义分庭抗礼。"[2] 又云："幸今日秉国钧者，知欲挽救国难，首在正人心，求实是，而认浮嚣激烈适足以亡国灭种而有余。于是一方提倡本位文化，一方努力于建设事业。南雍师生二十年来力抗狂潮勤求朴学之精神，亦渐为国人所重视。"[3] 在此，胡先骕反思和比较了南北实验主义（实用主义）与人文主义两种不同的新文学思潮及其影响。南京学衡派和北京新文化派之间，胡先骕与胡适的文学批评之间，可谓构成相反相成的互补关系。

胡先骕虽批评胡适等人的新文化运动，但绝不是顽固守旧。他们都接受

[1] 胡先骕：《论批评家之责任》，《胡先骕文存》（上卷），张大为等编，江西高校出版社，1995 年，第 62 页。

[2] 该文刊于 1936 年《国风》第 8 卷第 1 期，见《胡先骕先生年谱长编》，第 234 页。

[3] 同上，第 235 页。

了西方进化论的某些影响，都意识到中国文学和文化需要改造，同样重视中国文学和文化现代性建设；但在追求何种现代性、如何走向现代性等问题上却有着不同的思考和诉求，堪称两种不同类型的进化论者与新文学建设者。胡适全面引进杜威实验主义（实用主义），所求在激进改革，实用功利，立竿见影，关切时代，变革现实，改造社会；胡先骕立足本民族文化本位、本源、本根的价值立场，主张渐进改良，更关注国人的人生观教育和精神文明建设。他借鉴白璧德人文主义，并使之融入中国传统儒家文化尤其是孔子学说之中，重视人的人文素质养成与社会道德规范的建设，追求人性和审美中更为根本更为恒久的价值。他强调，批评家之首要责任“为指导一般社会，对于各种艺术之产品、人生之环境、社会政治历史之事迹，均加以正确之判断，以期臻于至美至善之域”[1]。

胡先骕融汇中西，吞吐古今，跨越文理，对中西两千余年悠久的文学和文化史加以系统研究和重新估价，探本溯源、守正开新、别开生面，重视传统与现代之间的继承性，强调现代性源自传统，以传统为根柢，并对传统进行创造性转化；同时对西方文学和文化之各种主义又加以全面甄别和取舍，而不隅于一家一说，以避免“西方文化之危机挟西方文化而俱来”[2]，因而能够提出更具学理性、反思性和建设性的“脱胎即创造”的中国文学改良论观点。显然，与胡适急功近利的激进心态相比，胡先骕“脱胎即创造”的中国文学改良论体现了更为自觉的文化主体性和更为健全的文化心态。胡先骕的改良路径类似于美籍华人学者林毓生的“文化传统的创造性转化”的思路，然而比林毓生的观点早提出几十年。林毓生的观点见于其《中国传统的创造性转化》一书中收入的一篇访谈。林毓生指出：所谓“创造性转化，就是要把一些中国文化传统中的符号与价值系统加以改造，使经过创造地转化的符号与价值系统，变成有利于变迁的种子，同时在变迁过程中，继续保持文化

[1] 胡先骕：《论批评家之责任》，《胡先骕文存》（上卷），张大为等编，江西高校出版社，1995年，第61页。

[2] 胡先骕：《说今日教育之危机》，《胡先骕文存》（上卷），江西高校出版社，1995年，第83页。

的认同。这里所说的改造，当然是指传统中有东西可以改造、值得改造，这种改造可以受外国文化的影响，却不是硬把外国东西移植过来。”[1] 可以说，林毓生的这个思想与胡先骕及学衡派理论一脉相承，是对前者的进一步阐发。总之，胡先骕提出的脱胎创造、渐进改良的中国文学改良创新路径，谱写了有别于胡适式的中国文学现代性的新篇章，为中国现代文学及批评开辟一种既有世界眼光更有民族文化本位的新境界。在世界现代文学和文化史上，这也可以说是一个“可选择的现代性”、“多元现代性”、“东方现代性”的典型案例。胡先骕“脱胎即创造”论与胡适的“八不主义”论同属中国现代文学批评史的重要范畴，胡先骕与胡适均为中国现代文化启蒙运动的新诸子健将。相对于胡适全盘西化的新文学启蒙而言，胡先骕新古典主义文化诗学不啻是一种文化新启蒙和再启蒙。它不仅对胡适白话诗创作的新文学观念与实践起到了补充与矫正的积极作用，更直接开启了后来新月派、现代派等兼具自由与格律的新诗创作之先声，深刻影响了中国现代文学发展史。

然而，时过境迁，我们在充分肯定和估价胡先骕文化诗学批评的理论价值和历史地位的同时，也必须客观地指出，胡先骕的文学创作实践和文学批评思想从总体上仍趋于保守。尽管胡先骕为中国旧体格律诗创作增添了很多前所未有的题材，把它推向了很高的新境界，然而，我们不得不说，正如胡先骕本人所认识到的，旧体诗作为中国传统诗歌最基本的体裁，在宋代已经达到极盛，难有新的开掘。“在今日观之，中国诗之技术，恐百尺竿头，断难再进一步也。……在旧文化中国，恐更难有拓殖之余地也。”[2] 清末诗人陈三立也好，学衡派健将胡先骕也好，终难挽救旧体诗创作面临整体衰落的危局。借用库恩的范式理论，旧体诗作为中国诗歌创作的“范式”，已必然地、不可逆转地让位于白话自由体新诗。胡先骕文化诗学批评在对中国古典诗歌研究方面，在对近代旧体诗创作及其评论方面，自有其不可或缺的学术价

[1] 林毓生:《中国传统的创造性转化》，三联书店，1988 年，第 291 页。

[2] 胡先骕:《评〈尝试集〉》,《胡先骕文存》，张大为等编，江西高校出版社，1995 年，第 58 页。

值。但是，胡先骕“守正”有余而“开新”不足。他没有尝试创作白话新体自由诗是不争的事实，当然在新诗批评方面也就关注不够。

胡先骕生活的年代跨越晚清、民国和新中国三个时期。回眸胡先骕的诗学批评实践与生前诸多文学佳话，我们依然感受到其理论之敏锐、博大和深刻，愈益感受到其人格风范之伟岸。胡先骕与陈寅恪同为仕宦之家，而且两家世代交好，胡先骕与陈寅恪的墓地也一并葬在庐山植物园，国学大师卞孝萱为其撰写碑文，受到后人瞻仰。胡先骕与钱钟书父亲钱基博亦过从甚密，胡先骕诗集《忏庵集》生前由钱钟书亲自编订，由国学大师马宗霍作序。钱钟书在文学上对胡先骕推崇备至，其“诗分唐宋”说及宋诗研究深受胡先骕学术思想的影响。像胡先骕这样在学术上跨越自然科学与人文科学，学贯中西、博古通今的学者，在中国现代学术界可谓“绝无仅有”。胡先骕的文化诗学批评尽管有这样那样之不足，但它对胡适及“五四”新文学运动起到了重要的矫正与制衡作用。并且，胡先骕的诗学思想及其格律诗创作经验也早已被胡适之后的新月派和现代派等诗人所吸纳，成为长期滋养中国现代诗歌创作与批评的重要思想资源和艺术资源。一代宗师，厥功甚伟。胡先骕及其所属的学衡派，作为中国文学和文化现代性建设历程中的学术重镇，已然载入中国现代文学批评史，成为其重要篇章而不朽。胡先骕曾多次赞誉晚清诗人郑子伊、陈伯严、郑苏庵等人为“诗中射雕手”；同样，胡先骕也可谓是中国现代学术史上的一位承前启后的射雕手。随着时间的推移，胡先骕文论与诗学的现代性价值历久而弥新。其文化诗学的学术魅力与日俱增，愈显出睿智的学术光芒，并将继续启迪当代学者献身于中国美学、诗学和批评这项永无止境的事业！

中国现代文学思想主导话语的变迁

张建珍　吴海清[1]

[摘要] 中国现代文学思想的变迁是比较复杂的，选择不同的视角就可以看到非常不同的思想景观。本文从现代文学思想主导话语变迁的角度，考察知识分子关于文学言说的主要思维方式、概念以及由此建构起来的文化现实、文学实践等，并在此基础上将现代文学思想的主导话语分为从礼教话语向自由主义话语、从自由主义话语向审美政治话语、从审美政治话语向民族国家话语转型三个阶段。尽管三个阶段文学思想主导话语各有特色，但就这些阶段的整个文学思想话语而言，则都表现为多元性、科学性、世俗性、公共性的特点，这在中国文学思想史上是颇为难得的。

[关键词] 现代文学思想　主导话语　礼教话语　自由主义　话语　审美政治话语　民族国家话语

考察中国现代文论的历史发展过程，比较中国传统文论，人们不得不惊讶于一点，那就是这一时期的中国文论引入、创造了大量的话语来分析、批评、诊断文学，从而创造了中国文学史上少有的思想活跃期和话语丰富期。概而言之，中国现代文学理论因其所面对所要思考所要解决的是传统中国与现代中国、外来影响与本土资源、政治要求与文化思考、不同文化思想流派

[1] 吴海清，博士，北京舞蹈学院教授；张建珍，博士，中国社会科学院新闻与传播研究所副研究员。

等之间关系而产生的问题，从而表现出颇为突出的争议和丰富性。无政府主义、自由主义、马克思主义、民族主义、古典主义、人文主义、启蒙主义、传统儒学与新儒学、佛学、国家主义、三民主义、保守主义、文化主义、非理性主义、新村主义、实用主义、存在主义、审美论等各种思想都出现在中国文学思想建构之中，并对文学提出自己的要求，发现其视域中独特的问题并进而提出规范性理解。

当然，现代文学思想的活跃在整个现代历史过程中也因为不同时期的历史语境、历史力量、文学思想的言说者以及思想资源等方面的不同而不同。

1917—1926 年：从礼教话语向自由主义话语转型

就 1917—1926 年代的文学思考而言，传统与现代关系问题无疑是他们所面对的最直接的也是最急迫的问题。如同传统社会中王朝更替不会对社会、文化、社会集体心理意识产生过于强大的影响一样，共和革命所产生的影响也比较有限，或者更准确地说，主要在政治和社会上层有较大影响，上层能够利用自己的资源和文化话语权将共和革命转化为自己的政治与社会统治；共和革命之后的地方精英不少是传统文化的主张者，传统文化也有助于支持他们的统治：由此导致了传统文化与共和革命之后各种政治力量之间复杂的共谋关系。“五四”一代的启蒙知识分子大多或者是在共和革命之后的社会与政治中成为相对边缘的人物，或者是因接受海外教育而深切地感受到传统文化与社会、政治之间的密切关系造成了中国变化之困境，或者是现代教育之下的年轻人，对传统文化、社会、政治在共和政治之中的关系比较敏感，再加上他们大多认为法国、日本等国的现代化的主要原因在于文化先行发生了变化，因此，“五四”时代的启蒙知识分子就将传统文化作为批判和革命的对象，希望通过传统文化批判以促进社会的重建和共和政治的真正实现。故陈独秀认为“今日庄严灿烂之欧洲，何自而来乎？曰，革命之赐也。欧语所谓革命者，为革故更新之义，与中土所谓朝代鼎革，绝不相类；故自文艺复兴以来，政治界有革命，宗教界亦有革命，伦理道德亦有革命，文学艺术，亦莫不有革命，莫不因革命而新兴而进化。近代欧洲文明史，直可谓之革命史。故曰，今日庄严灿烂之欧洲，乃革命之赐也。吾苟偷庸懦之国民，畏革命如蛇蝎，故政治界虽经三次革命，而黑暗未尝稍减。其原因之小部分，则为三次革命，皆虎头蛇尾，未能充分以鲜血洗净旧污；其大部分，则为盘踞吾人精神界根深底固之伦理道德文学艺术诸端，莫不黑幕层张，垢污深积，并此虎头蛇尾之革命而未有焉。此单独政治革命所以于吾之社会，不生若何变化，不收若何效果也。推其总因，乃在吾人疾视革命，不知其为开发文明之利器故"[1]。重要的是，这些知识分子进行的传统批判既不是从传统寻找批判资源，如晚清从子学、公羊学、佛学等寻找文化批判的资源，也不是对传统文化中的某一部分展开批判，如晚清末年的"中体西用"，而是从多种来自西方的思想文化出发对传统展开整体性、根本性、彻底性的批判，从而将传统与现代、中学与西学的冲突关系激进化。

在这种思考中，"五四"启蒙知识分子首先将此前被人们认为是正当的、自然的甚至是天理的思想问题化，将诸多文学现象、文学观念问题化。中国传统文学中，道、君臣、家族、礼教、天理等都是具有自然正当性的概念和社会关系，并不成为问题，但启蒙知识分子都将这些概念及其社会规范性意义加以问题化，强调它们造成了人们的蒙昧和中国社会的各种专制，压制个人的自由、独立思考、尊严和生命。尽管传统文学语言在清末已经被一些思想家视为问题，但基本没有撼动文言在文学领域中的地位，"五四"启蒙知识分子则从现实主义角度质询文言脱离时代氛围和时代的需要、不能传达人们真切的思想情感和真实的认识、不适合反映人们与世界真实遭遇的体验、更无法建立人们与社会之间的现实关系而将文言问题化。传统中国的士人文化、科举制度与文官制度等决定了中国文学中诗歌和散文的中心地位，也决定小说相对较低的地位，"五四"启蒙思想家们看到了文体与传统文化、传

[1] 陈独秀:《文学革命论》,《新青年》1917 年 2 月 1 日第二卷第六号。

统社会结构之间的关系，并将文体的文化的、社会的结构关系问题化，进而从根本上瓦解了传统诗歌、散文在文学领域中的地位。“五四”启蒙知识分子自然非常不满传统文学，尤其是明清时代所形成的文学复古之传统，极力指责这种传统造成了文学的抄袭、闭门造车、阿谀虚伪、奴性等，进而造成了国民性、社会、政治等方面的黑暗蒙昧。由此启蒙知识分子也指责传统文学只是贵族的、等级的、欺骗的、游戏的、无病呻吟的、个人穷通的、死的东西，而无关乎社会和活生生的人生。因而“五四”启蒙知识分子虽然在一定程度上或者肯定了传统的白话文学，或者肯定了传统中一次次变革文学，但他们总体上是通过家族批判、礼教批判、语言批判、文体批判、复古批判以及内容批判等否定了中国传统文学的主流，进而彻底否定了革命、共和时代传统文学的价值。

“五四”启蒙知识分子之所以能将传统文学问题化，之所以能将家族、礼教、文以载道、文言等概念提出来，并作为传统文学的基本范畴而对之加以批判，是因为他们从传统之外的思想文化中引入了大量新的思想、概念，并以之建构了自己的文学理论。当胡适提出文学改良、白话文学、“国语的文学、文学的国语”等思想，他通过将语言与国家、历史、进化、活的文学和死的文学、生命、思想、情感等概念联系起来，论证了语言、文学之间的关系以及它们与一个人真实的生存感受、时代的关系，也论证了它们与一个民族、一个国家的文明、发展的关系。这些关于语言、文学、文化等思想所带来的是关于文学创作、文学批评、文学史建构、文学与现实关系、文学与受众关系、文学体裁以及现代文学与传统文学及传统文化关系的整体变化，所以，胡适提出了两千年中国文学中没有有价值有生命的文言文学的结论，认为“‘这都因为这二千年的文人所作的文学都是死的，都是用已经死了的语言文字作的。死文字决不能产出活文学。所以中国这二千年只有些死文学，只有些没有价值的死文学。’……用死了的文言决不能作出有生命有价值的文学来。这一千多年的文学，凡是有真正文学价值的，没有一种不带有白话的性质，没有一种不靠这个‘白话性质’的帮助。……但是那已死的文言只能产出没有价值、没有生命的文学，决不能产出有价值、有生命的文学；只能作几篇《拟韩退之〈原道〉》或《拟陆士衡〈拟古〉》，决不能作出一部《儒林外史》。……为什么死文字不能产生活文学呢？这都由于文学的性质。一切语言文字的作用在于达意表情；达意达得妙，表情表得好，便是文学。那些用死文言的人，有了意思，却须把这意思翻成几千年前的典故；有了感情，却须把这感情译为几千年前的文言。……请问这样作文章，如何能达意表情呢？既不能达意，既不能表情，哪里还有文学呢？"[1] 当陈独秀提出"文学革命论"时，他将独立自尊、抒情写实、宇宙、人生、社会、革命、贵族文学、时代精神、社会文学、国民文学、写实文学、黑暗、文学革命、文以载道、师古等概念引入到文学思想之中，并通过这些概念在文学与社会、政治、革命之间建立起完整的理论关系，以此理论作为根据而将中国传统文学主流与现代社会、政治、精神建设所需要的文学以及传统文学主流与其革命性的部分加以区别，主张以革命方式实现文学的现代性。当周作人提出"人的文学"、"平民文学"等思想时，将人、非人、人的发现、生活本能、动物进化、身体、力、个人主义的人间本位主义、平民、普遍的思想与事情、真挚的思想与事情、人生共同的人类的运命等概念运用于文学思想之中，从个人主义、人间、普遍性、本能、进化等角度批判传统文学对人的扭曲，以促使文学既要落实到人的时间性之中，也要表现人生的普遍性，文学要有助于个人的发现与自由。当文学研究会提出"将文艺当做高兴时的游戏或失意时的消遣的时候，现在已经过去了。我们相信文学是一种工作，而且又是对于人生很切要的一种工作；治文学的人也当以这事为他终身的事业，正同劳农一样"[2]，就不仅是提出了文学内容关乎创作者和普通人的人生的观点，更是改变了文学作为形式、作为"文以载道"等的方向，将文学带回到社会、人生等世俗存在之中，而且提出了文学作为对于人生很重要的工作，

[1] 胡适：《建设的文学革命》，《新青年》第四卷第四号，1918 年 4 月。

[2]《文学研究会宣言》，《小说月报》第 12 卷第 1 号（1921 年 1 月）。

从而从现代性工作伦理以及现代社会分工、职业化等角度肯定了文学的社会存在之根据。当创造社诸人将自我、个人、冲动、表现、天才、主观、生命、情感，直觉、灵感、内心、真和爱、无目的性、全与美、艺术的功利主义、创造等一系列话语带入文学领域时，无疑重构了文学思想话语。茅盾等人提出“自然主义”时，他将科学的观察方法、全体人生的真的普遍性、各个人生的真的特殊性、客观的态度、主观的、真等话语构成关于文学与现实之间的正当关系以及合理方法，认为“我们应该学自然派作家，把科学上发见的原理应用到小说里，并该研究社会问题，男女问题，进化论种种学说。否则，恐怕没法免去内容单薄与用意浅显两个毛病。即使是天才的作者，这些预备似乎也是必要的”[1]。

“五四”启蒙知识分子以传统与现代的对立来思考文学也激起了一些知识分子的强烈反应与批判。不考虑对某一现代文学理论的针对性批判，而从批判者对启蒙知识分子现代文学思想的总体性批判，大体上可以将这些批判分成三类。一类是以林纾为代表的传统知识分子，以理、道、孔教、古文、文法、文气、章法、义法、伦常等概念构成自己的文学思想，强调主流文学传统的同时，也指责启蒙主义知识分子之主张无论在审美还是伦理方面都缺乏价值。一类是章太炎等人则从清代朴学、国粹论、革命、诸子学、种族文化以及传统文学史等出发，在系统梳理中国文学思想传统的基础上，提出了“文学者，以有文字著于竹帛，故谓之文；论其法式，谓之文学”，“文章者，礼乐之殊称矣。其后转移，施于篇”，以及以质和情为主的文学规范性要求，强调“修辞立其诚也，自诸辞赋以外，华而近组则灭质，辩而妄断则失情。远于立诚之齐者，斯皆下情所欲弃捐，固不在奇耦数。徒论辞气，太上则雅，其次犹贵俗耳。俗者，谓土地所生习，婚姻丧纪，旧所行也，非猥鄙之谓”。章太炎等人的文学观念既对林纾、严复等人的文学观念展开批判，对中国文学传统进行新的梳理，开拓了在桐城派和阮元等主张的韵文之外的文

[1] 沈雁冰:《自然主义与中国现代小说》,《小说月报》，1922 年第 13 卷第 7 号。

学空间，也对新文学所理解的审美之间构成质疑。尽管章太炎等人的观念是从传统文化和传统文学之中生发出来的，但其观念并不只是对传统文学的辩护，而是以详细的历史资料与深刻的反思精神，从文学之历史运用角度建构文学思想，具有超越新旧两派文学观念简单对立的特点。第三类启蒙主义文学思想批判者则是以《甲寅》和《学衡》两杂志为代表的知识分子。章士钊从文化的民族性、地域性、传承性的角度批判启蒙知识分子将西方文化普遍性及其对传统文学的批判，指出“凡一民族，善守其历代相传之特性，适应与接之环境，曲迎时代之精神，各本其性情之所近，嗜好之所安，力能之所及，孜孜为之，大小精粗，俱得一体，而于典章文物，内学外艺，为其代表人物所树立布达者，悉呈一种欢乐雍容情文并茂之观，斯为文化”[1]。《学衡》的吴宓、梅光迪、胡先骕等人认为语言文字与文学是分离的，“文学自文学，文字自文字，文字仅取其达意，文学则必达意之外，有结构，有照应，有点缀。而字句之间，有修饰，有锻炼”，并在此基础上批判胡适等人的白话文学观念。他们也从人文主义思想强调以理性严谨、广博研究、务求真理、同情尊重的态度对待历史和文化，提出“人之异于物者，以其有思想之历史，而前人之著作，即后人之遗产。……非既能创造，则昔人之创造，便可唾弃之也”[2]。《学衡》诸人从文化和文学的民族性、历史性、经典性、人文性等角度理解文学及其传统，从而提出文学得传统文学之精华、应时代之趋势而创造新文学的观念，以反对启蒙主义知识分子在传统与现代之间对立的思想。

1917—1926 年间的知识分子在传统与现代等关系中思考文学，或者以传统文学思想话语质疑现代文学思想主张对传统社会、语言与世界之间建立在传统文化之上的关系、正统文学历史与格局以及伦理秩序的破坏等，表现出要以文学传统和规范挽救面临危机的秩序与文化结构；或者大量地引进和创造新的语汇来构建关于人、社会、文学、历史之间的关系，强调从关于人

[1] 章士钊:《评新文化运动》,《中国新文学大系·文学论争集》(影印本)，上海文艺出版社，2003 年。

[2] 胡先骕:《中国文学改良论（上）》,《东方杂志》1919 年 3 月第 16 卷第 3 号。

与世界之间的个人性、科学性、世俗性的关系出发，理解人的自由、平等、个性、人性以及权利等，由此打开了文学的新世界；或者试图超越传统与现代之间的对立，以关于文化、审美的独特性、传承性建立起历史与现实之间的联系，强调传统与创造之间的深刻的对话与转化关系，批判以新旧对立的进化论观念来理解文学。

1927—1936 年：从自由主义话语向审美政治话语转型

但是这一时期知识分子的文学思考既因为知识分子走向政治、分化或者学院体制，也因为中国社会的急剧变化，而从启蒙、文化、审美视野中的文学思考走向了文学社会学和社会学文学、文学政治学与政治学文学以及审美独立性的思考，从而也开始了知识分子文学思考的新阶段。应该说，1927—1936 年间知识分子的一些文学思考在 1924 年前后已经成为文学的话题，如关于文学与阶级、文学与政治关系、文学与革命等方面的问题，但因为这一时期政治介入文学的广度、强度以及力度等还没有达到将文学政治化的程度，而且这一时期文学政治也没有引起政治的足够注意，故文学与政治关系的讨论没有充分激荡文学和政治两个领域。1927—1936 年间文化和文学领域成为文化政治和政治文化角逐的阵地之一，自然也就将大量政治话语带入到文学思想领域，进而从根本上破坏“五四”时代启蒙知识分子文学思想本来就比较脆弱的话语共同体，将现代知识分子文学思想之间的分歧、矛盾等彻底展示出来。

首先，一些知识分子运用唯物辩证法的分析方法来分析中国社会、阶级意识和文学之间的关系。他们将资本主义、帝国主义、解放运动、阶级意识、农工大众、无产阶级、革命、斗争、民族资产阶级、封建主义、世界革命等概念运用到对中国社会分析和历史发展趋势的分析之中，认为中国社会不仅存在激烈的阶级冲突，而且这些阶级之间构成了反动与进步的关系。他们判断“在民族资产阶级背叛了革命，屠杀了工农群众，勾结了封建残余，投降了帝国主义，形成了帝国主义、封建残余和民族资产阶级的反动政权的现在，则对外当然不能获得民族地位、民族利益之改良，对内更不能使封建势力有些让步，而对于工农以及劳苦群众生活有一些改良了。……在全国的经济大破产的过程中，农民群众底积极的赤贫化，手工业零落崩溃的状态，尤其是无产阶级确立了自身坚固的政治的组织的现在，民族资产阶级与工农被压迫阶级底利害关系，是绝对没有一致的可能性，只有一天比一天的对立而尖锐化的前进"[1]。"在国际上，中国处于帝国主义最严酷的压迫下；在国内，军阀与反动的封建资产阶级勾结帝国主义，肆行对于劳动群众的虐待与剥削，同时革命的浪潮日渐飞涨，所谓革命的运动不但是政治的，而且有经济制度改造的意义。中国的被压迫群众不但要求民族的自由，民权的建设，而且要求经济的解放，……在这一种社会生活里面，不但有残酷的压迫，弱者的哀吟，愚者的醉生梦死，怯者的退后，以及种种黑暗的阴影，而且有光荣的奋斗，强者的高歌，勇者的向前，以及一切令人震动的热情，呼声，壮烈的行为。我们不但可以观出现代中国社会生活之无希望的，陈腐的，反动的，旧的，坏的方面来，而且可以寻出有希望的，进步的，新的，康健的原素，并且照大局看来，这种原素将要为产生新中国的根源。"[2]

基于这样的社会与历史分析，他们自然不会像启蒙主义知识分子那样视文学为表现普遍人性及批判人性被扭曲的文化，也不会像人文主义那样将文学的标准设定为体现民族文化和精神之积淀的经典，而是将文学活动作为政治活动的一部分，视为阶级性的政治实践，文学家们总是无意有意地在创作中体现其阶级立场、阶级意识并发挥某种政治作用。他们自然也会采取进步主义作为自己这一阶段活动历史意义的理论根据，只是他们的进步主义不是建立在关于人的自由、科学、理性、平等、独立、民主、权利等概念之上，而是建立在阶级斗争、历史等为中心的概念之上，所以，他们认为文学

---

[1] 朱镜我:《中国目前思想界底解剖》,《世界文化》第1期，1930年9月10日。

[2] 蒋光慈:《现代中国文学与社会生活》,《太阳月刊》创刊号，1928年1月1日。

家如果要成为社会进步的力量，就需要从阶级意识、生活方式、创作方法、创作题材、文体形式、文学语言等方面进行无产阶级化和革命化的改造，以正确地表现农工大众的命运、历史主体性、集体政治以及阶级革命的历史前途等。这意味着文学的本质在于其意识形态性，“普洛文学，第一就是意特渥洛奇的艺术。所以，在制作大众化文学之前，我们先该把握明确的普洛列塔利亚观念形态。这种观念形态，就是一切宣传鼓动和暴露文学的动力。在这种普洛列塔利亚意识形态统一之下，应用简明的手法，不单从理论方面把握现存秩序的生产和剥削的机构，而且要抓住流动的现实世界，适应各种特殊状况，将资本主义的魔鬼，如何在背后活跃的事实，具体而如实地描写出来；于是，将这种作品送进群众里面，从布尔乔亚的精神麻醉中间，夺取广大的群众，使他们获得阶级的关心，使他们走上阶级解放的战线；这才是普洛列塔利亚大众文学的目的。作品的鼓动和宣传的力量，能够有效地变成他们自身的血肉，——换句话说，这种意特渥洛奇的被摄取百分比，也就是这种大众文学的价值的 Scale”[1]。基于这样的文学观念，他们认为在这一阶级冲突激化时代的中国“文学运动——全解放运动的一个分野——却还睁着双眼，在青天白日里找寻以往的迷离的残梦。……我们要努力获得阶级意识，我们要使我们的媒质接近农工大众的用语，我们要以农工大众为我们的对象。……资本主义已经到了他的最后的一日，世界形成了两个战垒，一边是资本主义的余毒法西斯蒂的孤城，一边是全世界农工大众的联合战线。各个细胞在为战斗的目的组织起来，文艺的工人应当担任一个分野。……以真挚的热诚描写在战场所闻见的，农工大众的激烈的悲愤，英勇的行为与胜利的欢喜！这样，你可以保障最后的胜利”[2]。这种“无产阶级的文学是：为完成他的主体阶级的历史的使命，不是以观照的——表现的态度，而以无产阶级的阶级意识，产生出来的一种的斗争的文学”[3]。因此，作家们需要得到“全

[1] 夏衍:《文学运动中的几个重要问题》,《拓荒者》1 卷 3 期，1930 年 3 月。

[2] 成仿吾:《从文学革命到革命文学》,《创造月刊》第 1 卷第 9 期，1928 年 2 月 1 日。

[3] 李初梨:《怎样地建设革命文学》,《文化批判》第 2 号，1928 年 2 月 15 日。

无产阶级意识”，“他广泛地生活于政治过程及意识过程，而且在一定的条件下面，还可以接近物质的生产过程，同时也能有批判它的生活要求，所以他批判的领域，可以说是及于全生活过程了。有了这种全生活过程底批判，才能发生社会主义的意识；有了这种‘意识的要素’的参加，劳动阶级才能汲取真正的全无产阶级意识。如果仅以普罗列塔利亚自身的力量，却不能超过一定的限度，即在意识过程方面，只能达到一种粗杂的唯物论或经验论”[1]。所以，“革命文学应当是反个人主义的文学，它的主人公应当是群众，而不是个人；它的倾向应当是集体主义的，而不是个人主义的。所谓个人只是群众的一分子，若这个个人的行动是为着群众的利益的，那么当然是有意义的，……革命文学的任务，是要在此斗争的生活中，表现出群众的力量，暗示人们以集体主义的倾向”[2]。文学因此就具有宣传的性质，“文学于宣传的关联是必然的，无论哪一阶级的文学作家都是替他们自己的阶级宣传，同时在创作里也有他们自己的阶级的口号标语”，“文学的形式是不可避免的要接近口号标语，而且常常从‘标语口号’的形式里收到煽动的效果”[3]。只有这样，作家们才能“舍弃了对于普洛列塔利亚解放无用的，偶然的东西，而采取其必要的，必然的东西”[4]。

如果说“五四”一代的启蒙知识分子是在人的发现、在个人自由与专制社会的关系中发现文学的启蒙价值，提倡文学回到现实、回到人生、回到社会、回到个体、回到世俗世界、回到自由、回到白话，那么，1927—1936年代的革命激进知识分子则将完全不同的思想话语带入到文学之中。他们将阶级、历史、社会、革命、政治、大众、辩证法、世界观、意识、宣传、倾向性等一系列概念编织到文学之中，从而将文学带到政治之中、将政治带到文学之中，将文学作为宣传政治、听命于政治、有意无意总是要服务于政治

[1] 李初梨：《自然生长性与目的意识性》，《思想》月刊第2期，1928年9月15日。

[2] 蒋光慈：《关于革命文学》，《太阳月刊》二月号，1928年2月1日。

[3] 钱杏邨：《幻灭动摇的时代推动论》，《海风周报》第14-15期合刊，1929年。

[4] 钱杏邨：《中国新兴文学中的几个具体问题》，《拓荒者》创刊号，1930年1月10日。

并且无法超越政治与时代的活动。这种将文学视为以通俗的语言表现社会的政治冲突和阶级斗争、实现政治意识的建构与宣传的思想，无疑是中国文学思想史上从未有过的现象，也自然需要面对各种文学思想的质疑。因此，革命激进知识分子就放逐或者边缘化个人、自由、创造、人生、艺术、人性等概念，认为任何个人主义“的寂寞和悲愤——也许是崇高的心情——是深刻不过的。然而，他不追求它的社会的根据，却在头脑中制造最高的审判官。他们也有发见民众的，然而，只发见他们的厌世精神，不能发见他们的历史的责任”[1]。革命激进知识分子自然也会清理启蒙文学，而通过所谓的机械唯物主义和唯心主义批判将鲁迅、郭沫若、茅盾、叶绍钧、冰心、郁达夫、张资平等人的创作视为“他们历史的任务，不外一个忧愁的小丑（Pierotte）”，因为“在似而非的共和制的中国社会上，把握政权的阶级就是封建遗制的军阀。他们肥私腹的榨取与外国的经济的掠夺，弄得中流以下的各阶级不聊生地感受生活的困苦。这样乌云密布的‘中国的悲哀’，当然反映到文学的作品上。所以中国的艺术家多出自小资产阶级的层中，是当然的事实——中国还没有雄健的资产阶级，在此社会层中不会诞生伟大的艺术家，这也是一个事实。那些小资产阶级的文学家，没有真正的革命的认识时，他们只是自己所属的阶级的代言人”[2]。

作为一种文学思想，革命激进知识分子确实在中国文学思想领域引进了诸多新的文学概念，构建了经济、社会、政治和文学之间的意识形态关系，以及思考文学的方法，为中国文学思考提供了另外一套概念体系和思考路径，从而赋予文学另一种不同于启蒙也不同于自由主义及人文主义的思考可能性，尽管他们存在许多问题。如果说 1920 年代末的革命激进知识分子通过大量运用苏联版的马克思主义概念来建构文学思想、批评中国文学历史和现状、争夺文学和文化领域的领导权，既在一定程度上忽视了文学的审美

[1] 冯乃超:《冷静的头脑——评驳梁实秋的〈文学与革命〉》,《创造月刊》第 2 卷第 1 期，1928 年 8 月 10 日。

[2] 冯乃超:《艺术与社会生活》，1928 年 1 月 15 日《文化批判》创刊号。

性、现实性、具体性和文学家的主观性，更因为其激进态度而引起大批独立的文学家和批评家的批判，那么，1930 年代成立的“左联”以及其他左翼文学活动自 1929 年开始则在一定程度上要解决上述问题。左翼文学思想继续深化文学的阶级性、文学与政治、文学与宣传、文学的意识形态性等问题的理论思考和争论，也在大众文艺等问题进行了广泛的理论建构。针对梁实秋以文学表现普遍人批判‘文学阶级性’观念，鲁迅在指出梁实秋承认社会阶级存在之后，认为“既然文明以资产为基础，穷人以竭力爬上去为‘有出息’，那么，爬上是人生的要谛，富翁乃人类的至尊，文学也只要表现资产阶级就够了，又何必如此‘过于富同情心’，一并包括‘劣败’的无产者？况且‘人性’的‘本身’，又怎样表现的呢？譬如原质或杂质的化学底性质，有化合力，物理学底性质有硬度，要显示这力和度数，是须用两种物质来表现的，倘说要不用物质而显示化合力和硬度的单单‘本身’，无此妙法；但一用物质，这现象即又因物质而不同。文学不借人，也无以表示‘性’，一用人，而且还在阶级社会里，即断不能免掉所属的阶级性，无需加以‘束缚’，实乃出于必然。自然，‘喜怒哀乐，人之情也’，然而穷人决无开交易所折本的懊恼，煤油大王那会知道北京捡煤渣老婆子身受的酸辛，饥区的灾民，大约总不去种兰花，像阔人的老太爷一样，贾府上的焦大，也不爱林妹妹的。‘汽笛呀！’‘列宁呀！’固然并不就是无产文学，然而‘一切东西呀！’‘一切人呀！’‘可喜的事来了，人喜了呀！’也不是表现‘人性’的‘本身’的文学。倘以表现最普通的人性的文学为至高，则表现最普遍的动物性——营养，呼吸，运动，生殖——的文学，或者除去‘运动’，表现生物性的文学，必当更在其上。倘说，因为我们是人，所以以表现人性为限，那么，无产者就因为是无产阶级，所以要做无产文学。”鲁迅在批判梁实秋的观点的同时，也针对左翼知识分子忽视人的现实性现象，提出要实现文学的阶级性需要回到阶级的现实之中，而不能仅以口号相标榜。

大众文艺和文艺大众化是左翼知识分子关注时间较长、问题和讨论都比较复杂的课题。文艺大众化作为此前激进知识分子革命文学主张在 1930 年代的延伸，需要解决革命文学没有提出或者解决的问题。如果说革命文学理论在某种程度提出并论证了革命文学合法性，提出了进步知识分子应该写什么的问题，那么，革命文学理论并没有解决革命文学服务对象的问题。大众和文艺大众文化的争论则是对文艺服务对象和如何服务于对象的问题的深化。冯乃超、郭沫若、洪灵菲、沈端先、鲁迅、茅盾、冯雪峰、周扬、瞿秋白、田汉、郑伯奇等人都参与到这一问题的讨论之中。众多激进知识分子以文艺大众化为革命文艺必然之路、急迫之路，在大众与知识分子、普罗文学与欧化文学之间画下壁垒，要求进行在文艺大众化之前先进行知识分子的"大众化"。"左联"在《中国无产阶级革命文学的新任务》强调文艺大众化的重要性，并将文艺大众化要纳到组织和运动之中，提出"在创作、批评，和目前其他诸问题，乃至组织问题，今后必须执行彻底的正确的大众化，而决不容许再停留在过去所提起的那种模糊忽视的意义中。只有通过大众化的路线，即实现了运动与组织的大众化，作品、批评以及其他一切的大众化，才能完成我们当前的反帝反国民党的苏维埃革命的任务，才能创造出真正的中国无产阶级革命文学"[1]。在文艺大众化讨论之中，鲁迅认可文艺走向大众对左翼文学的重要性，认为"文艺本应该并非只有少数的优秀者才能够鉴赏"，"倘若说，作品愈高，知音愈少。那么，推论起来，谁也不懂的东西，就是世界上的绝作了。"但他看到中国大众受教育程度之底和接受文艺可能性之小，因此，他提出"现今的急务"，是"应该多有为大众设想的作家，竭力来作浅显易解的作品，使大家能懂，爱看，以挤掉一些陈腐的劳什子"。认识到文艺大众化既需要分阶段实行，从"使大众能鉴赏文艺的时代的准备"开始，认识到文艺大众化并不能取代大众的社会解放，主张文艺根本的大众化"必须政治之力的帮助，一条腿是走不成路的"[2]。瞿秋白则注意到旧形式和语言在文艺大众化中的作用，提出"革命的先锋队不应当离开群众的

[1]《文学导报》第1卷第8期，1931年11月15日。

[2]《文艺的大众化》,《大众文艺》第2卷第3期。

队伍”，“革命的大众文艺在开始的时候必须利用旧的形式的优点——群众读惯的看惯的那种小说诗歌戏剧，——逐渐的加入新的成分养成群众的新的习惯，同着群众一块儿去提高艺术的程度。”他认为“五四”新文学的白话文是绅士的语言，而大众文艺需要用“现代中国活人的白话来写，尤其是新兴阶级的话来写”[1]。因为“在‘五方杂处’的大城市和工厂里，正在天天创造普通话”，它“容纳许多地方的土话”和“所谓‘官话’的软化”，是“各地方土话的互相让步”，“消磨各种土话的偏僻性质”，“接受外国的字眼，创造着现代科学艺术以及政治的新的术语”，从而“可以写成很好的文章，可以谈科学，可以表现艺术”[2]。

这一时期的左翼文学思想还就“文学的自由与自由的文学”、“民族革命战争的大众文学”与“国防文学”等展开争论。左翼文学理论强调文学的阶级性和大众文学，并建立比较严密的组织，形成了文学领域强大的政治力量和文化权力，并在一定程度上将自己的文学理论、真理性和权力等同起来，引起了胡秋原、苏汶等人的警惕。他们在批评左翼和民族主义文艺知识，提出了在左翼文学和民族主义文学强调的政治和文艺关系之外，应该有文学家发展的第三条道路，一条文学家可以自由创作、批判生存的不自由、表现艺术自由的道路，一条重视文艺自身价值的道路。胡秋原等人的文学自由论强调文学家的自由、强调艺术在整治外的生存，自然与左翼文学将文学政治化的主张格格不入。一些左翼文学批评家从阶级性、党派性和真理性对他们的主张进行了激烈的批判，而鲁迅、冯雪峰、瞿秋白等人，提出在阶级社会中人们无法超越其社会而成为超阶级的文学家，文学家及其创作总是会具有一定的阶级性，而无法成为超现实的自由人，但这并不意味着只有强调阶级性、具有明确阶级意识和阶级斗争内容的文学才是这个时代的进步文学，那些在其创作中对现实展开真实表现而不为了自己的倾向性和主观性所掩盖现

---

[1] 宋阳:《大众文艺的问题》,《文学月报》创刊号，1932 年 6 月 10 日。

[2] 史铁儿:《普洛大众文艺的现实问题》,《文学》半月刊第 1 卷第 1 期，1932 年 4 月 25 日。

实的文学，自然是有价值的文学。至于“民族革命战争的大众文学”与“国防文学”争论的核心则是在民族危机时代文学口号与创作路线的争论。“国防文学”主张者将国防文学作为创作路线提出来，以创作活动和创作内容是否表现民族战争为标准来划分文学阵营及其作品的价值，“民族革命战争的大众文学”则主张“国防文学”只是一个战争年代的文学统一战线和文学宣传的口号，而不能成为文学创作的指导方针，文学可以表现国防的内容也可以表现其他内容，可以充分自由地创作自己所熟悉的生活和世界，从而可以在国防内容之外，包括“广泛到包括描写现在中国各种生活和斗争的意识的文学。因为现在中国最大的问题，人人所共的问题，是民族生存的问题。所有一切生活（包括吃饭睡觉）都与这问题相关；……懂得这一点，则作家观察生活，处理材料，就如理丝有序；作者可以自由地去写工人，农民，学生，强盗，娼妓，穷人，阔佬，什么材料都可以，写出来都可以成为民族革命战争的大众文学。也无需在作品的后面有意地插一条民族革命战争的尾巴，翘起来当作旗子”[1]。

从左翼文学在一时期的文学论战中，人们不难发现这一时期的文学思想是非常多元的。其中民族主义文学思考也是贯穿这一时期的始终并影响其后文学思想。随着国民党建立全国统一政权，建立国家意识形态也提上日程，而文学领域的民族主义则是建构国家意识形态的重要路径。自国民党建立全国统一政权之时，以三民主义来规范文学就成为国民政府文艺政治的思路。就当时国民政府意识形态建设而言，民生和民权两大主义固然在三民主义文艺理论中存在，但这两大主义的理论阐释并不利于国民政府的统治和国家意识形态建构，故在1929年的三民主义文艺思想和文艺政策推出之后，尽管产生了一些关于三民主义文艺的理论著作，但无论是文学创作还是思想争鸣，都比较有限。1930年，潘公展、朱应鹏、范争波、傅彦长等人成立前锋社，发表《民族主义文艺运动宣言》，以民族主义、民族意识等概念为中

[1] 鲁迅:《论我们现在的文学运动》,《现实文学》第1号，1936年7月。

心建构文艺、民族、政治之间的关系，强调“民族主义的充分发展，一方面须赖于政治上的民族意识的确立，一方面也直接影响于政治上民族主义的确立”，而文艺“不是从个人的意识里产生而是从民族的立场所形成的生活意识里产生的”，文艺的最高意义就是民族主义。由此民族主义文艺主张者自然会将阶级文学、大众文艺、自由主义文艺、普遍人性的文艺以及封建文艺等作为自己批判的对象，而呼吁将文艺统一到民族主义之下，并以民族意识作为文艺创作的指导，以有利于建设民族主义和民族新生命。尽管存在诸多争议，尤其是民族主义文学思想将民族意识作为统一各种文学思想的核心概念，并将民族意识简单地与政治民族主义甚至国民党意识形态及其政治权力相关联的思想，自然与启蒙主义、马克思主义和自由主义文学思想之间存在巨大的冲突。但民族主义作为思想方式，在文艺理论领域存在下来，并成为此后诸多文艺思想必须面对的话语，而民族作为文学思考的重要路径在此后一直是文艺思想的中心概念，而且是各种文学思想都在争夺的话语领域。这在此后的左翼文学思想、战国策派、抗战文艺的文学理论中可以看到。

回顾二十世纪二三十年代，自由主义所取得思想成就和文学成就是令人惊叹的。就其创作而言，周作人、徐志摩、沈从文、巴金、林语堂等人都有各自独特的建树，并以其创作实绩大大地扩展和丰富了中国文学。而自由主义文学理论在 1927—1936 年间的文学思想领域中的活跃令人印象深刻。自由主义在这一时期文学领域中的发展既是因为一批英美和欧洲留学的知识分子开始在中国文化和文学领域中表现自己的存在，并在媒体和大学中占住了一定的位置，也是因为这一时期知识分子深刻地感受到知识和思想独立性的危机，以及中国社会重建的思想与知识需要。胡适、林语堂、梁实秋、徐志摩、朱光潜、胡秋原、苏汶、梁宗岱、周作人、闻一多、储安平、丁西林等人，尽管他们的自由思想各不相同、思想资源也颇不一样，具有以赛亚·伯林所说的消极自由主义和积极自由主义的区别，如胡适明确以宽容、实用主义理性和宪政等为其自由主义的重要内容，胡秋原则更强调自由的社会批判和个体积极的权利，而梁实秋等人则以个体思想独立、普遍人性、节制与纪律、理性与超越性等为自由思想的核心，但他们共同强调个体在社会、在文学中的独立性，强调文学活动中个体的自由选择、独立意识等的重要性，而批判民族意识和阶级意识等以集体性压制个人性、以政治干预文学自由与独立以及胡适文学审美的普遍人性。梁实秋以自由主义批判思想专制，指出“思想这件东西，我以为是不能统一的，也是不必统一的。个人有个人的遗传环境教育，所以没有两个人的思想是相同的。中国有一句老话，‘人心不同，各如其面’，这话不错。一个有思想的人，是有理智力有判断力的人，他的思想是根据他的学识经验而来的。思想是独立的；随着潮流摇旗呐喊，那不是有思想的人，那是盲从的愚人思想只对自己的理智负责，换言之，就是只对真理负责；所以武力可以杀害，刑法可以惩罚，金钱可以诱惑，但是却不能掠夺一个人的思想。别种自由可以被恶势力所剥夺净尽，唯有思想自由是永远光芒万丈的。一个暴君可以用武力和金钱使得有思想的人不能发表他的思想，封书铺，封报馆，检查信件，甚而至于加以‘反动’的罪名，枪毙，杀头，夷九族！但是他的思想本身是无法可以扑灭，并且愈遭阻碍将来流传的愈快愈远。……天下就没有固定的绝对的真理。真理不象许多国的政府似的，可以被一人一家一族所把持霸占。人类文明所以能渐渐的进化，把迷信铲除，把人生的难题逐渐的解决，正以为是有许多有独立思想的人敢于怀疑，敢于尝试，能公开的研究辩难。思想若是统于一，那岂不是成为一个固定的呆滞的东西？当然，自己总以为自己的思想是对的，但是谁敢说‘我的思想是一定正确的，全国的人都要和我一样的思想’？再说，‘思想’两字包括的范围很广，近代的学术注重专门，不象从前的什么‘儒家思想’，‘道家思想’等等的名词比较可以概括所有的人之说有的析向。在如今这样学术日趋繁复的时候而欲思想统一，我真不知道那一个人那一派人的思想可以当得起一切思想的中心。……这样的统一，实在是无益的。在政治经济方面，也许争端多一点，然而在思想上有争端并无大碍，凡是公开的负责的发表思想，都不妨容忍一点。我们要国家的统一，是要基于民意的真正的统一，不是慑于威力暂时容忍的结合。所以我们正该欢迎所有的不同的思想都有令我们认识的机会。……我们若从国家的立场来看，思想是不必统一的。……凡是要统一思想，结果必定是把全国的人民骗到三个种类里面去：第一类是真有思想的人，绝对不附和思想统一的学说……第二类是受过教育而没有勇气的人，口是心非的趋炎附势，这一类人是投机分子，是小人。第三类是根本没有思想的人，头脑简单，只知道盲从。……我们现在要求的是：容忍！我们要思想自由，发表思想的自由，我们要法律给我们以自由的保障。我们并没有什么主义传授给民众，也没有什么计划要打破现状，只是见著问题就要思索，思索就要用自己的脑子，思索出一点道理来就要说出来，写出来，我们愿意人人都有思想的自由，所以不能不主张自由的教育”[1]。因此，新月派主张文学和艺术在健康和尊严两项原则基础上实现自由，认为“美我们是尊重而且爱好的，但与其咀嚼罪恶的美艳还不如省念德性的永恒，……我们愿意在更平静的时刻中提防天时的诡变，不愿意籍口风雨的猖狂放弃清风白日的希翼。我们当然不反对解放情感，但在这头骏悍的野马的背上我们不能不谨慎的安上理性的鞍索。我们不崇拜任何的偏激，因为我们相信社会的纪纲是靠着积极的情感来维系的，在一个常态社会的天平上，情爱的分量一定超过仇恨的分量，互助的精神一定超过互害的与互杀的动机。……我们不能归附功利，因为我们不信任价格可以混淆价值，物质可以替代精神，在这一切商业化恶浊化的急坂上我们要留住我们倾颠的脚步。我们不能依傍训世。因为我们不信现成的道德观念可以用做评价的准则，我们不能听任思想的矫健僵化成冬烘的臃肿。标准，纪律，规范，不能没有，但每一个时代都得独立去发表它的需要，维护它的健康与尊严，思想的懒惰是一切准则颠覆的主要根由。”此后林语堂也主张文学应该表现性灵，认为性灵文学自我表现的文学，“性灵就是自我”，“一个人有一个人之个性，此个性之无拘无碍自由自在指文学，便叫性灵”，“文章者，个人性灵之表现”。[2]

[1] 梁实秋：《论思想统一》，《新月》第2卷第3号，1929年5月。

[2] 林语堂：《论性灵》，《宇宙风》第1期，1935年。

1937—1949年：从审美政治话语向民族国家话语的转型

抗日战争的爆发改变了中国文学思想，也许民族、民主、自由等几个概念可以帮助我们进入这一时期的文学思想。抗战将民族共同体建构和民族统一意识问题推到所有知识分子面前，并将“民族”作为一个核心的、正当的思想概念置于话语的中心。无论人们关于文学自由、审美独立性、文学阶级性等有多么强烈的认同，也需要回应民族所提出的文学要求，甚至要参与到关于民族话语权的建构与争夺之中。所以抗战爆发之后成立的中华文艺界抗敌协会的宣言通过民族概念来重新叙述中国新文艺历史，认为“在这二十年中，内忧外患，没有一日消停，文艺界也就无时不在挣扎奋斗。国土日蹙，社会动摇，变化无端，恍如噩梦；为唤醒这恶梦，文艺自动的演变，一步不惜的迎着时代前进。……这二十年中的文艺，是紧紧伴着民族的苦痛挣扎，以血泪为文章，为正义而呐喊”。正是因为中国新文艺运动具有如此不断抗争意志、社会良心的表达以及民族启蒙的精神，所以，人们在民族概念要求抗战时期的文艺“为争取民族的自由，为保卫人类的争议，我们抗战；这是一民族自卫的热血，去驱击惨无人道的恶魔；……对国内，我们必须喊出民族的危机，宣布暴日的罪状，造成全民族严肃的抗战情绪生活，以求持久地抵抗，争取最后胜利。对世界，我们必须揭露日本的野心与暴行，引起全人类的正义感，以共同制裁侵略者。……为了这个，我们必须联合起来”[1]。《新华日报》的社论也强调“文艺家是民族的心灵，民族的眼和民族的呼声，没有一个伟大的文艺家不为着自己民族的健康和繁荣而努力，也没有一个向上的民族，不敬爱自己的文艺家。中国的新文艺运动，是从中国人民大众参加民族解放斗争的过程中产生出来的，因此他一开始便肩负起了这个伟大斗争的使命。……一部较成功的作品，更没有一篇不是民族的心灵的呐喊，他毫

[1]《中华文艺界抗敌协会宣言》,《文艺月刊·战士特刊》第九期，1938年4月。

不留情地揭发了民族的现实，非常敏感地指出了日紧一日的民族的危机，鼓励无数千万的知识青年投奔于民族斗争的疆域。……但是，文艺家从来因为阶级，集团，世界观，艺术方法理论的不同，未能调合在一起，他们为民族自由的斗争，仅只是各自为战，因此而致力量的分散，步骤的参差，使文艺这个有力的战斗武器，没有发挥出他最高的功能，这是文化战线上的一个巨大的缺陷。然而这缺陷，终因政治上的抗日民族统一战线的坚决地执行，逐渐地弥补了。”因此，“他们的墨水象凝固力最强大的胶液，把一切不能团结的紧紧地团结起来，帮助着这一抗日民族统一战线的扩大和巩固”[1]。由此可见，民族文学思想在这一时期所具有的中心地位，当然“宣言”从民族整体性和“社论”从人民大众的民族解放斗争两个不同角度来阐释、规范民族内涵，也意味着尽管人们在民族共同建构之一目标上达成了共识，但关于民族建构的路径和理论内涵却有着不同的思考，并以此构建其在民族话语场上的话语权。

1942 年张道藩发表了《我们所需要的文艺政策》，强调了要用三民主义来建构统一的国家意识形态，规范民族文艺，以此建构统一的民众意识。他认为“本来文艺一向处在自由的环境下发展，虽然它无时无刻不反映政治，无时无刻不受政治的束缚，但始终是不自觉，无意识的，今将三民主义与文艺政策‘相提并论’，一定使许多人诧异，以为无稽之谈，或投机之论。乍一看来，君主立宪政体，并无立宪文艺，共和政体，并无共和文艺，法西斯的独裁政体也无独裁文艺，因而三民主义的共和政体怎会产生三民主义的文艺呢？诚然，立宪，共和，独裁各种政体不会产生它们自己的文艺，但要知道它们仅是一种政体，仅是资本主义社会的一种政治机构，帮助资本主义的发达、领导民族思想与意识的，不是它们，而是资本主义。三民主义与此相反，它要彻底改换人民的思想与意识。封建社会，资本社会，共产社会都有它们独特的文艺，那么，较之它们更为完美的三民主义社会既是另一样的社

[1]《新华日报》，1938 年 3 月 27 日。

会意识的形态，为什么不能建立自己的文艺呢？封建、资本、共产社会都利用文艺作为组织民族，统一民众意识的工具，那么，我们为什么不能也拿文艺为建国的推动力呢？”[1] 他在论述了建立三民主义文艺的正当性之后，提出三民主义文艺的四条原则是全民性、中国事实决定中国文艺的方法、仁爱之心和民族国家的观念。三民主义文艺应该受制于“六不”，即不专写社会的黑暗、不挑拨阶级的仇恨、不带悲观的色彩、不表现浪漫的情调、不写无意义的作品、不表现不正确的意识；要坚持“五要”，即要创造中国民族的文艺、要为最苦痛的民众写作、要站在民族的立场创作、要有理智的作品、要用现实的形式等。

中国共产党人在这一时期也从人民大众的革命和解放提出了自己关于民族文化和民族文艺的思想，强调文艺的大众性、民族文艺的核心是表现人民大众的革命与解放，服务于人民大众民族解放和民主斗争需要，要采取为人民大众所喜闻乐见的民族形式。毛泽东提出新民主主义文化思想，他认为中国社会是“政治是殖民地、半殖民地、半封建的政治，其经济是殖民地、半殖民地、半封建的经济，而为这种政治和经济之反映的占统治地位的文化，则是殖民地、半殖民地、半封建的文化。……我们要革除的，就是这种殖民地、半殖民地、半封建的旧政治、旧经济和那为这种旧政治、旧经济服务的旧文化。而我们要建立起来的，则是与此相反的东西，乃是中华民族的新政治、新经济和新文化。那末，什么是中华民族的新政治、新经济，又什么是中华民族的新文化呢？中国革命的历史进程，必须分为两步，其第一步是民主主义的革命，其第二步是社会主义的革命，这是性质不同的两个革命过程。而所谓民主主义，现在已不是旧范畴的民主主义，已不是旧民主主义，而是新范畴的民主主义，而是新民主主义”。“这种新民主主义的文化是民族的。它是反对帝国主义压迫，主张中华民族的尊严和独立的。它是我们这个民族的，带有我们民族的特性。它同一切别的民族的社会主义文化和新民

[1] 张道藩:《我们需要的文艺政策》,《文化先锋》1942 年创刊号。

主主义文化相联合，建立互相吸收和互相发展的关系，共同形成世界的新文化……中国文化应有自己的形式，这就是民族形式。民族的形式，新民主主义的内容——这就是我们今天的新文化。这种新民主主义的文化是科学的。它是反对一切封建思想和迷信思想，主张实事求是，主张客观真理，主张理论和实践一致的。在这点上，中国无产阶级的科学思想能够和中国还有进步性的资产阶级的唯物论者和自然科学家，建立反帝反封建反迷信的统一战线；但是决不能和任何反动的唯心论建立统一战线。……这种新民主主义的文化是大众的，因而即是民主的。它应为全民族中百分之九十以上的工农劳苦民众服务，并逐渐成为他们的文化。要把教育革命干部的知识和教育革命大众的知识在程度上互相区别又互相联结起来，把提高和普及互相区别又互相联结起来。革命文化，对于人民大众，是革命的有力武器。革命文化，在革命前，是革命的思想准备；在革命中，是革命总战线中的一条必要和重要的战线。而革命的文化工作者，就是这个文化战线上的各级指挥员”。“没有革命的理论，就不会有革命的运动”，可见革命的文化运动对于革命的实践运动具有何等的重要性。而这种文化运动和实践运动，都是群众的。因此，一切进步的文化工作者，在抗日战争中，应有自己的文化军队，这个军队就是人民大众。革命的文化人而不接近民众，就是“无兵司令”，他的火力就打不倒敌人。为达此目的，文字必须在一定条件下加以改革，言语必须接近民众，须知民众就是革命文化的无限丰富的源泉。“民族的科学的大众的文化，就是人民大众反帝反封建的文化，就是新民主主义的文化，就是中华民族的新文化。”“所谓新民主主义的文化，就是人民大众反帝反封建的文化；在今日，就是抗日统一战线的文化。这种文化，只能由无产阶级的文化思想即共产主义思想去领导，任何别的阶级的文化思想都是不能领导了的。所谓新民主主义的文化，一句话，就是无产阶级领导的人民大众的反帝反封建的文化。”[1]

---

[1] 毛泽东：《新民主主义论》，《毛泽东选集》第二卷，人民出版社，1966 年。

从人民大众解放和民主斗争出发来建构民族，自然会赋予民族现实与未来相统一的内涵，也会赋予大众的生活、斗争等以革命的、未来的价值，而将人民大众中存在的问题局部化、边缘化、历史化或当下化，由此民族的科学的大众的文艺会提出文学需要采取能表现民族民主斗争未来的创作思想。他们认为，“我们今天全民族所进行的解放事业，它的本身就是一种艰苦光辉的创造事业，我们不单是为了日本帝国主义所加予全民族的残酷压迫，而起来作持久抗争，用此抗争消灭民族生活的惨苦。同时，亦须在整个抗战过程中，廓清历史的黑势力，为建立一种真正民主的和平生活而将现实加以不停止的创造”[1]。文学家应该认识到，“他们不了解人民的力量存在于人民大众从被压迫生活中的觉醒和可能觉醒中，却反而想去从人民中找什么‘原始的强力’了；他们不了解人民的力量存在于觉醒的人民的集体斗争中，却片面地着重了‘个性解放’的问题。……其主观意图虽然是要寻找人民群众中的力量，发扬人民的英雄主义，但实际上，它所看到的人民力量不是从现实生活中产生，倒是建立在与现实生活无感的感情波动之上，也不是在集体的群众中产生，倒是建立在离开群众的独立特行的个别人物身上”[2]。所以他们要把“目光放得很远，狭隘的琐屑的斗争全不在他的眼底，他要向我们披示他的，也是大众的胸襟……他的画笔不擅工细，而善渲染，要纵横挥洒，布一个广阔境界”[3]。认识到“被压迫者被剥削者身上当然也有‘肮脏与黑暗’，但却不是他们所固有的，而是压迫者剥削者在长期统治中给予他们的。革命者与革命艺术家灵魂上的‘光明与纯洁’也不是从娘胎里带来的，而正是因为他们受着民族的阶级的压迫，因而取得了人类革命思想，投入在大众的斗争里，站在历史前头的缘故。……有民众的地方就有光明，民众愈起来，光明愈扩张，民众愈有权，光明愈巩固。第二，光明不是以抽象观念，而是具体的实际的存在。我们要求一个作家写光明，就是要求他写现实中已有或将

[1] 杜埃：《文学与社会生活底将来》，《文艺阵地》第 4 卷第 5 期，1940 年 1 月 1 日。

[2] 胡绳：《评路遥的小说》，《大众文艺丛刊》第 2 辑《人民与文艺》，1948 年 5 月 1 日。

[3] 黄绳：《评庄涌的〈突围令〉》，《文艺阵地》4 卷 4 期，1939 年 12 月 16 日。

有的新的东西”[1]。文学需要突破单纯的现实观察，而表现具有正确历史方向的未来现实，即“所谓第三种现实——未来的现实，具体地说来，便是一种历史的必然方向的认识，一种对于光明未来的向往和为争取他的实现的斗争的热情。他不仅理解历史的过去和现在的实况，他还憧憬着未来，信赖着未来。把握着这种健康的创造方法，才不会陷落到自然主义的悲观的泥沼里去，即使是剖析着阴暗的丑恶的现实，却能从阴暗中看出光明，从丑恶中看出纯洁”[2]。而且这种现实本身就是伟大杰作了，“这是一个新的时代，新的天地，新的创世纪。这样可歌可泣的事实，在解放区必然很丰富，我希望有笔在手的朋友们尽力把它们记录下来。即使是素材，已经是杰作。将来集结成巨制时，便是划时代的伟大作品”[3]。所以，文学就需要采取革命显现实主义的创作方法，因为“革命的现实主义是要求我们能够把握历史的动向，具有批判历史的强大力量，和指出历史的明确方向。因此，它首先不能不是把创作实践和革命实践统一起来，它不能不是具有明确的阶级性和政治倾向，具有积极、肯定的因素，而正是如此，它才是最自由的，血份最多的现实主义”[4]。

所谓民族形式的争论也需要放在这种有关民族、民主、大众文艺的历史建构和话语权关系中加以理解。无疑，为什么需要民族形式、仅仅因为民族战争就向文学艺术提出建设文艺的民族形式是否具有正当性、谁是民族形式的提出者、其中是否可能存在着从自由和民主和启蒙看来的思想理论和政治实践方面权力、民族形式建设的资源和方法是什么、文艺民族形式建设将会把哪些文艺形式作为自己需要对话或者批判的对象、文艺民族形式建设是否真的达到了其关于民族和民众动员的目标、其动员起来的又是怎样的民族

[1] 周扬:《王实味的文艺观与我们的文艺观》,《解放日报》1942 年 7 月 28、29 日。

[2] 石怀池:《东平小论》,《希望》第 2 集第 3 期，1946 年 7 月。

[3] 郭沫若:《谈解放区文艺》,《晋察冀日报》，1946 年 8 月 24 日。

[4] 荃麟等:《对于当前文艺运动的意见——检讨·批判·和今后的方向》,《大众文艺丛刊》第 1 辑，1948 年 3 月 1 日。

及其精神、民族形式建设是否可以有多种路径、民族形式与其他文艺思想之间是否能共处等问题，也就成为民族形式思考者和批判者所需要思考的。显而易见，政治和意识形态不同的政治文艺思想都意识到民族与大众之间关系的重要性，也强调文艺在建构大众的民族认同和政治意识形态统一性方面的意义，因此，在如何建构民族文艺的形式，将人民大众、民族解放、民主斗争、革命、现实、辩证法等概念运用到民族形式文艺思想之中，以保证其在民族形式思想建构方面的话语权就成为非常重要的事情。如果说革命文学提倡者在1930年代初关于大众文艺形式的争论因为实践、政治和思想等方面的原因而更多偏向于提出与争论问题，那么在抗战期间则创造了以大众文艺形式作为建设民族文艺形式的现实可能性。因此，人们说新文学作者所当引以为惧的，倒是新文学的老停滞在狭小的圈子里。所以大众化是当前最大的任务。事实已经指明出来“要完成大众化，就不能把利用旧形式这一课题一脚踢开完全不理！一脚踢开是最便当不过的，然而大众也就不来理你。‘文章下乡，文人入伍’，要是仍旧穿了洋服，舞着手杖，不免是自欺欺人而已”[1]。因此，“真正有价值的艺术创作，都是战斗者的创作，都是社会战斗的一种特殊形式，它不是镜观现实的死的镜子，而是要在战士的地位上反映现实，要有推动和变革现实的力量。……首先是因为要能真正走进民众中间去，必须它自己也是民众的东西，也就是说它能和民众的生活习惯打成一片。旧形式，一般地说，正是民众的形式，民众的文艺生活一直到现在都是旧形式的东西，新文艺并没有深入民间。但其次的而且更重要的是：旧形式是中国民众用来反映自己的生活的一种文艺形式。中国民众习于运用这些形式，而且在长时期运用中使它达到了相当的熟练程度，使它最适于反映民众生活中的某些东西。旧形式不仅仅是旧的，而且也有许多地方是很发展，很确当的”。当然，运用旧形式并不是完全无批判地运用，而是“要把旧形式反映现实的优良的手法从它的格律的限制里解放出来。也就是把现实主义归

[1] 茅盾：《大众化与利用旧形式》，《文艺阵地》第一卷第四期，1938年6月。

还给我们民族文艺传统。”[1] 进而有人提出了民间形式作为文学民族形式建设的中心源泉，[2] 并引发诸多批判性的争论和辩证式的解决。[3] 毛泽东在《延安文艺座谈会上的讲话》一文中通过论述了文艺为人民大众、革命文艺来源人民生活等问题，提出“我们必须继承一切优秀的文学艺术遗产，批判地吸收其中一切有益的东西，作为我们从此时此地的人民生活中的文学艺术原料创造作品时候的借鉴。有这个借鉴和没有这个借鉴是不同的，这里有文野之分，粗细之分，高低之分，快慢之分。所以我们决不可拒绝继承和借鉴古人和外国人，哪怕是封建阶级和资产阶级的东西。但是继承和借鉴决不可以变成替代自己的创造，这是决不能替代的。文学艺术中对于古人和外国人的毫无批判的硬搬和模仿，乃是最没有出息的最害人的文学教条主义和艺术教条主义。中国的革命的文学家艺术家，有出息的文学家艺术家，必须到群众中去，必须长期地无条件地全心全意地到工农兵群众中去，到火热的斗争中去，到唯一的最广大最丰富的源泉中去，观察、体验、研究、分析一切人，一切阶级，一切群众，一切生动的生活形式和斗争形式，一切文学和艺术的原始材料，然后才有可能进入创作过程”[4]。

作为关于民族文艺的另一种思考路径，战国策派强调民族至上、国家至上、英雄崇拜、反对民治主义精神是中国应该采取的民族国家建设方向，“民族国家，如果还想保持自己的生命自由，不赶急于他们传统的习惯外另取一种新的态度，新的手段，新的精神，是决没有侥幸的”[5]。他们提出民族文艺建设需要强调恐怖、狂欢、虔恪等精神，表现狂风暴雨的世界中灵魂的颤抖、生命力和生命意志的高昂、创造的激情和伟大的力量以及对宇宙、生命、民族和神圣存在的虔诚，只有这样才能创造“正步民族史的狂欢曲！”，

[1] 艾思奇:《旧形式运用的基本原则》,《文艺战线》第一卷第三号，1939 年 4 月。

[2] 向林冰:《论“民族形式”的中心源泉》,《大公报》，重庆，1940 年 3 月 24 日。

[3]《文艺的民族形式问题座谈会》,《新华日报》，1940 年 7 月 4 日。《新文艺弥足形式问题座谈会上潘梓年同志的发言》,《新华日报》1940 年 7 月 4-5 日。

[4] 毛泽东:《毛泽东选集》第二卷，人民出版社，1953 年。

[5] 陈铨:《德国民族的性格和思想》,《战国策》第六期，1940 年 6 月 25 日。

才能认识到狂欢、恐怖和虔恪三者的神圣联系，了解“狂欢是自我毁灭时空，自我外不认有存在。恐怖是时空毁灭自我，时空下自我物存在。虔恪呢？虔恪是自我外发现了存在，可以控制时空，也可以包罗自我，由是自我与时空的战场上……发现了一个绝对之体！它伟大，它崇拜，它圣洁，它至善，它万能，它是光明，它是整个！”但战国策派感伤却再也找不到一个民族比中国更缺乏虔恪。[1] 因此，他们提出“一个民族能够认识自己，创造特殊有价值的文学，大多数的国民必须先要有民族意识。他自己首先要感觉，自己和旁人不同，而且这一种不同的地方，就是他们自己可以骄傲的地方。……我们可以说，没有民族文学，根本就没有世界文学；没有民族意识，也根本没有民族文学。……中国思想界不以个人为重，不以阶级为中心，而以全民族为中心。中华民族是一个整个的集团，这一个集团，不但要求生存，而且要求光荣的生存。在这一个大前提之下，个人主义社会主义，都要听他支配。凡是对民族光荣生存有利益的，就应当保存，有损害的，就应当消灭。我们可以不要个人自由，但是我们一定要民族自由；……在这一个阶段中间，中华民族第一次养成极强烈的民族意识。他们第一次看清楚自己。中国的文学，从现在起，一定有一个伟大的将来。……只有强烈的民族意识，才能产生真正的民族文学”[2]。

在各种强大的民族文学思想主导着这一时期文学思想的同时，梁实秋、朱光潜、沈从文、胡风等人依然保持着自己的文学思考，即使他们认可民族文学在抗战时期的重要，但也执着于文学的自由和启蒙主义文学传统。在抗战文艺被视为绝对正当甚至被视为文艺最重要、几乎唯一有正当性的写作时，梁实秋从自由主义出发，强调在抗战之外依然可以有其他的文学。他在1938年提出了“与抗战无关的材料，只有真实流畅，也是好的，不必勉强把抗战截搭上去。至于空洞的‘抗战八股’，那是对谁都没有益处”[3]。针对张

[1] 独及：《寄语中国艺术人——恐怖・狂欢・虔恪》，《大公报》1942年1月21日。

[2] 陈铨：《民族文学运动》，《大公报》战国副刊第24期，1942年5月12日。

[3]《编者的话》，《中央日报》副刊《平明》1938年12月1日。

道藩的三民主义文艺政策，梁实秋提出“站在文艺的立场上来看，现今世界各国只有两个类型，一个是由着文艺自由发展，一个是用鲜明的政策统制着文艺的活动。……在英美，各种样的文艺作品都可以自由的创作，自由的刊印，自由的销行，政府不加限制。……这种思想自由出版自由可说是民主政治之最值得令人称羡的一端。在苏联德意，文艺作家是在一种战士，受严格的纪律，不合于某一种‘意德沃洛基’的作品是不能刊行的，有时还连累作者遭受迫害，不能在本国安居，或根本丧失生命。这种现象在苏联、德、意是被认为他们的文艺政策应有的结果，所以，从文艺的观点，一个国家是属于封建主义、资本主义或社会主义，那都没有什么关系。……文艺的园地很广大，所以可以包各种各样的题材，我们不能指定专写某一种题材”[1]。沈从文在批判“一切文字都是宣传”的抗战文艺主张时，提出抗战固然需要一般的宣传，但也应该“另外有些作家，特别值得注意。这些人好像很沉默，很冷静，远离了‘宣传’空气，远离了‘文化人’身份，同时也远离了那种战争的浪漫情绪，或用一个平常人资格，从炮火下去实实在在讨生活，或作社会服务性质，到战区前后方，学习人生。或更抱负一种雄心与大愿，向历史和科学中追究分析这个民族的过去当前种种因果。这几种人的行为，……目的只有一个，对于中华民族的优劣，作更深的探讨，更亲切的体认，便于另一时用文字来说明它，保存它。……只重在尽职，尽一个中国国民身当国家存亡忧患之际所能尽的本分。……据我个人看法，对于‘文化人’只是一般化的种种努力，和战争的通俗宣传，觉得固然值得重视，不过社会真正的进步，也许还是一些在工作上具特殊性的专门家，在态度上是无言者的作家，各尽所能来完成的”[2]。在1940年代末的环境中，沈从文依然坚持“五四”以来文学副刊的自由传统，认为“新作家的抬头露面，自由竞争，更必需由副刊找机会。刊物既在国内作广泛分布，因之书呆子所表现的社会理想和文学

[1] 梁实秋:《关于“文艺政策”》《文化先锋》第一卷第八期，1942年10月12日。

[2] 沈从文:《一般或特殊》,《今日评论》第一卷第四期，1939年1月22日。

观，虽似乎并不曾摇动过当时用武力与武器统制的军阀社会，却教育了一代年青人，相信社会重造时可能的，而武力与武器统制这个国家，却也容易堕落腐烂这个国家民族向上向前的进取心！更显而易见的作用，也许还是将文学运动，建设在一个社会广大基础上，培育了许多优秀作家，有理想，能挣扎，不怕困难。副刊既能进庄严的责任和义务，因之也就有它的社会地位。……增加人对于人事思索的深度，容易培养抽象健康观念和有传染性的高尚情感。这对文学创作言，将使作品有性格，有分量。对文学家言，则将加深他的学习兴趣，能超越近功小利，而做比较寂寞的长远跋涉……希望它能有作用，即在多数人情感观念中能消毒，能免疫。不至于还接受现代政治简化人头脑的催眠，迷信空空洞洞‘政治’二字可以治国平天下，而解决国家一切困难与矛盾。却明白一个国家真正的进步，实奠基于吃政治饭的越来越少，而知识和理性的完全抬头”[1]。因此，沈从文等自由主义文学思想家强调文学独立于政治，除掉对于文学来说不必要的禁忌与束缚，“有头脑出发，用人生的光和热所蓄聚综合所作成为种种优美原则，用各种材料加以表现处理；彼此相粘合，相融汇，相传染，慢慢形成新的势能。新的秩序的憧憬来代替”[2]。

在这一时期的文学思想版图中，胡风等人的启蒙主义文学思想也表现出强大的韧性和坚定的批判精神。无论是在关于民族形式与旧形式、民间文艺形式的争论之中，还是在关于文艺与政治关系的批判中，胡风等启蒙主义文艺思想家仍然坚持鲁迅等人所开创的启蒙文学思想传统，对国民性中的精神创伤和蒙昧保持着深刻的警惕和坚定的批判，对新文学在民族抗战期间因为宣传动员的需要而简单化旧形式、民间形式等之中的传统文化及其反启蒙展开深入的批判，并用主观战斗精神作为作家对社会、对大众、对自我的批判和思想反思的路径，要求文学要通过现实切入到民族、大众和个体的精神

[1] 沈从文《〈文学周刊〉编者言》,《文学周刊》第十一期。

[2] 沈从文:《从现实学习（二)》,《大公报》，天津，1946 年 11 月 10 日。

世界之中，促使人们进行文化和精神启蒙，从而促进建立真正民主的文化和社会。

随着解放战争的结束和第一次中华全国文学艺术工作者代表大会的召开，中国文学思想现代阶段也就结束，自“五四”以来的文艺思想的争论与多元的阶段进入到同一与思想斗争的阶段。

中国现代文论在三十多年的发展过程中，因为时代背景、思想资源以及文学理论思考者价值偏好的不同，确实具有颇为不同的阶段性特点。但穿越这段历史过程，人们可以看到几个重要的特点贯穿在整个现代文论过程之中。首先，中国现代文论思想的多元性、争论的频繁性、对话的公共性以及相对自由的话语空间，给人印象是比较深刻的。尽管现代文论历史上存在以思想共同体甚至以政治共同体方式建构文学理论，并对其他文学理论造成思想言说压力甚至某种威胁的情况，但现代文论史总体上依然容忍了不同文学思想以多种方式存在，并因而创造了极富创造力的思想活力。与此同时，中国现代文论通过媒体、演讲、教育等方式形成了公共空间，创造了既不同于私人交流的文学思想话语传播，也不同于政治控制和检查并服务于政治的文学思想言说环境，从而在最大程度上保证了现代文论思想言说的自由。而且，现代文论言说者也自觉坚持着自己思想的自由性，努力抗争对思想的压制，尽管不少现代文论的思想者本身并非自由主义者甚至是反对自由主义的。其次，中国现代文论确实贯穿着传统与现代、中国与西方、启蒙与救亡等问题意识以及思考方式，但崩溃（无序）与重建、政治与审美、民族与阶级、专制与民主、统制与自由，以及科学、大众、阶级、国家、三民主义、革命、人性、理性、生命、爱、美、生命、人生、现实、白话等概念也遍布在文学思想之中，从而构建了一幅完全不同于中国传统文学理论的图景，而这些概念及其所揭示的思想方式、所提出的文学规范、批判的文学问题等，一直在中国现代文论历史中存在，尽管在不同阶段的思想形态、观念体系以及在整个文学理论版图中的地位是不一样的。这些概念所提出的文学问题重构了中国文学的思考方式，并提出了诸多至今依然需要面对与思考的问题域。再者，中国现代文论自然并非局限于文学领域自身进行思考，而是重要的文学思想家和思想流派大多会从关于社会、文化、文学等之间的关系来展开文学思考，因此现代文论总是会在社会、文化的总体性思考中寻找自己的位置，或者现代文论只是作为现代社会和文化理论的一部分、作为启蒙或者宣传社会与文化思想的工具，或者反抗着现代社会和文化理论的总体化压制而寻找文学作为人性作为审美的独特关怀。这也使中国现代文论确实呈现通过文学解决文化问题、通过文化问题解决社会政治问题的理路。最后，无论是自由主义、古典主义，还是启蒙主义、马克思主义，现代文论都一直在争夺着科学地认识人、认识社会、认识文学等的话语权，也许更准确地说，现代文论主流呈现着认识论的现实主义和价值观的世俗主义的特点。比较中国古代文论注重形而上的思考方式，现代文论必须解决的一个问题就是如何认识文学、认识世界、认识人，并只有在证明了自己的认识方法正确性的基础上，才能进一步提出将自己所认识的某种根本存在作为整个文学思想建构的根基。科学的认识方法已经被作为真理和唯一正当性的认识引入中国现代思想和文化之中，因此，各种现代文论如果要获得合理性和正当性，就必须采取科学的现实主义认识方法，如陈独秀、胡适、毛泽东、朱光潜、周作人、梁实秋、沈从文、茅盾等人都强调了文学思想的认识方法。正是由于对现实主义认识方法的重视，也决定了现代文学思想所思考的总是关于人、关于文学审美形式、关于文学语言、关于文学与人生、关于文学与民族或阶级、关于文学的历史等世俗性的问题，而不再是关系到神圣性的问题。即使古典主义强调永恒的人性或者战国策派强调神圣的绝对存在，也依然是世俗性的，而不是古代所思考的神圣性与超世俗性。

论朱光潜“人生艺术化”与诗学的“直觉主义”之思想

褚春元[1]

[摘要] 朱光潜是我国现代著名的美学家，切身体验对生命的感悟，并不断地深化对艺术、对人生的认识，提出“人生艺术化”的思想，内涵丰富，表现在多个方面。他留学欧洲期间，深受康德、克罗齐等人思想的影响，在美学和诗学思想上，认为美感经验是形象的直觉，主体在全神贯注中欣赏独立自足的意象，世界的美就会显现出来。他对人生理想的设计是“人生的艺术化”，这与他的“直觉主义”诗学思想密不可分，探讨二者的内涵及其关系具有重要的意义。

[关键词] 朱光潜　人生艺术化　直觉主义　美感经验

朱光潜是我国现代著名的美学家，自幼饱读中国传统文化经典，有着深厚的传统文化底蕴。后又远渡重洋，先后求学于多所西方著名高等学府，苦读文学、美学、哲学、心理学等学科，深得西学精神的精髓。朱光潜具有深厚的国学功底和精湛的西学造诣，他将二者完美地融会贯通起来，相得益彰。如他对理想人生的设计是“人生艺术化”，而这就与他诗学思想上的“直觉主义”密不可分。

---

[1] 褚春元（1971—），男，巢湖学院艺术学院副教授，文学博士后。

一、人生艺术化：人生是一种广义上的艺术

爱美、寻美是人之常情。审美需要植根于人的生命活动本身，是人的一种内在必然性的生命需求，而不是外在的强求与诱发。哪怕是在蒙昧的原始社会，先民们也在他们的生活中追求美，创造美。审美化人生不仅是人类生存的一种方式，也是人类一种自为存在的确证与表达形式，是人的本质力量的一种显现。正因为审美与人生有着天然的内在关系，许多文人学者把它作为一个重要的谈题。

朱光潜从自身深厚的文学艺术功底和丰富的知识、阅历出发，从青年时代起就开始探讨人生问题，切身体验对生命的感悟，并不断地深化对艺术、对人生的认识，从而提出"人生艺术化"的思想。他在《谈美》中说："离开人生便无所谓艺术，因为艺术是情趣的表现，而情趣的根源就在人生；反之，离开艺术也便无所谓人生，因为凡是创造和欣赏都是艺术的活动。"[1]在他看来，从广义上说，人生本来就是一种艺术，而他的生命史可以说是一部作品。至于这部作品究竟是艺术的，还是非艺术的，完全是由他自己来决定的。这就好比一块原材料，有人可以把它创造成精美的作品，有人却无能为力。那些懂得生活的人就是艺术家，他的人生也就是一部艺术杰作。所以，朱自清在《谈美·序》里称"人生艺术化"是朱光潜最重要的理论，并说："孟实先生引读者由艺术走入人生，又将人生纳入艺术之中。这种'宏远的眼界和豁达的胸襟'，值得学者深思。"[2]

朱光潜在许多篇章中表达了对现实人生的关怀，对人的自由的向往和对人性解放的追求，他的"人生的艺术化"的思想非常丰富，具体来说，主要表现在以下几个方面。

1."无所为而为"的人生态度。朱光潜说："艺术的活动是'无所为而

[1] 朱光潜：《谈美》，安徽教育出版社 1997 年版，第 146 页。

[2] 同上，第 6 页。

为’的。我以为无论是讲学问或是做事业的人都要抱有一副‘无所为而为’的精神。”[1] 所谓“无所为而为”是指不斤斤于得失，忘怀功名利禄，只满足于理想和情趣。朱光潜认为，“讲学问”（包括审美）和“做事业的人”都要有“无所为而为”的态度。在审美活动中，审美主体对审美客体的态度是超眼前功利的，不计较个人利害关系，只是一种审美的观照，主客体之间也保持着一定的心理距离，审美客体的功利性也不再成为主体的欲求与束缚，主体从而达到一种超凡脱俗的审美境界。

在现实生活中，主体也应与在审美活动中一样，保持着“无所为而为”的人生态度，此人生态度即艺术化的人生态度。艺术化的人生或人生的艺术化，就是要保持一种自由洒脱的态度，从不患得患失，也与现实境遇中的人生拉开适当的差距，以欣赏艺术品的态度来把玩人生万象。大凡那些自由、洒脱、豁达的志士，其人生确实是充满品味而富有情趣的。但是现实世界中总是充满各种利害与功利，人们难以逃脱利害的牢笼，而为各种羁绊所缚，尔虞我诈、卑鄙、压榨随时产生。而只有“美感的世界纯粹是意象世界，超乎利害关系而独立。在创造或欣赏艺术时，人都是从有利害关系的实用世界搬家到绝无利害关系的理想世界里去”[2]。因此，主体要努力超脱现实生活中的种种羁绊，把现实世界当作美感世界来欣赏，把现实人生当作艺术作品来玩味，持一种审美的态度来观照人生，这样的人就是豁达而脱俗的人，这样的人生就是精彩而有意义的人生。

2. “修辞立其诚”的本色生活。朱光潜说：“‘修辞立其诚’是文章的要诀，一首诗或是一篇美文一定是至性深情的流露，存于中然后形于外，不容有丝毫假借。”[3] 文章要“修辞立其诚”，就是要“忌俗滥”，俗滥就是没有了自己的本色而蹈袭了他人。文章忌俗滥，生活也忌俗滥；好的文章要有本色，艺术的生活也要有本色。朱光潜说：“艺术的生活就是本色的生活。世

[1] 朱光潜：《谈美》，安徽教育出版社 1997 年版，第 10 页。

[2] 同上。

[3] 同上，第 147 页。

间有两种人的生活最不艺术，一种是俗人，一种是伪君子。‘俗人’根本就缺乏本色，‘伪君子’则竭力遮盖本色。”[1] 越国的美女西施患有心病，常常因为病痛而捧心皱眉，但这是真实自然的流露，不丑反美；可是东施没有心病也这样做，这是人为做作，就是虚伪矫情，只能令人厌恶。

艺术化的人生就是要有本色的生活，就如“风行水上，自然成纹”，生活的妙处也是如此，处在什么样的地位，有着怎样的性情和情趣，就会表现出怎样的言行风采，使人觉得其自然和谐，这样的人就是本色的人，这样的生活就是本色的生活。“俗人”迷恋于名利，与世沉浮，心里没有源头活水，自然没有生气，生命就会枯竭。“伪君子”在“俗人”的俗不可耐之上更增添一份虚伪、矫情，他们在行为上表现出的一言一笑、一举一动，使人产生厌恶感，更谈不上美感。在朱光潜身边的朋友圈中，他特别欣赏丰子恺、朱自清二位先生。他说：“子恺从顶至踵是一个艺术家，他的胸襟，他的言动笑貌，全都是艺术的。他的作品有一点与时下一般画家不同的，就在他有至性深情的流露。”[2] 丰子恺身上散发着“无忧无嗔，无世故气，亦无矜持气”的自然本色，具有独特的人格魅力。而朱自清诚挚温和，严谨适度，为人热情，做事“乘兴而来，适可而止，从不流连忘返”，“在做人和做文章方面都已做到炉火纯青的地步”。[3]

3.“严肃”与“豁达”并重的生活情趣。艺术是情趣的活动，人生也要有情趣，“趣味是对于生命的彻悟和留恋”。现实生活中，并不是人人都有情趣，也并不是每个人的生活都是艺术的生活。只有那种寻求趣味并享受趣味的人，其人生才是有意义的，也才是艺术化的。朱光潜说：“人可以分为两种，一种是情趣丰富的，对于许多事物都觉得有趣味……。一种是情趣干枯的，对于许多事物都觉得没有趣味……。后者是俗人，前者就是艺术家。情

[1] 朱光潜：《谈美》，安徽教育出版社 1997 年版，第 147 页。

[2] 朱光潜：《朱光潜全集》（第 9 卷），安徽教育出版社 1993 年版，第 154 页。

[3] 同上，第 490 页。

趣愈丰富，生活也愈美满，所谓人生的艺术化就是人生的情趣化。”[1] 而要使生活充满情趣，就要主体同时并有严肃与豁达的情怀，二者不可或缺。艺术化的人生，就如苏东坡论文时所说，水在山谷中自行流淌，在它该畅行的时候行，在它该停止的地方止，既要随性又要适可而止。主体既能够做到认真，也能够做到摆脱；要在认真中呈现出主体的严肃，也要在摆脱时现出主体的豁达。

在中外历史上，许多名流雅士表现出艺术家的豁达情怀。王徽之居山阴，某夜间下起大雪，一觉醒来，开门见皎然洁白，便酌酒吟诗，忽然间想起他的朋友戴逵，便连夜乘小舟到剡溪去探访他，可是刚到了门前却又不想进去，于是又返回山阴。有人问他是何缘故，他说：“吾本乘兴而行，兴尽而返，何必见戴！”大哲学家斯宾诺莎生活贫困，但他不愿意去大学就职，而是依靠磨镜来勉强过活，因为他怕由此而影响自己的自由与生活。这些人有了艺术家的“豁达”，却没有了“严肃”。真正富有生活情趣的艺术化生活既要有“严肃”，也要有“豁达”。魏晋时代的有些名士只有豁达而没有严肃，而宋明理学家却又大都有严肃却没有豁达。在朱光潜的心中，陶渊明、杜甫等人才是“并有严肃与豁达之胜”之名流，也才具有真正的生活情趣。朱光潜自己一生大起大落，际遇坎壈，但无论遭遇怎样，都能豁达以对待，同时又能孜孜以求，不放弃做人与做事业，他的生活充满着情趣。

4. 跳到圈外的文艺观世法。朱光潜在大学期间学过许多功课，解剖过鲨鱼，制造过染色切片，读过建筑史，学过符号学等，但他说在文学、哲学等诸多学科之中，最感兴趣的还是文学。[2] 朱光潜平生最爱文学艺术，也认为文艺与人生关系最为密切。在他看来，人性的各个方面和谐发展才能铸就健全的人生理想，既不能缺少，也不能多余，就如草木生机欣欣向荣。对于人来说，思想情感就是人的生机，它需要自由宣泄。假如有了思想情感却不能

[1] 朱光潜：《谈美》，安徽教育出版社 1997 年版，第 152 页。

[2] 朱光潜：《文艺心理学》，安徽教育出版社 1996 年版，第 4 页。

得到应有的宣泄，就像有了生机的花草不能生长一样，最终会生病死亡。而文学艺术就是人的思想情感需要表现出来的载体，假使生活中没有了文学艺术，就会淡乎寡味，毫无生趣。那些对文学艺术毫无兴趣的人也就浊俗，甚至精神颓废。

正因为人生不能离开文艺，在一个有着文学艺术修养的人看来，整个世界是充满生机的，人生是有趣的。如果他有艺术家的表现能力，就可以借文艺表达情思；如果他不能表达，也能够具有一双慧眼看世界，整个多彩的世界都可以看成是一首诗、一幅画、一出戏剧，而到了这种境界，人生便是艺术化的了。[1] 现实中的许多人拿实际的人生态度来看戏，而朱光潜却拿看小说或戏剧的方法来看男女的恋爱；拿看画的方法来看一片园林或一座房屋。这种跳到圈子以外看生活的方法，朱光潜称之为“文艺观世法”，因为这是从学文艺中得来的。他说：“我的冷静客观的头脑不是从科学得来的，而是从文艺得来的。凡是不能持冷静的客观的态度的人，毛病都在把‘我’看得太大。他们从‘我’这一副着色的望远镜里看世界，一切事物于是都失去它们本来的面目。所谓冷静的客观的态度，就是丢开这副望远镜，让‘我’跳到圈子以外，不当作世界里有‘我’而去看世界……。这是文艺的观世法。”[2] 现实世界的人和物是纷纭扰攘的，而要用超世的观世态度去看待，抛去斤斤计较与得失利害，忘却许多痛苦，把它当做图画看，当做小说看，那么件件事、个个人都是有趣的，生活也就充满乐趣。

二、诗学的“直觉主义”：不即不离与移情

朱光潜提出“人生艺术化”的思想，与他具有丰富深厚的传统文化功底和切身的生命感悟有关，也与他早年留学欧洲，接受西方美学思想，形成了

[1] 朱光潜：《谈文学》，安徽教育出版社 1996 年版，第 8 页。

[2] 朱光潜：《朱光潜全集》（第 3 卷），安徽教育出版社 1987 年版，第 343-344 页。

诗学上的“直觉主义”有关。在美学和诗学思想上的“直觉主义”，直接影响到他对人生的看法。

在西方，从康德到克罗齐形成了形式派美学传统。朱光潜在欧洲大学读书时，接受了这派美学思想，认为美感经验是形象的直觉，主体在全神贯注中欣赏独立自足的意象，世界的美就会显现出来。对于公园里一棵高大的松树，一位木材商、植物学家、画家都能感知到这棵树。木材商感知到的是这棵树的价值怎样；植物学家感知到的是一棵树龄多少、枝叶为怎样形状的木本植物；而画家知觉到的是一棵苍翠劲拔的古树。为什么会这样呢？这是因为知觉古松的三位主体的态度不同，古松的形象也就会出现变化。木商对待古松的态度是实用的态度，他心里想着花多少钱来买它，运回去是做怎样的家具或是做房梁；植物学家对待古松的态度是科学的态度，他要把古松归到植物学的某类某科里去，研究它与其他松树的异同之处；而画家对待古松的态度是美感的态度，他全身心地投入到观赏树的盘屈的形状、苍翠的颜色和它的气概，而不管它的种类、价值等。[1]

实用的态度是求“善”，主体考虑与关注的是事物对于人究竟是有利还是有害；科学的态度是求“真”，主体关注的是事物与事物之间的关系是怎样。在实用的态度和科学的态度中，主体的注意力都不在所观照的事物本身上，所得到的事物的意义都不是独立的、绝缘的。美感的态度与此不同。美感的态度是求“美”，主体以美感的态度观照事物，其注意力专注在事物本身上，心理活动偏重直觉，所得到的意象孤立绝缘。画家观照古松，把全部的精神投注在古松身上，想不起这棵树价值多少钱，也忘记松树在植物学里被称为木本植物。他不用抽象思考，没有意志和欲念，在他的脑海里，只有古松的形状、颜色，古松自身以外的一切他都不管，只是把古松当做一幅画来把玩。朱光潜说：“这种脱净了意志和抽象思考的心理活动叫做‘直觉’，直觉所见到的孤立绝缘的意象叫做‘形象’。美感经验就是形象的直觉，美

[1] 朱光潜：《文艺心理学》，安徽教育出版社 1996 年版，第 18 页。

就是事物呈现形象于直觉时的特质。”[1] 当主体观照一件事物时，觉得它美，那么它一定会在主体的内心中呈现出一副图画或一种具体可感的境界，主体的内心和意识也会全部为它所占据；主体聚精会神，心无旁骛地观照它，从而暂时忘记一切。那么，这种经验就是“形象的直觉”，也就是“美感经验”。[2]

朱光潜的“直觉主义”诗学思想显然是受到康德、克罗齐等人思想的影响而形成的。克罗齐在《美学》里开章就说：“知识有两种，一是直觉的（intuitive），一是名理的（logical）。”[3] 直觉的知识就是关于个别事物的知识；名理的知识就是关于几个个别事物之间关系的知识。一切名理的知识都可以归纳到“A 为 B”的公式。比如说“杨柳是一种树”。直觉的知识则与此不同。主体直觉“A”时，就是把全部心神贯注在“A”本身上而心无旁骛，“A”在心中只是一个不关其他的独立自足的意象。比如，“A”代表的是杨柳，它在心中就只是一棵树的图画，假如还联想到“杨柳是木本植物”，那么就失其为直觉了，而这种独立自足的意象或图形就是“形象”。朱光潜认为，在美感经验中，“心”与“物”相接的只是直觉，物在心里显现的也只是形象。直觉时除了形象，没有他物；而形象除了在直觉之中见出，也无从他出。有形象肯定有直觉，反之，有直觉肯定有形象。直觉时内心里见出一个形象，这种“见出”即是创造，这种形象即是艺术。因此，“美感的经验”就是“形象的直觉”。[4]

美感经验起于形象的直觉，直觉中除了形象，就没有其他的了。在美感经验中，主体与在实用世界里专心于满足实际生活需要有所不同，只是把直觉到的世界当作一幅图画形象来欣赏。主体跳脱实用的圈套，把世界摆在一种距离之外去看，世界的美就会显现出来。但在现实中，主体常常

[1] 朱光潜：《谈美》，安徽教育出版社 1997 年版，第 18 页。

[2] 朱光潜：《文艺心理学》，安徽教育出版社 1996 年版，第 13 页。

[3] 同上，第 11 页。

[4] 同上，第 19 页。

秉持实用的态度。常年生活在西湖和峨眉旁边的人们除了感到以居住在风景名胜之处而感到自豪外，往往觉得西湖和峨眉也不过如此。一个海边的农夫，当别人赞赏他门前大海的美景时，他却指着屋后的一园蔬菜说，菜还不错。倘若在人生中，主体总以超眼前功利的态度观照一切事物，不计较个人利害关系，从而达到一种超凡脱俗的审美境界，这便是人生的艺术化了。

由此可见，美感和实际的人生还是有一定的距离。事物本身的美并不能自己显现出来，要想见到它就必须在适当的距离之外去看。英国心理学家布洛对此提出一条原则——“心理的距离”，朱光潜举了一个实例来说明。在大海上乘船遭遇大雾，茫茫无边，看不清周围的景象，呼吸不通畅，行程也要被耽搁，还会有危险，这是件最不畅快的事。但是换一种态度来对待，不去想行程耽搁了，也不去想是否会遭遇危险，只是聚精会神地看那轻烟似的薄纱笼罩在平静的海面上，天与海连成一气。面对如此绝美的海雾景致，这或许是一次极愉快的体验。[1] 朱光潜认为，对待海雾有两种经验。在前一种经验中，主体的知觉、情感、希望以及一切生活需要都同海雾联结在一起，主体不得不畏惧危险而求平安，不得不为耽搁了行程而讨厌海雾。也就是说主体与海雾的关系太密切了，距离太近了，所以不能用安然的态度去欣赏它。而在后一种经验中，主体把海雾摆在实用世界之外，使它和实际生活保持适当的“距离”，不再为海雾担忧，只用美感的态度去欣赏它，美感自然就会产生。

艺术家和审美者的本领就是能够把海雾当做美的观照对象，能够让农夫关注门前的海景而不是只去关心屋后的一园青菜。他们能抛开世俗，从利害功利之网中逃脱，全神贯注于事物之美的欣赏，并使现实人生与事物保有“适当”的距离。而这个“适当”很关键，就是说艺术既要让人从现实生活中解脱，又要使人能获得审美的愉悦。朱光潜说：“创造和欣赏的成功与否，

[1] 朱光潜:《文艺心理学》，安徽教育出版社 1996 年版，第 21 页。

就看能否把‘距离的矛盾’安排妥当，‘距离’太远了，结果是不可了解；‘距离’太近了，结果又不免让实用的动机压倒美感，‘不即不离’是艺术的一个最好的理想。”[1] 所以，这个“适当”就是“不即不离”，把握这个“不即不离”也就很重要。欣赏曹操戏的观众，看到舞台上老奸巨猾的曹操，心生愤慨，结果提刀上台杀死了曹操的扮演者。这样的戏，就演员来说，演技绝妙；就观众来说，欣赏时忘其为戏，便从美感的世界回到了实用的世界。这是“距离”太近了，以至消失。王渔洋《秋柳诗》：“相逢南雁皆愁侣，好语西乌莫夜飞。”诗句中的“南雁”指国破家亡后飘零的大臣；“西乌”指投降屈节的叛臣贼子。假使读诗的人不了解这首诗的历史，不明白是悼明亡的诗，也就不能理解了。也就是说，它的“距离”太远，欣赏者无法欣赏。可见，“不即不离”也就是最重要的欣赏态度了。

在美感经验中，主体与外界事物要保持适当的“距离”，而“距离”是指实用观点上的隔绝，就美感观点来说，主体与外界事物的距离再接近不过了。在主体的凝神观照中，主体情感专注于物的形象上面，心中无有，主体在不知不觉中，由物我两忘进入到物我同一的境界。朱光潜说：“物我两忘的结果是物我同一。观赏者在兴高采烈之际，无暇区别物我，于是我的生命和物的生命往复交流，在无意之中，我以我的性格灌输到物，同时也把物的姿态吸收于我。比如观赏一棵古松，玩味到聚精会神的时候，我们常不知不觉地把自己心中的清风亮节的气概移注到松，同时又把松的苍劲的姿态吸收于我，于是古松俨然变成一个人，人也俨然变成一棵古松。”[2] 这种物我同一的现象即是德国美学家立普斯所说的“移情作用”，即是主体在观照外物时，把自我情思投移到对象上，好像觉得对象上也有我的情思。自己在心情愉悦时，山川草木也会含情含笑；自己在伤心落泪时，花鸟虫鱼也在悲苦忧愁。

[1] 朱光潜：《文艺心理学》，安徽教育出版社 1996 年版，第 25 页。

[2] 同上，第 18 页。

移情作用把人的生命移注于外物，本来属于物理的东西具有了人情，本无生气的东西具有了生气，所以朱光潜称它为“宇宙的人情化”。移情作用从理智上说一种错觉，不符合生活逻辑，但是如果没有它，世界如同一截枯木，了无生机，人生便了无情趣，文学艺术也就无从产生。诗人、艺术家正是凭移情作用把宇宙加以生气化和人情化，把人和物的距离缩小，一草一木才可以含泪凝愁，一山一水才可以微笑欣喜。“感时花溅泪，恨别鸟惊心”，“我见青山多妩媚，料青山见我应如是”，这样的佳句才会叠出不断。

三、美感经验与人生的艺术化

朱光潜的一生是艺术的一生，他既关怀现实人生，又追求人的自由和个性解放，向往快适诗意的生活，他对理想人生的设计是“人生的艺术化”。而他的人生艺术化思想既有中华传统文化的根基，又有着西方文化的深刻影响。朱光潜留学欧洲十余年时间，求学于多所大学，接受了康德、尼采、叔本华、柏格森、弗洛伊德、克罗齐等人的哲学美学思想，尤其是克罗齐的“直觉主义”诗学思想对其影响颇深。

在朱光潜看来，艺术和审美是人性中的一种最原始、最本能的需要。在人类的原始穴居时代就有了诗歌图画。人类对美的渴求是精神上的一种饥渴，恰如人类需要满足口腹的饥渴一样。人的生命中丧失了真、善与美，就会畸形残缺与不完美。在现实生活中，人类的许多生来就有的本能冲动和情感，如性欲、爱、恶、怜、惧等需要发泄和排遣，但又受到道德、法律、宗教、习俗种种的约束而被抑制。艺术和审美是一种发泄情感、释放本能的通途，因为艺术的世界是一个没有约束，可以无限想象的世界，也是一个忘却自我的世界。在美感经验中，主体不但把欣赏对象以外的世界忘却了，并且也把自我的存在忘记了。在主体的直觉中没有自觉，处于凝神的境界中时，主体心中只有一个意象，而没有物与我的分别，我和物是融合在一起的。朱光潜曾引用叔本华的话说：“如果一个人凭心的力量，丢开寻常看待事物的方法，……把全副精神专注在所觉物上面，把自己沉没在这所觉物里面，让全部意识之中只有对于风景、树林、山岳或是房屋之类的目前事物的恬静观照，使他自己‘失落’在这事物里面，忘去他自己的个性和意志，专过‘纯粹自我’的生活。”[1]那么主体就会摆脱意志，摆脱悲苦烦恼。同样，在艺术欣赏时，主体也暂时忘却自我，摆脱意志的束缚，由意志世界移入到意象世界，艺术对于人生也是一种解脱。

人生不能离开艺术，艺术从纷纭复杂的实用世界中超脱出来，所获得的是独立自足的、别无依赖的、单纯的意象世界，这就是美感经验。反之，离开了美感经验，也就无所谓艺术。美感经验是形象的直觉，脱尽了功利与干枯，直觉到的形象也是观赏者的性格和情趣的返照。艺术的生活是情趣丰富的生活，离开艺术便无所谓人生。《晋书·隐逸》记陶潜：“性不解音，而畜素琴一张，弦徽不具。每朋酒之会，则抚而和之，曰：‘但识琴中趣，何劳弦上声！’”[2]朱光潜特别推崇陶渊明的这种生活，说：“他的胸中自有无限，所以不拘泥于一切迹象，在琴如此，在其他事物还是如此。昔人谓‘不着一字，尽得风流’为诗的胜境，渊明不但在诗里，而且在生活里，处处表现出这个胜境。”[3]陶渊明的诗“散而庄，淡而腴”，“外枯而中膏，似淡而实美”；陶渊明的生活充满着情趣和醇美，实现了人生的艺术化。

结　语

人生是一种广义上的艺术。审美的人生是诗意的、创造性的，生活的情趣愈丰富，人生愈是艺术化，人的生活愈是美满和有趣。而要实现人生的艺术化，主体须跳出实用的圈套，与外在世界保持适当的距离，只把直觉到的世界当作一幅图画形象来欣赏，那么世界的美就会显现出来。朱光潜在《谈

[1] 朱光潜：《文艺心理学》，安徽教育出版社 1996 年版，第 17 页。

[2]（唐）房玄龄等撰：《晋书》（八），中华书局 1974 年版，第 2463 页。

[3] 朱光潜：《诗论》，安徽教育出版社 1997 年版，第 242-243 页。

美》中说：有一块路牌插在阿尔卑斯山谷中的路旁，敬告来来往往的游客，要慢慢走，慢慢赏。可是在这忙碌的世界，来游玩的人总是乘着汽车疾驰飞过，很少有人能驻足停留，耐心欣赏路旁优美的景致。那片奇异优美的风景也就变得毫无生趣了。这是令人可惜的。朱光潜认为，人生就要一路走，一路欣赏，无所为而为地玩索，拿得起，放得下，生活便充满了情趣，人生的艺术化的要义也就在此。

徐复观心性观念的局限与中国艺术精神观之反思

耿　波[1]

［摘要］徐复观的心性观念来自自孔孟到宋明理学的思想史阐释，并构成了其中国艺术精神观念的思想根源。在以心性作为价值根源的意义上，徐复观承续中国儒学传统而来的心性观难脱主客相对、对象化的局限性；在对老庄之学的全新阐释中，徐复观以虚静之“无”为心性，极大拓展了传统心性观的思想视野，但同样难脱以“无”为对象的主客相待之局限。徐复观心性观是其中国艺术精神观的根源，心性观的局限同样造成了其中国艺术精神观念的局限，使其所理想的“根源之地的根源性关系”只是发生在主体对象化意欲统摄下的想象中的主体对客体的投射游戏。

［关键词］心性观　价值根源　对象化　中国艺术精神

徐复观先生以其《中国艺术精神》在学界广获盛誉。徐先生的《中国艺术精神》写成于20世纪60年代，与中国传统艺论不同，该书对中国艺术传统的理解思虑极深、自成体系，将对中国艺术的谈论视野上升到了哲学高度但又与西方哲学美学的形而上学判然有别，因此，该书自问世至今获得了越来越高的关注。然而，正是这种与中国艺论传统的不同，使人们对《中国艺术精神》的解读常有恍惚之感：惊叹于该书对具体艺术现象判断的精彩，但

[1] 耿波（1976—），男，山东沂源人，中国传媒大学文法学部副教授。

又难究其源。事实上，徐复观艺术思想的根基是其心性观，《中国艺术精神》是深根于《中国人性论史・先秦篇》等思想史著作的结论。徐复观艺术思想的深刻独到正来自其心性观渊深。

一、徐复观心性观提出的思想史进路

心性思想是新儒家思想体系的核心，于徐复观而言，对心性真谛的究诘远超出学问动机而与为人生寻找一根本立足点的价值根源有关。徐复观四十岁之后弃政从学，一生以价值根源的探询为指归，在徐复观思想中，价值根源非常明确地被体认为是人生之中的终极“立足点”。他说:“我们应该承认，在人类文化发展的过程中，很多人在寻求解决人生价值的根源问题。因为一个人必须有他最基本的立足点，否则便会感到漂泊、彷徨，没有方向、没有力量，故必要求有一立足点，然后才有信心、有方向、有归宿。‘人生价值由何而来？由何而评定’的根源问题，实际便是人生最基本的立足点的问题。”[1]

徐复观指点出中国文化的价值根源要安放在“心”上，“心”的关键是心的“作用”，此“作用”即指的是人的生命中恒定的人“性”，所以，徐复观之价值根源安放在“心”上的说法，即是将价值根源安放在“心性”上。下面我们跟随徐复观的思路来看徐复观是如何从思想史的角度疏浚出“心性”观念来的。

徐复观对于“心性”的考察从周革殷“命”(政权)这一中国历史上的大事件说起。徐复观说:“周人革掉了殷人的命，成为新的胜利者；但通过周初文献所看出的，并不像一般民族战胜后的趾高气扬的气象，而是《易传》所说的‘忧患’意识。……‘忧患’与恐怖、绝望的最大不同之点，在于忧患心理的形成，乃是从当事者对吉凶成败的深思熟虑而来的远见；在这

[1] 徐复观:《心的文化》，见《中国思想史论集》，上海书店出版社，2004年，第211页。

种远见中，主要发现了吉凶成败与当事者行为的密切关系，及当事者在行为上所应负的责任。忧患正是由这种责任感来的要以己力突破困难而尚未突破时的心理状态。所以忧患意识，乃人类精神开始直接对事物发生责任感的表现，也即是精神上开始有了人的自觉的表现。”[1]“忧患意识”乃是人于艰难中的挺立，徐复观认为这一心性世界的开辟发生于商周易代之际，显发于周公、文王身上，其意义在于为中华文化传统中的“心性”传统奠定基础。

周公、文王之后是孔子。徐复观特别重视孔子对自身精神升进历程的描述，“子曰：‘吾十有五而志于学，三十而立，四十而不惑，五十而知天命，六十而耳顺，七十而从心所欲不踰矩’。”[2]其中徐复观最为关注的是“五十而知天命”。徐复观曾经专门撰文《有关中国思想史中一个基题的考察——释〈论语〉“五十而知天命”》（1956）讨论过“五十而知天命”，指出“五十而知天命”一语，为孔子进德修业历程中的“最大关键”，“若对此语无确解，则对全章乃至对孔子的全部思想，亦将陷于模糊摸索之中。”[3]在徐复观的阐释中，首先给予了在“五十而知天命”之前的“十有五而志于学，三十而立，四十而不惑”以充分的重视，认为这是进入“知天命”的人生境界必经之途：在现实道德经验中的涵育，一种深深的现实掩埋。在此长长的取资于外在标准的现实经验掩埋之后，徐复观指出：“由不断的实践的结果，客观的标准，与自己不断的接近、融合，一旦达到内外的转捩点，便觉过去在外的道德根源，并非外来实从内出；过去须凭多闻多见之助者，现忽超出于闻见之外，而有一种内发的不容自已之心，有一种内发的‘泛应曲当’之理，此时更无所籍助于见闻（经验），而自能主宰于（经验界），道德根源达到了此一转换点，这才是孔子所说的‘知天命’。”[4]徐复观总结道：“‘知天命’乃是将外在的他律性的道德，生根于经验界中的道德，由不断的努力而将其内

[1] 徐复观：《中国人性论史》，上海三联书店，2001 年，第 18-19 页。

[2]《论语 · 为政》。

[3] 徐复观：《徐复观文集》（第二卷），湖北人民出版社，2002 年，第 117 页。

[4] 同上。

在化，自律化，以使其生根于超经验之上。借用康德的语气，这是哥白尼的大回转。"[1] 与以"禄命"解"天命"的观念和以"天下之物，莫不有理"的观念相比，徐复观所阐解的孔子之"天命"是将在人世间铺展开来的道德经验体会涵容于人的内在人格世界，在其中发现"一种内发的不容自已之心"，"无限深、无限广的一片道德理性"。[2]

在徐复观心性之学的思想史阐释中，孔子之后是孟子。徐复观认为，孔子的伟大之处乃在于于自己现实的生命中体认出"天命"，体认出"一颗不容自已之心"，但"孔子是通过他个人下学而上达的工夫，才实证到性与天命的合一。所以性与天道，对于孔子，还是个人地事实地存在；孔子似乎还没有把他客观化出来，加以观念的表诠；所以子贡才有'不可得而闻'之叹。"[3] 直到子思作《中庸》才明确地说出了"天命之谓性"的话，在概念表诠上进一大步。孟子"受学于子思门人"，直接发展了"性"的学说，将"性"的学说在人人可以把捉、可以践行的层面上进一步铺展开来，提出了"性善"说。徐复观进一步指出，孟子的"性善"说又更加具体地指证在人人可当下把捉、当下体认的"心"上："孟子所说的性善，实际便是心善。经过此义点醒后，每一个人皆可在自己的心上当下认取善的根苗，而无须向外凭空悬拟。"[4] 如果说孔子是以自己深广的实践开启了自身内在世界中的天命的话，那么孟子则是在笃行之上益之以敏锐的洞察力，推陷廓清，打破种种掩埋，在人的"心"上开出一条人人皆可以通达自身之天命的坦途。"仁义礼智根于心"[5] 是孟子继孔子"五十而知天命"、《中庸》"天命之谓性"之后说出的另一个里程碑式的结论，至此，中国文化中"心性"观念在孟子这里真正得以破壳而出。

---

[1] 徐复观：《徐复观文集》（第二卷），湖北人民出版社，2002 年，第 119 页。

[2] 徐复观：《中国人性论史 · 先秦篇》，上海三联书店，2001 年，第 62 页。

[3] 同上，第 140 页。

[4] 同上，第 141 页。

[5]《孟子 · 尽心上》。

孟子之后是宋明理学。徐复观论述宋明理学的著述并不多，但在生命的末期，却以近四万字的篇幅的《程朱异同》[1]来阐释宋明理学。在这篇文章中，徐复观将开端于孔子，以迄于宋明理学的一线学脉称之为“为己之学”。何谓“为己之学”?《论语》:“子曰：古之学者为己，今之学者为人。”[2]徐复观这样解释“为己之学”:“简而言之，化客观知识为生命之德，此时道德乃生根于生命之内，而有其必然性；由道德的必然性而自然发出行为的要求。此即孔子的所谓为己之学。”[3]回扣徐复观在26年前（1956年）在《有关中国思想史一个基题的考察——释〈论语〉“五十而知天命”》中阐述孔子“天命”时说的:“‘知天命’乃是将外在的他律性的道德，生根于经验界中的道德，由不断的努力而将其内在化，自律化，以使其生根于超经验之上。”可见徐复观对于“知天命”的阐释和“为己之学”的内涵其实是一致的。时光荏苒，历将近三十年，徐复观思想一以贯之，弥久日新。在“为己之学”的大脉络上，徐复观为程朱理学找到了位置。徐复观认为，自孔孟以下，荀子、西汉以及后世儒者虽仍坚持道德本位，但偏离了“为己之学”的大纲，使“道德外钅乐多于内发性”[4],“到了二程，可以说是直承‘为己’之学而加以发展的。“为己之学是程氏别异于当时训诂文章之学的重大标志”[5]，朱熹学问以向“外”展开的“格物致知”为特点，似与“为己之学”相违背，但徐复观指出:“他们（按指朱熹等人）在格物向外追求历程的最后一阶段，实作了向内的大回转”[6]，经过此“大回转”,“将客观之理，内在化与心性之理

[1] 本文写于1982年1月，本是为1982年夏举行的“国际朱子学术会议”而作。全文约四五万字，注释达162条。徐复观在谈到这篇文章时说:“在《程朱异同》中提出的‘为己之学’是自己以前并没有想清楚的，只是在一次公园散步，忽觉得自己的心把握到一些东西。”（参见《徐复观教授纪念文集》第508页）可见徐复观对于这篇文章的重视。文章写成后三个月，徐复观病逝。

[2]《论语・宪问》。

[3] 徐复观:《徐复观文集》(第二卷)，湖北人民出版社，2002年，第297页。

[4] 同上，第299页。

[5] 同上。

[6] 徐复观:《徐复观文集》(第二卷)，湖北人民出版社，2002年，第300页。

相符应，相融合，因而将心性之理加以充实、彰善，此即他们所强调的自得。”[1] 徐复观在这里说的“大回转”和他在阐述孔子“五十而知天命”时所说的外在的、他律的道德经验在一“关捩点”上回转向内在的、自律的超经验道德是一致的。宋明理学诸大儒中，徐复观重点论述的是程朱。到程朱，徐复观对于中国文化价值根源的考察结束。

二、徐复观心性观的局限

徐复观在思想史阐释中所呈现的心性观，并非一般意义上的哲学范畴，而是作为人生究竟义而提出的价值根源，这是徐复观一再确认的。然而，徐复观阐释视野中的“心性”是否足称“价值根源”而为人生之究竟义？由此问题而转入对徐复观“心性”观念局限性的考察。

如前所述，徐复观心性观念的核心内涵可概括为：外在、经验的道德向“内”“回转”，回转向人之内在、超验的道德，即人之“天命”、“心性”的显发。但就终极意义上的价值根源而言，徐复观的心性观念中隐藏着一个矛盾：“心性”是落实在人之经验的、感性的心“内”的，或者说，是在人之经验的、感性的心“内”显发出超验的天命来的，因此心性的超验之发生是一个“内在化”的事实。此一由经验向超经验的向内的超验进向我们称之为“内在超越（Immanent Transcendent）”[2]。在此“内在超越”的内向回转中矛盾的实质在于：心性一方面是超验的，而另一方面此超验的心性又被“内”置于人之感性、经验的“心”中，因此，心性之“超验”在未曾得以净化涤

---

[1] 徐复观:《徐复观文集》(第二卷)，湖北人民出版社，2002 年，第 300 页。

[2]“内在超越”之“超越（Transcendent）”一词在词源上来源于牟宗三、唐君毅等人对于康德哲学的借鉴，有人亦翻译为“超验（Transcendental）”。“内在超越”在 1950 年代被提出，1980 年代左右在海内外儒学界引起了广泛的争议。可参见（美）安乐哲:《中国式的超越，抑或龟龟相驮以至无穷》，收入萧震邦主编的《儒学的现代反省》，台湾文津出版社 1997 年版；冯耀明:《当代新儒家的“超越内在”说》，台湾《当代》第 84 期，1993 年 4 月；刘述先:《关于“超越”内在问题的反思》，台北《当代》第 96 期，1994 年 4 月。

荡的人之感性、经验的语境中，在主体投射的意义上被把握为一对象化的预设客体，从而在根本上失去了它的根源性。

徐复观心性观念中所透出的"内在超越"的矛盾并不是一个孤立的、无意中触着的现象，确切地说，这是贯穿整个儒学学统中的一个根本矛盾在徐复观思想中的涌出。

从孔孟开始，"内在超越"的超越路向已经基本奠定。汤一介先生清晰地梳理了孔孟内在超越的思想史线索。《论语·为政》中孔子说"吾十有五而志于学，三十而立，四十而不惑，五十而知天命，六十而耳顺，七十而从心所欲不逾矩"。汤一介先生于此解释道："在五十岁以前是孔子'知天命'的准备过程。'知天命'是知'天道'之超越性，此时仍以'天'为知的对象。'六十而耳顺'，朱熹注说：'声通于心，无所违逆，知之之至也，不思而得。''知'达到了顶点而至于'不思而得'的境界，此乃充分发挥其'心'之内在性之体现。至于'从心所欲不逾矩'则是达到了完全的'内在'而'超越'的境界了，即由其'心'之内在性之充分发挥而达到超凡入圣的'天人合一'的境界。故孔子说：'知之者，不如好之者，好之者，不如乐之者。''天道'不仅是超越的而且是通于人之内在之性，故《中庸》曰：'天命之谓性，率性之谓道'，'人性'同样不仅是内在的而且可以通于'天'之超越之性，故曰：'诚者，天之道也；诚之者，人之道也。'继孔子之后有孟子，他充分发挥了孔子哲学中关于'内在性'的思想，并以人之心可以通于超越性之'天'。他说：'尽其心，知其性也；知其性，则知天矣。存其心，养其性，所以事天也。'人本然所具有的'四端'的充分发挥，则表现为'仁'、'义'、'礼'、'智'之善性，这样就可以达到对超越性的'天'觉醒，而实现内在之人心与超越的天道同一。"[1] 进一步，汤先生指出："宋明理学为儒学第二期的发展，从根本上说它是在更深一层次上解释孔子提出的'性与天道'的问题，使儒家哲学所具有的'内在超越'的特征更为系统化和理论

[1] 汤一介：《内在超越问题》，http: //philosophyol: com/pol04/Article/chinese/c_ancient/200407/747: html。

化。程朱的‘性即理’和陆王的‘心即理’虽然入手处不同，但所要解决的仍是同一问题。程朱是由‘天理’的超越性推向‘人性’的内在性，以证‘性即理’；陆王是由‘人性’之内在性推向‘天理’之超越性，以证‘心即理’。”[1]这一番梳理应该说很清楚了，不仅如此，汤先生更以深彻之思探幽发微指出“内在超越”不独是儒家思想的超越路向，亦是涵括儒、释、道之整个中国传统文化的超越境界，言之凿凿，令人服膺。

在儒学一脉的现代发展过程中，正是熊十力先生的三位弟子，唐君毅、牟宗三以及徐复观将此贯穿在孔、孟、程、朱、陆、王一线中的“内在超越”传承了下来并使之发扬光大。1955 年牟宗三提出了“亦超越亦内在”[2]，1956 年提出“既超越而又内在”[3]，这可以说是“内在超越”这一名词的来源所在。但牟宗三在整个“内在超越”之发展史上不仅仅是以“内在超越”的提法使得“天命之谓性”的超越境界在现代有了一个明确的表达，其更加深沉的意义在于他在与康德哲学的对话中使得“内在超越”这一中国传统哲学观念获得了严谨的哲学表达。

郑家栋在其《“超越”与“内在超越”——牟宗三与康德之间》的文章中仔细梳理了牟宗三的“内在超越”与康德哲学之“超越”观念的关系，这对于我们领会“内在超越”的实质内涵也具有极大的作用。郑论指出，在康德那里，“超越（Transcendent）”在根本上乃是“超验”的意思，“超验”标示出的是一个无法“超越”的界限，一旦“超越”了这个界限进入“超验”之地，则只涉及人之“思”，而与“知”和“在”无缘，正是在此意义上康德阻断了人们试图凭借知识通往形而上学和信仰的超越道路。对于牟宗三而言，其全部超越之思就是从逾越康德所设定的这一界限开始的。在牟宗三看来，康德哲学此一不可逾越之界限的设定在根本上是因为只承认人有“识知”，而不承认人有“智知（智的自觉）”。“识知”是人们的感触见闻之知，而“智

[1] 汤一介：《内在超越问题》，http: //philosophyol: com/pol04/Article/chinese/c_ancient/200407/747: html。

[2] 牟宗三：《生命的学问》，台北三民书局，1970 年，第 74 页。

[3] 牟宗三：《陆王一系之心性之学（三）——刘蕺山的诚意之学》，《自由学人》，第 1 卷第 3 期。

知”是人们对于自身之道德超越性的直觉呈现。因此，牟宗三通过对于“智知”的提出，使得在康德看来不可能“知”、“在”的超越境界从原先从“思”而来的“设定”变成了客观“实在”，使得对超越境界的把握成为了一种知识。郑家栋总结道:“康德所强调的正是人与神、‘人知’与‘神知’、有限与无限之间的区分与对立，尽管此种对立在道德实践领域似乎表现出某种松动，但仍然具有某种不可逾越的性质。此种对立及其不可逾越性乃是康德建立道德的神学与道德的宗教的前提。此中‘人可否有智的直觉’确是问题的关键所在，也只有在这一点上加以扭转与突破，才能够打通神与人、有限与无限之间的隔截与界限，也才有可能进而把康德‘道德的神学’转化为儒家意义上的‘道德的形上学’。这也正是牟先生的着力之处。”[1] 应该说，牟宗三在此意义上于中国传统心性之学贡献尤大，他的“智知”观念的提出使得张载的“德性之知”、王阳明的“良知”、熊十力的“性知”等观念在现代知识论体系中得到了一一落实，“内在超越”的超越路向获得了完备的知识合理性。

与牟宗三相比，徐复观对于经由知识论意义上的“智知”而达致对于超越境界的把握保持着一贯的警惕，他曾多次指出道德的“形而上学”化所带来的局限。他在 1979 年的《向孔子的思想性格回归》的文章中借对于熊十力、唐君毅两人之治学路径的评骘集中表达了他对知识论倾向的反对:“即使非常爱护中国文化，对中国文化用功很勤、所得很勤的哲学家，有如熊师十力，以及唐君毅先生，却是反其道而行，要从具体生命、行为，层层向上，推到形而上的生命天道处立足，以为不如此，便立足不稳。没有想到，形而上的东西，一套一套的有如走马灯，在思想史上，从来没有稳过。”[2]

事实上，徐复观在这里点名批评的是熊、唐两人，没有点名的则是牟宗三，徐复观与牟宗三在学问路向上的歧异构成了现代新儒学史上一段有名的公案。在徐复观看来，牟宗三等人立足于形而上的知识的推演，这本身就是

[1] 郑家栋:《“超越”与“内在超越”——牟宗三与康德之间》,《中国社会科学》, 2001 年第 4 期，第 50-51 页。

[2] 徐复观:《徐复观文集》(第 2 卷)，湖北人民出版社，2002 年，第 102 页。

一种主观的虚设，立足不稳，因此从知识推演出的生命天道则更是悬设在人的生命之外的抽象之物。平心而论，徐复观的批评是深刻而公正的，牟宗三提出的“智知”单就知识体系的圆融而言，是非常高明的；但这一人的“智知”能力本身在能够证明道德超越境界“实存”的同时却无法证明自身的合法性，其实是以一主观的“虚设”去证明一客观的“实存”。牟宗三所陷入的难局其实是知识论哲学本身的难局，知识作为一种主观的抽象形式可以证明客观世界的合理性，但在根本上是无法证明自身之合理性的。

因此，徐复观所提出的超越的基础不是人之“智知”能力的设定，而是不包含着任何主观设定的人之立足于现实世界的生命实践和行动行为本身。徐复观进一步将这种非知识性的超越境界之把握的进向用“工夫”两字来概括。但是，徐复观由“工夫”而体认出的“心性”真的是超拔出主客相对之格局了吗？徐复观所主张的“工夫”进向与牟宗三所提出的“智知”进向在“内在超越”的超越路向上是否构成了真正的差异？

在徐复观看来，“工夫”的这种因为人的现实实践而产生的非对象化状态是人之现实超越的基础，这一点是相当正确。然而，在徐复观那里，或者是在孔子以来的儒学历程中，“工夫”作为一种首要的修身养性之途，除了包含着工夫的上述意义之外，还别有内涵。

首先，徐复观指出，在孔儒传统中，“工夫”的现实超越意义在于其“内转”性：求知起步的方法，是通过耳目的闻见认识客观世界中的事物，再加以思考的整理，由此所得的知识，是客观性的知识，孔子非常重视这种知识。这是人类求知的共同方法。但靠此方法，不一定能发现自我；……这里，孔子便作了方法论上的回转。这种回转，暂用“内省”一词来表达。即是把向外所认识的东西，所求得的知识。回转向自己的生命，在自己的生命中加以照察，把自己所知的，由客观位置，转移到主体上来，而直接承担其责任。此时的知识，经照查提炼后，便内在化而成为自己的“德”。[1] 在这里值得注意的是，徐复观指出了孔子之“工夫”观念中包含着“内转”的

[1] 徐复观:《徐复观文集》(第 2 卷)，湖北人民出版社，2002 年，第 296-297 页。

意义，而且从现实实践的“工夫”到道德超越境界的把握，也就是“内在超越”的达成，正是发生在这一“内转”之中！

然而，质疑由此产生：人之“外”在的工夫实践为何会转向人之“内”在？从“外”向“内”转换的契机与基础何在？在“工夫”的人性展开中，向“内”回转是必然的吗？《周易·系辞上》：“一阴一阳之谓道，继之者善也，成之者性也。仁者见之谓之仁，知者见之谓之知，百姓日用而不知”，“心性”作为超越之道何曾需要人之“内”省的认识，仁者见仁，智者见智，百姓日用而不知，工夫之朴素状态的最大特点即是保持其自身的在场性，无所倾斜，无所指向，因此，从所谓“外”在的“工夫”向“内”在“心性”的倾向已经超出于工夫之本身的朴素逻辑，而包含着人之主观的拉动，这种拉动在本质上酝酿着一种主观虚设的氛围。于是，当我们说明了“工夫”作为一种朴素的现实实践始于自身并终于自身的特质之后，我们也就开始明白在徐复观那里所指出的“工夫—内转”的“内在超越”的超越路向在根本上是一个主观拉动的事实，而由此“内转”所呈现的“心性”究其实是一主观对象化的客体。于此，“心性”的价值根源性是无从成立的。

三、心性观念与其局限性的双重深化：徐复观中国艺术精神之反思

徐复观关于中国传统艺术精神的论述集中见于其名作《中国艺术精神》[1]（1965）。在这部著作中，徐复观以论述孔子之艺术精神开始，续之以庄子哲

[1] 徐复观自1959年写成第一篇文学艺术研究论文《文心雕龙的文体论》，以迄1980年病逝前夕写成《陆机〈文赋〉疏释初稿》，20年间专注于中国思想史研究的同时撰写了几百万字的文学艺术著述，是其整体思想中光辉灿烂的一个方面。其中艺术方面的著述包括：1964年，成《孔子“为人生而艺术”的艺术精神》（12月），《庄子艺术精神主体之呈现》（6、7月）与《释气韵生动》（9、10月）；1965年，写成《现代艺术的永恒性问题》（1月），《中国山水画的兴起》（3月），《唐代山水画的发展及其画论》（5月）以及《〈中国艺术精神〉自叙》（12月），《中国艺术精神》完稿；1966年，写成《摸索中的现代艺术》（12月）；1967年，写成《石涛〈画语录〉中的所谓“一画”的问题》；1968年，《石涛之一研究》出版，写成《抽象艺术的断想》（2月），1977年，《黄大痴山水长卷的真伪问题》出版。

学中的艺术精神，然后以从庄子哲学中解读出的中国艺术精神为血脉，按照时间顺序，依次论述了南齐谢赫的“气韵生动”画论，魏晋时期中国绘画从人物向山水的转变，唐代山水画的发展，五代荆浩《笔法记》，北宋黄休复《益州名画录》，郭熙《林泉高致》以及北宋的文人画论和画分南北宗的问题。全书围绕一个中心展开论述，那就是“中国艺术精神”的核心观念，井然有序，体系谨严，是徐复观精心结撰之作。

1. 徐复观对孔子思想中“中国艺术精神”的分疏。

关于《中国艺术精神》的写作初衷，徐复观在《自叙》中说得很清楚。首先，他说他写《中国人性论史·先秦篇》的目的在于：“在人的具体的心、性中，发掘出道德的根源、人生价值的根源，不假藉神话、迷信的力量，使每一个人，能在自己一念自觉之间，即可于现实世界中生稳根、站稳脚”[1]，即要在人的“心性”中发掘出价值根源的意义来。在《中国艺术精神》中，徐复观认识到：“在人的具体生命的心、性中，发掘出艺术的根源，把握到精神自由解放的关键，并由此而在绘画方面，产生了许多伟大的画家和作品，中国文化在这一方面的成就，不仅有世界的意义，并且也有现代的、将来的意义。”[2] 所以，他要将中国绘画中这种直指人心的艺术根源显发出来，使艺术在人的“心性”价值根源处立足，贯通艺术与人生，使中国绘画艺术显发出价值根源的人生大义。

徐复观对于“中国艺术精神”的分疏，从孔子开始。徐复观认为，在孔子那里，“艺术与道德，在其最深的根底中，同时，也即是在其最高的境界中，会得到自然的融合统一；因而道德充实了艺术的内容，艺术助长、安定了道德的力量”[3]。在进一步的论述中，徐复观以“情”与“气”为中介将“道德”向“艺术”的开出路径分疏得更加精细合理：儒家认定良心更是藏在生命的深处，成为对生命更有决定性的根源。随情之向内沉潜，情便与此

[1] 徐复观：《中国艺术精神·自叙》，华东师范大学出版社，2002 年，第 1 页。

[2] 同上，第 2 页。

[3] 徐复观：《中国艺术精神》（二版），华东师范大学出版社，2002 年，第 10 页。

更根源之处的良心，于不知不觉之中，融合在一起。此良心与“情”融合在一起，通过音乐的形式，随同由音乐而来的“气盛”而气盛。于是此时的人生，是由音乐而艺术化了，同时也由音乐而道德化了。[1] 在这里，徐复观指示出孔儒之艺术精神的含义正是在道德的“最深的根底”中，在“生命深处”的“良心”中找到了艺术的价值根源所在，而此“最深根底”意义上的道德，正是那内在、超验、自律的“心性”。在此意义上，徐复观认为孔子是“第一位最明显而又最伟大的艺术精神的发现者”。

然而，徐复观在将孔儒“最深的根底”意义上的“道德”指认为艺术之价值根源时，认识到了“道德”在根本上作为终极价值根源的局限性。在他看来，儒家之以“道德”为内涵的心性体现出一种“救济”的精神：“儒家是面对忧患而要求加以救济……进入到儒家精神内的客观世界，乃是‘医门多疾’的客观世界，当然是‘吾非斯人之徒而谁与’的人间世界”[2]——道德之“救济”，之“吾非斯人之徒而谁与”意味着什么？意味着在道德中有一种个体承当的责任意识。这种个体承当的精神在纯粹道德的意义上固然是优秀的品质，但问题在于，正是这种个体承担的道德精神在通往终极价值根源之路上渐渐酝酿着一种道德主体的“对象化”。因此，在徐复观看来，孔儒之“道德”在“最深的根底中”，固然可以开出“艺术”，但在根本上，因为“道德”本身的“对象化”局限并不能自然而然达到终极价值根源的最深处，所以，徐复观从“艺术是价值根源的指引与守护”的根本观念出发，才有了如下的提示：“儒家所开出的艺术精神，常需要在仁义道德根源之地，有某种意味的转换。没有此种转换，便可以忽视艺术，不成就艺术。”[3]

2. 徐复观以胡塞尔现象学为参照对庄子思想之“中国艺术精神”的分疏与建构。

徐复观之所谓“在仁义根源之地，有某种意味的转换”不仅仅是在谈论

---

[1] 徐复观：《中国艺术精神》（二版），华东师范大学出版社，2002 年，第 16 页。

[2] 同上，第 80 页。

[3] 同上，第 82 页。

艺术本身，而且包含着因为艺术的启示所引发的“心性”内涵的改变，即从儒学以“道德”为内涵的心性向老庄以“无（虚）”为内涵的心性转变。

我们相信，当徐复观满怀信心的从孔孟世界中怀抱着“道德”的心性走出来面对老庄之“无”的世界时一定是相当的痛苦的，在向广阔虚无处递深的“无”的世界里，一切莫不入于“无”，“道德”又能算什么呢！老庄之“无”相比孔孟的“仁义礼智”来说是如此叛逆，如此桀骜不驯，如何可能在“无”中显发“心性”根源呢？然而，徐复观做到了！这是徐复观“心性”相较于其他现代新儒家的巨大创获。那么，徐复观是如何将“无”阐释为内在超越的“心性”的呢？其思路逻辑仍然是从人生体验的“工夫”状态向心“内”回转，在这一点上，徐复观实现“无”的内在心性化与实现“道德”的内在心性化的逻辑是一样的，正如徐复观自己所说的：“儒道两家的人性论，虽内容不同；但在把群体涵融于个体之内，因而成己即要求成物的这一点上，却有其相同的性格。”[1] 不能否认，在心性之学的现代发展历程中，徐复观的贡献是无与伦比的，这不仅仅是指他以深刻的阐释力梳理了从孔子以迄于宋明理学之儒学系统中的心性观念，更重要的是他揭示出了表面上长期以来与儒学形成掎角之势的道学系统中的心性内涵，为中国传统士人文化之“进则兼善天下，退则独善其身”的独特生存形态提供了最好的解释依据。

徐复观成功实现了从孔儒之“道德”向老庄之“无”的转换，显发出更加深沉的价值根源，在此意义上，徐复观突入庄子艺术精神的阐发中。

徐复观所指出的以“无”为内涵的心性根源，在庄子思想中即是“心斋”。“心斋”之心“乃是艺术精神的主体”，是“美的观照得以成立的精神主体”，这在根本上确定了艺术植根于“心斋”之价值根源深处的位置。不仅如此，徐复观还以胡塞尔的现象学美学观念为我们指示出“心斋”何以是“艺术精神”的主体，即从“心斋”之“虚（无）”中是如何开出“艺术”境

[1] 徐复观：《中国艺术精神》，华东师范大学出版社，2001 年，第 27 页。

界来的。

胡塞尔（Edmund Husserl，1859—1938），现代现象学运动的创始人，他提出了“现象学还原”的观念，还原（Reduktion）意味着自然主义的终止，即将一切关于某种东西“已经在那了”的“预设”“悬置起来”，直达根源。在此探询“根源”的意义上，可以看出，胡塞尔现象学与徐复观的观念是血脉相通的，所以，徐复观在进行艺术的价值根源之思时，自然而然地与胡塞尔接近，他说：“现象学是要在这种根源之学（Wissenschaft der Ursprunge）的地方为由自然的观点而来的诸学找根据。美的观照，也应当在此有其根据（Idid）。”[1] 在“现象学还原”后的根源深处，胡塞尔把握到的是什么呢？徐复观对此心领神会，他说，在“把美的观照时一切的心的作用、心理的力之活动，皆归入余括弧之中，实行判断中止”[2] 后，在根源深处，“现象学所探求出的意识的基本构造是 Noesis（意识自身的作用）与 Noema（被意识到的对象）的相关关系。……这不是有对象然后有作用的先后关系乃至因果关系，而是成为根源性的关系。……美的意识，是包含对象与作用的紧密的、根源的关系的意识。对象性与意识性，在 Noesis 与 Noema 的相关关系中，两者是根源的‘一’，这是成为美的意识的特质，同时也是美的意识的本质。”[3] 在胡塞尔那里，这种根源深处的根源性关系，即 Noesis（意识自身的作用）与 Noema（被意识到的对象）的相关关系被胡塞尔称为“意向性（intentionalitat）”构成关系。胡塞尔现象学所展示出来的根源性的“意向性”关系，给予徐复观在“心斋”之心性中探索艺术境界何以涌现以莫大的启发。徐复观说：“现象学的剩余[4]，是比经验的意识更深入一层的超越的意识，亦即是纯粹的意识，实有近于庄子对知解之心而言的心斋之心。心斋

[1] 徐复观：《中国艺术精神》（二版），华东师范大学出版社，2002 年，第 46 页。

[2] 同上。

[3] 徐复观：《中国艺术精神》（二版），华东师范大学出版社，2002 年，第 47 页。

[4] 即“把美的观照时一切的心的作用心理的力之活动，皆归入余括弧之中，实行判断中止”后的纯粹意识。

之心，是由忘知而呈现，所以是虚、是静；现象学的纯粹意识，是由归入括弧、中止判断而呈现，所以也应当是虚、是静。”[1] 所以，“现象学在纯粹意识中所出现的是 Noesis 与 Noema 的是非前后，非因果的相关关系，因此，两者是根源的‘一’……而庄子在心斋的虚静中所呈现的也正是‘心与物冥’的主客体合一”[2]，“(在庄子之“心斋”之虚、无中)因为是虚，所以意识自身的作用（Noesis）和被意识到的对象（Noema），才能直往直来地同时呈现”[3]。这种无须任何假设、先行构造的主客之间的“直来直往”之根源性关系正是美的涌现，也是艺术境界的呈现。

但在徐复观看来，在根源之地主体对客体的关系仅有知觉关系是不够的，“假定这中间没有感情与想象的活动，依然不能构成美学的充足条件”[4]。这是徐复观的思力深湛之处，的确，如果仅仅有知觉关系，那么此一知觉即使是在“心斋”虚无之地发生也会很容易地一变而为理智之“知”，失去心斋的虚无本性。徐复观说，在“心斋”之地，人自然会“去掉束缚个人生理欲望之内的感情，以超越上去，显现出与天地万物相通的‘大情’，此实即艺术精神中的‘共感’”[5]。

“共感”又驱动着主体对客体的想象。徐复观说：“共感的初步，乃是自己的感情不属于自己，而成为属于对象的感情；此即弗尔克尔特（J: Volkeld，1848—1930）在其 Systern der Asthetik 中所说的感情的对象化，或称为对象的感情（Gegenstandoliches Gefüll）。对象的感情，实际是通过了想象力的活动，或推动想象力的活动。”[6]“想象”是与前述在根源之地主体对客体的知觉之“明”、情感“共感”相并列的第三个主体之动作，也是“心斋”主体穿越现实物象的平面性而显发出一个立体递深的“第二的新的对象”的

[1] 徐复观:《中国艺术精神》(二版)，华东师范大学出版社，2002 年，第 47 页。

[2] 同上。

[3] 同上。

[4] 徐复观:《中国艺术精神》(二版)，华东师范大学出版社，2002 年，第 53 页。

[5] 同上，第 56 页。

[6] 同上。

过程。

什么是“第二的新的对象”？徐复观说：“第二的新的对象，可以说是新的形象，本质的形象；也可以说是把潜伏在第一对象里面的价值、意味，通过透视，实际是通过想象，而把它逗引出来。”[1]那么，如何从“第一对象”逗引出“第二的新的形象”呢?“心斋”之“无”的根源之地是从“第一对象”逗引出“第二的新的形象”的发生前提；转换的关键是徐复观所谓“想象”。徐复观认为，在“心斋”之“无”的价值根源没有澄明的前提下，“第一对象”在观照者欲望的聚焦中，只具有实用的意义，它所立足其中的价值根源根本就无从谈起。而在“心斋”根源之地，主体对于对象祛除了功利的眼光，随物婉转，容与徘徊，将对象作为一个真正独立自足者来端详、审视、“想象”，于是此对象如鲜花一般，渐渐打开，它所立足其中的价值根源之地乃得以渐渐涌现，“第一对象”于此逐渐呈现为“第二的新的对象”。“第二的新的对象”在《庄子》中比比皆是，比如抟扶摇而上九万里的鲲鹏、无所用而用之的社树、以天生残疾而保全其身的天残之人等等，这些对象在现实功利世界中是平面单薄的，但在无目的性的根源之地却显发出无限深、无限远的品相。

3.“中国艺术精神”在中国艺术史（山水画史）上的平铺展开。

徐复观不仅要在理论上疏通从“心斋”如何开出艺术之境，而且更将其落实在中国山水画史的纵深展开上，使“中国艺术精神”的命题以庄学精神为源头，在中国山水画传统中再现辉煌。

在徐复观看来，中国的艺术精神，至唐代水墨山水（以及淡彩山水）的出现而始完成了本身形式上的必然要求，即在山水形象中反身指引出那从之涌现的虚（无）的价值根源。但水墨和淡彩山水画发展的高峰，乃出现在第10世纪到11世纪百余年间的北宋时代。在此百年间，名家辈出，荆浩（自称唐人）、关同（应属于五代）、巨然、郭忠恕、李成、范宽、郭

[1] 徐复观：《中国艺术精神》（二版），华东师范大学出版社，2002年，第56页。

熙、李公麟、文与可、米芾皆是此时山水画中的大师级人物。郭若虚在《图画见闻志》中描述此时山水之盛时说:“若论佛道人物,士女牛马,则近不及古。若论山水林石,花竹禽渔,则古不及近”[1],充分说明了北宋百年山水画的兴盛。并且,在此时山水画大致形成三种典型的艺术形象:“夫气象萧疏,烟林清旷,毫锋颖脱,墨法精微者,营丘(按:即李成)之制也;石体坚凝,杂木丰茂,台阁古雅,人物幽闲者,关氏(按:即关同)之风也;峰峦浑厚,势状雄强,枪(上声)笔俱均(校‘均’,汲本作匀),人物皆质者,范氏之作也”[2],典型风格的出现,标志着中国山水至北宋而进入成熟阶段。

从中国艺术精神传达的角度出发,徐复观特重郭熙之画论《林泉高致》。郭熙,北宋神宗年间人,生卒年不详。郭熙独创性提出了山水画的“三远”境界:“山有三远:自山下而仰山颠,谓之高远;自山前而窥山后,谓之深远;自近山而望远山,谓之平远。高远之色清明,深远之色重晦;平远之色有明有晦;高远之势突兀,深远之意重叠,平远之意冲融而缥缥缈缈。”[3]“远”的观念在先秦即已出现,《老子》:“大曰逝,逝曰远,远曰返”,在六朝时期成为一种人格品藻,《世说新语·赏誉》:“见山巨源,如登上临下,幽然深远”,“康子绍,清远雅正。”在陶渊明那里,“远”又成了一种人生境界:“结庐在人境,而无车马喧。问君何能尔,心远地自偏。”郭熙在这里所说的山水之“远”,含义更加丰厚,徐复观说:“远是山水形质的延伸。此一延伸,是顺着一个人的视觉,不期然而然地转移到想象上面。由此一转移,而使山水的形质,直接通向虚无,由有限直接通向无限;人在视觉与想象的统一中,可以明确把握到从现实中超越上去的意境。在此一意境中,山水的形质,烘托出了远处的无。这并不是空无的无,而是作为宇宙根源的生

[1] 郭若虚:《图画见闻志·卷一》,见《中国美术论著丛刊》,人民美术出版社,1963年,第24-25页。

[2] 同上,第20-21页。

[3] 同上。

机生意，在漠漠中作若隐若现的跃动。而山水远处的无，又翻转过来，烘托出山水的形质，乃是与宇宙相通相感的一片化机。……人类心灵所要求的超脱解放，也可以随视线之远而导向无限之中，在无限中达成了人类所要求于艺术的精神自由解放的最高使命。……中国山水画的真正意味乃在于此。”[1]在徐复观开来，山水之“远”即是山水画中有限的、有形质的山水对于无限、虚无之广大根源之地的指引。在山水画史上，如果说，“破墨山水”的出现是山水画之中国艺术精神在技法上的完成的话，那么郭熙所指出的山水之“远”则是山水画之中国艺术精神在意境上的成熟。“远”使那最幽深的虚（无）在山水画澄明，为人的精神安顿开辟出了真正广大的价值根源之地，实践了徐复观的艺术理想：“一切伟大艺术家所追求的，正是可以完全把自己安放进去的世界”[2]。

4. 徐复观中国艺术精神论的局限性。

在梳理清楚了徐复观之中国艺术精神的根源性探询之后，接下来我们的追问是：徐复观“中国艺术精神”之探询是否在真正的深度中呈现出艺术的价值根源世界?

徐复观以“道德”为内涵的心性根源之所以与真正意义上的价值根源失之交臂，是因为他从“工夫”状态强行向“内”牵引，所把握住的内在“心性”乃是主体超越幻象虚设的产物，是主体意欲对象化投射的结构。而在讨论庄学精神时，在庄子思想的激发之下，以“虚无”之心性代替了“道德”之心性，这是徐复观价值根源探询的一大进步，其最重要的意义在于以“虚无”为心性内涵使得徐复观的思想体系中出现了一个可以有希望突破其主体中心幻象的“他者”。在徐复观那里，这个“他者”的位置就在他疏解庄子“心斋”时所指出的“根源之地的根源性关系”中。“关系”当然不会是单方面的事情，它意味着对于外于自身之“他者”的关注；并且在徐复观那

[1] 徐复观:《中国艺术精神》(二版)，华东师范大学出版社，2002年，第211页。

[2] 同上，第135页。

里，这个“他者”并不是一个消极的主体意欲的投射物，而是被设计成为一个积极的、异质的、平等的“他者”，因为只有在此意义上，“自我”与“他者”的关系才能被称之为“根源性”的。据此，我们可以说，在以“无”为心性的价值根源之探询中，徐复观已非常迫近我们超越徐复观的内在超越而以“他者”为中心的“世间超越”路向[1]。如我们已指出的，正是在平等、异质的“他者”身上包含着我们走向价值根源的坦途。

然而，遗憾的是，徐复观所提出的以“无”为本体的心性毕竟没有脱离内在超越的逻辑，内在超越在本质上是主体超越幻象的对象化悬设，因此从内在超越的立场出发，以“无”替代“道德”时并没有将“无”之虚无的冲击力量发挥出来，以此冲破主体超越的自我中心幻象，使主体在“无”所开启的生存之“畏”中呼唤出一个真正的“他者”，与之共游戏开辟出以有限临于无限的根源之境；而是使“无”成为主体超越意欲之投射的另一个替代品，使主体超越的意欲也如水银泻地一样悄悄地渗透到心性之虚无中来，“无”于此成为被主体渗透、把握的“无”，“无”本身成为一个对象化的客体。“无”之对象化，正如庄子在一个寓言中所说的：“将为胠箧探囊发匮之盗而为守备，则必摄缄縢，固扃鐍，此世俗所谓知也。然而巨盗至，则负匮揭箧担囊而趋”[2]。“虚无”本是徐复观为解除“道德”之主体“对象化”而设，但始料不及的是，主体超越意欲这个“大盗”连“虚无”也一块偷走了。

“无”之对象化即是徐复观所阐释出的庄子“心斋”的意义。在“心斋”之地，因为“无”是主体对象化的产物，因此以“无”为前提条件所呈现的主客体之间的“根源性”关系必然将失去其无目的、非对象的根源性质，在这一“根源性”关系中与“自我”相对的“他者”也因此“根源性”关系的虚假性而失去其“平等”、“异质”的意味，“他者”沦落为主体意欲投射的

[1] 参见本书第三章第二节：“畏”的思想史考察及其脆弱性。

[2]《庄子·胠箧》。

产物。“他者”的沦落，这一点可以从以下事实中看的很清楚：在徐复观的阐释中，在“心斋”所开启的根源之地，主体对客体拥有着认“知”、“共感”以及“想象”这样一些由主体发出的单向行为，在这些单向行为中，客体的被动性昭然若揭，“他者”的对象化内涵也于此披露。对徐复观的中国艺术精神之探索而言，“他者”的对象化沦落、“无”的对象化沦落使得徐复观的中国艺术精神的探索在最终意义上没有抵达艺术世界的根源之地，他的起点是心性主体，终点也是心性主体，而所谓“根源之地的根源性关系”只是发生在主体对象化意欲统摄下的想象中的主体对客体的投射游戏，一次背向虚无之境的主体对象化逃避。

儒学核心范畴的演变与文道关系说研究的现代发生[1]

张炳尉[2]

[摘要] 无论在儒家与其他诸家之间，还是在儒家各分支之间，都存在着对“道”这个学术话语制高点的激烈争夺。与之相应的儒学核心范畴的演变，决定了文道关系说研究现代发生的具体形态。首先，随着“道”在唐宋以来逐渐成为儒学的最高范畴，文道关系说也成为儒家文学观的标志性话语，最终在新文学运动中成为了众矢之的。其次，程、朱一系的独得“道学”之名，使他们提出的“载道”说遮蔽了其他儒者提出的文道关系说，最终成为了文学革命批判的靶心，而韩、柳等人的观点也被周作人、郭绍虞等众多学者误解。最后，心学家的标“心”立异有强烈的叛经离“道”倾向，后来周作人、朱自清选择“言志”、“缘情”这类“心”序列文论命题作为“载道”说的对立命题，可谓渊源有自。

[关键词] 儒学核心范畴　文道关系说研究　载道　言志

中国现代学界对文道关系说的研究，是在围绕着“文以载道”的激烈争论中发端的。尤其是周作人与或显或隐的对手的交锋，产生了不少极具学

[1] 本文为“中央高校基本科研业务费专项资金资助”项目“文道关系理论研究”（编号：SKZZY2013029）的部分成果。

[2] 张炳尉，北京师范大学文学院文艺学研究中心讲师。

术价值的思考。近百年后回顾这场学术公案，最初会惊讶那些令人高山仰止的大学者颇犯了些低级错误。比如，周作人借用同为儒家文论标志性话语的“载道”与“言志”，指称两种对立的文学观念；郭绍虞把“三苏”与其他古文家的文道观截然分开；钱钟书把“文以载道”的“文”理解为古文或散文文体。深入思考之后，会觉得最耐人寻味的是，当时的提问者与争论者对于自己之所以会如此提问与争论，在很大程度上是不自觉的。他们仿佛被看不见的大手拎着线，按照千百年前早已写就的脚本，在现代剧场搬演了一出学术喜剧。尽管围观者甚众，却与剧中人一样，始终没能清楚地意识到那个写脚本、拎着线的手的存在。

一、为什么是“文以载道”成为了批判的靶心

众所周知，“五四”以来的新文学观，建立在对传统文学观尤其是儒家文学观的严厉批判的基础上。但我们很少追问，为什么偏偏是“文以载道”成为了批判的靶心？换句话说，为什么“文以载道”能够取代其他表述成为儒家文学观的标志？而如果不是这样的话，周作人恐怕不会把“载道”作为“言志”的对立面，郭绍虞恐怕也不会把文道关系说视为古代文论的核心命题。这样一来，文道关系说研究的现代发端就会被改写。沿着这个现代文学的“前问题”继续向前，我们会发现一个更为吊诡的问题，为什么唐宋以来的儒家之学的头上戴着道家的帽子——“道学”？要解开这些疑问，需要从儒家对划分学术谱系的话语权的争夺说起。

对于儒学而言，“道”成为指称本根、原则、价值等的最高范畴，经历了漫长的历史过程。道的本义为道路，从中逐渐引申出天体运行的轨迹、事物发展的规律、人类行为的法则等含义。在老子、庄子的思想体系中，道被建构为形而上的本根，创生万物并成为包括人类在内的宇宙万物的最高法则。以这种思想建立的学术谱系，认为古人的大道为百家所裂，儒、墨等等各得一偏，独有关尹、老聃“以本为精”（《庄子·天下》），得

道最深，堪称“古之博大真人”（同上）。按照这种说法，儒、墨诸家之学未尝不是“道学”，但由于学道不精而被道家独得“道”名。相对于道家而言，先秦儒家虽然也经常使用“道”来表述自己的主张，但远不及“仁”或“礼”更具有标志性。这样，随着用“道”来指称学术最高范畴逐渐被普遍接受，用语上的劣势便使儒学被笼罩在了道家划定的学术谱系的阴影之下。

这种状况在唐、宋以来的儒学复兴中被彻底颠覆。韩愈首先敏锐地感受到了用语上的劣势带来的危害，他指出：

> 周道衰，孔子没，火于秦，黄老于汉，佛于晋、魏、梁、隋之间，其言道德仁义者，不入于杨，则入于墨，不入于老，则入于佛。……老者曰：“孔子，吾师之弟子也。”佛者曰：“孔子，吾师之弟子也。”为孔子者，习闻其说，乐其诞而自小也，亦曰：“吾师亦尝师之云尔。”（《原道》）[1]

所谓“吾师亦尝师之云尔”，便是在学术谱系中处于下位的民间化表述。儒学衰落的根本原因虽不在于此，但“为孔子者，习闻其说，乐其诞而自小也”，危害却很大。于是，韩愈选择了正名作为复兴儒学的理论起点。他在《原道》中开篇明义：“博爱之谓仁，行而宜之之谓义；由是而之焉之谓道，足乎己，无待于外之谓德。仁与义，为定名；道与德，为虚位。”[2] 仁、义是有特定内涵的关于行为准则的概念，而道、德则是各种行为准则的共称。儒、道两家都讨论道德，他们的区别在于：“凡吾所谓道德云者，合仁与义言之也，天下之公言也；老子之所谓道德云者，去仁与义言之也，一人之私言也。”（同上）[3] 道家之道，道其所道，所见者小：“老子之小仁义，非毁之也，其见者小也。坐井而观天，曰天小者，非天小也；彼以煦煦为仁，孑孑

[1] 马其昶：《韩昌黎文集校注》，上海古籍出版社，1986 年版，第 14 页。

[2] 马其昶：《韩昌黎文集校注》，第 13 页。

[3] 马其昶：《韩昌黎文集校注》，第 13-14 页。

为义，其小之也则宜。其所谓道，道其所道，非吾所谓道也。”（同上）[1]因此，真正能够得道并传之以成统序的，是尧、舜、禹、汤、文、武、周公、孔子、孟轲。经过韩愈的建构，“虚位”的“道”，作为学术最高范畴的指称，被保留了下来，而儒、道两家的地位，则被颠倒了过来。这成为了儒家争夺划分学术谱系的话语权的转捩点。

韩愈把“道”建构为儒学最高范畴的努力，被后儒继承了下来。程、朱等人借鉴道家的本根论，重构了儒家天人性命相授受的思想。在其理论体系中，理是彻上彻下的核心范畴，道则是理的总称：“道是统名，理是细目”[2]，是对理的形上性质的表述：“凡有形有象者，即器也。其所以为是器之理者，则道也。”(《答陆子静第六书》)[3]。于是，随着程、朱之学地位的确立，道家依托作为万物本根的“道”所架构的学术谱系，便被入室操戈的儒学话语彻底接管，“道”成了儒学指称本根、原则、价值等的最高范畴。这种变化得到了世人的认可，程、朱等人被称为“道学先生”，正史也为他们开辟了《道学传》[4]。后来，陆、王等人以“心”代“理”，依然视“心”为“道”的别称：“心即道”[5]。

如上所述，在唐代以来的儒学复兴运动中，“道”取代“礼”，成为了儒学各派理论体系的最高范畴。与之相应，文道关系说也取代了《诗大序》“发乎情止乎礼义”之类的说法，成为了儒家文学观的标志性话语。唐宋诸儒提出了“明道”、“贯道”、“载道”、“文与道俱”、“文从道流”等种种说法。随着程朱理学一系的官方化，理学先驱周敦颐提出的“文以载道”说，最终成为文道关系话语的标志。到了对传统文化激烈批判的“五四”时

[1] 马其昶:《韩昌黎文集校注》，第 13 页。

[2] 黎靖德:《朱子语类》，中华书局，1986 年，第 99 页。

[3] 朱熹:《晦庵先生朱文公文集》，上海、合肥：上海古籍出版社、安徽教育出版社，2002 年版，第 1573 页。

[4] 元修《宋史》，于《儒林传》外，另辟《道学传》，记载能够继承其所谓孔、孟等“圣贤不传之学”者。

[5] 陈荣捷:《王阳明〈传习录〉详注集评》，学生书局，1983 年，第 96 页。

期，新文学的倡导者，大都视旧文学与“阿谀夸张虚伪迂阔之国民性互为因果”[1]，力图通过文学革命塑造新的国民，进而推动思想、文化乃至政治的全面革新。于是，作为标明旧文学与旧文化关系的最为刺眼的口号，“文以载道”便成为了文学革命的众矢之的[2]。

二、为什么“载道”说能够遮蔽文道关系诸说

（一）

将唐宋诸儒提出的文道关系诸说混同为“载道”一说，这种倾向由来已久，及至文学革命爆发，遂发展到极致。此时对文道关系说的讨论，只是建立新文学观念的手段，其本身并非关注的重心。再加上出于危亡屈辱的当下体验以及矫枉必须过正的策略考虑，新文化的倡导者，对传统文化在历史上的形态与价值无暇多顾。因此，很多学者对文道关系说本身缺乏深入的思考，便不问青红皂白，不自觉地把各种说法混为“载道”一说予以痛击。最突出的例子，是建构出载道文学与言志文学相互斗争的宏大理论模型，用以解释文学史变迁的周作人[3]。他把唐宋古文家与后来“以散文为八股”的桐城派等同起来，统统归入理论模型中的载道一系。按照周氏的定义，载道文学是功利的、集团的、遵命的、模拟的文学，言志文学是个人的、革命的、即兴的、独创的文学。而唐宋古文家提倡古文之初，骈文盛行于世，他们多被目为狂怪，何尝不是特立独行！韩、欧等人虽然打

[1] 陈独秀:《文学革命论》,《新青年》第2卷第6号，1917年2月1日。

[2] 参见王本朝:《“文以载道”观的批判与新文学观念的确立》,《文学评论》2010年第1期，第156-162页。

[3] 在提倡小品文的过程中，周作人逐渐将言志、性灵、游戏等语组织在一起，与载道、规矩、正经等语相对，用来表达自己对晚明文字的欣赏与对古文传统的批评。到了1932年在辅仁大学作题为“中国的新文学运动”的讲演时，他更是完整地勾勒出从晚周到民国载道派与言志派相互对立、此起彼伏的中国文学演变史，将新文学纳入言志一系。随后讲演稿经整理出版，书名被定为《中国新文学的源流》。

着复古的旗号，却非一味模拟先秦两汉文章，而是吸收了包括骈文在内的多种资源创造出新文体。至于到了后世古文在逐渐成为主流的同时逐渐丧失活力，也是文体兴衰的常见现象，断不可因为后世的陈陈相因的而无视前代的戛戛独造。唐宋古文家对于文道关系有自己的理解与表述，如“明道”、“贯道”、“文与道俱”等[1]。他们虽然言必称道，却与周作人所说的言志一系更为接近。

对于自己的矛盾，周作人并非全然不觉，其实他自己也赞成鲁迅所说的革命文学会随着革命的胜利而变为遵命文学[2]。只是没等他把话说圆，便被特别擅长以子之矛攻子之盾的钱钟书紧紧抓住，一针见血地指了出来：

> 韩柳革初唐的命，欧梅革西昆的命，同是一条线下来的。因为他们对于当时矫揉做作的形式文学都不满意，而趋向于自我表现。韩的反对“剽贼”，欧的反对“挦扯”，与周先生所引袁中郎的话，何尝无巧合的地方呢？……不过是一种‘旧瓶盛新酒’的把戏，利用一般人崇远贱近的心理，以为呐喊的口号。不幸，韩柳的革命是成功了，而只能产生遵命的文学；欧梅的革命也成功了，也只能产生遵命的文学；公安竟陵的革命，不幸中之大幸，竟没有成功，所以才能留下无穷去后之思，使富有思古之幽情如周先生也者，旷世相感起来。[3]

对此，周氏后来只好这样为自己打圆场：“言志载道的分派本是一时便宜的说法，……容易引起缠杂，我曾追加地说明说：‘言他人之志即是载道，

[1] 周作人并不是没有注意到这一点，但他还是把古文家与理学家的主张混为一谈：“文以载道的口号，虽则是到宋人才提出来的，但那只是承接着韩愈的系统而已。”（《中国新文学的源流》，华东师范大学出版社，1995年，第20-21页。）

[2] 参见周作人：《中国新文学的源流》，第50页。

[3] 钱钟书：《中国新文学的源流》，载《人生边上的边上》，三联书店，2002年，第248页。

载自己的道亦是言志。’”[1]

尝试对文道关系诸说进行了深入辨析的现代学者首推郭绍虞[2]。他提出了“三家两说”的划分——先把唐宋诸儒分为道学、政治、古文三家，然后对各家之说进行辨析，最终归纳为“载道”与“贯道”两说。在这个体系中，道学家视文学为运载道的工具，其说自属“载道”说无疑。而包括王安石在内的政治家不过是道学家之重在致用者罢了，其说也属于“载道”说阵营。至于古文家的观点则情况不一，其中韩、柳之论含混模糊；欧、曾的反与道学家的为近；唯有“三苏”兼通释老而不局限于儒家，强调道必借文以显，从而确立了文学本位的“贯道”说[3]。郭绍虞的观点相当复杂，论证过程也非常缠绕，笔者曾撰文专门讨论[4]，在这里就不赘言了。单就结论而言，与周作人的说法相比，我们所熟悉的唐宋古文大家，只有“三苏”被郭绍虞从载道文学一系中划分了出来，这与大多数人的阅读经验依然严重不符！

看到这里，读者可能会提出质疑——创作与理论殊途并不罕见，周氏说的主要是创作，他把唐宋八大家全部纳入载道一系，实难令人信服；而郭氏说的是理论，如果韩、柳、欧、王等人创作的是言志文学主张的却是载道文学，也不是没有可能。这个质疑非常敏锐，沿着其思路继续深入，我们会发现文道关系说处在多种要素的相互关系之中：

道论⟵⟶文道关系说⟵⟶文论⟵⟶文学创作

---

[1] 周作人:《中国新文学大系散文一集・导言》，上海：良友图书印刷公司，1935 年，第 11 页。对此，林语堂也曾为周作人鸣不平:“有人曲解附会，说言志派所言仍就是‘道’，而不知此中关键，全在笔调，并非内容，在表现的方法，并非在表现之对象。现代人总喜欢在名词上推敲，而不知所言为何物，甚不足取。”(《小品文之遗绪》,《人间世》第 22 期，1935 年 2 月 20 日。)

[2] 郭绍虞在 1927 年发表的《文学观念与其含义的变迁》中，已经对唐宋人的文道关系说做了概括论述；1930 年发表《中国文学批评史上文与道的问题》，遂展开议论，对各家尤其是北宋古文家与道学家的观点做了详细分析；后来出版的《中国文学批评史》，相关章节即据此写就。

[3] 参见郭绍虞:《中国文学批评史上文与道的问题》，载《照隅室古典文学论集》，上海古籍出版社，2009 年，第 170-191 页。

[4] 参见张炳尉:《论唐宋时期的文道关系说》,《文学评论》2010 年第 2 期，第 50-54 页。

其中，文道关系说自身可以分为广、狭二义。狭义的须在字面上标出“文”与“道”或相关范畴，如“作文害道”、“有德者必有言”等；广义的则不必，只要是围绕着二者的关系立论即可。相对而言，狭义的更容易受道论影响，而广义的会更接近文论与文学创作。由此反观郭绍虞的论证，他论“三苏”时所用的材料多是其广义文道关系说乃至一般意义上的文论，而论其他人时所用的材料却多是狭义文道关系说。姑且不论唐宋诸儒的广、狭义文道关系说各有异同的具体情况，单就方法而言，郭绍虞明显失去了自我控制。

在文道关系说被接受的过程中，“文以载道”在逐渐成为标志性话语的同时，也自然会遮蔽其他说法。说得更准确些，一说成为标志，本身就意味着余说被遮蔽。周作人在很大程度上只是引申、借用“载道”之说，而不是对它进行学术研究，因此他混同诸说尚有可原。相比之下，作为古代文论史的专业研究者的郭绍虞，他的极力辨析却最终仍然混同诸说，便不能不说令人吃惊了。我们不得不追问，为什么“载道”说会有如此强大的遮蔽力？

（二）

面对这个远为复杂的问题，让我们试着从郭绍虞的失误中寻找解答的线索。前文曾提到，他论“三苏”时用的材料多是广义文道关系说，而论其他人时用的却多是狭义文道关系说。如果对“三苏”的狭义之说进行考察，会出现什么情况？郭绍虞把“三苏”的主张称为“贯道”说，但“贯道”一语却并非出自“三苏”之口，而是李汉为韩愈文集作序时提出的。郭绍虞认为“贯道”与“载道”的表述差异体现了两种文学观的内涵差异，但他的论证却失误颇多，难以成立。郭绍虞认为“载道”说的要点有相反相成的两个方面：一方面裂文与道为二，认为作文害道；另一方面又合文与道为一，主张有德者必有言。但我们打开“三苏”的文集，却会发现这样的言论实在不少[1]。反过来，如果对其他人的广义之说进行考察，又会出现什么情况？大致而言，道学家的主张与其狭义之说一致，而古文家的却往往相反——钱钟书所拈出的“韩的反对‘剽贼’，欧的反对‘捋扯’”就是现成的例证。也就是说，对于道学家而言，无论从狭义还是从广义文道关系说进行考察，他们的文学观念都可以被称为“载道”说。但对于古文家而言，如果从狭义考察，他们的观点是“载道”说；而如果从广义考察，他们的观点就变成了“贯道”说。让我们回到前文曾提到的文道关系说所处的多种要素相互关联的体系之中：

道论←→狭义文道关系说←→广义文道关系说←→文论←→文学创作

不难发现，在道学家那里，道论是极度强势的一端，他们建构了完整严密的道学理论体系，并从中延伸出文道关系说，因而无论是狭义的还是广义的都与其道论高度一致，创作实践也不例外。而在古文家那里却有一个明显的断裂，他们的创作实践以及一般文论甚至广义文道关系说是一种倾向，但他们的狭义文道关系说却是另一种倾向。与这个明显断裂相关联的是，古文家的道论很少有人提及，几乎被遗忘了。面对这些不寻常的现象，我们不禁要问，这是否与“载道”说对其他文道关系说的遮蔽有关？

联系前文对儒家争夺划分学术谱话语权的论述，我们会发现这些现象中也包含着一个遮蔽。如前所论，从唐代儒学复兴初期笼统地标举“道”，到宋、明诸儒分别以“理”、“心”为核心重建理论体系，“道”、“理”、“心”相继而起，分别成为儒学发展至某一阶段的最高范畴。如果说，它们的相异体现了儒学内部分流的一面的话；那么“理”与“心”又被视作“道”的别称，则体现了儒学整体贯通的另一面。也就是说，作为统称的道学是韩愈所开创的道学与后来程朱理学与陆王心学的总和。在这个意

[1] 参见张炳尉：《论唐宋时期的文道关系说》，第50-54页。

义上，我们完全可以把韩愈、苏轼、王安石等人与程朱陆王统称为道学家。由此可知，在被接受的漫长过程中，韩愈等人的道学家身份逐渐被遮蔽了，只留下了古文家的名号。当然，韩愈等人道学家身份的被遮蔽，与其理论自身的缺陷有关。他们对道学进行了广泛讨论，但在核心内容即心性思想方面的建树却非常薄弱。与后来理学家、心学家的运思缜密相比，韩愈等人的思考显得尤为混乱、盲目。面对先儒围绕一些心性问题所发生的争论，他们缺乏深透的理解，陷入了对表面分歧的纠缠，往往尖锐地批评着某种观点，却不知自己的观点其实与之相通[1]。从文学的角度看，韩愈等人道论的最大缺陷是与其文学创作、文学观念相互抵触。程、朱曾批评他们是“倒学”：“学本是修德，有德然后有言，退之却倒学了，因学文日求所未至，遂有所得。”[2]“(苏轼)因作文，却渐渐说上道理来；不是先理会得道理了，方作文，所以大本都差。”[3]而在我们看来，这正是韩愈等人可贵的地方，只可惜在道论上的盲目使他们未能把“倒学”贯彻到“顶”，立足于自身的创作实践，以艺术精神重构道论。于是，思想史上便出现了耐人寻味的一幕——古文家高擎着“文以明道”的大旗，论文论道自相矛盾却浑然不觉。这种自相矛盾表现在文道关系说中，就是古文家常用的“文以明道”等狭义表述只能泛泛地指出文当以道为根本价值指向，而他们对道与文的具体理解则无法体现在“明”等措辞之中。反过来，这种不自觉的含混而空洞的表述，其好处是便于掩盖古文家的自相矛盾，其坏处则是自身也很容易被掩盖。

如上所述，古文家论道颇为混乱、盲目，而道学家作文也大都面目可憎、言语乏味。于是去其两短合其两长的呼声，自南宋以来便不绝于耳。桐城派所标举的“学行继程、朱之后，文章介韩、欧之间”(王兆符《望溪文

---

[1] 参见张炳尉:《儒家性命思想视野中的文道关系诸问题》，北京师范大学出版社，2013年，第129-139页。

[2] 程颢，程颐:《二程集》，中华书局，2004年，第232页。

[3] 黎靖德:《朱子语类》，第3319页。

集序》)[1]，可谓主张文道合一者的心声。对于介乎论道与作文之间的文道关系说，历史也做出了相应的选择。古文家的广义文道说脍炙人口，广为流传。而与道论紧密配合的“文以载道”，也取代了含混空洞的“明道”等狭义文道说，成为了儒家文学观最响亮的口号。

到了“五四”时期，包括周作人在内的不少学者视新文学为古代文学唯一合理的发展方向，过于急躁地以今衡古，在评判中丧失了历史尺度。他们并非完全没有注意到唐宋古文家“文起八代之衰”的革命功绩，但他们迫不及待于古代文学的现代转型，不由自主地将现代坐标前移到唐宋，对韩愈等人的评价也就随之改变：“昌黎之变古，乃时代使然，于文学史上，其自身并无十分特色可观也。”[2]更有甚者：“唐宋八家文之所谓‘文以载道’，直与八股家之所谓‘代圣贤立言’，同一鼻孔出气。”[3]这样一来，革命与遵命便全无区别，中间成百上千年的历史仿佛都塌缩不见了。

文学革命家急于革古代文学尤其是儒家文学的命，对其内部的区别无暇多顾。文学史研究者对于古文家的道学思想，同样缺少了解之同情。早在南宋人对北宋学术分野的划分中，就出现了把心性之学专属于程、朱一路的倾向，如陈善云：“荆公以经术，东坡以议论，程氏以性理。三者要各立门户，不相蹈袭。”[4]这种传统门户之见推波于前，而现代学科体系划分助澜于后，遂使通常所谓道学家之外的学者在道学上的贡献被严重遮蔽。郭绍虞不了解古文家的心性之学，没有发现他们道论的盲目、道论与文论的自相矛盾以及由此而导致的狭义文道关系说的含混空洞。因此，他不是困惑于韩柳等人之说的“影响模糊”，便是干脆说欧、曾、王与道学家没有太大的区别。他把“三苏”与众人区别开，眼光的确有独到的地方，只可惜并非出于自觉，没有意识到自己对众人考察的是狭义文道说而对“三苏”考察的是广义文

[1] 方苞：《方苞集》，上海古籍出版社，2008年，第906-907页。

[2] 陈独秀：《文学革命论》，《新青年》第2卷第6号，1917年2月1日。

[3] 同上。

[4] 陈善：《扪虱新话》上集卷三，民国校刻儒学警悟本。

道说。

三、为什么“言志”会被视为与“载道”对立

尽管在具体人选上去取不精，引起了很多非议，但周作人用“载道”命名功利的、集团的、遵命的、模拟的文学，仍不失为对载道文学观的深刻阐发。相比之下，他用“言志”命名个人的、革命的、即兴的、独创的文学，却几乎遭到了全盘否定。朱自清不避繁难琐碎，下笨功夫爬梳剔抉，对“言志”语义的历史流变进行了详细考辨[1]。他指出：“现代人有用‘言志’和‘载道’标明中国文学的主流，说这两个主流的起伏造成了中国文学史。‘言志’的本义原跟‘载道’差不多，两者并不冲突；现时却变得和‘载道’对立起来。”[2]后来的学者大都信从朱自清的说法，认定周作人对“言志”一语的使用有不妥之处。

《诗言志辨》这本篇幅不长却分量很重的著作，作者固然写得辛苦，读者其实读得更辛苦。前面引的一段话出自作者自序，有提纲挈领“一言以蔽之”的作用。然而当复杂的观点被简化为“一言”的时候，也很有可能被这种简单化遮蔽。让我们稍微详细地回顾一下朱自清对“言志”语义的梳理。他认为“言志”的本义是抒写怀抱，所谓怀抱特指讽颂，与政教直接相关。后来经过引申扩大，将表德以及歌咏一己的穷通出处也包括了进来。到了清代，经过袁枚的第三度引申，已经与现代所谓抒情的含义大致相当。而到了“五四”之后，周作人以“言志”和“载道”两种潮流的起伏论中国文学史的发展，“这又将‘言志’的意义扩展了一步，不限于诗而包罗了整个儿中国文学。这种局面不能不说是袁枚的影响，加上外来的‘抒情’意念——‘抒情’这词组是我们固有的，但现在的涵义却是外来的——而造成。……

---

[1] 朱氏原文为《诗言志说》，发表在清华大学《语言与文学》创刊号（1937年6月），后经修改与另外三篇文章合为一书，全书名为《诗言志辨》，由北京开明书店于1947年出版。

[2] 朱自清：《诗言志辨》，载《朱自清说诗》，上海古籍出版社，1998年，第4页。

词语意义的引申和变迁本有自然之势，不足惊异；但我们得知道，直到这个新义的扩展，‘文以载道，诗以言志，其原实一’。”[1] 细细体味朱自清梳理至结尾时所说的这番话，他虽然不太赞成周作人的用法，并且改用“缘情”替代“言志”与“载道”相对[2]，但他的梳理本身却在客观上论证了周作人对“言志”本义的扩展，符合其引申变迁的“自然之势”。继续思考朱自清与周作人的观点，我们会发现作为晚明性灵派的传人，袁枚的扩展对“言志”语义的引申变迁起到了关键性的作用。而众所周知的是，周作人用“言志”这一古语指称新文学，与他对晚明性灵派的推崇直接相关。性灵派受心学影响极大，而无论是“志”还是“情”都以“心”为部首……我们不得不追问，这中间的内在联系在哪里？所谓“自然之势”究竟该如何理解？

让我们再度回到儒学的历史演变中来。尽管主张文道合一，古文家与道学家却都未能使文与道密合无间。前者论文、论道相冲突而不自知，后者依其道论建立文论，却与文学创作的实际规律多有抵触。直至心学家把“心”建构为价值根源，高度弘扬了人的主体性，将儒学重视个性、情感体验、创造性的一面空前凸显出来，才使文学本位的文道合一成为了可能。由于儒家对心性问题的一贯重视，伴之而生的心序列文论命题亦自不少。但在被建构为价值根源之前，“心”一直要接受处在更高序位的道德理性的规范，延伸到文论中，要么已然经过了筛滤，如“诗言志”，要么被严格划定了界限，如“发乎情止乎礼义”。而本体化建构一旦完成，“心”即可成为自足无待的文学本源。然而值得注意的是，如果仅止于此的话，文道合一则仍然不能完成。因为尽管把外在规范内化于人的心性之中，从而提高了人的主体性，但“存天理，灭人欲”的道德理性却并未改变，这与文学对个人感情的自由抒写依然相互冲突。“童心”说的出现，为化解这种冲突创造了契机。与

[1] 朱自清：《诗言志辨》，载《朱自清说诗》，第 42-43 页。

[2] 除了《诗言志辨》一书之外，在《文学的标准与尺度》《诗文评的发展》等文章以及刘晶雯记录的《中国文学批评研究讲义》中，朱自清都用“缘情”取代“言志”，作为“载道”的反命题。

把“心”建构为本体的其他诸说相比，“童心”说的特异之处在于，它使价值根源发生了从本体到发用的位移。把伦理规范内化于心体之后，儒学的道德理性便只能在理论上的无过不及的感情发用中加以体认。而一旦进入个体心理的实际体验中，自然中节的承诺反而会使所有感情都得到合理的身份。这样，儒学对道德本体的建构，落实在践行中，就转化为对当下体验的价值肯定。这种倾向发展到极致，甚至会出现对“存人欲，灭天理”的公然提倡。事实已经验证了这一点。尽管早期心学家自王阳明至王畿、罗汝芳甚至李贽，都有强烈否定情欲的一面，但在其后学那里，任情率性却普遍与声色犬马密不可分。因此，“童心”虽然只是距本体最近的“端”、“几”，却为从形上本体到当下体验、从复性到率性、从道德情感到自然情感的转换打开了方便法门[1]。这种转换一经完成，心学重真实、重个性、重独创的维度随即得以淋漓尽致地展现出来。而文学对这些内容的诉求，只要以“心”为价值本源即可解决。于是，我们便看到“心源”说、“深情”说、“性灵”说等心序列文论命题在晚明的集体亮相，以不同的侧重共同建构了天真澄澈、自然活泼、不拘格套、去腐绝伪的文学理想。

因此，如果用古语为从晚明至新文学一系命名的话，必然要在各种“心”中选一个。周作人选择“言志”，大方向绝没有错。真正的问题是，“言志”是最佳方案吗？其实朱自清已经做出了回答，他指出，“言志”的古老传统始终屹立着，就连文坛的革命家也不敢背弃，直至袁枚出，才把它与“缘情”并为一谈[2]。也就是说，诸多有“心”为部首的儒学常用语在经历了心学的洗礼之后，所染上的心学色彩程度不一。“言志”是尧舜所言，来头大，三袁等人撼不动。而“情”则正相反，原本就不太受待见。

[1] 黄卓越指出，“童心”说首先是一个存在论命题，王阳明、王畿、罗汝芳等人多有探讨。只是在要求文艺论与存在论统一时，它才成为了文艺学上的命题，且流通颇广，决非仅限于李贽一人。本文此处所说的正是存在论意义上的“童心”说。参见黄卓越《佛教与晚明文学思潮》，东方出版社，1997 年，第 105-127 页。

[2] 朱自清:《诗言志辨》，载《朱自清说诗》，第 40-41 页。

虽然在孟子那里与性同义，但汉儒不这么看，时刻提防着，要求“发乎情止乎礼义”。宋儒视情为性的发用，性是形而上至善的本体，而情则发用于气质之中，受其污染，因此必须“性其情”，也就是通过修养功夫使情发而中节。正因为如此，明儒才一眼觑定“情”字，大力宣扬“深情”、“至情”等说。朱自清选择“情”，可谓渊源有自。而在有“情”的众多文论用语中，考虑到要与“载道”的“动词+名词”结构匹配，再加上要命名的对象远远不限于晚明，那么选择出处久远的“缘情”一语真可谓最完美的解决方案。朱自清虽然敏锐地感受到了儒学用语心学化的“自然之势”，并“顺势”找到了“缘情”，但可惜他差了一点点，没有进一步考察形成这种“自然之势”的内在学理，以至于主观上反对周氏之说，而在客观上却论证了其合理性。

小　结

综上所述，无论在儒家与其他诸家之间，还是在儒家各分支之间，都存在着对“道”这个学术话语制高点的激烈争夺。经历了唐代以来的儒学复兴运动之后，原本由道家依托“道”所建构的学术谱系，被入室操戈的儒学话语接管，“道”成为了儒学的最高范畴。在这个过程中，程、朱一系地位渐隆，最终独得“道学”之名，遮蔽了其他儒者尤其是唐宋古文家的道学家身份。而心学家的标“心”立异，则有强烈的叛经离“道”倾向。围绕着“道”所发生的这种演变，为文道关系说研究的现代发生写就了脚本。首先，随着“道”成为了儒学的最高范畴，文道关系说也成为儒家文学观的标志性话语，而一旦儒家文学观遭到批判，文道关系说也势必成为众矢之的。其次，程、朱一系的独得“道学”之名，使他们提出的“载道”说遮蔽了其他儒者提出的文道关系说，而一旦文道关系说遭到批判，“载道”说也势必成为靶心，其他儒者之说也会被混同于“载道”说而受到株连。最后，心学家的标“心”立异、叛经离“道”，使“心”序列文论命题具有了与“载道”

对立的强烈意味，而一旦要寻找“载道”的反命题，“心”序列文论命题也势必成为理想的选择。千百年后“五四”时期的文化语境，为这出学术剧的上演提供了历史舞台，脚本中的重要关目无不一一呈现。虽然身为主演，但受时代思潮的影响，周作人、郭绍虞、朱自清在不同程度上对儒学陌生且持有偏见，因此浑然不知自己身在剧中，一举一动都是在按照早已设计好的情节进行。

除了上述主角之外，还有一位蒙面登场的少侠。他意气风发，出招凌厉，一度将大前辈逼入死角，疲于招架，为这出学术喜剧增添了几分传奇色彩。这位少侠是当时正在念大学的钱钟书，周作人的《中国新文学的源流》刚刚出版，他便以“中书君”为名发表书评，对周氏的观点进行了批驳[1]。他的批驳非常精彩，但也有一些似是而非之处，对后世影响不小，因此有必要在结束全文之前，对其稍加辨析。钱钟书指出，在传统的文学批评中载道与言志分别是对文与诗两种文体的要求。因此，许多讲求载道的文人，作起诗来往往抒写性灵[2]。这种文体上的分别确实存在，但不能绝对化。姑且不说作文作诗趋向一致的例子与诗文异趋的例子同样不胜枚举，以文为诗也是批评史上的老生常谈。“言志”固然是对诗的要求，但“文以载道”的“文”却并非如钱钟书所说,“通常只是指‘古文’或散文而言”[3]。让我们看看周敦颐的原文:“文所以载道也。轮辕饰而人弗庸，徒饰也，况虚车乎? 文辞，艺也；道德，实也。笃其实而艺者书之，美则爱，爱则传焉。”[4]这是对孔子所说的“言之无文，行而不远”(《左传·襄公二十五年》)的发挥引申。他们所说的文，指的并不是文体，而是辞采。至于对文与诗两种文体的分别要求是否具有合理性，钱钟书持肯定态度，他认为诗更适合表达主观的情感，而

---

[1] 钱氏书评原刊于《新月月刊》第4卷第4期，1932年11月1日。

[2] 参见钱钟书:《中国新文学的源流》，第249-250页。

[3] 钱钟书:《中国新文学的源流》，第249页

[4] 周敦颐:《通书·文辞》，上海古籍出版社，2000年，第39页。

文更适合表述客观的道理[1]。这是现代学者对古人所说的载道的一种常见误解。儒家之道特重伦理，对此，可以客观地论说，也可以主观地体认。客观地论说，接近于今天所说的说理，与抒情相对。主观地体认，接近于今天所说的抒情，只要发乎情止乎礼，同样是载道[2]。

[1] 参见钱钟书:《中国新文学的源流》，第249页。

[2] 朱熹再传弟子真德秀即曾面临这样的诘问，他在《文章正宗纲目・诗赋》中做出了这样的回答："或曰:'此编以明义理为主，后世之诗，其有之乎?'曰:'三百五篇之诗，其正言义理者盖几无，而讽咏之间，悠然得其性情之正，即所谓义理也。后世之作，虽未可同日而语。然其间兴寄高远，读之使人忘宠辱，去鄙吝，翛然有自得之趣。而于君亲臣子大义，亦时有发焉。其为性情心术之助，反有过于他文者。盖不必颛言性命，而后为关于义理也。'"(《西山先生真文忠公文章正宗》，明正德本。)

文化诗学视野下的古代文学思想

诗者何为?

——毛诗学的诗心追问与文化史意义[1]

郑　伟[2]

［摘要］ 诗歌应是缘政而发的评价性话语，诗人则公心道义之所寄，并无自身之特殊利益。由毛诗学拭明的这颗诗心极为深刻地体现了儒者卫道救时的使命、代言天下的话语立场，以及切关时政之需的实践精神。毛诗学的复兴发生在魏晋以来的审美文化语境下，以及宋明理学和乾嘉学术史的末端，十分深刻地切中了儒学空疏乏术的症结。在文化史上，儒学代变，而儒家道义精神却有时而晦，正有赖于汉学包括毛诗学—文学话语的复兴保存了一线生机。

［关键词］ 毛诗学　道义传统　实践性　范式　美刺讽喻　温柔敦厚

《毛诗》是古代最权威的经学教材之一，其影响是不言而喻的。这不仅是说它构成了《诗经》学史上的知识渊薮，而且更在于毛诗学的话语建构极为深刻地体现了君权体制下儒者的身份意识和进取精神，具有为后世确立人文范式的重要意义。从“范式”的角度来看待《毛诗》学的影响，我们将要讨论毛诗学如何给出了后世人文制作的法则，包括在文学话语的价值取向、

---

[1] 基金项目：山西省高校重点研究基地项目“毛诗大序集解”；山西省 2014 年度青年学术带头人计划。

[2] 郑伟，男，湖北枝江人，山西大学文学院副教授，从事文化诗学与经学文艺思想研究。

思想逻辑及其话语组织等方面所具有的某些共性特征。如果把焦点放在毛诗学集中出场的时刻，我们还能够更加清晰地观察其所根植的儒家道义传统与实践精神，以及毛诗学的复兴如何切中了宋明理学和乾嘉朴学的空疏之弊。遗憾的是，历代学者大都着眼于《毛诗》训诂考据的朴学面目，难以见出毛公、郑玄和孔颖达等毛诗学家为往圣继绝学、垂教万世的苦心孤诣，难以见出毛诗学—文学话语的文化意蕴及其赓续儒学传统的历史意义来。

一

翻检魏晋以来的诗学史，回到毛诗学是其中的一条线索。唐代的新乐府运动与清初诗史观念的大规模复兴，都是承接《毛诗》的精神而发生的；或者如晚唐小品文与晚清“时务文”所做的那样，用批判性的《毛诗》观念来约束散文的表达；又或者采取《毛诗序》的策略将文学史上的经典重新阐释成为一种泛政治论的隐性叙事，包括将那些“自抒其情”的诗词纳入经史的范围之内。晚唐五代的大量诗格作品，将郊寒岛瘦的苦吟篡改为“往往自讽自刺而不能觉”[1]。清初遗民笺注李商隐的诗歌，以及清代常州词派对历代小词，都极力索求其中的美刺寓意[2]。值得注意的是，这些情况并非专门针对审美文化的泛滥，它们同样发生在宋明理学和乾嘉学术史的末端。似乎儒学的危机来自儒学内部，乱世文人更能清晰地观察到此中的症结，希望回到诗经汉学那里去寻求更加纯粹的儒学宗旨。

---

[1] 徐衍:《风骚要式序》，载张伯伟著《全唐五代诗格汇考》，江苏古籍出版社，2002 年，第 450 页。

[2] 钱钟书《管锥编》称：清初遗民文人“说玉溪诗者，多本香草美人之教，作深文周内之笺苦求寄托，浪猜讽喻……盖‘诗史’成见，塞心梗腹，以为诗道之尊，端仗史势，附合时局，牵合朝政；一切以齐众殊，谓唱叹之永言，莫不寓美刺之微词。”（中华书局 1979 年版，第 1390 页。）又，张惠言编选《词选》对温、韦之词皆附会史实、苦求本事。王国维批评他说：“固哉！皋文之为词也。飞卿《菩萨蛮》、永叔《蝶恋花》、子瞻《卜算子》皆兴到之作，有何命意？皆被皋文深文罗织。”（见周锡山编校《王国维文学美学论著集》，北岳文艺出版社 1987 年版，第 377 页。）

这种回归与汉儒“古诗之流”的文学史预期相呼应。按照这个预期，“《诗》亡”之后，它的精神改由一般所谓的文学来承担，以美刺比兴的书写来寄托现实关怀，以褒贬善恶的道德尺度继续为天下立法，从而实现介入政治的目的。班固《两都赋序》首发“赋者，古诗之流也”之论，他在《汉书·艺文志》中也说：“大儒孙卿及楚臣屈原离谗忧国，皆作赋以风，咸有恻隐古诗之义。宋玉、唐勒，汉兴枚乘、司马相如，下及扬子云，竞为侈丽闳衍之词，没其讽谕之义，是以扬子悔之。”王逸《楚辞章句序》亦云：“屈原履忠被谮，忧悲愁思，独依诗人之义而作《离骚》，上以讽谏，下以自慰”。汉儒颇能体会辞赋的忧情壮采，却坚持将“讽喻”拿来作为辞赋上承古诗的依据，这说明汉儒完全是从社会功利性的角度来考虑诗之作为的。如果徒有“雾谷之组丽”，司马相如为武帝赋《大人》而心生悔意，扬雄也曾追恨过“童子雕虫篆刻”的经历。后来刘勰将《辨骚》郑重地列入“文之枢纽”，重申“屈骚”的风雅旨趣，就是针对近代诗人对屈骚的误读而发的。

虽然用诗讽谏也是先秦时人的普遍观念，但是像汉儒这样把美刺讽喻当作唯一的诗道，还是很少见的。即使在先秦儒家那里，他们把《诗经》当作修身进德的阶梯，都绝无如此强烈的讽谏意识。因为先秦儒学主要是针对儒者自身进行言说的，它之所以注重修身，除了以道自尊、凝聚认同的心理需要，更隐含有儒者以德居位的政治企图，本质上是属于儒者的自我教化。汉儒就不一样了，这点用心被消磨殆尽了，不得已才把重建的希望寄托在君主身上，又唯恐其怠慢，所以要时时向他提醒以儒治国的道理。这是退而求其次的做法，也规定了汉代经学主要是一种他律性的话语，是针对统治者进行言说的。由于历史条件和身份观念的限制，汉儒收起了真理独断者的严峻面孔，改而通过经典阐释的方式来暗自地融入儒家意识形态的内容，通过依经立义的言说而介入政治生活。这就构成了讽谏诗学之形成的文化根源。

唯独汉儒说诗，不过美刺两端；又唯独毛诗学家将一颗卫道救时的诗心擦拭地如此分明。《毛诗序》既云“国史作诗，以讽其上”，郑玄《六艺论》进而阐明“弦歌讽喻”“颂美讥过”之诗道，他甚至以“天神”的名义来论证《诗经》的教戒意义[1]，而“独标兴体”的笺注体例更表明了《毛诗》学派急于教告王者，还唯恐他不明白的心情。《毛诗》学有一个“诂训—传—序”的解释流程，逐级向上指向了《毛诗序》所申发的美刺大义，而诗歌在那里被认为是国史讽谏、圣人垂教的文字经典。总之，毛诗学在看似训诂考据的朴学表象下，实际上埋藏有很深的义理诉求。可惜后来的学者，大都只把它看成是纯粹的知识话语，或者奉为矩镬，或者斥其“道统不闻”，都不能从总体上把握毛诗学为往圣继绝学的宏旨。

以毛诗学为代表的诗经汉学，最大的成就即是将周礼乐章之《诗》彻底地改造为美刺教戒的文字经典，使之成为张扬王道教化的儒学渊薮。按照毛诗学的观念，诗人缘政作诗以讽，圣人删诗而为后王之鉴，这些体现了诗谏的实际效用和诗教的文化功能，深刻地反映了儒者阶层的政治干预意识和淑世情怀。并且与“普遍王权”的观念相联系，诗歌也应当具有美刺比兴和“止乎礼义”的美学规范，而民间生活秩序也被视为王迹流行的种种表征，或者世情的浇薄被归结为君主道德上的缺陷。由此看来，毛诗学所塑造的诗人形象是十分神圣的，它与儒者的社会使命和身份意识相联系，总是意指通过文学来介入政治的实践精神，一种为王者立法、为生民代言的话语立场。在孔颖达的《毛诗正义》那里，“诗人”概念则是和“诗缘政作”“诗述民志”的用心联系在一起的。

从《毛诗序》到郑玄诗学，再到孔氏《正义》，毛诗学家一直在拷问“诗者何为”的问题。《毛诗序》尚有“国史作诗，以讽其上”之说，郑玄则申以“诗人颂美讥过”之义，孔颖达更直截了当地宣称：“凡是臣民，皆得风刺，不必要其国史所为”[2]。明确地将诗人与国史区分开来，赋予诗人以一种体制外的身份和评议时政的权力。依毛诗学之意，诗的本质乃是一种介入

[1] 郑玄《六艺论》：“诗者，弦歌讽喻之声也。……及其制礼，尊君卑臣，君道刚严，臣道柔顺，于是箴谏者稀。情志不通，故作诗者以颂其美而讥其过。”又说：“六艺者，图所生也。河图、洛书皆天神言语，所以教告王者也。”（皮锡瑞《六艺论疏证》，续修四库全书本）

[2]《毛诗正义》卷一，北京大学出版社，1999 年标点本，第 15 页。

政治的方式，诗人则公心、道义之所寄，并无自身之特殊利益。郑玄尝云："作诗者，一人而已。其取义者，一国之事。变雅则讥王政得失，闵风俗之衰，所忧者广，发于一人之本身。"[1] 诗人蒿目时艰，悲悯政教失序而风俗衰败，发而为诗非是一己的穷通出处，乃是天下之意的呈现。这层意思经过孔颖达的抉发，一颗"莫不取众之意以为己辞""诗述民志，乐歌民诗"[2] 的诗心愈发分明。

《毛诗序》解读变诗的作旨说："国史明乎得失之迹，伤人伦之废，哀刑政之苛，吟咏情性，以风其上，达于事变而怀其旧俗者也。"郑玄《笺》曰："旧俗者，若晋有尧之遗风；先王之泽，卫有康叔余烈。"[3] 所著《毛诗谱》中详细地阐述了列国风俗的源流衍变，及其关乎治乱的重大意义。在郑玄看来，诗人经历世事变迁，十分清晰地观察到兴衰治乱的关键，所以通过诗歌这种形式来教戒国君，陈告化成天下的道理。依照这个意思，一颗诗心亦为史家之心所檃栝，表现为明达事变的识见、理性批判的能力，以及针药救世的现实关怀。孔颖达《正义》接着就说："而变风所陈，多说奸淫之状者，男淫女奔，伤化败俗。诗人所陈者，皆乱状淫形，时政之疾病也；所言者，皆忠规切谏，救世之针药也。"[4] 把诗歌当作针药救世的利器，认为诗人处在时政艰难之际，直斥其恶，下一猛药，最是医者的善心。由此思想的主动，诗人乃能搁置一己的利害得失，端以天下为念。"针药救世"之论十分明确地表达了毛诗学家关于本阶层社会使命和话语立场的自我确认。

二

至于"温柔敦厚"和"发情止礼"之说，实际上是毛诗学的周边义项。

---

[1]《毛诗正义》卷一，北京大学出版社，1999 年标点本，第 17 页。

[2] 同上，第 17 页、第 9 页。

[3] 同上，第 16 页。

[4] 同上。

《礼记·经解》尝云“温柔敦厚，诗教也”，郑玄和孔颖达明确地指出，《经解》一篇是“记六艺政教得失”[1]的，也即以经典来教化下民，具有移风易俗的功效。然而，当孔颖达坚持从“讽谏”说的角度来理解的时候，“诗教”的意义发生了明显的偏移。其云：“温，谓颜色温润；柔，谓性情和柔。《诗》依违讽谏，不切指事情，故云‘温柔敦厚’，是诗教也”[2]，“若以诗辞美刺、讽喻以教人，是诗教也”[3]。在讽谏说的视野之下，美刺其君的热情代替了化成天下的理想，而“温柔敦厚”之诗教，原意是指经典的风动教化，现在成了讽喻上政的谏说，以及为人臣者所应有的身份和修养。

《毛诗序》也有两套诗教话语，其云：“上以风化下，下以风刺上。主文而谲谏，言之者无罪，闻之者足以戒，故曰风。”所谓“上以风化下”，比如《关雎》用之邦国、用之乡人，那是先王的遗迹，也是汉儒的理想。虽则汉儒满心向往之，但从他们非美即刺的解释来看，“下以风刺上”才是更为切近的事情。汉儒的身份意识和经世路径都是在君臣关系的维度内生成的，这很大程度上决定了“诗云”的重要意义。郑玄注“主文谲谏”云：“风化、风刺，皆谓譬喻，不斥言也。主文，主与乐之宫商相应也。谲谏，咏歌依违，不直谏。”[4]意思是说，要用譬喻政教的文辞，并配和宫商相应的音乐形式来谏告君主。郑玄甚至将《诗经》中那些“直刺无隐”的文字都解释成为了“微而能讽”的讥语。[5]

难道毛诗学家仅仅是一群愚忠的腐儒，或者虚蛇随顺的俗儒？郑玄《六艺论》云：“诗者，弦歌讽喻之声也。自书契之兴，朴略尚质，面称不为谄，目谏不为谤，君臣之接如朋友然，在于恳诚而已。斯道稍衰，奸伪以生，上下相犯。及其制礼，尊君卑臣，君道刚严，臣道柔顺，于是箴谏者稀。情志

[1]《礼记注疏》卷五十，北京大学出版社，1999年标点本，第1597页。

[2] 同上，第1598页。

[3] 同上，第1599页。

[4]《毛诗正义》卷一，北京大学出版社，1999年标点本，第14页。

[5] 刘毓庆：《郑玄诗学理论及其对传统诗论的转换》，《文学评论》2007年第6期。

不通，故作诗者以颂其美而讥其过。”[1] 这就是说，在君尊臣卑的礼制时代，由于缺乏“面称”“目谏”的条件，只有通过“颂美讥过”的诗歌才能够顺利地释放自己的情志。因而讽谏是比“斥言”更为有效的谏君方式。这里虽然谈的是诗歌的发生之由，却也体现了郑玄对儒家思想立场的深刻体认。在他看来，儒家话语应与现实政治之间达成一种评价性的关系，亦师亦友也好，君尊臣卑也罢，始终都不能改变积极干政、有所匡救的儒家宗旨。

真正的问题是，“谲谏”作为手段，作为诗人的身份表达，其目的究竟是什么，是否允许变通？如果说谏政的目的决定了言说的形式，而“忠君”“爱君”的程度则取决于君主本身的素质和世运；那么，毛诗学的诗教美刺说仍留有很大的阐释空间。孔颖达就反对“主文谲谏”，而将“赋”法作为诗歌的正题。其云：“橘者，权诈之名，托之乐歌，依违而谏，亦权诈之义。”[2]《周易·大过疏》亦云：“本欲济时拯难，意善功恶，无可咎责。此犹龙逢、比干，忧时危辞，不惧诛杀，直言深谏，以忤无道之主，遂至灭亡，其意则善，而功不成，复有何咎责！”[3] 在他看来，直言切谏乃是天赋的权力。特别是在国家危殆之时，为人臣者更当有殉道而谏的气概。所以孔颖达特别能够欣赏“赋”法的无所避讳，《正义》云：“赋者，直陈其事，无所避讳，故得失俱言。……赋、比、兴如此次者，言事之道，直陈为正，故《诗经》多赋，在比、兴之先。”[4] 这完全是从捍卫士人道义及话语权力的角度来推崇“赋”法的，相比之下，“比兴”的修辞格反倒显得不重要了。后来，唐代人所尊尚的“比兴体制”，实际上多为“直歌其事”的赋法，恐怕与孔颖达的揭示有着直接的关系。

在明清之际的诗史浪潮之中，遗民文人看待《诗经》，陈子龙有“《诗》

---

[1] 皮锡瑞：《六艺论疏证》，续修四库全书本，第 280 页。

[2] 孔颖达：《毛诗正义》卷一，北京大学出版社，1999 年标点本，第 14 页。

[3] 孔颖达：《周易正义》卷三，北京大学出版社，1999 年标点本，第 151 页。

[4] 孔颖达：《毛诗正义》卷一，北京大学出版社，1999 年标点本，第 15 页。

虽颂皆刺”[1]的观点，顾炎武和贺贻孙都感叹古诗“直刺其人而不讳”[2]，钱谦益和张次仲都重申《正义》“针药救世”和“诗述民志”的诗心[3]。总的来说，注重以美刺说《诗》，重建了诗歌指陈时政的精神品格。在文学思想方面，遗民文人激烈抨击“温柔敦厚”之说，也有以“不和”作解，而张扬一种彻底的批判精神。申涵光是河朔诗派的领袖，他在《屿舫诗序》中就认为：杜甫不以“绕指之柔”的态度换得假和平，其如“芒刺”的诗风乃是真正的和平之音[4]。钱谦益《施愚山诗集序》曾抄录孔颖达的观点说：“病有浅深，治有缓急，诗人之志在救世，归本于温柔敦厚一也。”[5]陈子龙《宋辕文诗稿序》亦云：“和平者，志也；其不能无正变者，时也。”[6]既然诗人以救世为最高的旨趣，则“温柔敦厚”因时而异的变化就不应只有“诗之正经”一副面孔，亦且表现为“变风变雅”之迫切激烈的风格。黄宗羲《万贞一诗序》也说：“然吾观夫子所删，非无《考盘》《邱中》之什厝乎其间，而讽之令人低徊而不忍去者，必于变风变雅归焉。盖其疾恶思古，指事陈情，不异熏风之南来，履冰之中骨，怒则掣电流虹，哀则凄楚蕴结。激扬以抵和平，方可谓之温柔敦厚也。”黄宗羲痛斥那些不思拯救，打着“温柔敦厚”的幌子避祸远引的假夫子，认为只有从“志在和平”的胸襟发出的凄楚而激扬的亡国诗史，才是真正的“温柔敦厚”[7]。

“温柔敦厚”向来被奉为诗家圭臬。这个概念在毛诗学那里密切联系着“主文谲谏”和“依违讽谏”，而在理学语境下则指向了“思无邪”的自我教

[1]《陈子龙文集》上册，华东师范大学出版社，1988年，第142页。

[2] 参见黄汝成《日知录集释》，花山文艺出版社，1990年，第846页；郭绍虞《清诗话续编》，上海古籍出版社，1983年，第170页。

[3]《牧斋有学集》卷四十二，上海古籍出版社，1996年，第1430—1431页；张次仲《待轩诗记》卷首，四库全书本。

[4] 申涵光：《聪山集》卷一，丛书集成初编本。

[5]《牧斋有学集》卷十七，上海古籍出版社，1996年，第760-761页。

[6] 陈子龙：《安雅堂集》卷二，辽宁教育出版社，2003年，第27页。

[7] 陈乃乾：《黄梨洲文集》，中华书局，1959年，第362-363页。

化，一种怨而不怒的人生态度。理学文人关心的是内在心灵的完满与自足，所以普遍地把“温柔敦厚”与“美刺”对立起来，以为“使篇篇皆是讥刺他人，安得温柔敦厚？”[1] 这种诗教观念的影响极为深远。其实，毛诗学并不主张怨而不怒地看待人生，在“主文谲谏”和“发情止礼”这些身份话语的背后，实际上隐含了对大一统社会秩序的热切企盼。所以在明清之际“天崩地解”的鼎革中，当遗民文人的视野由“一姓”拓展至“天下”之后，“温柔敦厚”之说亦将越过君臣关系的阐释维度，泛化为一种以救天下为最高道德旨趣的实践精神，表现为一种切言时弊、哀愤过情的凌厉风格。这和理学语境下的“温柔敦厚”思想截然不同。

三

现在可以讨论，毛诗学在诗学文化史到底起到什么样的作用。我们需要首先弄清楚毛诗学是在何种情况之下出场的。从魏晋算起，美刺讽喻的汉儒诗教最先遭到了“缘情绮靡”文学的逆动，刘勰等通变论者顺应彼时审美文化的自觉，将文学新变的要求融进“道之文”中，以接续“古诗之流”的理想。刘勰的《诗经》观本于汉儒诗教，尤其受到毛诗学之影响，是非常深刻的。[2] 针对“楚艳汉侈，流弊不还”的讹势，刘勰根据《易》的通变哲学，将“序志述时”“微词婉晦”的经典体制树立为不变的根本，又主张“术必酌于新声”，以无穷的变化求得新的生命。《文心雕龙·辨骚》篇说，“同于风雅”有定，“异乎经典”有变，才是赓续诗教的合适途径。后来有唐一代的风雅文学观念，正是对刘勰思想的合逻辑展开。唐代的新乐府诗人本有“作唐一经”之意，他们推崇“赋法”和“辞质言切”的表现。晚唐五代出现了大量的诗格类著述，把“物象流类”和声律问题当作讽喻诗写作的“天

[1] 黎靖德编：《朱子语类》卷八十，中华书局，1994 年，第 2065 页。

[2] 杨明照：《从〈文心雕龙·原道·序志〉两篇看刘勰的思想》，《文学遗产》1962 年增刊第十一辑。

机”，极力索求晚唐苦吟诗的“随篇讽刺”之“内意”。显然是受了《毛诗正义》“兴象”说的影响，并由此上溯到比兴美刺的汉代毛诗学精神那里去。

宋明时期是毛诗学的晦暗时期。理学家参照佛学来重新阐释儒学的心性义理，努力夯实道统信仰之基础，同时也极力营造超越性的人格境界，也慕求一种诗文道流、理趣浑然的存在体验。在理学家看来，诗人以“诚静”之心来照物，则万物之自得与天理之流行皆莹然心体之上，就已经完成了对世界的表现，而诗歌只不过是存在体验的话语显现而已。[1] 明代的王阳明哲学是接着朱子讲的，要解决士子听闻“言教”而无有着手处的困惑。他教导学生“人须在事上磨练做工夫乃有益”[2]，将独自修行的体验转移安放“万物一体之仁”的拯救事业之中。然而他的后学旋即堕入庄禅之境，以纯任自然本性的原则来营造心灵的“大解脱之场”。晚明文人以逍遥自适、生命顺畅遂为人生之完满，经世致用的精神大为收敛。

在明清之际“天崩地解”的鼎革中，毛诗学及其指导下的诗史观念大规模复兴了。遗民文人深感本阶层的空疏和逍遥之于汉室覆亡的罪责，而在“力返风雅”的过程中肃清了诗意境界和理学趣味对文心的侵染。前引陈子龙、顾炎武、贺贻孙、钱谦益和张次仲的观点，皆承毛诗学之观念，重建诗与史、诗与时政的评价性关系，表彰诗人的愤怒冲破“温柔敦厚”之旨的正当性。在明清之际，诗史论是一个普遍的话题。黄宗羲《万履安先生诗序》和魏禧《纪事诗钞序》都有“以诗补史之缺”的观点，钱谦益《胡致果诗序》和屈大均《东莞诗集序》皆申张“诗足于续史”之意。在遗民文人的思想谱系之中：《诗》亡然后《春秋》作；及至国家乱亡、官史零落之际，又有亡国诗人出来赓续民族精神命脉。明清之际的思想潮流，由反清复明的政治运动蜕变为文化复国的政治兴味，由“由王返朱”的道德践履之学折入通经致用的实学思想，都始终不脱现实主义的、实践主义的品格。诗史

[1] 郑伟：《“诗文道流”说的人文意蕴与儒学文论史价值》，《文学评论》2014 年第 2 期。

[2] 王阳明：《传习录》上，《王阳明全集》卷一，上海古籍出，1992 年，第 35 页。

论作为此种经世文化思潮的组成部分，由一种以史证诗、以诗观史的批评理念落实到诗歌的创作论上，便是主张恢复讽喻诗的实录传统，主张纪政事、察民隐、补史阙的诗史作风，崇尚略无避讳的批判精神。明清之际出现诗史创作的高潮，凡志士之壮举、民生之艰难、治乱兴衰之所由的叩问尽在于兴亡之叹中，是动乱时代的一部民族记忆史，也是遗民文人存史以鉴之良心的象征。

毛诗学—文学话语的最后勃兴是在清代中后期，发生在乾嘉朴学史的末端。嘉、道以还，又是一个千古未有的大变局时代。朴学显然难以应付时局的需要，经世致用之学迅速崛起为时代的最强音。龚自珍和魏源是复兴今文经学的巨擘，其实并没有严格的师法观念。龚自珍“于古文毛、今文三家，无所尊，无所废”[1]，他的诗歌以讥切时政著称，继承了汉儒以美刺笺注的《诗经》精神。魏源所著《诗古微》虽反对美刺正变的毛诗教条，然于诗心的理解则曰：“《毛诗大序》讽教之旨与三家《诗序》刺诗之谊，若合符节。”[2] 魏源标举一种“主逆”的诗风，尝作有《都中吟》《江南吟》等新乐府组诗，自注“效白香山体”。

晚清文人以词续《诗》、以文续《诗》，都汇入了经世致用的大流之中。张惠言是乾隆年间著名的今文《易》学家，他确立了“意内而言外者谓之词”的常州词规范。联系张氏所编《词选》皆附会史实、苦求本事，与毛诗《序》说同其弊病的情况[3]来看，张惠言所谓的“意内而言外”实则暗指关乎忠爱美刺的政治寓意。周济在《介存斋论词杂著》说得很清楚：“感慨所寄，不过盛衰，或绸缪未雨，或太息厝薪，或己溺己饥，或独清独醒，随其人之性情、学问、境地，莫不有由衷之言。见事多，识理透，可为后人论世之

---

[1] 郭延礼：《龚自珍年谱》，齐鲁书社，1987 年，第 84 页。

[2] 魏源：《诗古微 · 毛诗大序义》，见《魏源全集》第一册，岳麓书社，2004 年，第 193 页。

[3] 张惠言认为韦庄的《菩萨蛮》（“红楼别夜堪惆怅”）有奉使欲归之意，冯延巳的《蝶恋花》（“六曲阑干偎碧树”）有排斥异己，取媚君信的嫌疑，辛弃疾的《祝英台近》（“宝钗分”）为讥刺南宋权臣赵鼎和张浚之意，王沂孙的《眉妩》（“渐新痕悬柳”）暗寓南宋君国之忧、恢复之志，等等。这样的例子在《词选》中不胜枚举。

资。诗有史，词亦有史，庶乎自树一帜矣。若乃离别怀思，感士不遇，陈陈相因，唾沈互拾，便思高揖温、韦，不亦耻乎！”[1] 他将“感慨所寄，不过盛衰”与“离别怀思，感士不遇”对举成文，倡扬一颗关乎家国兴亡、世道盛衰的词心，热情地呼唤苦心孤诣的词史时代的到来。晚清“史词”腾跃，从甲午到庚子国变，凡国事之艰难、民情之困厄以及士人的奔走呼号尽于词的泣泪之中，乃是对周济“词史”观念和汉儒“古诗之流”思想的响应。[2]

晚清文人也有以文续《诗》的。冯桂芬《校邠庐抗议》里面有一篇《复陈诗议》，反复陈述“通上下之情”的治道，以为古者陈诗规谏亦可用于“民隐不闻”的今世。冯桂芬托言古制，实则张扬一种庶人议政的话语权力，主张写作经时务、通民隐的经济文字。他自己的文章即被称为“时务文”：“于经国大计，指陈剀切……凡所敷陈，皆所以救当世之急”[3]。稍早于冯桂芬，包世臣也反对“离事与礼而虚言道”的桐城义法论[4]，所著《王海楼诗序》发挥《毛诗序》“言者无罪，闻者足戒”之说，提出“诗教殆寓于刺”的著名观点。[5]《韦君绣诗序》亦云：“夫诗之为教，上以称成功，盛德致形容，为后世法守；次乃明迹怀旧，陈盛衰所由，以致讽喻；下亦歌咏疾苦，有以验风尚醇醨，而轻重其政刑。”[6]《扬州府志艺文类序》则说：“诗文赋颂，异流同源，懿彼发伦类之淳漓，讽政治之得失，闾阎疾苦，由以上闻，云霄膏泽，于焉下究”，应当做到“无愧政书之训”[7]。由此观之，包世臣的“诗教”观念完全承续了毛诗学，讽喻时政和披露民隐是最主要的内容。而所谓“诗文赋颂，异流同源”云云，就是主张用这种介入政治的诗教精神来约束散文的表达，如他自己创作的那些“救时指事之章”那样。

---

[1] 张璋、职承让等编：《历代词话》下册，大象出版社，2002 年，第 1487 页。

[2] 参见叶嘉莹：《清词丛论》，北京大学出版社，2008 年，第 247-283 页。

[3] 张舜徽：《清人文集别录》下册，中华书局，1963 年，第 473 页。

[4] 包世臣：《艺舟双楫》，中国书店，1983 年，第 8-9 页。

[5] 同上，第 48-49 页。

[6] 同上，第 45-46 页。

[7] 同上，第 7 页。

四

以上我们梳理了毛诗学—文学话语的消长起伏，从中可以得出这样一些结论。首先，儒学文论总是历史性的生成的，只有不断地调整自己的理论视角，才能重建它在新文化语境下的合法性和规范力，换言之，“通变”乃是儒学文论介入当下的适当途径。

其次，儒学的危机到底表现在什么地方？如果说审美文化的泛滥，能够被儒家道义传统从外部洞察其弊害的话，那么真正的追问就是：为什么那些倡言世用的儒者却常常落个空疏误国的坏名声。理学家讲“明道”，讲“内圣外王”，朴学家讲“训诂明而义理明”，谁会承认自己的学术是于事无补的呢？从表面上看，此“理”高大，为生命修养之义，难以应付变局时代摆在眼前的急务。更为深刻的是，当儒家的内圣之学与境界论结合之后，修身而正入了内在自足的生命境界，士大夫以孔颜乐处为人生之完满，以至于阻断了修齐治平的《大学》链条。宋代理学的此种弊病已有王阳明的实践哲学起而矫之，然而泰州王学旋即堕入了庄禅之境。又有顾炎武、黄宗羲等遗民起来重揭通经致用的实学旗帜，颇不以训诂考据为目的。后来，乾嘉学者就在“训诂明而义理明”的指导下滑入了知识主义的途辙，专把汉学当作训诂考据的实证学问来看待了。乾嘉学术包括桐城派的文章学家，都热衷于窄而深的研究，以专而精的知识成就来获取自信的力量，无形地消解了通经致用的使命。总之，儒学的根本威胁就来自儒学内部的一种无意识的“歧出”现象。这种歧出常常因了“证道”和“问学”的目的而起，所以它顺理成章地成为一项重大的儒学事业，一代代儒者的精力于此而消耗。直到社会危机迫使儒者从实践政治的角度来化解的时候，文论家们才突然意识到孔颜乐境的受用和知识趣味的满足已非儒学的原旨，也还是要返回汉学那里去寻求经世致用的依据。

毛诗学—文学话语的复兴出现在魏晋以来审美文化的语境下，以及宋明理学和乾嘉学术史的末端，它在文化史的地位也就明了了。毛诗学首先代表了一种彻底的实践精神和为天下代言的话语立场，无论它把文学当作针药救世的利器，还是陈情天下的公言，都希望文以干政的运用能够起到“皆所以救当世之急”的实效。尤其是在世运升降的关头，相比之下，那些纯然审美和知识趣味的受用固不足道，便是一切载道教化、诗文道流的人文诉求也一并沦为虚阔。毛诗学—文学话语何尝绝弃审美？其中更不乏感性生命悦动的情致和突破古典美理想的叛逆精神。但是总的说来，这些调整都是为了重建儒学在新文化语境下的规范力，有时则代表了卫道救时的士人精神在特定时期得到了彻底的伸张。毛诗学又何尝不言道德性命？但它的确不曾教人做一个独自修行的圣人。在美刺讽喻说的视野下，“内圣”并不具备独立的价值，而是始终联系着民隐、朝政和风俗等实践政治的问题。《毛诗序》和《郑笺》清楚明白地揭示，诗歌应与时事政治建立起一种反映论和评价性的关系，而诗人应是用诗歌来介入社会生活的实践家。所以在文学批评史上，毛诗学的复兴往往带动末世文人最清醒的时务观察，兴衰所由的叩问和秩序重建的热情于此格外的显明。由此反观古代思想史，儒学代变，而儒家的道义传统却有时而晦，正有赖于汉学包括毛诗学的复兴而保存一线生机。

边缘文人的“御用文人梦”[1]

——文人身份视野下的王充及其《论衡》

吉新宏[2]

［摘要］“边缘文人”身份是审视王充及其《论衡》的一把钥匙。王充是“太平盛世”的“边缘文人”，有着文人身份的理论自觉，其“边缘文人”身份承载了来自帝王和士人群体的独特的双重焦虑。王充的《论衡》不论是在思想内容还是理论策略方面，都与其“边缘文人”的身份意识密切相关。《论衡》“疾虚妄”的目标是主流文人（“儒者”），而不是专制王权。对汉代主流文人的批判与对汉王朝的歌颂共同成就了王充“为汉平说”的“颂汉”工程。《论衡》集中体现了王充的人生理想，即边缘文人的“御用文人梦”。然而，在特定的意识形态背景之下，王充的“御用文人梦”最终只是一个“梦”，不可能实现。

［关键词］王充 《论衡》 文人 身份

王充（27—96）以其“疾虚妄”的巨著《论衡》在中国思想史上独树一帜。同时，王充也是一个引人争议的人物，自古以来，人们就对王充有不同

---

[1] 基金项目：中央高校基本科研业务费资助，项目名称：传统文化对安全生产的影响创新团队建设项目，项目编号：3142014016。

[2] 吉新宏（1970—），男，汉族，河北玉田人，北京师范大学文艺学博士，现为华北科技学院人文社会科学学院副教授，主要从事文艺学、美学研究。

的褒贬评价。褒之者谓其“一代英伟”[1]，谓其“前世孟轲、孙卿，近汉扬雄、刘向、司马迁，不能过也”[2]；贬之者谓其“非圣无法”[3]，“罪至于慢天”[4]。之所以有如此大的差异，除了评论者的时代因素之外，还因为王充本身就是一个复杂的甚至尴尬的人物。我们只有回到历史语境，回到王充的文本，才能更好地参悟王充及其《论衡》。要做到这一点，有一把钥匙，那就是王充作为“边缘文人”的“文人身份”。

一、王充：“边缘文人”的身份问题

有必要先交待一下“文人”这个概念。“文人士大夫”是中国古代文艺思想的言说主体，但它并不是一个自明概念。据李春青教授的考察，“士大夫”作为中国古代唯一的知识阶层，以“道”为最高价值范畴，维护“道统”的神圣性，其目的是规范和引导以君权为代表的现实权力；“文人”则是“士大夫”的一种衍生身份，在（全部或部分）兼有“士大夫”属性的同时，更强调“个人情趣合法化”，维护着“文统”的独立性，其目的是拓展个体性精神空间，获得心灵自由与美感享受。同时，“文人”的形成是一个历史过程，其内涵也是变化和演进的，这个过程始于先秦，发展于汉代，在东汉中后期走向成熟，到汉魏之际出现成熟的、典型意义上的“文人”形态。[5]从逻辑上讲，“文人”身份得以从“士大夫”身份衍生而出，至少需要两个条件，一是以“道”自任、为“王者师”的人生理想和价值关怀向个人

[1] 黄晖：《论衡校释》，中华书局，1990年，第1237页。

[2] 同上。

[3] 同上，第1245页。

[4] 同上，第1258页。

[5] 关于“文人身份”问题，可参见李春青：《“文人”身份的历史生成及其对文论观念之影响》（《文学评论》2012年第3期）、《汉魏之际“文人”身份冲突及其文学表征》（《北京师范大学学报》（社会科学版）2014年第2期）、《论士大夫趣味与儒家文道关系说之形成》（《北京师范大学学报》（社会科学版）2011年第3期）、《在“文人”与“士大夫”之间——略论中国古代知识阶层的身份冲突》（《船山学刊》2013年第3期）等文章。

心灵自由、个人精神情趣的转移；二是“述而不作”的神圣写作观念向抒写个人情志的文章写作观念的转移。王充的意义在于，他恰恰处于这个历史和逻辑进程的中途，他和他的《论衡》标示了“文人”身份演进历程中的一个重要节点。[1] 而且，王充还有另一重特殊的“文人”身份：“边缘文人”。他身具“士大夫”和“文人”的身份属性，“边缘文人”的身份现实不仅加强了这一身份属性，而且使王充的“文人身份”呈现出更复杂的“非典型”形态。正是这个“边缘文人”身份，成为审视王充及其《论衡》的一把钥匙。不论是《论衡》的思想内容还是理论策略，都与其“边缘文人”的身份意识密切相关。

（一）“太平盛世”的“边缘文人”

据《后汉书·王充传》以及《论衡·自纪》所载，王充出身“细族孤门”，生活艰苦。在一个讲究门第与家世的时代，王充几乎注定不可能在当世拥有显赫的声名。王充在《自纪篇》中这样描述他的仕进历程：“在县位至掾功曹，在都尉府位亦掾功曹，在太守为列掾五官功曹行事，入州为从事。”[2] 王充终其一生，其仕途也没有超过地方官属员的位置。这当然是自视才高、博闻强志的他所不能释怀的。

王充在生命中最旺盛的时光，经历了东汉王朝最辉煌的“光武中兴”和“明章盛世”。盛世中的三位帝王（光、明、章）有一个共同特征，那就是提倡儒学。比如光武继承武帝以来的独尊儒术传统，兴建太学，设置博士，传授儒家经典。章帝在建初四年（79），召集诸卿、博士举行了著名的“白虎

[1] 李春青《“文人”身份的历史生成及其对文论观念之影响》：汉代“文人”概念之外延是很宽泛的，至少包含下列方面：第一、是指“辞赋之士”。第二、是指“文章之人”，即那些能够“兴论立说，结连篇章”的人。第三、是指“文吏”，即“采掇传书，以上书奏记者”。在王充的语境中，“文人”一词已经包含了后世这一词语的义项，但还不是专指，大抵能够遣词造句，布局谋篇而成文章者，均可涵盖在内。(《文学评论》2012 年第 3 期，202 页。)

[2] 关于王充《论衡》的引文，均出自黄晖《论衡校释（附刘盼遂集解）》，中华书局 1990 年版。下文不再一一注明。

观会议”，论“五经”异同。作为士人，王充对于国家、帝王的美好憧憬是可以想见的：他多想进入这个帝国的统治机器，为它效力，实现自己的人生理想。然而不可否认的是，帝王对儒术的推重仍旧是其统治之术的一部分。帝王专制得以顺利运行，至少需要两个条件，一是在意识形态政策上对士人的引导甚至拉拢，以达到为己所用的目的；另一方面要靠对士人、官员的严格控制。帝王对士人的态度是矛盾的，一方面他要利用士人，让他们为自己竭忠尽力；另一方面他对士人们又是极不放心的，恐惧他们因为分享权力而危及自己的绝对权威。这样，由于帝王专制，就衍生出两种与士人相关的颇具特色的关系模式：

一种是帝王与官员（士大夫）之间的利用与制衡的关系，帝王要利用与控制臣下（士大夫），而臣下（士大夫）则要在尽量不激怒帝王的情况下，对帝王权力进行某种制衡，以维护自己的权力。在权力资源的分配上，帝王拥有绝对的统治权，而士人则掌握着文化学术话语的主动权。另一种关系模式来自士人（官员、儒生，等等）之间。他们都需要从专制帝王那里获得生存资源，所以他们之间又形成一种竞争关系。他们拥有相同的资源和权力——即来自“知识”的“话语权力”，他们不得不用这种资源和权力让自己在士人群落中凸显自己，以自己的知识、才能、德性来表明在知识者群落中、权力关系中的独特地位，从而确立自己的身份和价值。

所以，“太平盛世”下的士人，常常不得不承受着来自帝王和士人群体的双重焦虑。他们要接受、接近帝王，又要制衡帝王；作为士人个体，要与其他士人竞争，又要寻求思想和灵魂的同路人。王充就是以“边缘文人”的身份，在这种两种关系背景之下写作《论衡》的。

（二）“文人身份”的理论自觉

边缘的身份常常伴随着身份的危机，因而身份意识也异常强烈。王充就是如此。在汉代“文人”身份由“士大夫”衍生的路途中，王充结合自己的生存经验，对“文人身份”问题进行了理论层面上的自觉探讨。

1.“文吏”与“儒生”。

东汉地方政府的僚属主要由两种人构成，一是儒生，一是文吏。儒生指的是研习“五经”的读书人；文吏是指熟习政务的一般官吏。儒生通晓圣贤之道，而文吏则通晓日常政务，儒生常受世人的轻视。王充的身份便是地方政府的儒生，一个低级官吏。在“君王—将（地方长官）—文吏 / 儒生”构成的官场食物链中，以王充为代表的“儒生”显然处于最低端，其地位远不如“文吏”。在《论衡》的《程才》《量知》《谢短》《效力》等篇，王充将儒生与文吏相比较，为儒生“正名”，也为自己“正名”。《程才》篇对儒生与文吏在职能、价值等方面进行了比较全面的权衡：

> 今世之将，材高知深，通达众凡，举纲持领，事无不定，其置文吏也，备数满员，足以辅已志。志在修德，务在立化，则夫文吏瓦石，儒生珠玉也。……儒生不习于职，长于匡救，将相倾侧，谏难不惧。案世间能建蹇蹇之节，成三谏之议，令将检身自敕，不敢邪曲者，率多儒生。阿意苟取容幸，将欲放失，低嘿不言者，率多文吏。文吏以事胜，以忠负；儒生以节优，以职劣。二者长短，各有所宜，世之将相，各有所取。取儒生者，必轨德立化者也；取文吏者，必优事理乱者也。

文吏与儒生的两种职能：儒生之用在“忠”在“节”，在于“轨德立化”；而文吏之用“职”在“事”，在于“优事理乱”辅助性事务。“儒生所学者，道也；文吏所学者，事也。……儒生治本，文吏理末，道本与事末比，定尊卑之高下，可得程矣。”身份职能的“道”、“器”之别，是“形而上”和“形而下”的高下之别。所学在“道”，是根本原则；在“事”，是具体的事务，相对于根本原则而言是末节。儒生、文吏本同为政府辅员，王充将二者的差别上升到“道”“器”、“本”“末”的原则之别，可见其为儒生“正名”的苦心，这是一个“边缘文人”、低级官吏的身份焦虑。

身为儒者，不得不求食于将相，但却贬抑于时俗，排挤于文吏。王充在《论衡·状留》篇分析了贤能儒者（“贤儒”）不通被重用，“俗吏”们却得以飞黄腾达的具体原因：

> 今贤儒怀古今之学，负荷礼义之重，内累于胸中之知，外劬于礼义之操，不敢妄进苟取，故有稽留之难。无伯乐之友，不遭王良之将，安得驰于清明之朝，立千里之迹乎？
>
> 其积学于身也多，故用心也固。俗吏无以自修，身虽拔进，利心摇动，则有下道侵渔之操矣。

在“贤儒”与“俗吏”的比赛中，“贤儒”总是失败者。“贤儒”不遇的原因有两个，一是身负先王之道，不事个人钻营；二是无人举荐。“贤儒”所看重的是修养节操，遵循的先王之道，他们不会苟且贪图世俗利益，不肯去钻营，所以他们不被推荐。器重难举，只有像伯乐、王良这样真正能够赏识他们才能的长官才能够发现并举荐他们。而“俗吏”就不同了，他们不用在乎自身的修养，只要苟且钻营，达到一己的私利就可以了。更有甚者，如遇地方长官（将）“妒贤，不能容善”，“贤儒”不仅不能被举荐，能够免于刑戮就算幸运了：

> 长吏妒贤，不能容善，不被钳赭之刑，幸矣，焉敢望官位升举，道理之早成也！（《状留》）

这是边缘士人王充的一声长叹，也是“贤儒”的一曲哀歌。“学多道重”，反而成了功名的负担。这是王充真实的生存体验。在王充的论述中，看不到扬雄、班固等人的“大家气度”，但不要忘了：王充只是“一个边缘文人”，是一个一生不得意、不得志的低级官吏。

2.“文儒”、“通人”、“文人”、“鸿儒”、“贤儒”。

王充除了为自己的“儒生”身份“正名”之外，还进一步具体分析各种不同的儒生。儒生是王充的现实身份，但王充的身份理想并不是一般的“儒生”。在《论衡》的《效力》《状留》《别通》《超奇》《定贤》等篇中，他对“儒生”从不同方面进行了定位。

（1）“儒生”与“文儒”。王充认为，“文吏”与“儒生”的区别在于才力倾向的不同。但是，真正算得上有才力的，不是只能说一经的儒生，而是怀先王之道，懂晓各家，博古通今，下笔万言的“文儒”。

> 文吏以理事为力，而儒生以学问为力。
>
> 化民须礼义，礼义须文章。行有余力，则以学文。能学文，有力之验也。
>
> 使儒生博观览，则为文儒。文儒者，力多于儒生，如少都之言。文儒才能千万人矣。
>
> 能上书日（白）记者，文儒也。文儒非必诸生也，贤达用文则是矣。(《论衡·效力》)

《论衡·效力》所言不外乎两个问题，一是“文儒”强于“文吏”，二是“文儒”需要有人举荐。“文儒”真正的作用在于以他们的才力推行礼义教化，上书辅佐君王。成为一个伟大的“文儒”，为帝王、为长官“效力”，正是王充的梦想。但是，真正具有大才的“文儒”却得不到重用，无法发挥出他们的才力，其原因在于没有得到举荐和任用，致使他们“抱其盛高之力，窜于闾巷之深”，甚至“退窜于岩穴”。这是王充生存现实的自况。

（2）“儒”的四个等级：“儒生”、“通人”、“文人”、“鸿儒”。

> 说一经者为儒生，博览古今者为通人，采掇传书以上书奏记者为文人，能精思著文连结篇章者为鸿儒。故儒生过俗人，通人胜儒生，文人逾通人，鸿儒超文人。故夫鸿儒，所谓超而又超者也……然鸿儒，世之金玉也，奇而又奇矣。(《论衡·超奇》)

王充是从知识生产、精神创造层面来确定“儒”的品级的。只能讲解一经的“儒生”、博览古今的“通人”，都是对知识的识记与传播，是知识的“简单再生产”，显然是王充不推崇的。就如司马迁和刘向，虽然记述很多，但是“因成纪前，无胸中之造”，也只是略比“儒生”强一点。摘引传书、上书奏议，如陆贾、董仲舒，他们是“论说世事、由意而出”的“文人”，涉及知识创造和“经世致用”，其价值要高于前二者。在这四个等次中，唯有第四种“鸿儒”能潜心思考，著书立说，是“超而又超”、“奇而又奇”的“世之金玉”，其代表人物如阳成子长、杨子云：

阳成子长作《乐经》，杨子云作《太玄经》，造于助思，极窅冥之深，非庶几之才，不能成也。(《论衡·超奇》)

理想中的“鸿儒”是刘向、扬雄、桓谭，他们都是“历世希然”的“著文者”，是超越“述而不作”的“著作者”。这其中，自然也隐含着为自己著作《论衡》张目的意思。

综上所述，王充的“文人身份”理论，作为“文人”从“士大夫”衍生过程中的重要节点，它至少包含了以下意义要素：一、自觉区别于“文吏”、“俗吏”、“世俗”的强烈的身份意识，大有与其“划清界限”的味道；二、礼义教化、以“道”自任的价值关怀，这一点上与“士大夫”的普遍价值观念是完全一致的；三、明显功利性的、以辅佐君王为最高目标的人生理想；四、作为知识生产者，“精思著文”、以文章名世的“作者”意识。总体来看，王充的“文人身份”意识，既是“士大夫”与“文人”的混成形态，又是“文人身份”形成过程中的“非典型”形态。(比如，它没有后世“文人”理想中对于“个人情趣”的张扬。)这种“非典型”文人形态和文人意识，与其“边缘文人”的生存现实又构成一种呼应关系：作为“边缘文人”的王充更关注的是如何在“士人”群落、“文人”群落、官吏僚属群落中凸显自己的“儒生”、“鸿儒”身份。这样也就不难理解，“疾虚妄”的《论衡》对当世帝王有“颂”无“讽”，董仲舒等“主流文人”所具有的制约王权的意识，在《论衡》里根本看不到。

二、“疾虚妄”与“御用文人梦”

王充为什么写作《论衡》？王充为什么要“疾虚妄”？要弄清这个问题，首先要明白王充反对的是什么，支持的又是什么。通览《论衡》可以发现，王充所批驳的最严重的“虚妄”是董仲舒以来的“天人感应”；他倾尽笔力所维护的是汉室王权的合法性。这两个方面都指向一个理想，即他的“御用文人梦”。

（一）“疾虚妄”的目标是主流文人，而不是专制王权

1. 再看“天人感应”。

“天人感应”论认为：对君王的恶德恶行，“天”用灾异来“谴造”；而对于君王的美德美行，“天”则用符瑞来表彰。为了考察王充批判“天人感应”的理路和心态，有必要先“还原”一下“天人感应”论的历史语境。

汉代思想格局的形成始于董仲舒。董仲舒以阴阳五行学说为依据，以天道的阴阳四时五行作为解释、判断一切自然与社会人生问题的依据，建立起一个庞大的、几乎无所不包的“天人感应”系统。对这个系统，简单概括就是：因为“人副天数”、“同类相动”，所以帝王之行的美与恶，与“天”的祥与灾，构成一种感应关系。因此帝王要约束自己，反省自己的行为是否顺应、符合“天”的意志。

“天人感应”系统的确立与徐复观所说的汉代知识分子的“压力感”密切相关。这种压力主要是来自“大一统的一人专制”压力。自秦王朝的“大一统”帝王专制确立以来，士人们不得不依附于专制帝王，而帝王的权威却呈无限膨胀之势。对儒者而言，他们一方面要承认帝王的绝对权力，只有在这个前提之下才有儒者自身存在的可能；另一方面，他们又试图对帝王的绝对权力加以适当限制，他们对这个无限膨胀的王权感到深深的忧虑。董仲舒认为，能对帝王的绝对权力进行制衡的只有“天”。《春秋繁露·玉杯》有一个典型论断：“屈民而伸君，屈君而伸天”，恰恰是以董仲舒为代表的汉代儒

者面对专制王权不得不采取的必要策略：一方面要承认和支持，另一方面又要警策和限制。在“民—臣—君”的关系中，汉儒承认君主的至尊地位，体现“民”、“臣”对君主的服从；而在“君”与“天”的关系中，确立“天”的至高无上的地位，“君”对“天”要忠实服从。而作为“臣”的儒者，正是“天”的阐释者。这正是汉儒的一片苦心所在。清人苏舆对这段“春秋大义”的解释颇得仲舒之意：

> 屈民以防下之畔，屈君以警上之肆。夫天生民而立之君，此万古不敝之法也。圣人教民尊君至矣，然而盛箴谏以纠之，设灾异以警之，赏曰天命，刑曰天讨，使唤之罔敢私也。视自民视，听自民听，使唤之知所畏也。[1]

应当说，以“天人感应”论为基础的儒家策略，在有汉一代的政治生活中是有效的。清赵翼有一个发人深省的论断：“两汉之衰，但有庸主，而无暴君，亦家风使然也。”[2]《廿二史札记》卷二《史记汉书》中列举了诸多证据，说明汉代帝王“多遇灾而惧”[3]。在“天”面前，君王是卑微的，面对“天”的“谴告”，他必须约束自己、反省自己，以此来求得他自身和他的帝国安然无恙。

“天人感应”论的知识系统，经过公元79年的白虎观会议，与东汉流行的谶纬观念相整合，在《白虎通义》中得到进一步系统化、理论化的表述，成为国家意识形态的重要组成部分。在这个过程中，儒家主流知识界与王权达成进一步妥协：作为臣下的儒者在尊重和维护帝王绝对权威的前提下，从帝国的权力体系中可以分得一杯羹；同时，对王权进行适度的、有限的约束，以维护帝国的统治秩序。

“天人感应”论有董仲舒等汉代儒者的一片苦心，而王充对“天人感应”

---

[1]［清］苏舆：《春秋繁露义证》，钟哲点校，中华书局，1992年，第32页。

[2] 同上，第41页。

[3] 同上，第39页。

论的批判也有他的具体动机。

2. 王充怎样批判“天人感应”。

王充以“天道自然”论来反对以董仲舒为代表的“天人感应”论。董仲舒从至高无上的“天”的意志与人事的关联来给人间确立秩序，进而对帝王进行约束；王充也是从至高无上的“天”入手，他首先否定“天”的意志性，进而切断天道与人事之间的关联，从而在客观上为帝王解除来自“天”的约束。

> 且夫天者，气邪？体也？如气乎，云烟无异，安得柱而折之？女娲以石补之，是体也。如审然，天乃玉石之类也。石之质重，千里一柱，不能胜也。(《论衡·谈天》)

天，是气，还是实体？王充受“盖天说”的影响，加以日常经验的佐证，倾向于认为天是实体，而不是气。但这不是我们讨论的重点。我们要进一步考察的是“天者，气邪？体也？”这一问本身。王充的这一问撇开了董仲舒“天人感应”论的前提。王充论证说，“天”是气，则与烟气无异，是体，则与玉石无异，总之，它是现实世界中具有物性的物质，而不是踞于现实世界之上的精神。这样，王充把董仲舒理论中的意志的、神性的“天”从至尊的神坛上拉了下来。

既然“天”是“物”不是“神”，那么它也就没有意志，它所禀承的规律只是“自然无为”。“自然无为，天之道也”(《论衡·感虚》)，既然天道是自然无为的，那么它又是怎样作用于外物的呢？王充指出，“天”与万物之间有一个中介因素——“气”，通过这个“气”，“天”对万物自然而然地施加影响。“天之动行也，施气也，体动气乃出，物乃生突。”(《论衡·自然》)这个“施气”的过程完全是无意识的，“天之行也，施气自然也，施气则物自生，非故施气以生物也。”(《论衡·说日》)“天”自然无为地运行，自然而然地向万物“施气”，万物也因而自然而然地产生，并不是“天”故意施放“气”来使万物产生的。“天”既然不会故意生物，当然也就不会故意生人。

> 儒者论曰："天地故生人。"此言妄也。夫天地合气，人偶自生也；犹夫妇合气，子则自生也。(《论衡·物势》)

王充说，天与地的"气"相结合，人就偶然地自己产生了，就像丈夫与妻子的"气"相结合，孩子就自己就会生出来，并不是天地有意识创造的。"天地合气，人偶自生"，这个命题是直接针对"儒者"[1]提出来的。"儒者"认为，"天"、"地"、"人"之间存在着一种德性的、意志性关联，"今善善恶恶，好荣憎辱，非人能自生，此天施之在人者也，……天施之在人者，使人有廉耻"(《春秋繁露·竹林》)；这种关联建立在德性相通的基础上："故位尊而施仁，藏神而见光者，天之行也。"(《春秋繁露·离合根》)

儒者观念中的"天"是富于德性与意志的"施仁"之天，"天"是仁慈的施与者，而"人"则是"天"的宠儿。王充观念中的"天"是"自然无为"的"施气"之"天"，"人"与"天"无法沟通："天人同道，好恶均心。人不好异类，则天亦不与通。"(《论衡·奇怪》)"天地合气，人偶自生"，这是一种非常"危险"的观念，它的下一个推论就是"天"与"人"之间的意志性、精神性的关联根本不存在："人不能以行感天，天亦不随行而应人"。(《论衡·明雩》)

"天道"与"人事"，是不相干的两码事。于是另一个推论也就顺理成章了：自然的灾异与帝王的行为无关！

把灾异与人事之间建立因果关联，是汉儒的基本策略："凡灾异之本，尽生于国家之失。国家之失乃始萌芽，而天出灾害以谴告之；谴告之而不知变，乃见怪异以惊骇之；惊骇之尚不知畏恐，其殃咎乃至。以此见天意之仁而不欲陷人也。"(《春秋繁露·必仁且智》)用当代理论来说，汉儒的"灾异

---

[1] 这里的"儒者"概念与前文的"儒生"不同，指的是坚持"天人感应"论的主流知识界、主流文人，是王充的批判对象；而与"文吏"相对照的"儒生"则包括王充在内，是王充肯定的对象。

谴告论”是“天”与帝王（“天子”）的关于国家政治行为的一次想象性“对话”，“对话”的媒介便是“灾异”。上天以“灾异”来谴告帝王，而帝王则通过“灾异”来聆听上天。帝王知过而改，上天垂怜帝王，于是灾异消失了：这是上天与帝王之的成功“对话”。

王充《论衡》要批驳的是，这种关于灾异的“对话”是根本不存在的。《论衡》的《自然》《感类》《谴告》《寒温》《遭虎》《商虫》《顺鼓》《明雩》等篇从各个方面批驳了这种学说。王充所论述的最典型的“灾异”之一就是“寒温”。下面就以“寒温”为例证来说明王充的理论策略。

“寒温”之论主要见于《寒温》《谴告》等篇。归纳起来，王充的论证理路如下：其一、王充的宇宙观是天道自然无为。这是王充的出发点和立足点：“夫天道，自然也，无为。如谴告人，是有为，非自然也。”（《论衡·谴告》）这句话看上去像一个“循环论证”，支持这个“循环论证”的是一个大前提——王充的“天道自然无为”的宇宙观。其二、“灾异”本是自然现象，“天”之“灾异”与“人君”及其政事无任何必然关联。因为天道自然无为，上天与帝王之间不存在“谴告”与聆听的关系，那么“灾异”也就失去了上天与帝王之间的中介地位，它们只是自然现象，并无特别的“意义”。关于自然界的寒温之变，“天人感应”认为寒温之变与君主及其政事之间是一种呼应关系，君王的喜怒、刑赏能引起寒温的变化，天降寒温之变来“谴告”君王的政治之失。王充的任务是切断这种关联：“春温夏暑，秋凉冬寒，人君无事，四时自然。夫四时非政所为，而谓寒温独应政治？……由此言之，寒温，天地节气，非人所为，明矣。”（《论衡·寒温》）天气的寒温，只是由天地的节气所决定的，并不是人力所能影响的。接着，王充首先从一般常识出发，揭示君主喜怒与天气寒温之间“感应”的虚妄，比如，大赦死囚的时候，千万人免于刑戮，没有比这更大的奖赏了，天气并没有因此变得温暖。同样道理，天气之寒温也与上天的“谴告”无关。其三、从另一个方面来说，天人之间的关系是单向的，而不是“双向互动”的。“天人感应”论对寒温的理解是：“（人）以赏罚感动皇天，天为寒温以应政治”。

（《论衡·变动》）王充否定这种“双向互动”的“交流关系”，把天人关系还原为一种单向关系，即天之寒温灾变可以影响人（君主），而人（君主）的政事却不能影响天。“夫天能动物，物焉能动天？何则？人物系于天，天为人物主也。……天气变于上，人物应于下矣。”（《论衡·变动》）王充用简单的生活常识说明：不论是寒气还是暖气，都受制于天地阴阳，人事、国政是不能够影响它的，“人不能动地，而亦不能动天。”（《论衡·变动》）其四、“灾异”的意义只是后来的“儒者”出于特定目的加上去的。由于天道自然无为，“天”不会以寒温灾异来“谴告”人，人（君主）更不可能以自己的行为来影响天，那么“儒者”的“天人感应”工程也就成了一厢情愿的想象，“六经之文，圣人之语，动言‘天’者，欲化无道、惧愚者”。（《论衡·谴告》）其实，王充深知儒者代天立言的苦心：教化无道的君主。擅长阴阳五行占验之术的“变复之家”对儒者的“言天”之语加以演绎，于是就成了“谴告”之论。言为“天意”，实为言“人心”，因为所有“谴告”“皆以人心效天意。”（《论衡·谴告》）这样，与其求助于“天意”，还不如直接求助于“人心”。最有价值的“人心”，自然在于“圣人”：

上天之心，在圣人之胸，及其谴告，在圣人之口。（《论衡·谴告》）

王充说，“天意”在圣人的胸中，等它需要谴告时，就由圣人的口表达出来。所谓“天意”，只不过是像周公这样的圣人推知人心以符合天意罢了。但问题是，当今已经没有圣人了，只能退而求其次，求助于贤人。王充在《论衡·定贤》篇里指出他心中的贤人标准：

夫贤者，才能未必高也而心明，智力未必多而举是。何以观心？必以言。有善心，则有善言。……心善则能辩然否。……虽贫贱困穷，功不成而效不立，犹为贤矣。

要辨别“贤人”，就要看他有没有善心，能不能辨明是非。这样的人，即使贫穷低微，境遇困窘，功名不成，业绩不立，仍然可以称为“贤人”。

这种“贤人”的最佳人选，正是王充自己——“仕数不耦”、“在古荒流之地”的“《论衡》之人”：

> 夫仲舒言灾异之事，孝武犹不罪而尊其身，况所论无触忌之言，核道实之事，收故实之语乎？故夫贤人之在世也，进则尽忠宣化，以明朝廷；退则称论贬说，以觉失俗。(《论衡·对作》)

王充似乎表明，与“灾异之事”、“触忌之言”的董仲舒相比，自己更符合“贤人”标准：对朝廷“尽忠宣化”，对俗儒“称论贬说”。故“天”之灾异与君王行为无关，所以君王行事大可不必考虑“天意”的“谴告”。

由此来看，“天人感应”论中“天”与君王之间以“灾异”为中介的交流，在各个环节上都是有问题的，这种“谴告”的交流只是儒者一厢情愿的想象。王充说出了与多数儒者截然不同的结论：既然“天”之灾异与君王行为无关，君王行事大可不必考虑“天意”的“谴告”。《论衡》中有一个典型句式很恰当地表达了王充反对灾异“谴告”之说的意图：“使人君……”：

> 旸久自雨，雨久自旸，变复之家，遂名其功。人君然之，遂信其术。试使人君恬居安处，不求己过，天犹自雨，雨犹自旸。(《论衡·明雩》)
>
> 久雨不霁，试使人君高枕安卧，雨犹自止。止久，至于大旱，试使人君高枕安卧，旱犹自雨。(《论衡·顺鼓》)
>
> 生出有日，死极有月，期尽变化，不常为虫。使人君不罪其吏，虫犹自亡。(《论衡·商虫》)

在这里，王充的“天道自然”论颇有解释力。一切灾异之变，晴雨也好，水旱也好，虫灾也好，都是自然之事，对于儒者所宣扬的“谴告”之论，君王大可不必理它！根本没有什么“谴告”之事，君主完全可以“恬居安处”、“高枕安卧”。

"谴告"是儒者们通过"天人感应"论加给人间帝王的一条精神绳索。王充用"天道自然"论把这条绳索给解开了。王充对汉帝国的君王想要表达的意图，套用一句现代流行语就是：走自己的路，让他们（儒者）说去吧！

（二）"御用文人梦"实施："为汉平说"

1.《论衡》的目的："为汉平说"。

王充认为"俗儒"们最大的"虚妄"就在于，面对这个伟大的汉室王朝，他们只会不切实际的批评，而不懂得为它唱颂歌。这就成为《论衡》最重要的目的和任务："为汉平说"。

> 谷熟岁平，圣王因缘以立功化，故《治期》之篇，为汉激发。治有期，乱有时，能以乱为治者优。优者有之。建初孟年，无妄气至，圣世之期也。皇帝执德，救备其灾，故《顺鼓》《明雩》，为汉应变。是故灾变之至，或在圣世，时旱祸湛，为汉论灾。是故《春秋》为汉制法，《论衡》为汉平说。(《论衡·须颂》)

这段话很能表达王充著《论衡》的心迹。他说，作《治期篇》是为了宣扬汉室"圣王"的功德，《顺鼓篇》《明雩篇》是为了建议王朝如何应对灾变。就如孔子的《春秋》为几百年后的汉朝制定了治国之法，他的《论衡》也要为汉朝公平地论定是非曲直。也就是说，王充《论衡》的目的是要为汉室君王正名。

要正名，为汉王朝辩护，也就是要反驳儒者们对它的批评。《论衡》所"疾"的最大的"虚妄"有二,一是儒者们以"天人感应"、"灾异谴告"之论批评君王，迷惑世人；二是儒者们以经书为据，以古非今，批评当世。面对"灾异谴告"，王充所做的是"揭露"，面对以古非今，王充所做的是"歌颂"。

歌颂什么？怎样歌颂？"须颂"、"齐世"、"宣汉"、"恢国"，《论衡》的这些篇名，也是歌颂汉室的原因和内容。[1] 比如“须颂”，说的就是应当称颂汉王朝：

> 方今天下太平矣，颂诗乐声可以作未？传（儒）者不知也，故曰拘儒。……夫以人主颂称臣子，臣子当褒君父，于义较矣。虞氏天下太平，夔歌舜德；宣王惠周，《诗》颂其行。……由此言之，臣子当颂，明矣。(《论衡·须颂》)

天下太平，“臣子当颂”，这是身为臣子者义不容辞的责任，但是“拘儒”们拒绝承担、也没有能力承担这个责任。现在需要一个“鸿笔之臣”来担当这个伟大的使命，他就是王充。

再如“宣汉”，即宣扬汉世功德，隆汉室于古代之上。《宣汉》篇说，汉代太平盛世过于周，圣人过于周，祥瑞过于周，“今上”的功德更过于周，而且是胜过古今所有帝王。“夫实德化则周不能过汉，论符瑞则汉盛于周，度土境则周狭于汉，汉何以不如周？”(《论衡·宣汉》) 为了表达出“恢论汉国，在百代之上”的修辞效果，王充在《恢国》多次调用最盛隆的赞词、最极端的表达，仅举几例：

> 此则汉之威盛，莫敢犯也。
>
> 皆不及汉太平之瑞。
>
> 德惠盛炽，故瑞繁夥也。自古帝王，孰能致斯？
>
> 唐之晏晏，舜之烝烝，岂能逾此？
>
> 开辟以来，恩莫斯大？

在汉代的士人中，能够激烈反驳其他儒者对王朝的批评，同时能把当世王朝颂扬到如此无以复加，大概非王充莫属了吧。

[1] 当然，王充对汉王朝的歌颂，不止于这几篇。“除了《须颂》《宣汉》《恢国》各篇替汉朝直接辩护，论证歌颂之必要、赞美之必要外，这个赞颂的立场和心态，其实更是贯串整部《论衡》的线索。”（龚鹏程：《汉代思潮》，商务印书馆，2005 年，第 199 页。）

2.“为汉平说”的目的：做一个出色的“御用文人”。

王充为什么要“为汉平说”？为什么打着“疾虚妄”旗号的《论衡》对汉王朝极尽歌颂之能事？学者们从不同的研究背景出发给出了不同的答案。[1]我们认为，王充之所以竭力颂汉，是出于他自己的人生理想：他梦想成为一个出色的“御用文人”。

王充的“颂汉”工程是在对“不知颂汉”的儒者的批评、揭露和对比中展开的。在《须颂》中，他总是把儒者分为两类，一类是懂得颂汉的“鸿笔之人”，一类是不知颂汉，只知以古非今的“俗儒”、“拘儒”、“盲暗之儒”。

> 古之帝王建鸿德者，须鸿笔之臣褒颂纪载，鸿德乃彰，万世乃闻。
>
> 方今天下太平矣，颂诗乐声作未？传（儒）者不知也。故曰拘儒。
>
> 涉圣世不知圣主，是则盲者不能别青黄也；知圣主不能颂，是则暗者不能言是非也。然则方今盲暗之儒，与唐击壤之民，同一才矣。
>
> 国德溢炽，莫有宣褒，使圣国大汉有庸庸之名，咎在俗儒不实论也。

在王充看来，这些不知颂汉的儒者是一群拘泥保守、狭隘无知的“拘儒”，是一群庸俗不实的“俗儒”，是一群瞎子、哑巴（“盲暗之儒”）。汉朝如此之盛，汉德如此之隆，他们非但不知颂，甚至还以古非今，“忽其父而称异人之翁”，他们简直是一群知恩而不知报、受德不知颂的不义之徒！因为他们不知“颂汉”，才使得汉室“天下太平”而无“颂诗乐声作”，“汉德非常”而无人颂其美；因为他们，才使得“远在百代之上”的大汉帝国显得“汉德不及六代”，使得“圣国大汉有庸庸之名”！这些“长古而短今”、不知颂汉的儒者们，简直就是国家的罪人。

王充所做的是一项为汉室“平反”的工作。在一片俗儒俗议的声浪中，

---

[1] 有关王充颂汉的原因，曾有以下几种解释：1.朱谦之提出的“讽汉”说。2.蒋祖怡的“免祸”说。3.田昌五提出的“盲目歌颂”说。4.孙如琦的“自荐求官”说。（参见孙如琦：《王充溢美章帝原因辨析》，杭州大学学报（哲学社会科学版），1994年第3期。）

有一种声音得以凸显，那就是“鸿笔之人”王充的“颂汉”之声。接着看《须颂》：

> 龙无云雨，不能参天。鸿笔之人，国之云雨也。载国德于传书之上，宣昭名于万世之后……国之功德，崇于城墙；文人之笔，劲于筑蹈。
>
> 汉家著书，多上及殷、周，诸子并作，皆论他事，无褒颂之言，《论衡》有之。
>
> 故不树长竿，不知深浅之度；无《论衡》之论，不知优劣之实。……无鸿笔之论，不免庸庸之名。

“鸿笔之人”如“国之云雨”，没有他们，汉德就不能载于传书，就不能彰显于百代，就不能免于平庸的声名。汉室功德，如日光大海，但汉代的著作，都在论说他事，并没有褒颂汉室。——只有《论衡》是个例外，王充手中的“文人之笔”，一直都在为大汉歌功颂德。

到此，王充颂汉的动机已经很清楚了，他意在表明：只有他，才是汉室所需要的歌功颂德的最佳人选。王充甚至按捺不住他的自荐冲动：

> 今上即命，未有褒载，《论衡》之人，为此毕精。
>
> 从门应庭，听堂室之言，什而失九；如升堂窥室，百不失一。《论衡》之人，在古荒流之地，其远非徒门庭也。……诏书到，计吏至，乃闻圣政。……使至台阁之下，蹈班、贾之迹，论功德之实，不失毫厘之微。(《论衡·须颂》)

面对大汉的辉煌功德，众儒者万马齐喑，只有身为草野之士的王充发出了自己的颂扬之声。“论衡之人”渴望着接近圣主，了解圣王的政治，等待着诏书的下达、信使的到来。

至此，我们也就可以明白，王充对儒者们“天人感应”论、“灾异谴告”论的批判，对“拘儒”、“俗儒”们厚古薄今的批判，以及对汉王朝的极力颂扬，都有着十分强烈的现实功利目的，那是一个身处草野的“边缘文人”的人生梦想：做一个出色的“御用文人”，进入这个帝国的官僚系统，为他心中这个伟大的帝国“润色鸿业”。

这是一个边缘文人的终生梦想。在王充看来，“御用文人”的榜样是像班固、贾逵、杨终、傅毅这样的人：“永平中，神雀群集，孝明诏上《爵颂》。百官颂上，文皆比瓦石，唯班固、贾逵、傅毅、杨终、侯讽五颂金玉，孝明览焉。”（《论衡·佚文》）这个边缘文人的“宏大梦想”又是那样的卑微：“他这样迫切地想见知于朝廷的目的，是认为他到了朝廷以后，能更进一步地歌功颂德。而受知于朝廷以后想做的官，乃是俸禄一百石的兰台令史的芝麻绿豆大的官。”[1] 王充说他称颂汉室，“非以身生汉世，可褒增颂叹，以求媚称也”。（《论衡·宣汉》）话虽这样说，但他确实脱不了与“媚称”的干系。

做一个出色的“御用文人”，王充一生的最富于创造力的时光都在追寻这个宏大而卑微的梦想。明白了这一点，对于《论衡》中许多看似不可思议的矛盾、冲突现象也就可以理解了。比如后人争议颇多的“符瑞”之论。虽然王充极力否认“灾异谴告”，但在另一面却极力支持“汉多祥瑞”。

> 阴阳之气，天地之气也。遭善而为和，遇恶而为变，岂天地为善恶之政，更生和变之气乎？然则瑞应之出，殆无种类，因善而起，气和而生。亦或时政平气和，众物变化，……或时太平气和，獐为骐驎，鹄为凤皇。是故气性随时变化，岂必有常类哉？（《论衡·讲瑞》

我们姑且把王充对符瑞的解释称为“和气发生说”，其要点是：符瑞出于一种特殊的阴阳之气——“和气”。“和气”与善政相“遇”，就成为符瑞。正因为符瑞产生于偶然的“遇”，那么符瑞的出现在具体的类型、形体、色彩等方面就各有不同，没有“常类”。

---

[1] 徐复观：《两汉思想史》第 2 卷，华东师范大学出版社，2001 年，第 351 页。

这个解释原则是为说明“汉多祥瑞”这个总命题服务的。王充从批判“俗儒”尊古卑今，他们依据经传之书认定古多符瑞，而否认今世的符瑞。王充说，因为符瑞本无“常类”，所以“俗儒”所认定的符瑞未必真实，今世的符瑞也未必不真实。《论衡·讲瑞》用大量篇幅讨论了凤皇、骐驎等符瑞的“古今之辩”，指出汉“多祥瑞”是不争的事实。

一般来说，“灾异论”和“祥瑞论”两种学说的理论根源都是“天人感应”论，王充抑此而扬彼，似乎自相矛盾。这是一个理论难题。王充是一个聪明的理论家，他的理论策略是把“灾异论”和“祥瑞论”纳入一个新的解释系统。王充支持符瑞论的依据是“和气发生说”，批判“灾异”论的依据是“自然元气论”，二者都属于“气一元论”，在这个总体框架内，二者是一致的，并不矛盾。它们都服务于一个目的：批判“俗儒”，维护汉室。

第二个理论难题是，如何处理“符瑞”与帝王之间的呼应关系。在这一点上，“祥瑞论”与“灾异谴告论”有“撞车”的危险。“夫瑞应犹灾变也。瑞以应善，灾以应恶，善恶虽反，其应一也。”（《论衡·讲瑞》）以灾应恶，以瑞应善，这与他所批判的“天人感应”论在理论形态上是一致的，这不是陷入自相矛盾了吗？

王充不得不在他的“气”论上接着做文章，他指出“符应”之“应”不是“天人感应”之“应”，“天人感应”本于“天”与“人”之间的意志性的关联；“符瑞”与“善政”之“应”，本于自然的“和气”，因为都是禀“和气”而生，所以“符瑞”与“善政”可以建立一种表征性的、而非意志性的关联，“或时政平气和，或时太平气和，獐为骐驎，鹄为凤皇。”（《论衡·讲瑞》）

这种理论策略又可见王充的“颂汉”苦心。与对待“灾异谴告”论的策略一样，王充也斩断了“天”与帝王的意志性关联，符瑞与帝王善政之间的关系是一种“和气”之“应”，而不是“天”以符瑞为中介对帝王的“报”。也就是说，符瑞不是“天”对帝王的“奖励”，而只是帝王善政的单向证明，所以帝王不用因为符瑞的出现而感谢“天”，因而更加自勉于政事——他只须自行其是就够了。

第三个看似矛盾冲突的现象是，王充的古今符瑞之辩对“古”和“今”采用了截然不同的“话语策略”：对于“俗儒”所言、经传所载的符瑞，王充的策略是极尽精细的分析与揭露；而对于汉室的符瑞，王充的策略是极尽铺张的描述与展示。试以“甘露”为例。

首先，王充对于儒者所言的“甘露”进行了精细的“语义分析”。

> 《尔雅》又言：“甘露时降，万物以嘉，谓之醴泉。”醴泉乃谓甘露也。今儒者说之，谓泉从地中出，其味甘若醴，故曰醴泉。二说相远，实未可知。案《尔雅·释水泉章》：“[泉]一见一否曰瀸。槛泉正出。正出，涌出也。沃泉悬出。悬出，下出也。”是泉出之异，辄有异名。……若此，儒者之言醴泉从地中出，又言甘露其味甚甜，未可然也。

关于“甘露”有两种解释，《尔雅》上说，从天上降下的滋润万物的是“醴泉”，也就是“甘露”；而儒者说，地下涌出的甘甜如醴的是“甘露”。《尔雅·释水泉章》有“沃泉悬出”之说，也就是说“沃泉”从上往下流出来，并不是一般的从地下涌出的泉水。因此儒者所持的甘露“地中出，其味甘若醴”的说法就是不正确的了。

> 儒曰：“道至大（天）者，日月精明，星辰不失其行，翔风起，甘露降。”雨济而阴一（噎）者谓之甘雨，非谓雨水之味甘也。推此以论，甘露必谓其降下时，适润养万物，未必露味甘也。亦有露甘味如饴蜜者，俱太平之应，非养万物之甘露也。何以明之？案甘露如饴蜜者，着于树木，不着五谷。彼露味不甘者，其下时，土地滋润流湿，万物洽沾濡溥。（《论衡·是应》）

王充接着论述两种“甘露”的区别：（人君）的道德达于上天，使得日月明亮，星辰不偏离轨道，祥风吹来，甘露普降。这里所说的“甘露”指的是有利于农事的好雨，并不是说雨的味道是甜的，而是说它滋润万物。当然，也有另一种“甘露”，它是应和圣王的太平之政而出现的，并不是《尔雅》上所说的滋养万物的“甘露”。因为，味道甘甜的“甘露”，都是附在树木上，而不是附在谷物上；味道不甜的“甘露”，却是滋润土地和万物的。

最后，王充指出，儒者的“甘露”之说是不正确的，《尔雅》的“甘露”是合理的：

> 缘《尔雅》之言，验之于物，案味甘之露下着树木，察所着之树，不能茂于所不着之木。然今之甘露殆异于《尔雅》之所谓甘露。欲验《尔雅》之甘露，以万物丰熟，灾害不生，此则甘露降下之验也。甘露下，是则醴泉矣。(《论衡·是应》)

所以说，儒者所说的“甘露”不同于《尔雅》上所说的甘露。通过实物验证，可知味道甜的露水降下，附着在树木上，而这些树木并不比其他不附着甘露的树木更茂盛。也就是说，味道甜的“甘露”应的是“圣王之政”，而不是为了滋润万物。《尔雅》上所说的“甘露”，验证标准是农作物的饱满成熟，灾害没有发生。这个“甘露”，也就是“醴泉”。

可以看出，对于儒者与及经传所言的“甘露”，王充用《尔雅》章节之间的文本互证、经验佐证，精细地分析了儒者所言“甘露”的不确，以及《尔雅》所言“甘露”的具体意义内涵，何种情况下是“醴泉”，何种情况下是滋润万物的“好雨”，何种情况下是表征帝王美政的“符瑞”。

王充对儒者“甘露”之论的分析与揭露可谓明察秋毫，对于汉朝“甘露”的策略却是截然不同的：

> 神雀二年，凤皇、甘露降集京师。……明年，祭后土……甘露、神雀降集延寿、万岁宫。……甘露元年，黄龙至，见于新丰，醴泉滂流。……孝明时虽无凤皇，亦致麟、甘露、醴泉、神雀、白雉、紫芝、嘉禾，金出鼎见，离木复合。《论衡·宣汉》

……天下并闻，吏民欢喜，咸知汉德丰雍，瑞应出也。四年，甘露下泉陵、零陵、洮阳、始安、冷道五县，榆柏梅李，叶皆洽薄（溥），威委流漉，民嗽吮之，甘如饴蜜。《论衡·验符》

这些所谓“甘露”，有没有可能只是滋润作物的好雨？有没有可能是地下涌出的“醴泉”？有没有可能是“非实之论”？面对汉朝普降的“甘露”，王充似乎觉得，没有必要去分析、判断、鉴别了，似乎它们只是和其他众多符瑞一样，是确定不移的圣王盛世的“符应”，理论家在这时应该忘掉批判的智慧，他所需要的只是罗列和赞美。“吏民欢喜，咸知汉德丰雍”、“民嗽吮之，甘如饴蜜”，这样肉麻的赞语，与前面对儒者之论的缜密分析比较起来，真似乎判若两人。但从另一方面看，它们又确实是统一的：对儒者从反面批评，对汉室从正面赞美，全都服务于“为汉平说”的目的。

这样，王充的“灾异论”与他的“符瑞论”之间就构成一种理论上的呼应关系：灾异不是“天”对帝王的“谴告”，而符瑞却是帝王美政的标志；一面为帝王松了绑，另一面又为帝王贴了金。“灾异论”与“符瑞论”，一反一正，系统地成就了他的“颂汉”工程。不仅“灾异”、“符瑞”之论如此，他的“九虚”、“三增”诸篇，无不是这个工程的一部分。

现在我们可以明白，王充所“疾”的“虚妄”，不是“封建统治者”的“虚妄”，而是被他称为“俗儒”、“拘儒”的主流知识界、主流文人的“虚妄”；王充的批判，也只是对主流知识形态的批判，并不是对王权的批判；他所努力维护的，是汉王朝现存政治秩序的合理性与合法性。

王充以自己的实际行动证明了，他是最有资格成为一名优秀的“御用文人”的。

结语：边缘文人的“御用文人梦”，及其破灭

前面讲过，王充是在士人与帝王、士人与士人之间的两种关系模式、两

重身份焦虑之下进行《论衡》写作的。作为太平盛世的“边缘文人”，这双重焦虑对他而言又有不同的内涵。面对第一重焦虑，王充与帝王之间在现实关系上没有制衡的必要性与可能性，却有着从帝王权力体系中分一杯羹的渴望。他的焦虑不是制衡帝王的焦虑，而是“论衡之人”、王佐之才的自我定位与帝王台阁的遥不可及之间的焦虑。所以，边缘身份给了他“疾虚妄”的必要，“圣王”、盛世又给了他“颂汉”的可能。面对第二关系模式，他所要处理的是如何在士人关系（官僚、文吏、儒生）中确立自身地位和价值的问题。作为“边缘文人”，他必须确定如何面对主流文人（或士人）的主流话语，确立自己的“文人”、“文儒”、“鸿儒”的身份定位，确立区别于“文吏”、“俗吏”、“世俗”的话语姿态。作为“边缘文人”，主流话语世界没有他的位置，他只能以对抗的姿态发出异样的声音。这样，作为主流知识话语形态的“天人感应”论、命定论、圣贤论，以及日常生活中的种种知识形态，给他提供了“疾虚妄”的对象；而作为知识者的求真意识，与生俱来“好为异说”的异端精神，又给他提供了“疾虚妄”的能力。尤其是在仕途屡遭挫败之后，“精思著文”、以文章名世便成了他最重要的人生价值。

王充的《论衡》以其精细、锐利的“求真”的才力，达到对主流知识界的批判和对王权的维护。《论衡》所承载的就是一个“边缘文人”的“御用文人梦”。

然而事实证明，他的“御用文人梦”只是一个“梦”。王充最终也没能现“御用文人”的目标，倒是作为人生“手段”《论衡》，成就了他的不朽。当然，这是他死后多年的事情了。

王充说自己“仕数不耦”，他将自己的人生困厄归于宿命论的偶然性。然而，在具体历史语境中重新考察，我们会发现另一种“必然性”。

东汉前期经学空前繁盛。作为今文经学重要精神的“天人感应”，成为“儒者”最重要的理论依据之一，它一方面寄托了“儒者”以知识制约帝王的理想，另一方面又为儒家经学和帝王权力提供了坚固的宇宙论支持。沿着这个逻辑，由今文经学派生、兴盛于西汉末期的谶纬之学受到东汉主流儒者和帝王的共同青睐，也就是意料之中的事了。

在经学的繁盛、经学谶纬化的过程中，帝王专制也得到巩固和加强，经学与王权的紧密结合，最终生成神圣化、法典化的国家意识形态。这个漫长工程的最终成果就是《白虎通义》。《白虎通义》作为“经过君主认可的国家意识形态”，完成了“对宇宙秩序、人间秩序的简约化数字化表述”。[1]“天”、“地”、“人”成为一个严整的感应系统，“三纲六纪”等等人间秩序获得简约明确的宇宙论支持，贵为“天子”的帝王权力获得绝对合法性；同时，由于这个感应系统的存在，作为臣下的儒者也可以通过“灾异谴告”之论来劝谏帝王。

所以在经学作为国家意识形态这个意义上，帝王与“儒者”之间实际上构成了一种“一损俱损、一荣俱荣”的共谋关系。所以王充对“天人感应”、“灾异谴告”的批判，实际上构成了对国家意识形态的批评，而国家意识形态又是帝王权力合法性的依据。王充批判“儒者”、维护“人君”的初衷，势必收到相反的效果：把两方面都得罪了。

“颂汉”的“符瑞”之论的也是如此。王充的“符瑞”之论，即便从内容上看是对汉王朝的无条件的支持和颂扬，但其理论基础是与“天人感应”论相对的“自然元气论”，用以“颂汉”的祥瑞充其量也只是自然“圣物”与人间“圣主”的“偶遇”，而不是“天”对于“天子”的“赏报”，这实际上又削弱了帝王权力的合法性。所以，不论是对儒者的“批”，还是对汉室王朝的“捧”，王充都不可能得到帝王的嘉许。后人批评他的“罪至漫天”，大概也是从这个意义上来说的。

当然，这不是王充的本意。他绝对不会有意批评代表帝王意志的国家意识形态；他只想批评主流知识界的虚妄，向今世帝王表明自己“颂汉”的心迹，从而实现自己的人生梦想。后来他甚至意识到了自己“疾虚妄”可能带来危险，所以在《对作》篇里他反复表明他的《论衡》只是想批评“世俗之

[1] 葛兆光:《中国思想史》第1卷，复旦大学出版社，2001年，第273页。

书”的虚妄，绝对无意“诽谤”君王：

> 五经之兴，可谓作矣。太史公书、刘子政序、班叔皮传，可谓述矣。桓山君《新论》、邹伯奇《检论》，可谓论矣。今观《论衡》《政务》，桓、邹之二论也，非所谓作也。……今《论衡》就世俗之书，订其真伪，辩其实虚，非造始更为，无本于前也。
>
> 《论衡》实事疾妄，《齐世》《宣汉》《恢国》《验符》《盛褒》《须颂》之言，无诽谤之辞。造作如此，可以免于罪矣。

对于连孔夫子都不敢妄自称“作”的“神圣作者观”，王充更是小心翼翼，他把文人的写作行为划分成“作”、“述”、“论”三个等次，并把自己的《论衡》写作定位在“论”这个等次上，与桓谭、邹伯奇同类。他战战兢兢地申说，既然得罪了皇帝的桓谭都可以免罪，他的《论衡》“造作如此”，也应该可以免罪了吧。

“论衡之人”王充，心怀“颂汉”理想，几十年“为汉平说”，到最后却只存得“免罪”的卑微希望，着实令人感慨和无奈。

文章与治道相表里

——论“文章，经国之大业”

王　勉[1]

［摘要］ 本文对曹丕《典论·论文》中“文章，经国之大业”的意义进行分析，以厘清郭绍虞、方孝岳、杨明照、张少康各版本《中国古代文学批评史》中关于这句话的不同理解。本文认为，曹丕《典论》是一部儒家政论之书，具有鲜明的政治意义。《典论·论文》中的“通才”、“君子”皆指曹丕本人，《典论》中建安作者与批评者的关系服从于君臣秩序，且这一秩序在《典论》中得以强化。“文章”作为一个极古老的概念，其本身即预设了“质性”的存在，相对于“文章”，“质性”的意义更为根本。虽然“文章”的意义在历史上不断增强，但作为其前提与根本的“质性”，其意义却始终未被彻底忽视。历代关于“文章，经国之大业”的两种主要理解皆着意于作为“文章”质性的治道，对文章本身的价值并无特别褒赞。这意味着“文章，经国之大业”并未包含文学创作的发展和文学意识的自觉，在文学批评史中，其作用无论如何也不应被高估。

［关键词］ 典论·论文　曹丕　文章　经国之大业

《典论·论文》是中国古代文学批评史中的重要篇目，但关于其中“文

[1] 王勉，国防科学技术大学人文与社会科学学院人文科学系讲师。

章，经国之大业”一语，不同的批评史教材却有不同的理解与评价。比如张少康在《中国文学理论批评史教程》中如是言：

> 曹丕这里所说的文章价值，其观念和传统儒家的文章价值观，是完全不同的。按照儒家立德、立功、立言三不朽的原则，立言是次于立德、立功而居于最末的地位。但是曹丕则把它提到了比立德、立功更重要的地位【……】这种文章价值观是对传统思想的重大突破，它对文学创作和文学理论批评发展的意义是十分巨大的。他不再把文学看作是政治教化之工具，所谓“经国大业”的具体内容，也并非是指儒家之礼义，而是指实际的治国之理论与见解。[1]

在张少康看来，《典论·论文》中的“文章，经国之大业”一语是高扬文章价值的宣言，且对文学理论批评的发展具有重要意义。文章并非政治教化的工具，但文章的内容与实际治国的理论见解有关，相比于立德、立功，文章具有更加重要的地位。

无独有偶，王运熙、杨明在《中国文学批评通史·魏晋南北朝卷》中也有类似的看法：

> 曹氏父子网罗、优遇文人，一方面固然出于他们个人对文学的爱好，另一方面也与他们充分了解文章在政治生活中的作用密切相关。曹丕将这种作用概括为“经国之大业”，评价如此之高，确是前所未有。不过他主要是指诸体文章如上述的实用价值而言。[2]

《中国文学批评通史》认为“文章，经国之大业”凸显了文章在政治生活中的实用价值，对文章而言，其价值被曹丕上升至“经国”，是前所未有之事。以上两部文学批评史教材，都认为“文章，经国之大业”是对文章价

[1] 张少康：《中国文学理论批评史教程》，北京大学出版社，1999 年，第 69 页。

[2] 王运熙，杨明：《中国文学批评通史》魏晋南北朝卷，上海古籍出版社，1996 年，第 44 页。

值的高倡，且这种极高的评价，是此前从未出现过的状况。两部文学批评史教材都意识到文章之“经国”与政治有关，但相比于政治，文章的价值是更加值得关注之事。所谓“经国之大业”，似乎仅被理解为一种比喻性修辞，即强调文章价值之极端重要，竟比立德、立功更甚。但至于曹丕为何作《典论·论文》，文章为何能经国，文章究竟与政治有何种关系，皆未有进一步发明。

与此观点不同，老一辈的学者却并未过多标举这句话的价值。最典型者，如郭绍虞的《中国文学批评史》：

> “盖文章经国之大业，不朽之盛事【……】”这都是儒家立名后世的意思。【……】盖丕、植一方面在创作上沿袭古典文学的旧型，以开六朝淫靡之风气；一方面在批评上不脱儒家传统的论调，以致不能导创作入正轨，转开后世文人主张文以明道或致用的先声。
>
> 【……】如其谓“文章，经国之大业，不朽之盛事”，即王充《须颂》《书解》诸篇之意。[1]

郭绍虞明确指出，“文章，经国之大业”一语，依然是儒家传统之论。曹丕对文章的看法与王充《论衡·须颂》《论衡·书解》大体相同，决非自造之语。这句话并不意味着文章具有独立的价值，而是开“文以明道”的文学工具论之先河。

对“文章，经国之大业”的这两种解释，其矛盾显而易见，值得深研。但在对这两种说法进行分析之前，有必要阐明我的基本主张：在编纂文学批评史类教材时，以历时线索对文学观点、理论进行梳理时，研究者不可避免地具有历时性、进步性的眼光，即后时代的理论相较于其之前时代的理论，总是会呈现出某种程度的不同，且这种不同之处正是文学批评史需重点把握之处。然而在对某个具体文学观点或理论进行考察时，相较于其之前的某种

[1] 郭绍虞：《中国文学批评史》，百花文艺出版社，2008 年，第 55 页。

观点与理论，此观点或理论却未必会有不同，即便有不同之处，也未必是此观点或理论最重要之处。质言之，求异是编纂文学批评史的基本原则，而具体考察某个文学观点或理论，则必须审慎而全面地面对其文本整体，以及与其相关的所有材料。为了对这句话有较为全面的理解，基于以上立场，本文将在以下三个方面进行展开：关于《典论》之书的整体认识；《典论·论文》中的作者身份；文章为何能“经国”。

一、《典论》是儒家政论之书

《典论》由曹丕所作，成书时间是其为魏太子时（公元217—220年）。根据卞兰在曹丕被立为太子后，曾上赋称颂其修德，在《赞述太子赋》的内容中有“窃见所作《典论》，及诸赋颂”，则《典论》成书不晚于公元220年。又《典论·论文》篇中有“融等已逝，唯干著《论》，成一家言”。孔融死于公元208年，阮瑀死于公元212年，陈琳、应瑒、刘桢、王粲死于公元217年，徐干死于公元218年。“唯干著《论》”，意谓建安七子中，其余六人早夭，惜无著述传世，仅徐干独活，且著有《中论》一书。根据建安七子的卒年顺序，则可判断《典论·论文》篇的写作时间应为公元217—218年间[1]。另严可均在《全三国文》中辑录《典论》逸文时，曾辑录《意林》中《太子篇序》，文中有：“余蒙隆宠，忝当上嗣，忧惶踧踖。”虽然无法知晓严可均如此辑录的根据何在，但《典论》全书有部分作于曹丕为魏太子时期，应是可信的。由此可以判断出，《典论》这部书，在一定程度上代表了曹丕为魏太子时期的思想。

从书名看，“典论”应指关于“典”的论议。“典”，甲骨文作“典”，上面是“册”字，下面是“大”字，指重要的文献。《说文》释为“五帝之书

[1] 参李壮鹰《从文学自觉到文学过热——兼谈〈典论·论文〉和〈文心雕龙〉的时代性》，《社会科学评论》，2013年第1期，第43页注释1。

也”。从根源上看，“典”指由圣人所作的古老而重要的书。所谓“三坟五典”、“典谟”、“典籍”、“经典”之类，皆是在此意义上使用。在儒家传统中，圣人是才能、品德、事功皆达到顶峰的统治者，将圣人的训诫、施政的细节等书于竹帛，以供后人膜拜借鉴，即是“典”。后来“典”字又产生了引申义，指记载于这些伟人书籍之中的圣人之事、圣人之制。在与《典论》成书时间相近的时代，除了原义之外，“典”通常被视为法律、制度、准则本身。聊举数例：

（1）曹操《败军令》：“赏功而不罚罪，非国典也。”[1]

（2）钟繇《诘毛玠对状》：“汉法所行黥、墨之刑，存于古典。”[2]

（3）曹丕《为汉帝置守冢诏》：“正朔、服色、祭祀、礼乐，自如汉典。”[3]

（4）曹丕《禁设非礼之祭诏》：“先王制礼，所以昭孝事祖，大则郊社，其次宗庙。三辰五行，名山大川，非此族也，不在祀典。”[4]

（5）钟会《蜀平上言》：全国为上，破国次之；全军为上，破军次之：用兵之令典。[5]

（6）曹羲《为兄爽表司马懿为太传大司马》：“臣闻虞舜序贤，以稷、契为先，成汤褒功，以伊、吕为首，审选博举，优劣得所，斯诚辅世长民之大经，录勋报功之令典，自古以来，未之或阙。”[6]

曹操深通刑名之学，治军谨严。例（1）之“国典”，实为国之法律。例（2）之“古典”指古之刑律。例（3）、（4）所谓“典”，指关于正朔、服色、

[1] 以下凡引《典论》原文与魏晋时期文章，其题目与内容皆据严可均《全三国文》《全晋文》。（清）严可均辑：《全三国文》，河北教育出版社，1997年，第15页。

[2] 同上，第245页。

[3] 同上，第54页。

[4] 同上，第61页。

[5] 同上，第248页。

[6] 同上，第206页。

祭祀、礼乐的各种具体制度，古制巨细靡遗，关于其设施细节，多有专书记载，经年累月形成经典地位。例（5）“全国为上”云云，是《孙子兵法·谋攻》语，钟会以此为用兵之准则。例（6）曹羲在上表中引用圣王任贤故事，可见古之圣贤事迹可为当时行政之准绳。“令”有美好义，“令典”即完美的准则。根据上文数例不难发现，作为法律、礼制、准则意义的“典”与国之大事密切相关，那么《典论》这部书，其主题是否也与政治之事密切相关呢？

根据严可均在《全三国文》中所辑的《典论》，除了基本完整的《论文》《自叙》外，《典论》中还有《奸谗》《内诫》《酒诲》《论太宗》《论孝武》《论周成汉昭》《终制》《剑铭》《论郤俭等事》等篇。仅从篇名观，则内容驳杂，颇类子书。从残篇的内容看，则大多与政治相关：

> 《奸谗》：“佞邪秽政，爱恶败俗，国有此二事，欲不危亡，不可得也。何进灭于吴匡、张璋，袁绍亡于审配、郭图，刘表昏于蔡瑁、张允。孔子曰‘佞人’，殆信矣。古事已列于载籍，聊复论此数子，以为后之监诫，作《奸谗》。”[1]
>
> 《内诫》：“三代之亡，由乎妇人，故《诗》刺艳妻，《书》诫哲妇，斯已著在篇籍矣。近事之若此者众，或在布衣细人，其失不足以败政乱俗。至于二袁，过窃声名，一世豪士，而术以之失，绍以之灭，斯有国者所宜慎也。是以录之，庶以为诫于后，作《内诫》。”[2]
>
> 《酒诲》：“酒以成礼，过则败德，而流俗荒沉，作《酒诲》。”[3]
>
> 《终制》：“黄初三年冬十月，表首阳山东为寿陵，作《终制》。”[4]

以上数篇皆关于政治之事，似有告诫后嗣之意。《奸谗》戒奸佞邪臣，

[1]［清］严可均辑：《全三国文》，河北教育出版社，1997 年，第 84 页。

[2] 同上，第 86 页。

[3] 同上，第 87 页。

[4] 同上，第 93 页。

《内诫》禁宠妃乱政,《酒诲》戒痛饮败德,《终制》禁厚葬无度。而《论太宗》《论孝武》《论周成汉昭》诸篇，更是检讨汉家帝王教训，关乎国事自不待言。即便如《剑铭》《论郤俭等事》二篇，一言宝剑，一言方术，似与政治无关。而细玩其词,《剑铭》有“君子虽有文事，必有武备矣”[1]。曹丕虽为继体守文之君，但戎马半生，熟谙武事,《自叙》中即言自己精擅击剑,《典论》中论文与铸剑并，一张一弛，文武之道。《论郤俭等事》有“夫生之必死，成之必败，天地所不能变，圣贤所不能免”[2]。曹丕以疾虚妄的态度，反对导引服气辟谷诸事，则是上承圣贤，发扬蹈厉，高扬一种面对现实的精神。而如此坚决反对方术的态度，极易使人联想起东汉时期的儒生王充。亲贤远佞，禁后妃干政，禁奢靡享乐，禁方术等等,《典论》的内容不仅与政治密切相关，而且作者持论的立场正是典型的儒家思想。

事实上，虽生逢三国乱世，但曹丕本人依然深受儒学的影响。在《典论·自叙》中，他声称自己“少诵诗论，及长而备历《五经》《四部》,《史》《汉》诸子百家之言，靡不毕览”。而在撰写《典论》的过程中，亦有儒生参与:

初，帝好文学，以著述为务，自所勒成垂百篇。又使诸儒撰集经传，随类相从，凡千余篇，号曰《皇览》。

裴注:【……】故论撰所著《典论》、诗赋，盖百余篇，集诸儒于肃城门内，讲论大义，侃侃无倦。(《三国志·魏书·文帝纪》)[3]

及至曹丕践祚，他甚至将《典论》赠与不愿臣服的孙权及其元老张昭，明示不愿征伐之意:

---

[1] [清]严可均辑:《全三国文》，河北教育出版社，1997年，第90页。

[2] 同上，第87页。

[3] [晋]陈寿撰，[南朝宋]裴松之注，卢弼集解:《三国志集解·魏书·文帝纪》，上海古籍出版社，2012年，第338页。

帝以素书所著《典论》及诗赋饷孙权，又以纸写一通与张昭。（《三国志·魏书·文帝纪》裴注）[1]

这一行为至少在形式上可被视为崇尚文治的表现[2]。“远人不服，修文德以来之。”在《太宗论》中，曹丕进一步解释自己的行为是受到虞舜与汉文帝的启发，出于体恤百姓的目的：

帝著《太宗论》曰：“昔有苗不宾，重华舞以干戚；尉佗称帝，孝文抚以恩德；吴王不朝，锡之几杖以抚其意，而天下赖安。乃弘三章之教，恺悌之化，欲使曩时累息之民，得阔步高谈，无危惧之心。”[3]

“重华舞以干戚”，“孝文锡之几杖以抚其意”。向孙权赠书的行为，在魏文帝看来，同时也是宣布王道教化的行为。而《典论》作为被赐予物，自然承担着教化藩属的责任，这意味着在曹丕看来，《典论》其书，蕴含着的基本思想是儒家化的，承担着政治教化的功能。

关于《典论》另一值得注意的事件是，在魏明帝即位后，《典论》被刊刻在石碑之上，立于曹氏祖庙门前和太学内。

及明帝立，诏三公曰：“先帝昔著《典论》，不朽之格言，其刊石于庙门之外及太学，与石经并，以永示来世。”（《三国志·魏书·三少帝纪》裴注）[4]

---

[1]［晋］陈寿撰，［南朝宋］裴松之注，卢弼集解：《三国志集解·魏书·文帝纪》，上海古籍出版社，2012年，第339页。

[2] 亦有人认为，魏文帝此举是对古代圣王贤君失败的模仿。卢弼：“力足以服尉佗，而不用武者，汉文是也；力不足以制孙权，而欲藉文字以折服之，魏文是也。彼狡谋之孙仲谋，其能俯首乎？”［晋］陈寿撰，［南朝宋］裴松之注，卢弼集解：《三国志集解·魏书·文帝纪》，上海古籍出版社，2012年，第341页注释14。

[3]［清］严可均辑：《全三国文》，河北教育出版社，1997年，第92页。

[4]［晋］陈寿撰，［南朝宋］裴松之注，卢弼集解：《三国志集解·魏书·文帝纪》，上海古籍出版社，2012年，第450页。

作为曹氏一族文治的成就，《典论》镌刻于石碑，立于曹氏祖庙门前，记录着整个家族的荣耀。而立于太学内，则是性质完全不同之事。早在汉灵帝时，儒学疲敝，歧说纷起，时任议郎的蔡邕痛感文字错谬，经术不振，于是向汉灵帝上书，希望能正定经书，确立模范。

> 邕以经籍去圣久远，文字多谬，俗儒穿凿，疑误后学，熹平四年，乃与五官中郎将堂谿典、光禄大夫杨赐、谏议大夫马日磾、议郎张驯、韩说、太史令单飏等，奏求正定六经文字。灵帝许之，邕乃自书（册）于碑，使工镌刻立于太学门外。于是后儒晚学，咸取正焉。[1]

蔡邕最终将校订后的经书文字亲手书写，并请工匠镌刻于石碑之上，立于太学门外，经书凡七种，《周易》《尚书》《鲁诗》《仪礼》《春秋》和《公羊传》《论语》，除《论语》外皆为灵帝时学官所立，这即是著名的熹平石经。然而镌刻熹平石经本身的目的并不仅仅在于校改文字。“于是后儒晚学，咸取正焉”说明，此事件最重要的目的在于确立一种关于圣贤之道的正确解释，以统一思想，提振儒学。其结果是，由于与以儒术取士的选拔制度相配合，这种国家行为受到了士林的高度关注与热烈反映，“及碑始立，其观视及摹写者，车乘日千余两，填塞街陌”，而这种热烈的反映既是对镌刻于石碑之上的经学的权威地位予以确认，也是对主持镌刻事宜的帝王的意识形态权威予以确认。

魏明帝将曹丕《典论》刻于石碑，立于太学，与石经并立，无疑也是一种国家行为，其目的在于确立《典论》的经典地位，同时作为《典论》的作者，曹丕将被确立几与古之圣王相侔的意识形态地位，曹氏江山的政权合法性将藉此获得强化。换句话说，在曹丕的后人看来，《典论》是一部可与《周易》《尚书》《春秋》等量齐观之作，而上述这些著作，无疑是承担着政

[1]［南朝宋］范晔撰，［唐］李贤等注：《后汉书・蔡邕列传》，中华书局，1965 年，第 1990 页。

治教化功能的国家政典。

事实上，即便不考虑《典论》在魏时所发挥的政治教化作用，单论其书，在历史上也长期被视作儒家之作：

> 《隋书·经籍志·子部》儒家："《典论》五卷，魏文帝撰。"
>
> 《旧唐书·经籍志·子录》儒家类："《典论》五卷，魏文帝撰。"
>
> 《新唐书·艺文志·子录》儒家类："魏文帝，《典论》五卷"
>
> 《清史稿·艺文志·子部》儒家类："魏文帝，《典论》一卷"。

根据历代目录学家的看法，《典论》被归入子部儒家类，是因为其书内容驳杂，但大体与国家之事有关，且基本观点属于儒家的缘故。

关于"典论"之名，如上所述，应指关于礼制、法律、准则等的议论。曹丕之所以撰写一系列关于国典的文章，并以"典论"为名，这与汉末的政治现实状况有关。在东汉末期，汉帝国内有外戚宦者专权，外有官守割据，战事频发，汉室凌夷。在这样的时代，原本正常运转的国家制度，实际部分被废止或修改。"国典隳废，冠族子弟，结党权门，交援求名，竞相尚爵号"[1]正是对此种状况的具体描绘。战时制度大多为权宜之计，譬如唯才是举的选拔标准，即与以经明行修为选才标准的汉制不合。"兵乱以来，经学废绝，后生进趣，不由典谟"[2]又如校事之官的设立，也非汉制原有。"昔武皇帝大业草创，众官未备，而军旅勤苦，民心不安，乃有小罪，不可不察，故置校事，取其一切耳。然检御有方，不至纵恣也。此霸世之权宜，非帝王之正典。"[3]随着群雄割据渐至三家并峙，混乱之局稍安，而彼时实力最强的魏渐有睥睨天下，代汉而立的趋势。在此形势下，为未来的魏政权进行合法性说明，便成为顺理成章之事。根据漫长而具有强大影响力的儒家传统，政权

[1]［魏］徐干撰；孙启治解诂：《中论解诂·徐干〈中论〉序》，中华书局，2014年，第393页。

[2] 魏明帝：《策试罢退浮华诏》。见［清］严可均辑：《全三国文》，河北教育出版社，1997年，第99页。

[3]［魏］程晓：《请罢校事官疏》。同上，第392页。

的更迭往往被解释为末代君主德行浅薄，言行举止不符合古之圣王的标准，于是无法获得上天的庇佑。曹氏及依附于其的士大夫们，也是在此方面用力。具体的思路是"崇古而贬汉"：力言古制之完善与正当，突出汉制与古制不合之处，以此来说明汉亡之必然，以及魏兴盛之必然。在曹丕死后，其弟曹植曾为之撰写《文帝诔》，文中有：

三代制作，踵武立勋。季嗣不维，网漏于秦，崩乐灭学，儒坑礼焚，二世而歼，汉氏乃因。弗求古训，嬴政是遵，王纲帝典，阒尔无闻。求光幽昧，道究运迁，乾坤回历，简圣授贤，乃眷大行，属以黎元。【……】明明赫赫，受命于天。仁风偃物，德以礼宣。祥惟圣质，嶷在幼妍，庶几六典，学不过庭，潜心无罔，亢志青冥。[1]

在曹植的这篇颂圣之作中，汉室灭亡的原因竟被解释为"弗求古训，嬴政是遵。王纲帝典，阒尔无闻"。这显然不符合汉代的实际状况。汉初奉行黄老，因袭秦制，但在汉武帝之后，儒家大盛，至于东汉，经学更是被确立为官方意识形态，尊儒述古者累世不绝。曹植斯言之意图只在说明，相比于汉，魏与儒家古制更为接近，因此具有代汉而立的资格。而类似于此的论述，更是不绝于书：

陈群《谏追封太后父母》："案典籍之文，无妇人分土命爵之制。在礼典，妇因夫爵。秦违古法，汉氏因之，非先王之令典也。"[2]

高堂隆《五祀议》：国行、中霤、门、井、灶多不遍，唯祀在者，故曰祭五祀在于庙。今每门户辄祭之，自汉以来，非旧典也。祭井自汉，从水类不列五祀，宜除之。[3]

---

[1]［晋］陈寿撰，［南朝宋］裴松之注，卢弼集解：《三国志集解·魏书·文帝纪》，上海古籍出版社，2012 年，第 330-331 页。

[2]［清］严可均辑：《全三国文》，河北教育出版社，1997 年，第 262 页。

[3] 同上，第 318 页。

王肃《王侯在丧袭爵议》：考之前典，则差《周书》；论之汉室，则合常制。[1]

以上三例，虽然发生于魏代汉而立之后，但将古法、旧典、古典与汉制相对立的思路，正是与曹植一脉相承。儒家传统仅仅被视为一种工具，尊儒崇古仅仅被视为一种行为，一切皆指向魏政权的政治合法性。而事实上魏之制度与汉相比，并不比汉更接近于古制。关于此点孙盛所言甚明：

孙盛曰：异哉，魏氏之封建也！不度先王之典，不思藩屏之术，违敦穆之风，背维城之义。汉初之封，或权侔人主，虽云不度，时势然也。魏氏诸侯，陋同匹夫，虽惩七国，矫枉过也。[2]（《三国志·魏书·陈思王传》裴注）

根据孙盛的看法，魏的制度与先王之典，不仅不契合，而且颇多乖违之处。这也进一步说明，所谓“尊崇先王之典”的行为，对于一个全新的政权而言，其意义仅仅在于痛贬前朝、褒赞新政而已。

由于《典论》大部分散佚，其全书究竟如何对先王之典进行议论已无从知晓，根据仅存的残篇，《奸谗》《内诫》《酒诲》以何进、袁绍、袁术、刘表等汉末名臣官守为反面例子，《论太宗》《论孝武》《论周成汉昭》极言汉家政治得失，这都意味着曹丕对汉末乃至汉代的评价，都是立于汉家制度之外，且基本观点以批评为主。这种批评与魏代汉后曹植、陈群等人对汉制直言不讳甚至有意歪曲的批评相比，虽然不够明显直接，但也许仅仅是未来天子在未践祚时的谨慎之言，从思路上看，崇古贬汉应该是这些议论共同的思路，而在这方面，《典论》无疑是具有首倡之功。

综上，《典论》是一部儒家政论之书，所论主题皆与国家大事有关，具

[1]［清］严可均辑：《全三国文》，河北教育出版社，1997 年，第 233 页。

[2]［晋］陈寿撰，［南朝宋］裴松之注，卢弼集解：《三国志集解·魏书·陈思王传》，上海古籍出版社，2012 年，第 1601 页。

有崇古贬汉的现实政治意图。而在曹丕之后的魏君主看来，《典论》甚至是一部可与《周易》《尚书》《春秋》等量齐观之作，具有重要的政治教化作用。

二、《论文》中批评者与作者的关系

根据本文第一部分所述，《典论》全书都有浓厚的政治色彩，作为全书中幸存至今且相对较完整的篇目，《论文》也蕴含着一定的政治色彩和政治意图，应该是可以理解的。首先应该思考的问题是，《论文》的作者是以何种身份进行写作和批评的?

在《论文》开篇，曹丕阐述了自己作《论文》的缘由：

> 夫文人相轻，自古而然。傅毅之于班固，伯仲之间尔，而固小之。【……】夫人善于自见，而文非一体，鲜能备善，是以各以所长，相轻所短。里语曰："家有敝帚，享之千金"，斯不自见之患也。今之文人，鲁国孔融文举、广陵陈琳孔璋、山阳王粲仲宣、北海徐干伟长、陈留阮瑀元瑜、汝南应玚德琏、东平刘桢公干，斯七人者，于学无所遗，于辞无所假，咸以自骋骥騄于千里，仰齐足而并驰，以此相服，亦良难矣。盖君子审己以度人，故能免于斯累，乃作《论文》。[1]

《论文》开篇言建安七子虽享盛名，各有专擅，却彼此相轻。而作为《论文》的作者，由于"君子审己度人"，故能够以比较公允的方式对七子之得失进行评判。此处的"君子"，无疑是曹丕的自况，而所谓"审己度人"，字面意义上指全面透彻地审视自己，然后再评价他人。在《论文》中，曹丕进一步写道："常人贵远贱近，向声背实，又患暗于自见，谓己为贤。"更是明白地指出，建安七子之弊，看似文人相轻，实则无法看清自己为文得失，

[1]［清］严可均辑:《全三国文》，河北教育出版社，1997年，第90-91页。

其根本原因是缺乏自知之明，因此七子不过是被私欲蒙蔽的“常人”而已。相对而言，《论文》的作者作为“君子”，不为私欲所蔽，善于认识自己，能持公允之见。古时，“君子”兼“国君之子”与“品德高尚之人”二义，曹丕自称“君子”，文中直指建安七子之病在于缺乏自知之明，似乎是在第二义上言说。但这种站在道德制高点处的批评不太有说服力：在《论文》全文中，曹丕从未在任何一处谈及自己为文之得失，文中也无法看到任何有关其具有自知之明的内容，这种通过“审己”一至于“度人”的逻辑在《论文》中并未得到任何具体文字的支持。

与曹丕同时的建安七子，其对于批评者身份的意见同样应该受到重视。号为建安七子之首的曹植[1]曾在《与杨德祖书》中毫不客气地批评当时喜好评骘文人的刘季绪：“盖有南威之容，乃可以论于淑媛；有龙渊之利，乃可以议于割断。刘季绪才不逮于作者，而好诋呵文章，掎摭利病。”[2]曹植认为，如果文学批评者的言论是有说服力的，那么批评者起码应具有不逊于当时文人的文学才华，工于诗者善论诗。若将曹植此观点视为建安文人关于文学批评者资质的一般观点，那么至少在某些后世的评价中，曹丕在文学方面的才华未必高于建安七子[3]。而其在《论文》中大谈七子文章之优劣短长，这种作为文学同行的批评者资质并非无可置疑。

综上，在思考《论文》作者为何能够评价七子文章之优劣短长时，若仅仅将曹丕视为一位善于正视自己文学创作之优劣短长，具有不为私欲所蔽

[1] 关于“建安七子”究竟指哪七位文人，历来有分歧。分歧的集中点是，孔融与曹植究竟谁属于七子之列？关于其中详情，李壮鹰在《诗式校注》中考辨极详，我赞同许学夷在《诗源辨体》中“文帝《典论》论七子之文无曹植而有孔融者，以弟兄相忌故也”的意见，即曹植为建安七子之首。可参阅［唐］皎然著，李壮鹰注：《诗式校注》，人民文学出版社，2003 年，第 111 页注 2。

[2] ［清］严可均辑：《全三国文》，河北教育出版社，1997 年，第 170 页。

[3] 如刘勰《文心雕龙·才略》言：“但俗情抑扬，雷同一响，遂令文帝以位尊减才，思王以势窘益价”刘勰固然认为为丕、植之作各擅胜场，但此言从反面证实，至少在齐、梁之时，关于丕、植兄弟创作成就的一般看法是陈思胜于魏文。见［南朝梁］刘勰著，范文澜注：《文心雕龙注》，人民文学出版社，1958 年，第 700 页。又如钟嵘《诗品》中将曹植、王粲、刘桢之诗列为上品，而曹丕之诗仅为中品。

的高尚品德之人，或一位创作才华高于建安七子的文学批评者，无论在具体的文本中，还是在后人的评价中，都缺乏足够的说服力。如果“君子审己度人”的意义可以被当时汉魏之人理解，那么所谓“君子”，所谓“审己度人”，则更可能是一种关于自我政治身份的言说。我认为，“君子”指国君之子，《论文》主旨是时任太子的曹丕以未来君主的身份评价其臣僚之文章。文中批评者与作者的关系更多地并非文学同行，而是君臣。如果《论文》作者的身份如此，那么所谓“君子审己度人”仅仅是一种独断性质的陈述：因为自己具有曹氏太子的身份，而建安七子只是曹氏附庸，因此自己的评判会具有某种更加高明的视野。这是《论文》基本思路得以成立的至为重要的前提。

第二个需要思考的问题是，为何在曹丕看来，君主对臣僚文章水准的评判比臣僚之间的文章评判更加高明？在思考这个问题时，必须注意到《论文》中“文”的观念。关于“文”，《论文》中有如下记载：

> 夫文本同而末异，盖奏议宜雅，书论宜理，铭诔尚实，诗赋欲丽，此四科不同，故能之者偏也。唯通才能备其体。[1]

历来这段话中最为人所关注的，即所谓“四科八体”。奏、议、书、论、铭、诔、诗、赋这八种文体，被分别赋予了雅、理、实、丽的特征。在古代文体学的发展脉络中审视这一段话，尽管对于文类特征的概括尚嫌粗略，但这依然是中国古代文体学的巨大进步。然而若立足于《典论》产生的时代，结合《论文》全文的思路，这段话更为引人注目的意义是：八种文体仅仅是细枝末节，能够专擅其中一二者，不过是偏才之能，而最根本的则是作为根本的“文”，只有能够掌握根本之“文”者，才能完具众体，才可被称为“通才”。换言之，如果存在着一位通才，那么从表面看是因为他兼备众体，但实际上他能成为通才的原因在于能够掌握根本之“文”。掌握根本之

[1]［清］严可均辑：《全三国文》，河北教育出版社，1997年，第91页。

“文”还是细枝末节之“文”，是通才与偏才的最大差别。也许甚至可以这样说，在某专门文类方面，通才未必胜于偏才，但从整体来看，通才具有偏才不可能具备的能力，因此具有对偏才品评的资格。如果以上的解释能够成立的话，那么作为八体之根本的“文”其意义究竟为何，便是明白《论文》全篇的关键所在，因此有必要对其进行一番考察了。

《论文》中谈及的奏、议、书、论、铭、诔、诗、赋八种文体，在魏晋时代之前已经基本确立其体式。分析如下：奏与议属于上行公文，指臣民向君主的上书，具有比较严格的体制。奏是单一臣子向君主的进言文本，议是群臣论议后得出共识，并将此结论进献君主的文本。由于早在汉代时，经学已被确立为官方思想，在阐述某种具体的政治观点，推行某种现实的政治举措时，上书者主要的依据往往来自儒家典籍或先贤的论述。因此无论是奏或议，在这种上行公文中依经立义都是极寻常的状况。

书指书信，是一种私人性的应用文体。《文心雕龙·书记》曾引用一些著名的书信，“史迁之《报任安》，东方朔之《难公孙》，杨恽之《酬会宗》，子云之《答刘歆》”[1]。由于书信主要畅叙胸怀，以尽言为务，因此往往长于叙理。

论是说理之文，包含作者关于某主题较为深刻、系统的思考，汉魏晋时期多见，其内容大多与政治相关。既有以“论”为题之书，如桓谭《潜夫论》、桓范《世要论》、徐干《中论》、刘廙《政论》、蒋济《万机论》等；亦有以“论”为名之单篇文章，如曹植《周成汉昭论》《辩道论》、夏侯玄《肉刑论》《乐毅论》、何晏《白起论》等，所言对象或人或事，或政或理，内容驳杂，历代目录学家在著录文献时，一般将其归为子书。

铭，本指铭刻于器物之上的文字，起初多用于褒赞先祖功业，后来则广泛地用于褒赞生人或功德，“德勋立而铭著”[2]。挚虞《文章流别论》有言：

[1]［南朝梁］刘勰著，范文澜注：《文心雕龙注》，人民文学出版社，1958 年，第 456 页。

[2]［清］严可均辑：《全晋文》，河北教育出版社，1997 年，第 801 页。

“上古之铭，铭于宗庙之碑。蔡邕为杨公作碑，其文典正，末世之美者也。后世以来之器铭之嘉者，有王莽《鼎铭》、崔瑗《杌铭》、朱公叔《鼎铭》、王粲《砚铭》，咸以表显功德。”[1]

诔是表彰死者功业德行，表达哀悼之情的文章。《文心雕龙·诔碑》：“诔者，累也；累其德行，旌之不朽也。”[2]诔的写作对象通常是德高望重的死者。挚虞《文章流别论》有言：“嘉美终而诔集。”[3]

诗、赋的情况较复杂。诗从《诗经》到汉魏诗，从作为国家意识形态的政典，到作为个人的抒情言志之作，诗在体裁方面经历了四言至五言的变化，在主题与思想方面都有了极大的拓展。《论文》中极言“欲丽”的特色，所表明的正是曹丕本人对诗的期许，也是建安诗的共同旨趣。然而晋与南朝时期，在关于诗的根本观念方面，儒家传统的政教观点依然占据主流：

> 《文章流别论》：“后世之为诗者多矣。其功德者谓之颂，其余则总谓之诗。颂，诗之美者也。【……】夫诗虽以情志为本，而以成声为节。然则雅音之韵，四言为正；其余虽备曲折之体，而非音之正也。”[4]
>
> 《文心雕龙·明诗》：“四言正体，则雅润为本；五言流调，则清丽居宗。”[5]
>
> 《文心雕龙·章句》：“诗颂大体，以四言为正。”[6]

《文章流别论》作于西晋时，《文心雕龙》是南朝齐梁时的作品，其思想观念虽不能代表汉魏时期的一般状况，但在经历过建安风骨与玄言诗之后，其关于诗的基本观念依然是高度复古的。这种基本观念体现在：诗的最主要意义是称颂功德；四言的《诗经》是诗之正宗；汉魏南朝的五言诗以清丽为

---

[1]［清］严可均辑：《全晋文》，河北教育出版社，1997 年，第 802 页。

[2]［南朝梁］刘勰著，范文澜注：《文心雕龙注》，人民文学出版社，1958 年，第 212 页。

[3]［清］严可均辑：《全晋文》，河北教育出版社，1997 年，第 801 页。

[4] 同上，第 801-802 页。

[5]［南朝梁］刘勰著，范文澜注：《文心雕龙注》，人民文学出版社，1958 年，第 67 页。

[6] 同上，第 571 页。

上，但属于支流别裔。这说明曾经高度依附于政治的《诗经》，即便在诗歌创作已极其多样化的南朝时期，依然在诗文评中具有难以动摇的影响力。虽然并不清楚建安时期人们关于诗的一般观念，但在两汉盛行的诗教观点和晋代的"四言正体"说，暗示着这样的一个事实，即在关于诗的基本观念中，整个魏晋南北朝时期始终存在着复古的强大力量，建安时期亦难以幸免。

这种诗的理论滞后于诗的创作实践的状况，在赋的方面亦有所体现。在汉魏晋时期，赋被视为古诗之流，具有类似于《诗经》的政治教化作用。回顾历代关于赋的批评，"劝百讽一"、"童子雕虫，壮夫不为"等等，其着眼处皆在于赋作是否有补于教化，是否有益于世道人心。在建安时期之后近半个世纪的挚虞曾在《文章流别论》中对赋的艺术特色进行评价，而其所持的标准亦是儒家传统的质胜于文，丽而不淫，修辞立诚，最终归于"无害政教"[1]。但在赋的实际创作中，早在东汉时期出现的抒情小赋，已经部分脱离了润色鸿业的藩篱，着力于抒写个人情志。至于建安时期的赋作，更是在主题与情感方面有了极大的拓展。程章灿曾将建安时期的赋作主题归纳为自然、社会、人三类。"自然"类中的咏物抒情之赋，"呈露的是开放而自信的心胸，采用的是情感的和审美的视角"；"社会"类与"人"类的赋作，是"赋家的生命意识自觉后的产物"，说明了建安赋家"对生命和情感的珍重"。[2]

可见，在汉魏时期关于诗、赋的根本观念中，儒家政教始终占据主流地位。而在诗、赋的创作实践中，儒家政教却并非重要的创作主题。这种理论与实践脱节的状况，被古人视为由源与流、本与末的关系所导致，即源正而流变，本同而末异。南朝齐、梁时期的一些文学批评家甚至认为，尽管文

---

[1] 挚虞《文章流别论》："古诗之赋，以情义为主，以事类为佐。今之赋，以事形为本，以义正为助。情义为主，则言省而文有例矣；事形为本，则言当而辞无常矣。文之烦省，辞之险易，盖由于此。夫假象过大，则与类相远；逸辞过壮，则与事相违；辩言过理，则与义相失；丽靡过美，则与情相悖。此四过者，所以背大体而害政教"。见［清］严可均辑：《全晋文》，河北教育出版社，1997年，第802页。

[2] 参程章灿《魏晋南北朝赋史》，江苏古籍出版社，2001年，第58-74页。

类各有不同，但所有文类的根本都与儒家政教相关，其共同的源头是儒家的“五经”[1]。

此时回顾《论文》中涉及的八种文类，不难看出作为八体根本的“文”究竟为何。奏与议并称，因其同属于上行公文，臣子之志通过奏议上达天听，这种公文制度属于古代统治秩序中不可或缺的一个环节；书与论并称，因其同属于说理文，特别是“论”作为子书之一种，往往涉及家国之事，政教之典，蕴含现实的政治诉求；铭与诔皆有褒赞功德的作用，且写作对象往往是德行、才干、权位较突出之人，有宣扬教化的功能；诗、赋虽然是个人之作，但溯其根本皆为古诗，因此有裨补世道，劝善禁恶的政教功能。

根据以上论述，儒家的政教传统是《论文》中八种文类的根本。曹丕为魏太子，担负着未来建立魏之正统，向天下施行教化的重任。相较于依附于曹氏的臣僚，儒家的政教传统对曹丕，对未来的魏政权而言，具有更加实际而重要的作用：君主既是推行儒家政教的行为主体，同时漫长的儒家政教传统也在不断强化君主的政治权威和文化权威。所谓“通才能备其体”，可在理论与现实两个方面进行理解：在理论方面，由于作为国家统治者的君主与儒家政教传统关系密切，远非专擅文章某体的建安七子所能比的缘故；在现实方面，由于君主历览奏议，精研书论，令文人作铭诔，诏众人为诗赋，使当世文章与当时政统相符合的缘故。在此意义上，无论着眼于理论还是实际，“君子审己度人”都得到了一种全新的解释：在儒家政教的漫长传统中，曹丕以未来君主的身份对臣僚文章的优劣短长进行批评。即便曹丕的批评集中于文章的美学意义，作者的天资才华等无涉政教的部分，但由于批评者与作者的关系服从于“君—臣”的政治秩序，是否能推行儒家传统政教是区别

[1] 如《文心雕龙·宗经》：“故论说辞序，则《易》统其首；诏策章奏，则《书》发其源；赋颂歌赞，则《诗》立其本；铭诔箴祝，则《礼》总其端；纪传铭檄，则《春秋》为根。”见（南朝梁）刘勰著，范文澜注：《文心雕龙注》，人民文学出版社，1958年，第22页。又如《颜氏家训·文章》：“夫文章者，原出五经：诏命策檄，生于《书》者也；序述论议，生于《易》者也；歌咏赋颂，生于《诗》者也；祭祀哀诔，生于《礼》者也；书奏箴铭，生于《春秋》者也。”见王利器：《颜氏家训集解》（增补本），中华书局，2013年，第286页。

君与臣的最主要特征，因此在关于根本之“文”与个别之“文”的方面，君主具有先天优势，而批评行为本身即反映并强化着君与臣在“文”方面的巨大差异。也许甚至可以这样说，曹丕对建安七子的批评越苛刻，越能凸显根本之“文”赋予其的文学权威性，越能加剧“君—臣”在文学领域不平等的状况。

三、文章为何能经国？

在《典论·论文》中，曹丕声称“文章，经国之大业，不朽之盛事”。这句话对后世影响极大，时为后人所称引，也是中国古代文学批评史中极重要的一个观念。然而所谓“文章”指什么？为何文章能经国？对这两个问题却有加以检讨的必要。

“文章”一词在古时有两个常用意义。或指国家意义的制度，或指形于笔端、见诸文字的篇章。之所以有此二义，或与“文章”本义有关，或与“文”本义有关，或与“文”引申义有关。以下分别述之。

（一）丝织品的图案花纹

“文章”本义指丝织品的花纹、图案。后世常见的“黼黻文章”、“锦绣文章”等词语皆在此意义上使用。丝织品有御寒的实用功能，而图案、花纹的大量出现，则使丝织品衍生出视觉享受的美学功用。在此视觉享受的基础之上，丝织品斑斓繁复的图案、花纹又衍生出区别不同阶层、身份的正面政治价值。关于此点，《荀子》《春秋繁露》中均有明确论述：

> 《荀子·君道》：修冠弁、衣裳、黼黻、文章，雕琢、刻镂皆有等差，是所以藩饰之也。[1]
>
> 《春秋繁露·度制》：凡衣裳之生也，为盖形暖身也。然而染五采，

[1]［清］王先谦撰：《荀子集解》，中华书局，1988 年，第 238 页。

饰文章者，非以为益肌肤血气之情也，将以贵贵尊贤，而明别上下之伦，使教亟行，使化易成，为治为之也。[1]

《荀子·君道》所谓“皆有等差”，《春秋繁露·度制》所谓“贵贵尊贤，而明别上下之伦”，明言丝织品的图案、花纹具有强化君臣等级秩序的政治功能。然而丝织品到底属于器物，作为丝织品意义的“文章”若太盛，则使器物的实用性特征让位于审美特征，这是奢侈之征，耽于感官享乐之兆。因此古时臣子在劝俭禁奢时，通常会对“刻镂文章”大加挞伐。《管子·立政》有“工事竞于刻镂，女事繁于文章，国之贫也”[2]之语，《说苑·反质》中曾记载由余谏秦穆公尚俭，季文子妾不衣帛之事，这是“文章”太盛所具有的负面政治价值。

综上，由于作为器物的丝织品具有若干政治意义，因此作为图案花纹意义的“文章”，也与国家制度具有一定关联，但这种关联并不直接明显。

（二）圣人之文与圣人之道

文字连缀成具有意义的整体，即是文章。在对“文章”进行考察之前，有必要先考察“文”的含义。在古代典籍中，关于“文”的产生有着极其神秘的说法。其中对后世影响最大的，是关于河图洛书的传说。

河图洛书是非常古老的“文”。这两部自然形成的文献，其中蕴含着极其重要的人间原则[3]，黄河与洛水是这两部文献被发现的地点，故此得名。所谓“自然形成”，是指河图洛书没有作者，是天地造化所为。在偶然的情况下，圣人获得这两部文献。根据《汉书·五行传》援引刘歆的观点，“圣人”指伏羲氏与大禹，他们分别从河图与洛书中悟得大道，将其翻译成可被世人

[1] 苏舆撰，钟哲点校：《春秋繁露义证》，中华书局，1992年，第232页。

[2] 黎翔凤撰：《管子校注》，中华书局，2004年，第64页。

[3]《周易·系辞上》：“河出图，洛出书，圣人则之。”见［宋］朱熹注：《周易本义》，凤凰出版社，2011年，第84页。

理解的符号，即八卦与《洪范》。[1]

汉字是一种古老的表意文字，其中属于“六书”中象形、指事、会意的文字，其意义或来自于直观的图案形象，或来自人们对图案形象所传达的信息的演绎理解。而纷繁复杂的图案形象，大多来自纷繁复杂的自然物类，人们从这些图案形象中寻到某种意义，并将此意义固定下来，在不断的领会与使用中予以强化。也即是说，符号所具有的意义，在首次“符号—意义”的指向中被确立下来，并在其后不断强化，最终趋于固定。在这个意义上，上述河图洛书的传说，正可被解读为一个关于符号的意义如何产生的故事。

这个故事中有三点需要格外重视：

一是意义的源头在自然。河图洛书产生的过程是不可知的，除了首次发现的地点是两条著名的河流外，几乎没有任何有关于其产生的信息。有理由认为河图洛书是极其难懂的，因为自产生地而至伏羲氏与大禹的所在，其间必有其他传递者，而这些符号的意义却并未被这些传递者揭晓。也许我们甚至可以将河图洛书理解为一大堆杂乱的符号，蕴含于其中的大道是深邈难识的。

二是河图洛书意义的缔造者是圣人。圣人从河图洛书中领悟的大道，只有通过其对河图洛书的翻译才能为人所知。将晦涩难明的图案连缀成具有意义的符号系统，翻译为八卦与《洪范》，这种解释权专属于圣人。而这种“符号—意义”的首次指向，是唯一解释者的独断行为，与圣人在现实中独一无二的地位有关。董仲舒在《春秋繁露·郊语》中曾言：“天地神明之心，与人事成败之真，固莫之能见也，唯圣人能见之。圣人者，见人之所不见者也，故圣人之言亦可畏也。”[2]说得极其透彻。

三是河图洛书被视为现实政治的最高范本。伏羲氏根据河图作八卦，八

[1]《汉书·五行志上》：“刘歆以为伏羲氏继天而王，受河图，则而画之，八卦是也；禹治洪水，赐洛书，法而陈之，洪范是也。”见［汉］班固撰，［清］王先谦补注：《汉书补注》，上海古籍出版社，2008年，第1899页。

[2] 苏舆撰，钟哲点校：《春秋繁露义证》，中华书局，1992年，第397页。

卦是《易》的根基；大禹根据洛书作《洪范》，衍生出《尚书·洪范》中的“洪范九畴”。《易》与《书》同属于儒家经典，面向现实的人间，有建立制度、化偃天下的作用。同时之所以会出现河图洛书，后人将原因归于圣人的圣明，因此河图洛书多被视为著名的盛世之征[1]。

河图洛书的自然之文，经由圣人的理解与翻译，对人间产生着根本性的影响。其自然形成的种种杂乱而晦涩的形象，被转化成具有意义的符号系统（八卦与五行）。这种有意义的符号系统，可被视为最早的“文”，即圣人之文。根据以上的分析，我们很容易看到，最早的“文”即具有鲜明的政治意义，“文”中灌注着圣人的意志，发挥着为人间建制立法的政治作用。这种传统根深蒂固地影响着后人对圣人之文的看法。

“圣人之文”与“圣人之道”相表里。文是浅表的，而道则是文所蕴含、所体现的内容。在孔子之后，由于去古已远，人们对圣人的认识与了解，只有依托文献进行。五经被认为传递着圣人的意志，因此这些文献得到广泛的学习与接受：

> 《荀子·儒效》：圣人也者，道之管也：天下之道管是矣，百王之道一是矣。故诗书礼乐之道归是矣。《诗》言是其志也，《书》言是其事也，《礼》言是其行也，《乐》言是其和也，《春秋》言是其微也。[2]

《诗》《书》《礼》《乐》《春秋》皆属于文，而志、事、行、和、微则皆与圣人相关，后人唯有凭藉经书之文，才能对圣人的德行、事功、制度有所了解。

又如：

---

[1] 如《新语·慎微》：“齐天地，致鬼神，河出图，洛出书，因是之道，寄之天地之间，岂非古之所谓得道者哉。”见王利器撰：《新语校注》，中华书局，1986 年，第 95 页。又如《汉书·李寻传》：“天下有道，则河出图，洛出书。”见［汉］班固撰，［清］王先谦补注：《汉书补注》，上海古籍出版社，2008 年，第 4922 页。又如《论衡·感虚》：“夫河出《图》，洛出《书》，圣帝明王之瑞应也。”见黄晖撰：《论衡校释》，中华书局，1990 年，第 249 页。

[2]［清］王先谦撰：《荀子集解》，中华书局，1988 年，第 133 页。

《论语·公冶长》：子贡曰："夫子之文章，可得闻也。夫子言天道与性命，弗可得闻也已。"[1]

圣人言既出口，弟子或记忆或记录，口传书授，必可使后人闻之。但圣人未出之言，或言外之旨，话外之音，非心有灵犀之人，不可理解。此处"文章"因有形迹而可闻，"天道与性命"因无形迹而不可闻，但若非凭藉门人弟子对夫子"文章"的体察领会，"文章"所蕴含的天道与性命之理就真的永不可闻，而"天道与性命"才是夫子"文章"的价值所在。在此意义上，与圣人相关的文包含着关于圣人德行、事功、制度的记载，所传递的是圣人的意志。文是手段，道的践履是目的。

综上，"文"的产生与圣人有关，其价值归于"文"所蕴含的圣人之道。而圣人之道面向人间，与建制立法，教化天下相关，因此圣人之"文"具有鲜明的政治属性。

（三）"装饰"与"传播工具"

让我们再回到"文章"的本义。图案花纹必须附着在素色的丝织品之上，绘事后素，对丝织品而言，图案花纹并不会改变其基本属性，而仅仅是作为装饰，增加了丝织品的审美价值。也即是说，文章与质性相比，是第二义的。

《白虎通德论·三正·论文质》：帝王始起，先质后文者，顺天下之道，本末之义，先后之序也。事莫不先有质性，后乃有文章也。[2]

上述引文表明，正如图案的根砥在于素色丝织品，"文章"的根砥正在于质性。若无根砥，则文章无所附丽。文字连缀成篇被称为"文章"，是因

[1] 杨伯峻译注:《论语译注》，中华书局，2009年，第45页。

[2]［清］陈立撰，吴则虞点校:《白虎通疏证》，中华书局，1994年，第368页。

为作者的意志是其根砥；礼乐制度被称为“文章”，是因为圣人的意志是其根砥。当我们谈及“文章”时，无论其具体所指为何，都隐含着一个根砥的存在：作为装饰的文章，其存在的前提是根砥，其价值的依归也是根砥。

然而这种作为装饰意义的“文章”却并非毫不重要。东汉时的王充，即对文章的重要性进行过非常充分的说明。他认为相比于文章，根砥固然更加重要，但文章却可以帮助我们更加深刻地理解作为根砥的质性：

> 《论衡·量知》：绣之未刺，锦之未织，恒丝庸帛，何以异哉？加五彩之巧，施针镂之饰，文章炫耀，黼黻华虫，山龙日月。学士有文章，犹丝帛之有五色之巧也。本质不能相过，学业积聚，超逾多矣。[1]

在王充看来，锦绣与寻常布帛的区别，在于其质性能否承受更多的雕镂刻画。对丝织品而言，是否有图案花纹不会影响其基本性质；但对观察者而言，布满文章的锦绣意味着这种丝织品具有更好的质性。此时“文章”不再仅仅被视为装饰，而是被视为了解圣人之道的几乎唯一的手段。并且这种关于丝织品的巧妙比喻被王充引申至文儒与世儒的区别：

> 《论衡·书解》：著作者为文儒，说经者为世儒，二儒在世，未知何者为优，或曰：文儒不若世儒。世儒说圣人之经，解贤者之传，义理广博，无不实见，故在官常位；位最尊者为博士，门徒聚众，招会千里，身虽死亡，学传于后。文儒为华淫之说，于世无补，故无常官，弟子门徒不见一人，身死之后，莫有绍传。此其所以不如世儒者也。
>
> 答曰：不然。夫世儒说圣情，……，共起并验，俱追圣人。事殊而务同，言异而义钧。何以谓之文儒之说无补于世？世儒业易为，故世人学之多，非事可析第，故官廷设其位。文儒之业，卓绝不循，人寡其书，业虽不讲，门虽无人，书文奇伟，世人亦传。彼虚说，此实篇，折

---

[1] 黄晖撰：《论衡校释》，中华书局，1990年，第550页。

> 累二者，孰者为贤？案古俊乂著作辞说，自用其业，自明于世。世儒当时虽尊，不遭文儒之书，其迹不传。周公制礼乐，名垂而不灭；孔子作《春秋》，闻传而不绝。周公、孔子，难以论言。汉世文章之徒，陆贾、司马迁、刘子政、杨子云，其材能若奇，其称不由人。世传《诗》家鲁申公、《书》家千乘欧阳、公孙，不遭太史公，世人不闻。夫以业自显，孰与须人乃显？夫能纪百人，孰与廑能显其名？[1]

所谓“世儒”，指依经立说的章句之儒，汉代经学为国家学术，习经术者能够凭藉对经书的掌握获得仕进之资。所谓“文儒”，指不必凭藉经书，而通过个人制作表达个人意志的儒者。在王充看来，礼乐是周公的文章，《春秋》是孔子的文章，其根砥在于周公、孔子所秉持的圣人之道。后人能够了解周孔遗迹，所凭藉的正是礼乐制度与《春秋》之书。欲使后人了解根砥，必须依靠文章；欲使圣人之道泽被后世，必须依靠文章。对观察者而言，“文章”是圣人之道的唯一传播工具，因此具有不可取代的地位。

在上述引文中，为了更加充分地说明文章的重要性，王充还援引了汉代的例子对其观点予以证实。在他所举的例子中，世儒的代表是申公、欧阳生等人，而作为其对立面的，则是陆贾、司马迁、刘向、扬雄等文儒。王充在《论衡》中曾对以上四位“文儒”或“文章之士”的主要作品加以评论。陆贾著《新语》，“言君臣政治得失，言可采行，事美足观。鸿知所言，参贰经传，虽古圣之言，不能过增”[2]；司马迁著《史记》，“纪黄帝以至孝武，【……】汉家功德，颇可观见”[3]；刘向谏薄葬，上切议，“以知为本，笔墨之文，将而送之，岂徒雕文饰辞，苟为华叶之言哉”[4]；扬雄著《太玄》，“造于眇思，极窅冥之深，非庶几之才，不能成也。孔子作《春秋》，二子作两经，

---

[1]《论衡·书解》，见黄晖撰:《论衡校释》，中华书局，1990 年，第 1150-1152 页。

[2]《论衡·案书》，见黄晖撰:《论衡校释》，中华书局，1990 年，第 1169 页。

[3]《论衡·须颂》，见黄晖撰:《论衡校释》，中华书局，1990 年，第 854 页。

[4]《论衡·超奇》，见黄晖撰:《论衡校释》，中华书局，1990 年，第 612 页。

所谓卓尔蹈孔子之迹，鸿茂参贰圣之才者也”[1]。王充甚至认为，如刘向、扬雄之属，可与文武周公相提并论：“近世刘子政父子、杨子云、桓君山，其犹文、武、周公并出一时也。”[2] 这些儒家子书、史书、奏议、拟经之作，在王充看来皆属于文章，皆传达着作者与政教相关的意志。文章作为唯一的传播工具，在传达圣人之道的同时，也使自身得到传播。然而在这些文章中，王充最为看重者还是扬雄《太玄》、桓谭《新论》一类的造论著说之文。“文人宜遵五经六艺为文，诸子传书为文，造论著说为文，上书奏记为文，文德之操为文。立五文在世，皆当贤也。造论著说之文，尤宜劳焉。何则？发胸中之思，论世俗之事，非徒讽古经、续故文也。论发胸臆，文成手中，非说经艺之人所能为也。”[3] 其原因在于，这些造论著说之文是个性化的政治之书。不仅主旨归于政治教化，而且包含作者个人的独到运思，相比于刻板的奏议、不达时政的史书、拘泥于文本的经传，造论著说之文更为王充所推崇。而曹丕在《典论》文末尾谈到“惟干著《论》，成一家言”，在《又与吴质书》中言“而伟长独怀文抱质，恬淡寡欲，有箕山之志，可谓彬彬君子者矣。著《中论》二十余篇，成一家之言，辞义典雅，足传于后，此子为不朽矣”[4]。可见曹丕对于建安七子之文，最欣赏者是徐干《中论》，而《中论》正属于造论著说之作。此亦说明曹丕心目中最好的文章，是政治性与个性，现实性与理论性的统一，与王充并无二致。

王充对文章格外重视，其原因在于文章兼具装饰与传播的作用。此两种特点在国家层面，被王充进一步演绎与发挥：

> 《论衡·佚文》：文人之休，国之符也。望丰屋知名家，睹乔木知旧都。鸿文在国，圣世之验也。【……】国君圣而文人聚，人心惠而目

[1]《论衡·超奇》，见黄晖撰：《论衡校释》，中华书局，1990 年，第 608 页。

[2] 同上，第 606 页。

[3]《论衡·佚文》，见黄晖撰：《论衡校释》，中华书局，1990 年，第 867 页。

[4]［清］严可均辑：《全三国文》，河北教育出版社，1997 年，第 77 页。

多采。[1]

《论衡·超奇》：文章之人，滋茂汉朝者，乃夫汉家炽盛之瑞也。[2]

《论衡·效力》：化民须礼义，礼义须文章。[3]

《论衡·须颂》：船车载人，孰与其徒多也？素车朴船，孰与加漆采画也？然则鸿笔之人，国之船车、采画也。农无疆夫，谷粟不登；国无强文，德暗不彰。[4]

《论衡·佚文》与《论衡·超奇》的引文表明，国家强盛，政治清明的时代，也即是文章大盛的时代，灿烂瞩目的文章迭见，拥有杰出才华的文人云集，是国家昌明的表征。《论衡·效力》与《论衡·须颂》的引文表明文章的另一功用，由于文章以圣人之道为根砥，而圣人之道面向人间，对政治、道德现实产生影响，因此文章也通过宣扬礼义的方式对现实政治产生影响。如果文章不盛，则教化不行，德行不彰。

关于"文章，经国之大业"，后人对此亦多有阐发，所用力处也大抵在以上两个角度立说。略举数例如下：

诸子为经籍之鼓吹，文章为政化之黼黻，皆为治之具也。[5]

文章，经国之大业。体尚不一，从古而然。故论世者以是识风俗之盛衰，观人者以此别材智之远近，犹所谓见礼闻乐而知德政，不可不察也。[6]

窃惟国家值休明之运，必有伟人硕德，以雄词巨笔，敷张神藻，耸功德于汉唐之上，使郡国闻之知朝廷之大，四裔闻之知中朝之尊，后世

---

[1]《论衡·佚文》，见黄晖撰：《论衡校释》，中华书局，1990 年，第 868 页。

[2]《论衡·超奇》，见黄晖撰：《论衡校释》，中华书局，1990 年，第 616 页。

[3]《论衡·效力》，见黄晖撰：《论衡校释》，中华书局，1990 年，第 580 页。

[4]《论衡·须颂》，见黄晖撰：《论衡校释》，中华书局，1990 年，第 853-854 页。

[5]［唐］魏征等撰：《隋书·经籍志》，中华书局，1973 年，第 909 页。

[6]［明］黄淮、杨士奇等编：《历代名臣奏议》卷一六九。

闻之知昭代之盛，然后文章之用为经国之大业，而与治道相表里。[1]

第一则引文出自《隋书·经籍志序》，明言“文章为政化之黼黻”，意谓政治教化为文章之根砥，文章只是政教之表征。第二则引文出自宋代翰林学士周麟之的上书，周氏认为，文章之盛衰与国家政治、社会风俗密切相关，通过文章可以观德政之行未，风俗之盛衰，其隐含着文章之根砥更加重要的前提。第三则引文出自清代王士祯的《佳山堂集序》，亦明言文章与治道相表里。以上三则材料均认为文章只是浅表之物，其真正价值依归为政治，即文章为表，政治为里。文章之所以为经国之大业其原因正在于文章根砥的政治属性。

在第三则引文中，王士祯不仅认为文章与政治相表里，而且进一步发明盛世文章有彰显帝德，宣威明尊之用，这意味着在国家层面，文章作为礼义教化的传播工具而被重视。以下两则材料也进一步佐证这一点：

陆景《典语》曰：所谓文者，非徒执卷于儒生之门，摅笔于翰墨之采，乃贵其造化礼乐之渊之盛也。[2]

文章者，所以宣上下之象，明人伦之叙，穷理尽性以究万物之宜者也。[3]

第一则引文出自吴人陆景的《典语》佚文，这位去曹丕未远的东吴名臣认为，文章的价值在于对礼乐之德的造生与改化，也即是说，在国家层面，文章是宣扬教化的传播工具。第二则引文出自挚虞的《文章流别论》，通过文章，君臣等级与人伦秩序都会得到强化，“宣”与“明”这两个动词明确指出文章作为传播工具的属性。

在历史上，关于“文章乃经国之大业”这句话，历代学者对其的理解基本一致：无论是作为盛世的表征，还是传播圣人之道的工具，文章的价值都

[1] ［清］王士祯：《带经堂集》卷三十九《佳山堂集序》，康熙五十年程哲七略书堂刻本。

[2] ［宋］李昉等：《太平御览》卷五百八十五。

[3] ［清］严可均辑：《全晋文》，河北教育出版社，1997 年，第 801 页。

依托于政治。这句话所包含的对文章价值的肯定，源于作为文章根砥的治道的价值。正如食用热食是重要的，餐具才重要；了解讯息是重要的，电话才重要。当人们不再因为食用热食和了解讯息的缘故而重视餐具和电话时，餐具和电话才可能具有脱离工具价值的美学意义。

曹丕《典论·论文》中大倡“文章，经国之大业”，正在此两种角度立说。《论文》中将建安七子并列，并对其创作成就进行点评。七子所擅之文各自不同，或辞赋，或章表，或书记，或子书，但在一篇数百字的文中密集出现，极容易使人产生文章辐辏，文人云集的印象。而这正是文章作为盛世之表征的实际应用之例。

又如“是以古之作者，寄身于翰墨，见意于篇籍，不假良史之辞，不托飞驰之势，而声名自传于后。故西伯幽而演《易》，周旦显而制礼，不以隐约而弗务，不以康乐而加思”。《论文》中所举文王演《易》，周公制礼的例子，并且再三强调作者凭藉其制作将声名传于后世，既表明圣人之道藉文章传于后世，故文章是礼义教化的传播工具；又点明文章在传播圣人之道的过程中，也会使其本身得以流传，因此不朽。

关于“文章，经国之大业”是否曹丕自造之语的问题，除了本文开篇所引郭绍虞“如其谓‘文章，经国之大业，不朽之盛事’，即王充《须颂》《书解》诸篇之意”的卓识外，另一位文学批评史学者方孝岳也敏锐地指出：“（文章，经国之大业，不朽之盛事【……】）这些话本也和桓谭、王充的见解差不多，不过说得更为透彻一点”[1]。而《论文》中“不假良史之辞，不托飞驰之势，而声名自传于后”一句，亦很容易使人想起王充对文儒的褒赞“夫以业自显，孰与须人乃显？”结合此前曹丕与王充共同推崇造论著说之文的情况，可见“文章，经国之大业”并非曹丕自造之语，其对文章的基本看法与王充大体相同，应是无可置疑的。

[1] 方孝岳:《中国文学批评》，生活·读书·新知三联书店，2007年，第80页。

结　论

根据全文的分析，“文章，经国之大业”这句话的意义已经基本清晰。曹丕的《典论》是一部政论之书，这部被魏后任君主视为与“五经”地位相当的著作中蕴含着为未来的魏政权立张法的目的意图。作为书中保存较完整的单篇文章，《论文》中标举七子，品评其得失，决非寻常的附庸风雅、爱好丽辞的行为，这种行为是君主以政治身份对臣僚文章进行评判，意味着距离宣扬礼义、教化天下越近的人，对文章的成就越有发言权，评论也越全面深刻。

从“文章”的本义看，丝织品的花纹与图案从产生之初即隐含着作为根柢的存在，无论“文章”后来被引申为国家制度或文字连缀而成的篇章，举凡谈及“文章”，实际其背后都隐含着一个根柢。相对于根柢，文章无论如何璀璨夺目，终究是第二义。且文章的价值必然依托于其背后的根柢。历代赞同“文章，经国之大业”之语，或是因对文章背后的圣人之道或政化治道推崇备至，或是看重文章在宣扬礼义教化方面的传播工具价值。

从“文章，经国之大业”的思想来源上分析，曹丕此语并非独断自造，而是源于王充对文章的基本看法。郭绍虞与方孝岳对这句话的理解与分析是允当的。

“文章，经国之大业”，决无高标文章独立价值之意。在文学批评史中，这种观点是偏于保守的，与建安文学的创作实践相比，这种关于文章的观点显得滞后，脱节。“文章，经国之大业”一语，并未包含文学创作的发展和文学意识的自觉，在文学批评史中，其作用无论如何也不应被高估。

在关于古代文学批评史的研究方法上，当面对着纷繁复杂的文学观念与思想时，如果试图以历时线索清理出一部文学批评史，主动求异的动机与“进步发展论”的预设都是值得警惕的。诚然，任何一种观念或思想的产生，与其前、后的观念或思想有着种种或显或隐的联系，也受到其所处现实种种情况的或显或隐的影响，但这并不意味着这种观念或思想一定是独特的，也不意味着这种观念或思想一定与其前、后的观念或思想有极大的不同。当面对某个具体的问题时，必须要通过重建其历史文化语境的方式予以考察，唯此，才能尽量全面细致地了解某个观念或理论在各个面向的意义。

权力的毛血孔：乾嘉格调诗派探微

梁结玲[1]

[摘要] 乾嘉以沈德潜为代表的格调诗派是传统儒家诗论的集大成，它的出现并不是建立在创作的实绩上，而是权力渗透的结果。对程朱理学的不满、假理学的泛滥及对诗歌的爱好使得乾隆改变了前辈在文化政策上独尊理学的做法，推崇经史及诗文。沈德潜的诗论具有浓厚的说教色彩，因文见道的诗学与乾隆的文化政策相吻，沈德潜晚遇乾隆有时代的必然性。乾隆和沈德潜的赓歌唱和既涉及国家政治生活的各个方面，又具有个人的因素，这一无所不包的宏大叙述其实是盛世的点缀，它排斥负面抒写，坚持"治世之音"的正面意义。格调诗派在乾嘉时期影响很大，是维护政权的有利因素。沈德潜有良好的文学素养，也是清代优秀的诗文选家，他的历代诗选思想和艺术双重标准，对文学史的判断很有眼光，诗歌选本在清代影响很大。沈德潜的清诗选和"一柱楼诗案"违背了乾隆政治唯一的标准，导致了沈德潜的身后难堪的遭遇。

[关键词] 沈德潜　格调派　乾隆　权力

文学流派的出现往往与核心人物的倡导和创作实绩有关，以清代而言，王士祯之与"神韵"派、袁枚之与"性灵"派、翁方纲之与"肌理"派，均

[1] 梁结玲，男，玉林师范学院副教授，文学博士。

以厚实的创作相感召，最终形成他们那个时代主流的文学。与上述三大流派相比，以沈德潜为代表的“格调”诗派不免有点例外，沈德潜的诗歌创作、诗学理论并没有开创出一片新的境地，他的古诗、律诗在整体上并没有超越前人，只是低徊于古调、唐音，诗学理论并没有越出传统儒家诗论的范畴。“盖文体通行既久，染指遂多，自成习套。豪杰之士，亦难于中自出新意，故遁而作他体，以自解脱。一切文体所以始盛终衰者，皆由于此。”[1] 如果说以袁枚为代表的“性灵”派脱掉了传统儒家诗论的包袱而获得新生的话，那么沈德潜在诗论、创作上都还是囿于其中，“自成习套”了。王士祯执康熙诗坛之牛耳，而在他身后，雍正一朝并没有一个影响全国的领袖人物，赵执信、厉鹗等人的影响力毕竟还是比较有限。“格调”诗派能够在乾隆前期成为“海内龙门”，与乾隆的推许相关，乾隆在《归愚诗钞》中评论沈德潜，“归愚于近代诗家，视青邱、渔洋殆有过之无不及者”[2]。从纯文学的角度来看，沈德潜的诗歌创作很难说能够与高启、王士祯相提并论，更不用说“过之”了，乾隆推许沈德潜，有其深意所在。柯灵乌认为，“一切历史都是思想史”，在中国古代，纯文学几乎是不存在的，政治意识形态始终是一个挥之不去的幽灵盘旋于文学的上空，它不同程度地渗透到文学之中。权力不仅仅是通过政治得到呈现，它还通过其他方式贯通到社会生活的各个领域，在政治高压之下，文学的权力渗透尤为明显。沈德潜的御用性已成学界共识，但对乾隆如何巧妙地用好沈德潜，仍然没有得到深入的探讨，本文试图在权力的微妙之处探讨“格调”派的生存空间。

一、由理学到经史、诗文

明代的覆亡刺痛了汉族知识分子，在总结亡国原因时，他们将矛头指向

[1] 王国维：《人间词话》，人民文学出版社，1960 年，第 288 页。

[2] 沈德潜：《沈德潜诗文集》，人民文学出版社，2011 年，第 3 页。

了明代的学术文化，而王学尤为众目之矢。王锡阐痛指：“学之蔽也，伊洛高第已有倍其师说而流于禅者。至象山而溃金，至姚江而泛滥中国矣。学术坏而人心丧，崖山蛮莫，未必非其遗殃。至今日新月盛，狂酗奔驰，蹈水赴火，焦烂濡溺不止。”[1] 顾炎武痛惜道：“刘、石乱华，本于清谈之流祸，人人知之，孰知今日之清谈有甚于前代者，昔之清谈谈老、庄，今之清谈谈孔、孟，未得其精而已遗其粗，未究其本而先辞其末。不习六艺之文，不考百王之典，不综当代之务，举夫子论学、论政之大端一切不问，而曰‘一贯’，曰‘无言’，以明心见性之空言，代修己治人之实学。股肱惰而万事荒，爪牙亡而四国乱，神州荡覆，宗社丘墟。”[2] 晚明王学泛滥，士子空谈心性、空疏不学，整个社会缺乏强有力的精神约束力，被认为是导致国家衰亡的重要原因。明末遗民虽然与满清统治者互为冰火，但在批判明代学术文化上却是殊途同归。王学的放任并不利于大一统帝国的建设，程朱理学更有利于建立稳定的社会秩序，清代从建国起便将程朱理学视为官方哲学。顺治时期，恢复了祭孔制度，开始经筵日讲和讲论，四书五经、《性理大全》等经书已成为生员的必学书目。到了康熙，出现了理学中兴，他不仅将朱熹配祠十哲，而且大量刊行理学书籍，理学名臣如熊赐履、汤斌、张伯行、李光地等得到了重用。雍正虽然对佛道表现出浓厚的兴趣，但并没有排斥理学，理学名臣仍然得到重用，理学书籍也大量刊行。乾隆自幼受理学熏陶，他的老师福敏、朱轼、蔡世远等都是理学名臣，乾隆也自称：“朕自幼读书，研究义理，至今朱子全书未尝释手。”[3] 程朱理学建立在儒家伦理纲常基础之上，建立了一套君臣父子、上下尊卑的等级制度，这对于巩固封建王朝是很有帮助的，这就难怪清代帝王对它恩爱有加。程朱理学虽然承认帝王地位的尊尚，并认为“君尊于上，臣恭于下，尊卑大小，截然不可犯”[4]，但同时又认为“天

[1] 王锡阐:《晓庵先生文集》，清光绪九年重刊本，卷三。

[2] 顾炎武著，黄汝成集释:《日知录集释》，岳麓书社，2004 年，第 240 页。

[3]《高宗纯皇帝实录》卷一四六，中华书局，1986 年，第 135 页。

[4] 朱熹:《朱子语类》，中华书局，1986 年，第 1708 页。

下安危系于宰相”。对于具有强烈专制色彩的帝王来说，这样的言论显得不合时宜，乾隆批斥：“君德成则天下治，君德不成则天下乱，此古今之通论也。如程颐所言，是视君德与天下之治乱为二事漠不相关也，岂可乎……且使为宰相者，居然以天下之治乱为己任，而目无其君，此尤大不可也。”[1] 同时，理学“夷夏之辨”的论调也让乾隆感到不满，在多次经筵中，乾隆的言论表现出了与理学偏离的倾向。让乾隆感到最难以忍受的是假理学家，他们口是心非，党同伐异，表面上是维护政体，其实是在破坏朝政，康熙一朝，李光地、熊赐履、汤斌、张伯行等理学名臣就因“假道学”而被指责，乾隆指责、处理理学臣子的事件更是远超康熙，打击的力度也超出了前代。早年短暂的理学推崇之后，乾隆将文化重心转向了经史之学和诗文。乾隆二十二年，律诗进入科举考试，“二十二年，诏剔旧习、求实效，移经文于二场，罢论、表、判，增五言八韵律诗。明年，首场复增性理论。御史杨方立疏请乡、会试增周礼、仪礼二经命题。帝以二礼义蕴已具于戴记，不从。四十七年，移置律诗于首场试艺后，性理论于二场经文后。五十二年，高宗以分经阅卷，易滋弊窦。且士子专治一经，于他经不旁通博涉，非敦崇实学之道。命自明岁戊申乡试始，乡、会五科内，分年轮试一经。毕，再于乡、会二场废论题，以五经出题并试。永著为令。”[2] 乾隆素爱诗歌，创作的诗歌近 5 万首，逼近了全唐诗，是中国文学史上创作最丰富的诗人。科举试诗，与时代的社会环境有关，也与乾隆个人爱好有关。清初社会动荡，文人们多借诗讽谕，以诗抒写亡国之痛，经过近百年的经营，到了乾隆一朝，社会已基本稳定，成长于新王朝的一代丢掉了前代故国的包袱，积极入世，盛世之音更符合时代的需要，因此，借助诗文来鸿润声色也是情理之中的事情。这一点我们也可以从清代的博学鸿词的荐举中看出。清代的博学鸿词始于康熙，考试科目为诗和赋，这是清代首次以诗取士。康熙的博学鸿词主要是为了拉拢人

[1] 弘历：《高宗御制诗文全集》第十册，乐善堂全集定本，卷十九。

[2] 赵尔巽等：《清史稿》卷一百八十，“选举三”，中华书局，1976 年，第 2773 页。

心，通过这一考试进入官场的文人基本没有得到重用。如果说康熙的博学鸿词科是迫于形势，那么乾隆朝这一考试便是主动出击，录取的词臣基本都得以重用，重文的真诚度比康熙要高。除了比较规范的考试，乾隆以诗用人也比前代多，“至属车临幸，宏奖士林，康熙四十二年、四十四年，圣祖巡幸江、浙，召试士子，中选者赐白金，赴京录用有差。高宗六幸江、浙，三幸山东，四幸天津，凡士子进献诗赋者，召试行在。优等予出身，授内阁中书；次者赐束帛。仁宗东巡津、淀，西幸五台，召试之典，亦如前例。道光以后，科举偏重时文。沿习既久，庸滥浮伪，浸失精意。三十年，候补京堂张锡庚请复开博学鸿词科，以储人才。礼部议以非当务之急，遂止”[1]。乾隆每次大的巡幸都召试诗赋，以诗赋食禄都比比皆是，这也是乾隆一朝独特的文化风景。最高统治者的价值取向影响了当时的文学创作，据柯愈春《清人诗文集总目提要》的著录，乾隆朝诗文家有 4200 多人，诗文集近 5000 种，数量远超以往的任何王朝。

乾隆好大喜功，“十全武功”的征伐依靠的是武将而非文臣，在用人上，乾隆倚重的是武将，傅恒、阿桂、钟岳琪、孙士毅等武将倍受乾隆恩宠。任职军机处，曾参与大小金川、林爽文起义的赵翼对此是有清醒认识的，“文人逞才气，往往好论兵。及乎事权属，鲜见成功名。古来称儒将，惟有一孔明。寥寥千载后，庶几王文成。此外白面徒，漫诩韬略精。河桥二十万，惜哉陆士衡。深源令仆才，身名丧北征。房琯陈涛斜，车战旋摧崩。忠如张魏国，五路败富平。由来非所习，奴织婢学耕。如何纸上谈，辄欲见施行。君看云台上，何曾有书生？”[2] 文好空谈，做事不切实际，少有成就，历史上真正能够建立功名的只有孔明一个，赵翼的切身体会应该说是建立在现实体认的基础之上的。对于喜好征讨的高宗，文臣并不是王朝的重心，文人有其特殊价值所在。“崇尚经术，有关世道人心。”尊经尚文，风化天下，这是乾隆

[1] 赵尔巽等:《清史稿》卷一百九，“选举四”，中华书局，1976 年，第 3178 页。

[2] 赵翼:《瓯北集》，上海古籍出版社，1997 年，第 5-6 页。

理想的文治社会。

沈德潜的诗论具有强烈儒家经世色彩，《说诗晬语》开篇便提出："诗之为道，可以理性情、善伦物、感鬼神、设教邦国、应对诸侯，用如此其重也。秦、汉以来，乐府代兴；六代继之，流衍靡曼。至有唐而声律日工，讬兴渐失，徒视为嘲风雪，弄花草，游历燕衎之具，而'诗教'远矣。"[1] 在春秋战国时代，诗歌在国家政治、外交、教育等方面发挥着重要作用，而在后代，这种功能衰落了，"徒视为嘲风雪，弄花草，游历燕衎之具"。沈德潜对诗歌政教功能的衰落有所不满，他希望能够重新拾回诗歌拯救的功能。沈德潜也认识到诗歌不可能像在先秦那样干预社会政治，他强调的是诗歌的伦理教化作用。"王子击好《晨风》，而慈父感悟；裴安祖讲《鹿鸣》，而兄弟同食；周盘诵《汝坟》，而为亲从征。此三诗别有旨也，而触发乃在君臣父子兄弟，唯其'可以兴'也。读前人诗而但求训诂，猎得词章记问之富而已，虽多奚为？"[2] 诗歌对人具有情感的感化作用，因此，诗歌情感倾向必须把握好，他反对将不良倾向的情感写入诗歌中。在评判不同的诗风上，他认为具有教化的诗歌优于其他风格的诗歌。"古今流传名句，如'思君如流水'，如'池塘生春草'，如'澄江静如练'，如'红药当阶翻'，如'月映清淮流'，如'芙蓉露下落'，如'空梁落燕泥'，情景俱佳，足资吟咏。然不如'南登霸陵岸，回首望长安'忠厚悱恻，得'迟迟我行'之意。"[3] 钟嵘、严羽、王士禛推崇"直寻"，偏重于自然、清远的诗风，沈德潜并不反对这种诗风，但他更倾向于具有社会内涵的诗风，从根本上来说，乃是要诗歌要起到感化、教化的作用。沈德潜论诗首重伦理，这与大一统帝国的文化政策是很吻合的，耄耋之年的沈德潜受遇于乾隆也就很符合常理了。

沈德潜虽以诗名，但并不局限于与乾隆的君臣唱和，而是努力维系文化根基，"岁辛未，大中丞王公延德潜为山长。皇上省方至吴，赐'白鹿遗规'

---

[1] 沈德潜:《说诗晬语》，凤凰出版社，2010 年，第 81 页。

[2] 同上。

[3] 同上，第 82 页。

扁额及五言古诗，勉德潜以振兴乡教，勖多士以勿厌贫，勿务华，而反求之切近笃实。绎御诗之旨可见。地非紫阳之地，而以紫阳名之，欲教者之所以教，学者之所以学，无浮慕乎紫阳之名，而必仰企乎其实也……学者勉强服习，以渐几于有成，将处不失为谨身寡过之士，出则能为国家有体有用之人。圣天之之谆切训戒者，意良在于期乎？”[1] 沈德潜以振兴儒教为己任，用力可谓勉矣，他的努力得到了高宗的认可，“昌黎因文见道，始有是语，固不必执风骨体裁，与李、杜甲乙。而归愚叟乃能深契于此，识途守约，敛藻就澹，于向日所为壮浪浑涵，崚嶒矫变，人惊以为莫及者，自视莫不足，且有悔心焉”[2]。悔心向日不及道者，积极地以诗维护名教，沈德潜的自觉是高宗影响的结果，仔细观察沈德潜后期的诗文，我们会发现，他的诗论、文论在维护意识形态上更加浓烈。

由此我们不难看出，沈德潜身负“道”和“文”双层功能，在理学褪色、盛世繁荣的时代，因文见道比强硬推行理学要有效得多，这是高宗用沈德潜的巧妙之处。

二、君臣赓歌：盛世之音的制造

与清初刀光剑影相比，乾隆一朝社会要稳定得多，民族矛盾、社会矛盾相对缓和，文人诗酒连连，连一向被认为只善于马上作战的满人也风雅大起，诗文创作繁富。“自最早的文明世界以来，诗歌就是人类集体生活的一部分，但它并不始终都起同样的作用。它曾是法律和历史的工具，民间传说的宝库，大众娱乐的源泉，少数人的深奥活动。我们应当假定诗歌还会继续存在下去，但可以看到，自现代社会开始以来，诗歌的地位一样在发生着变

[1] 沈德潜：《沈德潜诗文集》，人民文学出版社，2011 年，第 1256 页。

[2] 同上，第 3 页。

化。”[1] 诗歌可以是社会的法律，也可以是升平的点缀，在社会经济繁荣的时代，“治世之音”尤为统治者所推崇。乾隆晚年曾自诩“十全老人”，作《十全记》纪之，面对自己开创的盛世，必须要有“治世之音”来表彰。高宗与沈德潜君臣唱和的频率远超前人，“古来君臣遇合，庶绩凝而万邦一，相与形诸永言，以彰一德之治，若帝庸作歌而皋陶赓歌，成王游卷阿作歌而召公遂歌，其最盛也……然皆君有詠歌，臣工偶和，又皆臣依君韵，罕闻君和臣诗；臣下复从而赓歌之，且积成卷帙者，有之，自少宗伯沈归愚先生始”[2]。(《矢音集序》) 高宗与沈德潜的赓歌一方面是两人的喜好，一方面是通过君臣唱和制造“治世之音”。高宗明确表示：“若谓朕进用人才，沾沾于文艺之末，雕章琢句，专事浮华，此风一炽，必有藉手捉刀，希图侥幸者，岂不玷玉堂而贻羞文苑郎耶？”[3] 不沾沾于艺文之末，而是把它当作“经国之大业，不朽之盛事”，正因如此，他对沈德潜的恩宠可谓无以复加。沈德潜翰林散馆后即被授以编修，不久即升左中允、侍读、左庶子、侍讲学士、内阁学士、礼部侍郎，短短几年内成为二品官员，归隐后，帝恩仍不绝，“归后，眷益隆，三至京师祝皇太后、皇上万寿，入九老会，图形内府。而皇上亦四巡江南，望见公，天颜先喜。每一昼接，必加一官、赐一诗。嗟乎！海内儒臣耆士，穷年兀兀，得朝廷片语存问，觉隆天重地，而公受圣主赐诗至四十余首，其他酬和往来者，中使肩项相望，不可数纪。常进诗集求序，上欣然许之，于小除夕坤宁宫手书以赐，比以李、杜、高、王。海外日本、琉球诸国，走驿券索沈尚书诗集。盛矣哉，古未尝有也！”[4] 高宗如此厚待沈德潜，无非就是让他成为士林领袖，点缀盛世之音。沈德潜归隐后，高宗叮嘱：“尔归享林泉，与乡邻讲说孝弟忠信，便是尔之报国。我五十寿时，一定来

[1]［英］马·布雷德伯里等著，胡家峦等译《现代主义》，上海外语教育出版社，1992 年，第 285 页。

[2] 沈德潜：《沈德潜诗文集》，人民文学出版社，2011 年，第 975 页。

[3]《高宗纯皇帝实录》卷二七七，中华书局，1986 年，第 298 页。

[4] 袁枚：《小仓山房诗文集》，上海古籍出版社，1988 年，第 1217 页。

京拜祝。”[1] 每有国家庆典，沈德潜必赋诗相和，五十大寿，乾隆招集年七十以上的文武官员组成三组九老会，而沈德潜名列九老会之首，并赐鸠杖、游香山。“天子门生更故人”，沈德潜可以说是乾隆盛世的文化符号，与乾隆的“十全武功”相得益彰，高宗在《赐德潜》一诗中也明确表赞：“此政东南士林宿望，亦国家祥瑞”。沈德潜和乾隆都是唐诗的推崇者，但在《御选唐诗》中，杜甫“三吏三别”、白居易感时忧乱的讽喻诗却没有入选，我们不难看出乾隆制造“治世之音”的良苦用意。

沈德潜与高宗的赓歌唱和，具有浓重的国家叙事色彩，从皇族经祭典到国家大小事务，君臣都有吟咏。高宗谒陵，沈德潜称颂孝德，《圣驾谒陵礼成恭赋乐府十章》序说道：“皇帝在位之八年，懋建皇极，万物由庚，礼乐明备……小臣备员待从，未能宣扬孝德，敬拟乐府十章，以备瞽矇讴诵。”[2] 乾隆十五年的万寿节，沈德潜颂诗十章，他在该诗的序中说道：“庚午中秋前二日，恭逢皇上万寿圣节，普天率土，忭舞讴吟。臣蒙恩归老，未得随在廷诸臣称觞献寿，谨撰七言律诗十章，颂述御极以来，实心实政，虽轻尘足岳，细流纳海，于圣德神功，未能表扬万一。然衢歌巷语，发于诚心，有欢忻踊跃而不能自已者也。”[3] 每有重大的活动，高宗都赋诗记颂，而沈德潜亦每每恭和，沈德潜辑的《矢音集》是君臣唱和的诗歌小集。沈德潜与高宗的恭和对诗坛起到了示范的作用，一时间，恭和皇帝的诗篇在文武大臣间蔚然成风，尹继善、钱陈群、赵翼、毕沅等都创作了不少恭和诗，恭和诗成了官员常态性的写作，这有效地点缀了乾隆盛世。

格调诗派在乾嘉时期影响广大，《清稗类钞》记载：“当康熙时，吴县有叶横山名燮者，病诗家之喜摹范、陆，作《原诗》内外篇，以杜为归，以情境理为宗旨。德潜少从受诗法，故其诗古体宗汉魏，近体宗盛唐，尤所服膺者为杜。选《古诗源》及三朝《诗别裁集》以标示宗旨，吴下诗人翕然

[1] 李元度：《国朝先正事略》，岳麓书社，2008 年，第 590 页。

[2] 沈德潜：《沈德潜诗文集》，人民文学出版社，2011 年，第 30 页。

[3] 同上，第 430 页。

从之。受业者，其初以盛锦、周准、陈樾、顾诒禄为最著。其后则有王鸣盛、王昶、钱大昕、曹仁虎、黄文莲、赵文哲、吴泰来之‘吴中七子’。七子诗名藉甚，诗传至日本，日本国相高楝为七律以赠之，人各一章，寄估船以达，人艳称之……而德潜门下又有褚廷璋、张熙纯、毕沅等之继起。再传弟子则有武进黄景仁，私淑弟子则有仁和朱彭。乾、嘉以来之诗家，师传之广，未有如德潜者。”[1]沈德潜门下既有高官如毕沅、王昶等，又有大批影响广泛的学人如钱大昕、王鸣盛、褚廷璋、赵文哲等人，这些人不一定就直接与皇帝赓歌唱和，但基本都能秉持师训，诗歌创作重教化功能，这对维护皇权起到了积极的作用。

三、沈德潜晚年悲剧：文学标准与政治标准和冲突

沈德潜是优秀的文学史家，辑有《古诗源》《唐诗别裁集》《宋金元三家诗选》《明诗别裁集》《清诗别裁集》等，每个选本基本上都有对该时期文学流变的回顾、作品评论，有的还附有作家小传。从整体上而言，这些选本涵盖了从上古到清代主要的诗人诗作，诗歌史的脉络很清晰，可称得上是“中国诗歌史长编”。这些选本在清代流传都很广，特别是《唐诗别裁集》。沈德潜选编的标准是“先审宗旨，继论体裁，继论音节，继论神韵，而一归与中正平和”[2]。在坚持宗旨优先的前提下，沈德潜能够从体裁、音节、神韵等艺术风格入手分析作品，其文学素养是很好的，如论李白：“太白七言古，想落天外，局自变生。大江无风，波浪自涌，白云从空，随风变灭。此待天授，非人可及。”[3]论杜甫：“少陵七言古，如建章之宫，千门万户；如巨鹿之战，诸侯皆从壁上观，膝行而前，不敢仰视；如大海之水，长风鼓浪，扬泥沙而舞怪物，灵蠢毕集。太白以高胜，少陵以大胜，执金鼓而抗颜行，后人

[1] 徐珂：《清稗类钞》，第八册，中华书局，1984 年，第 3900 页。

[2] 沈德潜：《唐诗别裁集》，上海古籍出版社，2009 年，第 4 页。

[3] 同上，第 183 页。

那能鼎足！”[1] 论诗：“事难显陈，理难言罄，每托物连类以形之。郁情欲舒，天机随触，每借物引怀以抒之。比兴互陈，反覆唱叹，而中藏之欢愉惨戚，隐跃欲传，其言浅，其情深也。倘质直敷陈，绝无蕴蓄，以无情之语而欲动人之情，难矣。”[2] 坚持文道合一，注重作品的艺术成就，这使得沈德潜成为清代优秀的诗歌选家，而这一点却也是他晚年悲剧所在。

乾隆二十六年，沈德潜向高宗进献《国朝诗别裁集》，并请高宗作序。该书将钱谦益列为国朝诗之首，高宗阅后大为不满，“因进其书而粗观之，列前茅者，则钱谦益诸人也，……居本朝而妄思前明者，乱民也；有国法存，至身为明朝达官而甘心复事本朝者，虽一时权宜，草昧缔构所不废，要知其人则非人类也，其诗自在，听之可也。选以冠本朝诸人，则不可，在德潜则尤不可”[3]。钱谦益身事两朝，顺治、康熙、雍正都没有对钱谦益有太大的异词，乾隆却将之视为“非人类”，对于要求绝对服从的专制帝王来说身事两朝是不能容忍的。随着对钱谦益诗文阅读的深入，乾隆对钱谦益的批判也随之加大，最终焚毁钱谦益的全部作品，否定其历史地位。乾隆对钱谦益的批判完全是从政治伦理出发，认为钱谦益人品败坏，诗文便无足观，甚至会毒害天下，“钱谦益以故明大员，设使死节，则为明之忠臣。即贬斥本朝，亦所应当，乃既投顺本朝，仕跻卿列，仍以狂悖低毁之词刻入《初学》《有学》二集，其人本不足齿于人类。此等诗集流传，于世道人心大有关系”[4]。将钱谦益列国朝诗之首，这无疑就是要表彰他，表彰一个贰臣并不利于大一统帝国的稳定，乾隆否定钱谦益是政治逻辑的必然。钱谦益是明末清初一大家，沈德潜对他的评价也比较高，“尚书天资过人，学殖鸿博。论诗称扬乐天、东坡、放翁诸公。而明代如李、何、王、李，概挥斥之；徐如二袁、钟、谭，在不足比数之列。一时帖耳推服，百年以后，流风徐韵，犹足苦人

[1] 沈德潜:《唐诗别裁集》，上海古籍出版社，2009 年，201 页

[2] 沈德潜:《说诗晬语》，凤凰出版社，2010 年，第 81 页。

[3] 沈德潜:《钦定国朝诗别裁集》，乾隆二十八年刊本。

[4]《高宗纯皇帝实录》卷八百三十七，中华书局，1986 年，第 179 页。

也。生平著述，大约轻经籍而重内典，弃正史而取稗官，金银铜铁，不妨合为一炉”[1]。作为一个优秀的文学史家，应该说这样的评价是比较客观的，是符合文学史的实际的。乾隆与沈德潜的矛盾主要是政治标准与文学标准的矛盾，同样的，对于《国朝诗别裁集》，乾隆在其他地方也提出了异议，“钱名世者，皇考所谓‘名教罪人’，更不宜入选。慎郡王，朕之叔父也，朕尚不忍名之。德潜岂宜直书其名？至世次前后倒置，益不可枚举”[2]。钱名世是雍正判定的“名教罪人”，诗选中直呼慎郡王也犯了帝王的忌讳，我们由此不难看出，在乾隆眼中，国朝诗选应当以政治标准来衡量而不是文学标准。如果说钱谦益一案还留给沈德潜生存的空间的话，那么徐述夔诗案就将沈德潜置于毁灭的境地了。

徐述夔为康熙年间的举人，著有《一柱楼小题诗》《一柱楼诗》等作品，沈德潜在《一柱楼诗》里给徐述夔写了篇传，称赞“其品行文章皆可为法”。徐述夔死后，其孙与人结仇，结果仇人借《一柱楼诗》发挥，状告《一柱楼诗》具有反清思想，引发了乾隆年间的“一柱楼”诗案。看到沈德潜给该诗集作者作传，乾隆大为不满，原本原谅了沈德潜，但随着案情的深入，牵涉人员更多，乾隆再也容忍不下了，“沈德潜并无为国家出力之处，联特因其留心诗学，且怜其晚成，不数年擢为卿贰。乞休后，复赏给尚书衔，令其在籍食体，恩施至为优握，理应谨慎自持，励图报效，乃敢为逆犯徐述夔作传，视其悖逆之词恬不为怪，转为赞扬，实为丧尽天良，负恩无耻，使其身在，必当重治其罪。今沈德潜身故后，伊嗣子沈种松及伊孙赐举人沈维熙相继夭段，此既其昧良负恩之报”[3]。文人作传，不免阿谀，乾隆从政治的角度审判该传，由此得出沈德潜“负恩”的结论，并进行恶毒谩骂，完全失去了一个帝王的仪态，与沽屠骂街无异。乾隆与沈德潜虽然诗文唱和，但在评判文学的标准上，两人判然有别，沈德潜在坚持宗旨的前提下尊重诗文的审美

[1] 沈德潜:《清诗别裁集》，中华书局，1975 年，第 1 页。

[2] 赵尔巽等:《清史稿（三十五）》，中华书局，1976 年，第 10512 页。

[3] 张书才等编:《纂修四库全书档案》，上海古籍出版社，1997 年，第 933 页。

特征，但乾隆却处处以政治律文，他用政治权力控制着文学的生产，甚至不惜用暴力惩戒违反政治原则的文学作品，最终导致了沈德潜不光彩的结局。

沈德潜及其格调派在诗坛上的崛起是皇权渗透的结果，随着皇权干预的深入，纯文学也显露出了它的不适应性，最终走向衰落。作为意识形态的表征，诗歌很难独善其身，在文化专制的时代，它往往是国家宏观叙事的组成部分。封建帝王与其时代的文学有着千丝万缕的关系，文学史在进行叙述时应当对权力渗透的间接性、复杂性有所评估。

中国古代意境论的终结者

——论林纾古文意境论的内涵及理路

薛学财[1]

［摘要］ 在近代中国意境论建构进程中，林纾的古文意境论在系统性上足可与王国维的词学意境论匹敌。林纾古文意境论的核心是道理和性情两大支柱，其学理的依据来源于传统诗学意境论和宋明理学的性情与道理学说。诗学意境论对林纾古文意境论的影响主要体现在其重视性情以及文体要求上，而宋明理学关于道理、性情等方面的论述则对林纾意境论的逻辑结构、概念内涵及文体要求等方面均有影响。林纾的古文意境论可以是真正立足于中国传统开出的美学理论，但是林纾的根基古文和理学在中国国家与社会的现代转型过程中被时代迅速抛弃了。因此，林纾古文意境论形成之时也正是中国古代意境论终结之时，而王国维承担的使命则是对之进行更新与再造。

［关键词］ 林纾　意境论　性情　道理　理学　王国维

在中国古代诗文评中，“意境”或“境界”概念只是零散地出现在批评实践中，直至近现代方才形成较为完整的理论形态，其中以王国维与林纾两家之说最为系统。王国维的意境论是在词学中发展起来的，而林纾的意境论则是古文批评与创作的理论，二者有差异也有很多共同点。就体系而言，林

[1] 薛学财，文学博士，福建省社科基地福建工程学院地方文献整理研究中心研究员、人文学院讲师，主要研究文学理论、中国古代文论。

纾的意境论实比王国维的更完整。但出于多种原因，就所受关注而言，林纾意境论却又远不及王国维。近年来，意境论与中国美学传统的关系成了热点问题，有学者认为意境论是审美现代性追求支配下的中国现代文论形态，有学者认为意境论其实是德国美学的中国变体，有学者认为意境论是本土学者立足中国传统美学精神吸收外来学术资源建构自己的理论体系的一次成功尝试。[1] 本文限于论题和篇幅，不能深入讨论这个问题，但希望通过对林纾古文意境论的内涵及其形成之理路的解释，为进一步讨论上述问题提供一个新的视点。

一、作为文学本体的意境

林纾的古文意境论包涵了本体与风格两个层次，对这一复杂的文学思想的研究与评价经过了一个较为曲折的过程。张俊才是较早关注林纾古文理论的学者之一，其《林纾古文理论述评》虽然注意到意境在林纾文论中的核心地位，但并未详细剖析其内涵。由于张氏总体上否定了林纾古文理论的价值，所以也就没有对林纾古文意境论的学术价值作出合理的评价。[2] 之后张胜璋从审美特质的角度对林纾意境论的风格层次做出了论述，但并未触及本体层次。[3] 近年来的研究，已渐渐意识到林纾意境论的内涵并不止于作为审美特质的风格层次，慈波指出“林纾所论意境偏重于临文之前的虚静涵

[1] 参见王一川:《通向中国现代性诗学》,《北京师范大学学报》2001 年第 3 期；蒋寅:《原始与会通:“意境”概念的古与今——兼论王国维对“意境”概念的曲解》,《北京大学学报（哲学社会科学版）》2007 年第 3 期；罗钢:《意境说是德国美学的中国变体》,《南京大学学报》（哲学·人文科学·社会科学版）2011 年第 5 期；李春青:《略论“意境说”的理论归属问题——兼谈中国文论话语建构的可能路径》,《文学评论》2013 年第 5 期。

[2] 张氏认为:“林纾论文，内容主义理，思想主严净，不仅没有丝毫的创新，反倒溯曾、姚、刘而上，归复到方苞那里去了。这是末代桐城派古文生命力已经枯竭，因而在思想上更加保守、倒退的表现。”见张俊才:《林纾古文理论述评》,《江淮论坛》1984 年第 3 期。

[3] 参见张胜璋:《意境:“文之母也”——林纾古文艺术论》,《中国石油大学学报》（社会科学版）2008 年第 6 期。

养”[1]。张胜璋在最近的研究中也注意到这一点，指出：“林纾认为意境是古文艺术的根本性、决定性因素，带有本原意义和生成功能”[2]。都可以说是在突破风格层次，力求在创作论的意义上重新理解林纾的意境论。而罗书华则更进一步从创作主体的角度对林纾的意境论进行诠释，认为在林纾心中“所谓意境，就是作者心地、心胸、胸襟在文字中的倒影”，是“作者心意的自然投射”[3]。事实上，之所以会有这些不同的看法，实在是因为林纾的“意境”带有文学本体的意味，它可以在风格论、创作论、主体论等不同的层面得到体现，但要是仅执其一端，却又不足以完全地阐释它。

在《春觉斋论文》中林纾明确提出“意境者，文之母也，一切奇正之格，皆出于是间”[4]。鉴于“意境”一词历来涵义较为模糊，我们有必要对林纾所谓意境的具体意义稍作解释。林纾提出：“文章唯能立意，方能造境。境者，意中之境也。”又曰：“意者，心之所造；境者，又意之所造也。”[5]在林纾看来，意出于心。然“心”之活动千绪万端，“意”的具体内涵究竟为何？林纾将之归到对“理”的认识上。对于这一层，林纾有相当详尽的说明：

> 【……】《容斋四笔》述坡公语，谓：“天下之事，散在经史中，不可徒使，必得一物以摄之，然后始为己用。所谓一物者，意是也。”此语虽深实浅。不言析理于经史中，但言使事于经史中，顾能加以议论，则为镕裁；但取其事实，便成糟粕。且所谓摄之以意者，亦主驱驾而言，不为探本之论。吴氏《林下偶谈》：“为文大概有三：主之以理，张之以气，束之以法。”言“主”言“束”，是也；言“张”则非是。“主之以理”矣，则心静神肃，气胡自张？

---

[1] 慈波：《误读与重释：作为古文家的林纾》，《中山大学学报》（社会科学版）2009 年第 6 期。

[2] 张胜璋：《林纾论古文意境》，《福建论坛》（社会科学版）2011 年第 9 期。

[3] 罗书华：《意境、情韵与神味——林纾散文学的新色彩》，《社会科学》2012 年第 3 期。

[4] 林纾：《春觉斋论文》，《历代文话》第七册，复旦大学出版社，2007 年，第 6367 页。

[5] 同上，第 6365 页。

故主理之说，实行文之所不能外。凡无意之文，即是无理。无意与理，文中安得有境界？【……】[1]

从林纾对苏轼的驳正中可知，林纾所谓“意”，不唯不是汗漫无归的“意识”或“意念”，也不是成一系统足以驱使统摄外部世界的先行“思想”或“观念”，而必须是从事实、事物中体贴出来的“理”。若无“理”，则文必无境界可言。而“摄之以意”与“主之以理”的根本区别乃在于，前者是以主观之思想范围客观之事物，后者乃是以主观之情性迎受客观之道理。“摄之以意”，若有大才大识或许也可作成上乘文章，但人的才识总不免有缺陷，缺陷带入文章，即成文章之缺陷。《春觉斋论文·论文十六忌》第九忌为“忌偏执”，曰：“偏，非特见也，蔽于近而无睹，故敢为自信之言。执，非得解也，守一隅而弗迁，转据为坚确之说。此皆学问不纯，私见过深，又用自矜炫，流弊往往至此”[2]。所说的即是才识的缺陷导致文章的弊病。其余所应忌的如“险怪”、“轻儇”、“狂谬”、“陈腐”等弊端，究其发生的原因，大多亦可从此处探寻。[3]而“主之以理”，则意味着格物致知，从细微处体察事物的面貌，从远大处把握事物的道理。把握住道理，事物便条理井然，作成文章也就自具“义法”。从这个角度说，林纾论意境常与义法并举也就很好理解了。只是在整个对事物之理的认识过程中又必然地要在自己的性情中发生。然则林纾所谓文有意境，一言以蔽之，实际上便是在文章中营造出一个同时体现出作者的性情与事物的道理的世界。

---

[1] 林纾：《春觉斋论文》，《历代文话》第七册，复旦大学出版社，2007年，第6366页。

[2] 同上，第6397页。

[3] 即使才识高超如苏轼者，在林纾看来其文章亦难免有缺陷。《忌虚枵》一则谓：“东坡雄杰，轶出凡近，吾读其《日喻》一篇，亦不可无疑处。入手以钟籥喻日，语妙天下。及归宿到言道处，宜有一番精实之言，乃曰：‘莫之求而自至’，则过于聪明，不必得道之纲要，大概类庄子所言‘同乎无知，其德不离；同乎无欲，是谓素朴’者，非圣人之道也。朱子言坡文‘雄健有余，只下字亦有不贴实处’。不贴实，正其聪明过人，故有此失。后人不及东坡，一味以高言振俗，未有不出于虚枵者。”（《春觉斋论文》，《历代文话》第七册，第6388页）意思正是东坡聪明过人，善以意摄物，而至于有文字不贴实的弊病。

这个同时体现作者之性情与事物之道理的世界，乃是一个自足的世界，而不止于作者的“心地”、“心胸”、“胸襟”；它是先于“文”而存在的，但不止于“临文之前的虚静涵养”。从这个意义上说，林纾的意境论其实具有文学本体论的意义，这就是所谓“意境，文之母也”的真正意思。然而，把性情与道理交融的意境作为文学的本体，在文论史上又具有怎样的意义呢？显然，这个观念与以“道”作为文之本体的正统古文本体论有着相当明显的差异，或者我们竟可说林纾的意境论对于正统的古文本体论其实有潜在的修正作用。仔细考察林纾的论述，我们不难发现尽管在理论建构上林纾并重性情与道理两个维度，但在细部的论述及批评实践中，林纾实际上更重视“情”对意境形成的作用。在《文微》中林纾甚至把“情”推到至高无上的地位，认为“无情万无文”、“作文之道不过四字：实迹真情。无实迹者而有真情，真情涉空，氤氲之气，如香烟缭绕，则亦足以动人”[1]。可见林纾所谓的“意”和“理”已经渗入了很多“情”的因素。这一点与林纾的创作、翻译“长于叙悲”的写情成就正相吻合。因此，尽管林纾在“义法”方面继承并发展了桐城派文论，但在对文学本体的理解上却自有主张。他试图以“情”去改造正统的“文以载道”观念，力求将性情与道理调和起来，使得他的意境论呈现出某些现代的因素。不过，由于古文文体的限制，这种现代因素不可能得到充分的发展。

林纾提出“意境”是“文之母”与王国维将境界视为“词之本”、“作文之道不过真情实迹”与王国维的“真景物真感情”之说均十分相近。这需要更多的解释。不过这里我只想指出一点：林纾以“立意造境”为起点阐述意境，显然是蒋寅所概括的“意境”一词的传统意义——“立意取境”的翻版。但他的确以此为基础建立了一套系统的古文美学理论。这至少说明，我们虽然不能武断地指认意境是中国美学的核心范畴，但完全可以说，基于“立意取境”的涵义的传统意境概念未必不具有生发出一个意境美学理论的

[1] 林纾:《文微》,《历代文话》第七册，复旦大学出版社，2007 年，第 6530、6537 页。

可能性。

二、作为文学风格的意境

作为本体的意境存在于作品之先，而作为风格的意境则内涵于作品。作为风格的意境由作为本体的意境生成，同时又受制于作者的艺术表现能力。林纾认为“意境当以高洁诚谨为上着”。[1]高、诚二者与作者的知识见地及性情修养相关，洁、谨二者则是对艺术表现能力的要求。

所谓“高”，即是脱俗，植根于对道理的准确独到把握。《春觉斋论文》对此反复申说。《应知八则·意境》谓：“故意境当以高洁诚谨为上着，凡学养深醇之人，思虑必屏却一切膠轕渣滓，先无俗念填委胸次，吐属安有鄙倍之语？须知不鄙倍于言，正由其不鄙倍于心。”[2]又谓：“譬诸画家，欲状一清风高节之人，则茅舍枳篱，在咸有道气，若加以豚栅鸡栖，便不成为高人之居处。讲意境由此着想，安得流于凡下？”[3]以上都是从正面论述脱俗作为“高”的重要条件。在《忌凡猥》中林纾则强调文章欲脱俗去俗，不能依靠文辞冷僻险怪，只有立足道理才是不二法门，曰：“愚谓救俗何必辟？据道理以发言，自不至俗，若语出不根，虽辟亦未必能胜于俗。去俗本无他法，但有读书、明理、宗道三者而已”。[4]正是强调脱俗必以对道理的准确、独到把握为根基。

“洁”即洁净之意。推重文体洁净是桐城派的传统。方苞曾引柳宗元评价《史记》说：“柳子厚称《太史公书》曰洁，非谓辞无芜累也，盖明于体要，而所载之事不杂，其气体为最洁耳。”[5]又谓：“古文气体，所贵清澄无

[1] 林纾：《文微》，《历代文话》第七册，复旦大学出版社，2007年，第6365页。

[2] 同上，第6365页。

[3] 同上，第6366页。

[4] 同上，第6391页。

[5] 方苞：《方苞集》，上海古籍出版社，1983年，第56页。

滓。清澄之极，自然而发其光精，则《左传》《史记》之瑰丽浓郁是也。”[1]同时方苞将文体洁净无滓的决定因素落在对“道”的掌握上，他在评论《周官》的文体时说：“盖道不足者，其言必有枝叶，而是书指事命物，未尝有一辞溢焉，常以一字二字，尽事物之理，而达其所难显，非学士文人所能措注也。”[2] 林纾对文之境界的洁净方面的要求大抵受了方苞的影响，但讨论得比方苞充分。为了使文境臻于洁净，林纾认为为文应“忌涂饰”、“忌繁碎”、“忌糅杂”，认为：“古文之为体，意内言外，且多言不如少言，少言不如精言。【……】若徒事渲染，使读者一过辄忘，或不终篇即生厌倦。”[3] 这是说行文应以意为主，不可以涂饰害洁净。不过林纾对于洁净的要求尚不止于此，还要求思想的洁净，说：“盖文体之严净，不特佛氏之书不宜入，即最古如《老子》《庄子》，亦间能偶一及之，用为大道之证，若专恃老庄之理，又岂足成文？”[4] 此外还有语汇方面的要求，说：“至于近年，自东瀛流播之新名词，一涉文中，直成妖异，凡治古文，切不可犯”[5]，认为以新名词入古文也一样有伤文境之洁。在林纾看来，意境之高与意境之洁乃是紧密相连的，文境之洁也必须诉诸性情纯洁和道理纯正，所谓“须先把灵府中淘涤干净，泽之以诗书，本之于仁义，深之以阅历，驯习久久，则意气自然远去俗氛，成独造之精神”[6] 正是此意。

“诚”即诚实不伪，即为文须本诸性情。分而言之，约略又有二端。其一是性情不可乔装伪饰。《春觉斋论文·流别论》首叙骚体，说：“乃知《离骚》之文，非文也，有是心血，始有是至言。贾谊、刘向作《惜誓》《九叹》，皆有所感，故声悲而韵亦长。东方、严忌诸人习而步之，弥不及矣。

---

[1] 方苞：《方苞集》，上海古籍出版社，1983年，第614页。

[2] 方苞：《周官析疑序》，《方苞集》，上海古籍出版社，1983年，第82页。

[3] 林纾：《春觉斋论文》，《历代文话》第七册，复旦大学出版社，2007年，第6405页。

[4] 同上，第6408页。

[5] 同上，第6409页。

[6] 同上，第6356页。

后人引吭佯悲，极其摹仿，亦咸不能似，似者唯一柳柳州。”[1] 认为后世骚体不如屈赋是由于情感不如屈原深沉而强作悲痛。其二是性情不可拘于成法。在“忌牵拘”中林纾说：“何谓牵拘？牵于成见，拘于成法也。文之入手，不能无法；必终身束缚于成法之中，不自变化，纵使能成篇幅，然神木而形索，直是枯木朽株而已，不谓文也。”[2] 所谓“神木而形索”即是文无真实的性情。林纾十分强调文章的性情，甚至将之提高到比道理更为重要的位置，说：“作文之道不过四字：‘实迹真情’而已。无实迹者而有真情，真情涉空，氤氲之气，如香烟缭绕，则亦足以动人。”[3] 不过林纾所谓所提倡的本诸性情实际上并非本诸人之原始性情，而是经过读书、明理、宗道等手段涵养过的纯正无邪的性情。《应知八则・情韵》一则对此说得十分清楚：“言微，则语由中发，凡性情不正者，决亦不能有此正声。故世之论文者恒以风神推六一，殆即服其情韵之美。顾不治性情，但执笔求六一髣髴，茅鹿门即坐此病。”[4]

“谨”即遵守法度之意。林纾认为好文章都是精心营构而成，所谓“大家之文一字不苟”[5]。而他自己做古文也极其谨慎，“每为古文，则矜持异甚。或经月不得一字，或涉旬始得一篇”。[6] 之所以提倡谨慎为文，与林纾十分重视文章法度有直接的关系。林纾直言：“凡文皆不能逃法度，犹美人不能逃五官。”[7] 诸如此类的论述在《春觉斋论文》《文微》及林纾的其他论文篇章中可谓触目皆是，而《春觉斋论文》中的大部分内容，实际上都是关于为文法度的具体讨论。然而，正如上文所述，林纾对法度虽然重视，但同时也反对

[1] 林纾：《春觉斋论文》，《历代文话》第七册，复旦大学出版社，2007 年，第 6338 页。

[2] 同上，第 6409 页。

[3] 同上，第 6537 页。

[4] 同上，第 6379 页。

[5] 同上，第 6531 页。

[6] 钱基博：《现代中国文学史》，上海：世界书局，1935 年，第 139 页。

[7] 林纾：《文微》，《历代文话》第七册，复旦大学出版社，2007 年，第 6532 页。

拘泥于法度，对于法度应该能入能出，最为关键的还是“须使有个我在”[1]。“高洁诚谨”是意境高上的标准，然在此之上，尚有意境之极致，谓“情韵”和“神味”，而神味尤为极致。

“境”为“意中之境”，而林纾又指出：“须知意境中有海阔天空气象，有清风明月胸襟。须讲究在未临文之先，心胸朗澈，名理充备，偶一着想，文字自出正宗。不是每构一文，立时即虚构一境。盖临时之构，局势也。一篇有一篇之局势，意境即寓局势之中。此亦无难分别，但观立言之得体处，即本意境之纯正。”[2]仔细寻味，林纾所谓意境又隐含着作者人格境界的意思。因此，林纾的境界论是贯穿于“人—文”的整个系统中的。

三、从诗学意境论到古文意境论的文体论脉络

林纾的古文意境论以道理和性情为两大支柱，和传统的以情景交融为论述重心的诗学意境论明显不同，这一点周振甫、慈波、张胜璋、罗书华等都曾明确揭橥。但林纾的古文意境论与传统的诗学意境论又有相当紧密的关系。学者们大都将林纾的古文意境论视为对诗学意境论理所当然的继承和改造，而对其中的理路阐发较少。其中罗书华较为谨慎地指出：“林纾的意境说一方面与诗学意境说相区别，另一当面也与诗学意境说有相通之处，或者竟可说它是在诗学意境说的影响下产生的也未可知。”[3]笔者认为林纾的古文意境论确是在传统的诗学意境论的影响下产生的，现将其中的理路分析如下。

学者多认为以意境论文在桐城派诸如戴名世、方苞、姚鼐等人的文论中已经萌生，只是没有对意境的内涵展开论说，没有建立系统的以意境论文的体系。实则以意境论文，还有更早的渊源。遍照金刚在《文镜秘府论》中

[1] 林纾：《文微》，《历代文话》第七册，复旦大学出版社，2007年，第6537页。

[2] 林纾：《春觉斋论文》，《历代文话》第七册，复旦大学出版社，2007年，第6366页。

[3] 罗书华：《意境、情韵与神味：林纾散文学的新色彩》，《社会科学》2012年第3期。

就说："夫作文章，但多立意。令左穿右穴，苦心竭智，必须忘身，不可拘束。思若不来，即须放情却宽之，令境生。然后以境昭之，思则便来，来即作文。如其境思不来，不可作也。"[1] 便是论文。明王世贞谓："文之与诗，固异象同则，孔门一唯，曹溪汗下后，信手拈来，无非妙境。"[2] 又谓："遇有操觚，一师匠心，气从意畅，神与境合，分途策驭，默受指挥，台阁山林，绝迹大漠，岂不快哉！"[3] 王世贞常以境界论诗，论文则常以格调为主。由上引文字可知，王世贞以意境论文，是建立在他对"文与诗异象同则"的诗文互通的认识之上的，因此他偶以意境论文，可以说是援诗学以论文。

众所周知，中国古代文学理论严于文体分别。唐以前无论矣；以后虽然有将诗、文合论的趋势发生，但总体还是强调文体的分别。陈师道引黄庭坚论杜甫之文与韩愈之诗谓："诗文各有体，韩以文为诗，杜以诗为文，故不工尔。"[4] 后山自己评韩文、苏词亦谓："退之以文为诗，子瞻以诗为词，如教坊雷大使之舞，虽极天下之工，要非本色。"[5] 两人对杜、韩、苏混淆文体提出明确的批评。但稍后亦有人对黄、陈二人的意见进行反驳，蔡梦弼《草堂诗话》引陈善《扪虱新话》云："韩以文为诗，杜以诗为文，世传以为戏。然文中要自有诗，诗中要自有文，亦相生法也。文中有诗，则语句精确；诗中有文，则词调流畅。"[6] 可以说是对诗文文体互涉的合法性进行辩护。随着杜、韩、苏的经典地位愈趋牢固，也就有人开始尝试着在理论上打通诗文之间的界限。元好问就曾说："诗与文，特言语之别称耳，有所记述之谓文，吟咏情性之谓诗，其为言语则一也。"[7] 不过，强调诗文之间的文体界限在理论上仍是主流。明代李东阳又针对元好问的话指出："言之成章为文，文之

[1] 遍照金刚撰，卢盛江校考：《文镜秘府论汇校汇考》，中华书局，2007 年，第 1309-1310 页。

[2] 王世贞：《艺苑卮言》卷一，《历代诗话续编》，中华书局，1983 年，第 963 页。

[3] 同上，第 964 页。

[4] 陈师道：《后山诗话》，《历代诗话》，中华书局，1981 年，第 303 页。

[5] 同上，第 309 页。

[6] 蔡梦弼：《杜工部草堂诗话》卷一，《历代诗话续编》，中华书局，1983 年，第 205-206 页。

[7] 元好问：《杨叔能小亨集引》，《遗山先生文集》卷三十六，四部丛刊本。

成声者则为诗，诗与文同谓之言，亦各有体而不相乱。”[1] 又说：“夫文者言之成章，而诗又其成声者也。章之为用，贵乎纪述铺叙，发挥而藻饰；操纵开合，为所欲为，而必有一定之准。若歌吟咏叹，流通动荡之用，则存乎声，而高下长短之节，亦截乎不可乱。虽律之与度，未始不通，而其规制，则判而不合。”[2] 认为诗文虽有相通处，但区别则是主要的。其后，许学夷也指出：“诗与文章不同，文显而直，诗曲而隐。”[3] 胡应麟亦强调：“诗与文，体迥不类：文尚典实，诗贵清空；诗主风神，文先理道。”[4] 实际上强调诗文文体区别的观点一直都有，明代以降论述尤多。然而理论上严加区分所针对的正可能是现实创作中文体互涉的现象越来越多。或许正因为如此，明代以降文论中将诗文合论的情况也相当常见。无论是继承前后七子主张复古的屠隆，还是唐宋派的唐顺之、公安派的袁宏道、竟陵派的钟惺谭元春，都曾或多或少地将诗文合而论之。[5]

在这种背景下，诗学与文论开始交叉影响，本来属于诗学的意境论被迁延到文论中也就很自然了。我们看明代以降以意境或境界论文的说法，也自可观察到来自诗学意境论的影子。

唐宋派的追随者艾南英也曾以“境界”论文，评价罗文肃之文说：“公所为文，在翰林应酬之作为多，较之宋文宪、方希古、苏平仲辈，虽篇幅谨严，稍逊前人之宽博，至其冥思入微，命词遣意，境界一新。”[6] 又章学诚论文章曰：“学术文章，有神妙之境焉。末学肤受，泥迹以求之；其真知者，

[1] 李东阳：《李东阳集》，岳麓书社，2008 年，第 978 页。

[2] 同上，第 958 页。

[3] 许学夷：《诗源辩体》卷一第六则，人民文学出版社，1987 年，第 4 页。

[4] 胡应麟：《诗薮》外编卷一，上海古籍出版社，1979 年，第 125 页。

[5] 参见屠隆《与友人论诗文》《诗文》，唐顺之《答茅鹿门知县第二书》《又与洪方洲书》《与王遵岩参政》，袁宏道《叙小修诗》《雪涛阁集序》，钟惺《诗归序》，谭元春《题简远堂诗》等篇什。

[6] 艾南英：《重刻罗文肃公集序》，见蔡景康编选《明代文论选》，人民文学出版社，1993 年，第 398 页。

以谓中有神妙，可以意会而不可以言传者也。”[1] 又刘熙载论《礼记·檀弓》之意境曰：“《檀弓》语少意密，显言直言所难尽者，但以句中之限，文外之致含藏之，已使人自得其实，是何神境？”[2] 艾南英将“冥思入微”视为“境界一新”，章学诚以“可意会不可言传”释“神妙之境”，刘熙载将“文外之致”视为神境，均可见其论文包含了诗学方面的内容。至若桐城派的方东树说：“凡诗写事境宜近，写意境以远。近则亲切不泛，远则想味不尽。作文作画亦然。”[3] 更是认为诗文“异象同则”，直是以论诗之法论文了。

若是将林纾的古文意境论置入到历史上有关诗文文体的分界与相通的话语谱系中，林纾古文意境论与传统的诗学意境论之间的关系就能够较为清楚地梳理出来。

在诗文文体的分界这个问题上，林纾持诗文“异象同则”的意见，即诗文文体的差异在于形式，而其内在的本质是相通的。林纾说：“文犹无均之诗，诗即有均之文。”[4] 均，即韵之古字。那么文与诗的差别也就只在于是否有格律了。于是，传统诗学中的意境论自然也就适合于论文了。然而，尽管林纾认为文与诗并无根本的差别，但事实上文与诗之间的确具有比形式更多的差别，再加上历史悠久的诗文分别的传统所带来的压力，林纾将诗学的意境论迁延到文论中来，就不得不对诗学的意境论做一番改造。

诗学意境论在历史上有多种表述，如“心入于境”（王昌龄《诗格》）、“思与境偕”（司空图《与王驾评诗书》）、“境与意会”（苏轼《题渊明饮酒诗后》）、“神与境会”（王世贞《艺苑卮言》）、“情与境会”（袁宏道《叙小修诗》）等等不一而足。这些五花八门的说法似乎让意境这个概念的确切内涵极难把握。“意”生于“心”，其内涵至为复杂，然而在诗学的意境一词中，其最根本的涵义实际上就是“情”。诗言志，“志”所包含的内容也至广，但

---

[1] 章学诚著，叶瑛校注：《文史通义校注》，中华书局，1985 年，第 339 页。

[2] 刘熙载：《艺概》卷一，上海古籍出版社，1978 年，第 4 页。

[3] 方东树：《昭昧詹言》卷二十一第 126 则，人民文学出版社，1961 年，第 504 页。

[4] 林纾：《文微》，《历代文话》第七册，第 6529 页。

在《毛诗序》的解释中，最后还是落在“情动于中而形于言”一句上。[1] 皎然明确地将“境”与“情”关联起来，说：“缘境不尽曰情”。李壮鹰注曰：“皎然诗《秋日遥和卢使君》：‘诗情缘境发。’缘境本为佛家用语，指内心趋向于事物之作用。这里所谓‘缘境’者，一则谓诗人之情皆因外感于境而生，二则谓诗中之情亦须靠绘写外境以带出。所谓‘不尽’者，因诗中之景含有诗人之情，故其意不尽于表面之物色描绘。”[2] 于此可知，诗的意境所具有的含蓄不尽的韵味，实则皆因诗人之情投射于诗中所致。

按桐城派古文家虽然也论及性情的重要作用，但却并未将性情放在文论的核心位置。方苞论文主“义法”、刘大櫆提出“神气”、“音节”、“字句”三个方面的要求、姚鼐以提倡“义理”、“考证”、“文章”相结合最为著名，曾国藩又在姚鼐的三者上加上“经济”一事，皆未特别标举性情。后来姚永朴在《文学研究法》中虽然列出“性情”一节，但阐发的多是性情对文章独创性的作用，而未就性情对文章的审美意义做充分的论述。因此将作者的性情放在至关重要的地位上，从古文理论的角度上看，可以说是不小的创新之举。林纾认为：“为文必使文中有质，质中有文。文即手腕，质即性情。手腕所到，性情随之，则文章自然可贵。”[3] 性情之所以能使文章可贵，是因为文章呈现作者之性情，方能动人，所以林纾又说：“欲使韵致动人，非本之真情，万无能动之理。”[4] 他对《离骚》的评价也可以佐证他对性情的重视。林纾曾说：“《离骚》辞藻觉极复叠，而其神意内转，极有作用。”[5] 正是因为认为屈原能够用高超的艺术手法将至为深沉哀怨的感情表现得淋漓尽致。他反复称赞《楚辞》：“吾三十许读《离骚》，只知领气取响；及今乃明其千回百转之情、颠扑不破之理，脉络清晰而万万弗平，所以觉其大难为

---

[1] 孔颖达对“志”与“情”的关系做了更为明确的解释，说：“在己为情，情动为志，情志一也”（《春秋左传正义》卷五十一），这就更揭示出“诗言志”的根本在于言情。

[2] 李壮鹰：《诗式校注》卷一，人民文学出版社，2003 年，第 78 页。

[3] 同上，第 6537 页。

[4] 同上，第 6379 页。

[5] 同上，第 6540 页。

矣。”[1]“《离骚》《怀沙》之文，其辞义无甚差别，然语语皆自性情流露，有变化，有条理，精切异常。”[2] 由于深爱《楚辞》性情之真挚深厚，林纾对《楚辞》中常见的语辞杂沓的现象亦不以为病，反认为这种语言正好恰如其分地表达了屈原感情的复杂性。在评论《惜诵》之文时说：“其曰‘莫之曰’，曰‘莫察’，曰‘无路’，曰‘莫吾闻’，积沓而下，不外一意，胡以读之不觉其沓？由积愫莫伸，悲愤中沸，口不择言而发，惟其无可伸愬故沓，惟沓乃愈见其衷情之真。若无病而呻，为此絮絮者，便不是矣。”[3] 认为文法价值是由能否真实地表达作者的感情所决定，可见林纾确是将性情放在其文论的核心位置了。

林纾的古文意境论对诗学意境论的继承除了体现在对性情的重视之外，还体现在对文章风格的要求。文与诗的最大不同，确是如许学夷所说“文直而显，诗曲而隐”；文之叙事说理以清楚透彻为能，诗言志抒情以含蓄不尽为要。然而林纾对以叙事说理为主要功能的古文在文体上却提出了诗的要求。林纾反复强调文章应当含蓄，有余味耐咀嚼。《文微》提出：“文章含蓄极难，须说透处而又不肯说透，要使话中有话。”在《春觉斋论文》中林纾将“直率”列为“为文十六忌”的首忌，而《春觉斋论文》所设“用笔八则”和“用字四法”大多也是讨论使文章含蓄有味的具体技法。

不过，总体来看，诗学的意境论重心在情不在理，而林纾的古文意境论则将道理放在与性情并列的位置，这是林纾对诗学意境论的重大改造，也是他的古文意境论与诗学意境论最大的区别之所在。论者多认为这是因为林纾的思想深受宋明理学的浸润所致，这是对的，但就目前的研究成果来看，还殊少对宋明理学与林纾古文意境论之间的关系做比较细致的分析。笔者以为这个问题相当重要。就目前的中国文学史书写来看，“言志”与“载道”似乎是对立的两个分支，在这样的视野下，林纾古文意境论的两大支柱——

[1] 李壮鹰：《诗式校注》卷一，人民文学出版社，2003 年，第 6540 页。

[2] 同上，第 6541 页。

[3] 同上，第 6337 页。

"性情"与"道理"就不免呈现成一些矛盾的状态，然而林纾又不是生硬地将这两者拉扯在一起。这就需要一些解释。

四、林纾的古文意境论与宋明理学的学理关系

周振甫曾对比王国维与林纾二人意境论的同异说：

> 王静安《人间词话》，论词标举境界，谓"有境界则自成高格，自有名句。而境非独谓景物也，喜怒哀乐，亦人心中之一境界；故能写真景物真感情者谓之有境界，否则谓之无境界。"这是静安的创见。可是琴南的论文，和境界说相似，提出意境说。《畏庐论文》中说意境道："文章唯能立意，方能造境，境者意中之境也。譬诸盛富极贵之家儿，起居动静，衣著食饮，各有习惯，其意中决无所谓瓮牖绳枢啜菽饮水之思想。贫儿想慕富贵家犹用，容亦有之，而不能道其所以然，即使虚构景象，到底不离寒乞。"这即是"能写真景物真感情者谓之有境界"的说法。又说："意者心之所造，境者又意之所造也。"这即是"喜怒哀乐亦人心中之一境界"的说法。又说："意境者文之母也，一切奇正之格皆出于是间。不讲意境，是自塞其途，终身无进道之日矣。"以为意境为文之母，也和静安的论相合。不过讲意境而欲求进于道，这便和静安的见解不同了。静安以境界为止境，是言志派。琴南讲意境而求合道，是载道派，这是两者根本的差异点。[1]

周氏虽未明确拈出林纾意境论的性情与道理是林纾意境论的两大支柱，但认为林纾意境论与王国维境界论的相同之处在于主情，不同之处在于林纾讲意境而求合道，确为的论。然而将静安划为言志派，琴南划为载道派，恐

[1] 周振甫：《林纾的文章论》，见《文论散记》，《周振甫文集》第六卷，中国青年出版社，第885-886页。

怕不确。由上文的分析可知，林纾的意境论是性情与道理并重的，而其对性情的重视甚至还有过于道理，这就是说并不能简单地将林纾划为载道派。然而林纾其为言志派乎？恐怕也不是。其实林纾所谓性情是包含道理成分的，而其所谓道理也包含性情成分。这种思想型构非从宋明理学中有关道理、性情的探讨中寻其理路不可。必须指出的是，宋明理学虽有一贯之处，然于细处，各家可谓分歧迭出，本文重在论说宋明理学对林纾意境论的影响，因此只重其一贯，对于各家歧异不做论说。

道理二字，在理学中既可分讲，也可合讲。分讲即道与理，二者的关系朱熹总结为“道是统名，理是细目”[1]、“道是统言义理的公共之名[2]。”与道和理两个概念关系极为密切的另外两个概念是器和气。“形而上者谓之道，形而下者谓之器”，器即事物，而道是器得以生成的形而上的根据和规律。只是道无形，生成器，是以气作为中介的，所以张载说：“凡不形以上者皆谓之道。惟是有无相接，与形不形处，知之为难。须知气从此首。盖为气能一有无。无则气自然先，是道也。”[3] 因此，道即是世界与人事得以存在的根据和得以生成的规律。作为规律的道的外现，就是理。朱熹说：“道者，事物当然之理”[4]、“道者，天理之自然”[5]，就是这个意思。因此道和理有时候也会被等同起来论说，如二程说：“上天之载，无声无臭之可闻，其体则谓之易，其理则谓之道，其命在人则谓之性，其用无穷则谓之神，一而已矣。”[6] 宋以前无论是道还是理，大多数时候都被视为外在于人的客观存在，而在宋明理学的解释中，道理则越来越紧密和人捆绑在一起，总的趋势是朝着道理与心性结合的方向发展。程明道已经提出：“道即性也；若道外寻性，性外

---

[1] 黎靖德编：《朱子语类》卷第六，中华书局，1986 年，第 99 页。

[2] 朱熹：《答连嵩卿》，《朱子全书》第 22 册，上海古籍出版社，2002 年，第 1853 页。

[3] 张载：《横渠易说 · 系辞上》，《张载集》，中华书局，1978 年，第 207 页。

[4] 朱熹：《论语集注》，《四书章句集注》，中华书局，1983 年，第 52 页、第 71 页。

[5] 同上，第 231 页。

[6] 程颐、程颢：《二程集》，中华书局，1981 年，第 1253 页。

寻道，便不是。”[1] 又说：“道在己，不是与己各为一物，可跳身而入者也。”[2] 至如陆九渊谓：“人皆有是心，心皆具是理，心即理也”[3]，更是将人心与道理等同而论。到了明代，王阳明提出：“心即道，道即天，知心则知天知道”[4]、“道即性即命，本是完完全全增减不得”[5]，就更是完全打破了心性与道理之间的藩篱。

张载将心、性、情三者的关系概括为“心统性情”，认为性、情皆出于心，且皆受心之统节，是这理学性情论的经典构架。《中庸》：“喜怒哀乐之未发，谓之中；发而皆中节，谓之和。中也者，天下之大本也；和也者，天下之达道也。”朱熹注曰：“喜怒哀乐，情也。其未发，则性也，无所偏倚，故谓之中。发皆中节，情之正也，无所乖戾，故谓之和。大本者，天命之性，天下之理皆由此出，道之体也。达道者，循性之谓，天下古今所共由，道之用也。此言性情之德，以明道不可离之意。”又《中庸》：“致中和，天地位焉，万物育焉。”朱熹注曰：“自戒惧而约之，以至于至静之中，无少偏倚，而其守不失，则极其中而天地位矣。自谨独而精之，以至于应物之处，无少差谬，而无适不然，则极其和而万物育矣。盖天地万物本吾一体，吾之心正，则天地之心亦正矣，吾之气顺，则天地之气亦顺矣。故其效验至于如此。”[6] 朱熹这两段关于性情的经典论述正是借助张载的“心统性情”说展开的。朱熹认为，人的天命之性乃是道之体，是理之源，其性质是不偏不倚中正平和的，换言之，即是至善的。性的外发，即是情。情并非尽善，唯有“中节”的情才是善的，符合性之本来面貌的。情发而符合性之本来面貌，即是与道相符，唯有如此包含性情的心才可以认识天地万物并与天地万物保持一种“和”的状态。从朱熹的论述中，我们看到理学所标榜的天命之性情

[1] 程颐、程颢：《二程遗书》，上海古籍出版社，2000 年，第 51 页。
[2] 同上，第 53 页。
[3] 陆九渊：《与舒西美》，《陆九渊集》，中华书局，1980 年，第 149 页。
[4] 陈荣捷：《王阳明传习录详注集评》，学生书局，1983 年，第 96 页。
[5] 同上，第 151 页。
[6] 朱熹：《中庸章句》，《四书章句集注》，第 18 页。

并不是纯然主观的，而是包含天下万物的道理在内。这正与理学的道理论相对应。

让我们回到林纾的古文意境论来。林纾的古文意境论以“神味”为文之极致，认为“论文而及于神味，文之能事毕矣”[1]。何谓神味？林纾解释道：“神者，精神贯彻处永无漫灭之谓；味者，事理精确处耐人咀嚼之称。”[2]也就是文章有神味，必须兼具此处所言的“精神”和“事理”两方面的特质。这里的精神自是以性情为本，而事理自是以道理为本。或许有人会问，文章之精神自精神，事理自事理，与理学家所阐发的道理含性情，性情含道理又有何相干？须知，以上乘之文而论，文章之精神乃是文章呈现出来的整体特质，文章之事理亦是文章呈现出来的整体特质，绝不能一处有精神一处无生气，也不能一处事理精确一处不着边际。果如是，文章便不成体段了。然则具有“神味”的意境，就必定要求一篇文章“精神贯彻”与“事理精确”互为一体，在“精神贯彻”中展现“事理精确”，在“事理精确”中呈现“精神贯彻”。意境的“神味”特质需要同时以作者的深厚性情与对道理的深刻体认作为基础。因此林纾认为文章的“神味”是极难达到的。但他还是提供了一些参考途径，说：“然则，治文者于此终无望乎？而又不然。【……】纯从道理上讲究，加以身体力行，自然增出阅历。以道理之言，参以阅历，不必章絺句饰，自有一种天然耐人寻味处。”[3]此处所谓“身体力行”如果仅以亲身经历等凡俗之见释之，就太过表面了。所谓“身体力行”当如程伊川所谓“学之道，必先明诸心，知所养，然后力行以求至”[4]，朱子所谓“致知力行，用功不可偏废”[5]。林纾所谓的“身体力行”究其根本乃是理学所提倡的通过道德践履以存养心性的功夫论。通过身体力行培育深厚的性情，以使道

[1] 朱熹:《中庸章句》,《四书章句集注》，第 6380 页。

[2] 同上，第 6380 页。

[3] 同上，第 6381 页。

[4] 陈荣捷:《近思录详注集评》，华东师范大学出版社，2007 年，第 41 页。

[5] 黎靖德编:《朱子语类》卷九，第 148 页。

理有所自出，如此文章的道理就是来自自己而非抄缀古人文字。这也正是性情含道理，道理含性情的理学观念。事实上，林纾论作文多以性情与道理并举，如“见地高，精神完，于文字境界中绰绰有余，故能在不经意中涉笔成趣”[1]、“讲声调者，断不能取古人之声调揣摩而摹仿之，在乎情性厚，道理足，书味深”[2]等等皆是，凡此论述，道理和情性都不可打成两橛来理解。

五、道理与性情的互相超越

分别考察了传统的诗学意境论与宋明理学对林纾古文意境论的影响之后，我们可以说，总体上看道理和性情两者在林纾的意境论中并不存在矛盾的关系。不过，笔者发现林纾意境论与上述二者的关系中，至少仍有两处错位值得关注。第一，当林纾把诗学意境论迁延到古文理论中来，由于受文的叙事说理功能的要求以及强大的“文以载道”的文论传统的影响，林纾将“道理”这一维度引入了古文意境论，使得林纾的意境论与传统的诗学意境论发生了错位；第二，林纾古文意境论的道理和性情两大支柱在学理上都深受宋明理学的影响，在论述过程中，处处可见他对理学道理论和性情论的认同与吸收。不过，我们知道理学的性情论所真正重视的实际上还是性，“性情”一词实指的很多时候只是性，而把情忽略了。然而林纾在论述中，虽然性情兼顾，但有时他也受诗学意境论的影响，抛开性而独主情，这就使得他的意境论在一定程度也逸出了理学的规范。然则林纾古文意境论中诗学意境论成分与理学成分又是如何融合的？

从文论史上看，诗学意境论与理学之间有相当微妙的关系。推崇意境特质的诗论家大多反对以议论为诗，反对以诗说理，所以其诗论大都有意无意地与理学保持距离，甚至明确排斥理学，比较典型的例子如胡震亨，直言：

[1] 林纾：《春觉斋论文》，《历代文话》第七册，第6376页。

[2] 同上，第6373页。

“曰仙、曰禅皆诗中本色。惟儒生气象，一毫不得着诗。儒生言语，一字不可入诗。”[1] 然而，与此相反，一些理学家或具有深厚理学背景的诗论家，却有意将理学内容引入到诗学意境论中。蔡梦弼《草堂诗话》载张横浦读杜诗事：“(横浦)读子美‘野色更无山隔断，山光直与水相通’，已而叹曰：子美此诗，非特为山光野色，凡悟一道理透彻处，往往境界如此。”[2] 又如叶燮评杜甫“晨钟云外湿”句说：“妙悟天开，从至理实事中领悟，乃得此境界也。”[3] 这两个例子所评诗句有一个共同点，即将作者从景物与读者之间抽离掉了，使读者直面景物，而不是作者将景物转述给读者。这样的手法使得景物不着作者之色彩，与邵雍“以物观物”之论深相契合。这种无我但却韵致深远的艺术效果使理学看到了心与理融合为一，理超越情的可能。

林纾的古文意境论也存在类似的超越性追求。与将“道理”楔入意境论相配合的是，林纾认为文应以平淡含蓄为贵。《文微》对此多次强调，说：“大凡文章须静理远神”、“要使话中有话”、“古文声必希，味必淡”、“文必酝酿而始有味”、“善文必平淡而能洁”。[4] 这些要求用来形容上引两句杜诗也是恰如其分的。平淡含蓄而形成绵长韵致可以说是在意境论中为道理保留一席之地的必然要求。情发而皆中节，毕竟只是一种理想，唯圣人能之，普通人虽尽存养之功，性情也难以保持绝对的不偏不倚的中和状态。为了使文章不发生轻儇、偏执、狂谬等弊病，就必须以道理超越性情的局限。然而，当道理过于强势，以至于过度挤压了性情在文章中的空间，那么文章的意境也就无从谈起了。因此，林纾评论理学家的著作说：“要观朱考亭与陆象山、陈同甫诸先生书，无语不精，亦无语不要，而浅人恒苦其邃，岂朱、陆之言尚不衷于名理，而至索人之神志？纾曰：论道之书质，质者绌于采；析理之

[1] 胡震亨：《唐音癸签》卷二，上海古籍出版社，第13页。

[2] 蔡梦弼：《草堂诗话》卷二，《历代诗话续编》，人民文学出版社，1983年，第208页。

[3] 叶燮：《原诗》，人民文学出版社，1979年，第32页。

[4] 林纾：《历代文话》第七册，复旦大学出版社，2007年，第6530页。

言微，微则坐困于思。”[1] 为此林纾反复强调“不能伪托理学门面，便称好文字”[2]、“为文不专言道学，斯为活着”[3]、“须知文律之严，万不能以先儒口头语，为吾文之门面”[4]。而对文体提出平淡含蓄的要求则正可限制或火色太浓或毫无生气的说理方式。因此罗书华认为林纾提出“情韵”、“神味”两种意境特质是对一般名理的超越，是很恰当。

而从另一个方面说，诗学意境论的主情特征也具有针对道理的超越作用。屈原和孟子之文皆属于情感充沛而少节制的类型，但林纾对二人的作品却并无丝毫微辞。对屈原的评价是个相当复杂的话题，这里只打算将朱熹和林纾两人对屈原的意见稍作对比。朱子对屈原的评价是相当矛盾的，说：“原之为人，其志行虽或过于中庸而不可以为法，然皆出于忠君爱国之诚心。原之为书，其辞旨虽或流于跌宕怪神、怨怼激发而不可以为训，然皆生于缱绻恻怛、不能自已之至意。虽其不知学于北方，以求周公、仲尼之道，而独驰骋于《变风》《变雅》之末流，以故醇儒庄士或羞称之。然使世之放臣、屏子、怨妻、去妇抆泪讴唫于下，而所天者幸而听之，则于彼此之间，天性民彝之善，岂不足以交有所发，而增夫三纲五常之典重！”[5] 而林纾则多处给予屈原至高的评价，除了上文提到过的，还有很多，曰：“《离骚》之文，犹寡妇之善哭其夫”、“诸家亶能写景，而屈原则善述情”、“《离骚》之文情哀艳，而气厚色古”、“屈原《九歌》之文无不妙者，词丽而色古，情长而调悲，若抽茧丝，绵延弗绝，而更极有章法”。[6] 纵观这些评价，主要都是围绕着“情真情长”说的。这些评价与朱子的评价构成了鲜明的对比，正因朱子重“性”而林纾重“情”。然则若以理学的标准来看，屈原作品中的情感的确不可谓“发而皆中节”，不可谓“纯正”。而林纾对之赞叹有加，表面上是

[1] 林纾:《历代文话》第七册，复旦大学出版社，2007 年，第 6335 页。
[2] 同上，第 6365 页。
[3] 同上，第 6537 页。
[4] 同上，第 6403 页。
[5] 朱熹:《楚辞集注目录》,《楚辞集注》，上海古籍出版社，2001 年，第 2 页。
[6] 林纾:《文微》,《历代文话》第七册，第 6540-6541 页。

因为“情真情长”，但说到底仍是因为屈原的“爱国”和“耿介”使他产生了强烈的同情。[1] 这即是说屈原直接而不加节制的抒情在林纾的意境论中之所以是合理的，乃是因为屈原的抒情有一个正面的价值基础作为支撑。屈原基于忠君爱国之诚心的抒情在朱子的评价中只能作为屈原价值的一个侧面或曰修正，并不具备超越理学性情论的合理性。可是在林纾的评价中却拥有超越理学性情论的特权。在林纾眼中建立在以正面的价值为基础的情感，即便没有受到道理的规范，也一样是允许的。这说明林纾的意境论的确有突破理学性情论之处。对于上述的论断，我们还可以举林纾对孟子的评价来说明。《孟子》一书多辩论，若依常理，好辩一来有违性情平和之义，二来入文则易患偏执之弊。但林纾对《孟子》多辩是这样评价的:“《孟子》一书，与门人辩论者十可五六，然皆切于时变，关乎正学。至劝人犯物议以就科名，吾知决非孟子之所忍出。”[2] 可见林纾认为《孟子》虽多辩，但由于具备“切于时变，关乎正学”的正面价值基础，所以,《孟子》之辩不足为病。总而言之，林纾认可并且大多数时候也总是强调性情应是受道理节制或与道理相配合的平静纯正的性情，但若有正面的价值作为基础，也容许性情超越道理。这是林纾经常流露出性情比道理更重要的原因之所在。

综上所述，林纾古文意境论的核心构成是道理和性情两大支柱，其学理的依据来源于传统诗学意境论和宋明理学的性情与道理学说。诗学意境论对林纾古文意境论的影响主要体现在重视性情以及文体要求上，而宋明理学关于道理、性情等方面的论述则对林纾意境论的逻辑结构、概念内涵及文体要求等方面均有影响。但林纾的古文意境论对诗学意境论和宋明理学的相关

[1] 在《文微·周秦文评第六》中的一则，林纾评价完《离骚》《怀沙》“语语皆自性情流露”，最后长叹“屈子真能爱国者”！在《春觉斋论文·流别论》第一则林纾评价《涉江》时说屈原“又知国家衰败，断无容己一人，即一己亦不愿变心从俗”，两处可以说是透露出林纾之所以钟情于屈赋的真正原因。林纾之所以对屈原的爱国和耿介有深刻的同情，实因林纾生于内忧外患的末世，有强烈的家国忧思。对于林纾的《楚辞》批评与其家国忧思之间的关系，读者可参阅郭丹的论文《林纾的楚辞读本与楚辞批评》(《东南学术》2014 年第 2 期)。

[2] 林纾:《春觉斋论文》,《历代文话》第七册，复旦大学出版社，2007 年，第 6336 页。

思想各有取舍突破。林纾的道理和性情概念来自宋明理学，一般情况下两者是可以互相包含的，但当两者出现矛盾时，基于文体要求，道理可以超越性情；基于价值要求，性情可以超越道理。因此林纾将道理与性情共同作为其意境论的支柱在逻辑上是自洽的。

六、余论

林纾比王国维年长25岁。《春觉斋论文》的内容1913年6月起以“春觉生论文”为题在《平报》上连载，发表时间虽比《人间词话》稍晚，但其观点形成当不迟于《人间词话》。没有证据表明林纾的观点受到王国维的影响。可以认为两人的意境论是各自独立发展的。然而，尽管两人的观点颇多相近之处，但在根本上却是不同的。王国维研究的文类是以抒情为主的词，哲学基础主要是德国美学，这使得他的意境论更接近于现代学术。林纾研究的文类是以论说为主的古文，哲学基础是宋明理学，这决定了他的意境论属于古典学术。中国古代的意境论，在诗论中发展，之后又迁延到画论、剧论、词论中，这个过程暗示了“意境”一词的具体意义虽然一直没有确定下来，但它作为审美理想所获得的认同却是逐步扩大的。林纾是艺术上的多面手，他在清末民初以古文名世，但同时也作诗词、工绘画，甚至还创作戏剧。广泛的艺术才能和批评实践使他有能力在古典学术传统中创立一套系统的意境理论。但是很遗憾，林纾的立足点古文和理学，在中国国家与社会的现代转型过程中，被时代迅速抛弃了。因此，林纾古文意境论形成之时也正是中国古代意境论终结之时，而王国维承担的使命则是对之进行更新与再造。林、王两人的意境论在学术史上的不同际遇究其原因也正在于此。

古代文论范畴的现代阐释

“势”本义及其在中古时期的审美演化[1]

陈玉强[2]

［摘要］ 古无“势”字，以“埶”代之，本义并非许慎《说文解字》所说的种植，其甲骨文字形表明它的含义是祈祷禾苗长势旺盛，其中包含着主体的祈愿力以及客体的生长力。以往关于“势”源于“蓺”，以及“势”从“臬”取义之说，均未识其本。“势”本义所包含的主客体交融之力的属性，在其进入文艺美学领域时有所留存。“势”在中古时期的审美生成与演化，整体上存在从汉代“即形言势”到六朝“尽形得势”的发展趋势。书论对形上或形外之“势”的阐发，画论对“情势”“容势”的探讨，是主体精神力突显的表征，受玄学之影响；文论对“体势”的论述，侧重于展现客体之力，更多地受儒家思想的影响。

［关键词］“势” 本义 中古 审美

“势”是形成于中古时期的一个重要文艺美学范畴[3]，学界对之已有研

---

[1] 本文是国家社科基金项目“观念史视野下的中古新兴文艺美学范畴研究”（15BZW027）的阶段性成果。

[2] 陈玉强，江西南昌人，文学博士，河北大学文学院副教授、硕士生导师，主要从事古代文论研究。

[3] 本文所言之“中古时期”取王瑶、詹福瑞等先生的界定，专指汉魏六朝时期。

究[1]。但对“势”的释义尚存误识，或认为其源于“艺”[2]，或认为其取义于“臬”[3]，均未识其本。笔者认为“势”的含义不管在后世如何演变，由其本义所滋生的核心含义依然在其形成审美范畴时有所留存。当我们纠结于“势”的审美内涵时，不妨从文字学入手，探讨其本义，庶几可以正本清源。

一、释“势”

许慎《说文》没有收录“势”字。“势”字是宋初徐铉校理《说文》时，在卷十三力部新附的字，并释为：“势，盛力，权也。”[4]但这不是“势”的本义。势（繁体字为“勢”）的本字是“埶”。段玉裁《说文解字注》指出：“《说文》无勢字。盖古用埶爲之。如《礼运》‘在埶者去’是也。”[5]许慎《说文·丮部》释“埶”：“捕罪人也。从丮从幸，幸亦聲。《诗》曰：我埶黍稷。”[6]许慎误“埶”本义为种植，是他据“埶”的篆文字形释义的结果。据李旦丘《殷契摭佚》，“埶”的甲骨文字形为，左上形符像初生之草，右下形符像双手伸出而长跪于地的人。张亚初认为此字形是一人跪地，双手持

[1] 涂光社《势与中国艺术》（中国人民大学出版社 1990 年版）以及《因动成势》（百花洲文艺出版社 2001 年版）研究了“势”在中国古代书论、画论、文论中的使用情况，认为运动性是“势”的核心属性。李壮鹰《“势”》（《逸园丛录》，齐鲁书社 2005 年版）探讨了绘画中的“容势”以及王夫之的“势”论。孙立《释“势”——一个经典范畴的形成》（《北京大学学报》2011 年第 6 期）指出“势”是由种植之象的“埶”字生发而来，在书法领域多指笔触、笔势，在绘画领域多指人物、山水之形貌布局之“态势”。这些成果，为笔者的研究奠定了重要基础。

[2] 陈正俊《从“艺”到“势”》，《苏州大学学报》（工科版）2005 年第 5 期。

[3] 黄侃：《文心雕龙札记》，上海古籍出版社，2000 年，第 110 页。

[4] ［汉］许慎撰，［宋］徐铉等校：《宋本说文解字》，上海涵芬楼据日本岩崎氏静嘉堂藏本影印。

[5] ［汉］许慎撰，［清］段玉裁注：《说文解字注》，上海古籍出版社，1981 年，第 113 页。唐代陆德明《经典释文》释《礼记》“在埶者去”曾言：“埶音世，本亦作勢。”（《经典释文》卷三《礼纪音义》）。

[6] ［汉］许慎撰，［清］段玉裁注：《说文解字注》，第 113 页。“穜”通“種”，即种也。《诗经·小雅·楚茨》“我蓺黍稷”句，许慎《说文》引作“我埶黍稷”，以“埶”代“蓺”，因为《说文》中没有“蓺”字。蓺即种植。

禾苗[1]。文达三认为这并非种植的动作(植物不会种到天上，人也不会长跪着种植)，而是祈祷的动作。甲骨文“埶”字可用作祭名，“埶”祭的目的是祈祷丰收，祈祷的对象是附丽于禾苗形体并主宰禾苗长势的神灵。[2]甲骨文字形表明“势”的本字“埶”的含义是祈祷禾苗长势旺盛，其中包含着主体的祈愿力以及客体的生长力。大约汉初之时，“势”字才出现[3]，“埶”字下加“力”字，有助于说明植物生长的态势。《说文》释“力”：“筋也。象人筋之形。”[4]又释“筋”：“肉之力也。从肉力，从竹。竹，物之多筋者。”[5]据此，“埶”下增添象征植物多筋的“力”字，正与植物生长的势头相关。故而徐铉释“势”为“盛力”，虽非其本义，但亦抓住了其核心内涵。

“埶”有一些通假字，例如“蓺”“藝”“槷”“臬”“设”[6]等，某种程度上有助于理解“埶”的含义。但弃“埶”字本身，仅从其通假字推断其本义，结论往往并不可靠。以下就两种有代表性的观点，略加辨析。

有一种观点认为“势”源于“藝”即“埶”，并从“藝”之种植义来诠释“势”[7]。此说显然未摆脱许慎所谓“埶”为种植的影响。在一些文献中“埶”、“藝”可以通假，但二者的本义并不相同，不能画等号——“势”源于“埶”而非源于“藝”，以“埶”之后起字“藝”推断“势”本义，并不可靠。何况，“埶”、“藝”之通假关系，古人尚存异说。唐代陆德明《经

[1] 张亚初:《商周族氏铭文考释举例》，见李圃主编:《古文字诂林》第3册，上海教育出版社，2003年，第352页。

[2] 文达三:《古“埶”字词义探源》,《海南师范大学学报》(社科版)2011年第3期。

[3] 钮树玉《说文新附考》认为《隶释》载汉碑中有“势”字。《说文》未载“势”字，说明“势”虽然出现了，但在两汉使用不普遍，大约那时人们还习用“埶”字。

[4] [汉]许慎撰，[清]段玉裁注:《说文解字注》，第699页。

[5] 同上，第178页。

[6]“埶”通于“设”，裘锡圭《古文献中读为“设”的“埶”及其与“執”互讹之例》《再谈古文献以“埶”表“设”》有详细论述，此不赘述。在此说明一点，即“埶”通于“设”，主要取的是声音相近。此外，“勢”的简化字“势”的上半部与“執”的简化字“执”相同，但“埶”与“執”是两字，二者含义完全不同。《说文·幸部》:“執，捕罪人也。从丮从幸，幸亦聲。之入切。”段玉裁《说文解字注》:“捕辠人也。辠各本作罪。……今隶作執。”

[7] 陈正俊:《从“艺”到“势”》,《苏州大学学报》(工科版)2005年第5期。

典释文》认为“藝”、“蓺”通用[1]，清代段玉裁《说文解字注》认为“埶”、“藝”通用。他注“势”字：“唐人树埶字作蓺。六埶字作藝。说见《经典释文》。然蓺藝字皆不见于《说文》。周时六藝字盖亦作埶。儒者之于礼乐射御书数，犹农者之树埶也。”[2]他认为“六藝”之“藝”与“埶”相通，是由于儒家六艺与农家的植树均是技能，故两字通假。在段玉裁之前，明代张自烈《正字通》却否定了“藝”“埶”的通假关系：“《举要》藝注云：‘从芸字分断，……芸，古耘字，同埶，而芸之亦种植也。’按，此说曲而不通，今经传埶改作藝，皆讹文非可以，从艸从云，臆解也。”[3]“藝”字去掉中间的“埶”字，为“芸”字；“芸”通“耘”，通于表示种植的“埶”字。张自烈认为此说是臆解，他反对将经传文献中的“埶”字改为“藝”字。从字形演变来看，“藝”当是“埶”的后起字。

还有一种观点认为“势”取义于“臬”[4]。例如黄侃认为“槷”通“埶”，“臬”又通“槷”，故而“势”从“臬”取义，具有形势、气势的含义。此说亦是未详“埶”本义。黄侃此说，见于《文心雕龙札记·定势》：

> 《考工记》曰：审曲面势。郑司农以为审察五材曲直、方面、形势之宜。是以曲、面、势为三，于词不顺。盖匠人置槷以县，其形如柱，傳之平地，其长八尺以测日景，故势当为槷，槷者臬之假借。《说文》：臬，射埻的也。其字通作藝。《上林赋》：弦矢分，藝殪仆。是也。本为射的，以其端正有法度，则引申为凡法度之称。《书》曰：汝陈时臬事。《传》曰：陈之藝极。作臬、作槷、作埶（蓺即埶之后出字）一也。言形势者，原于臬之测远近，视朝夕，苟无其形，则臬无所加，是故势

[1]《诗·齐风·南山》“蓺麻如之何”，陆德明释曰：“蓺，鱼世反，树也。本或作藝，技藝字耳。”（《经典释文》卷五《毛诗音义》）《尚书·胤征》“工执藝事以谏”，陆德明释曰：“藝，本又作蓺。”（《经典释文》卷三《尚书音义》）

[2]［汉］许慎撰，［清］段玉裁注：《说文解字注》，第113页。

[3]［明］张自烈：《正字通》第二卷，清康熙二十四年清畏堂刻本。

[4] 黄侃：《文心雕龙札记》，上海古籍出版社，2000年，第110页。

不得离形而成用。言气势者，原于用臬者之辨趣向，决从违，苟无其臬，则无所奉以为准，是故气势亦不得离形而独立。[1]

黄侃认为"臬"通"槷""藝"，这一说法源于段玉裁。《说文解字注》注"臬"：

臬古假藝为之。《上林赋》："弦矢分，藝殪仆。"文颖曰："所射准的为藝。"《左传》："陈之藝极。"皆是也。臬之引伸为凡标准法度之偁。《释宫》曰："樴谓之杙，在墙者谓之臬。"《康诰》曰："陈时臬事。"《考工记》："匠人作槷。"……皆臬之假借字也。[2]

段玉裁明言"臬古假藝为之"，又说《考工记》"匠人作槷"之"槷"，是"臬"之假借字。黄侃对段注深有研究，著有《说文段注小笺》(《说文笺识四种》之一)，其中注"埶"字："埶，技藝、形势皆借为臬。"[3] 正与段注吻合。黄侃上承段注，认为《考工记》"审曲面势"之"势"字当为"槷"字，而"槷"又是"臬"的假借字——"臬"是箭靶，"槷"指测日影的标杆，二者外形相似，故为通假。因此"埶"从"臬"取义，具有了形势、气势的含义。

其实，由"埶"本义"祈祷禾苗长势旺盛"，发展出形势、气势等含义是自然而然的结果。黄侃未明其本，一味从通假入手，曲为解说，难免有牵强之处。黄侃所举《考工记》"审曲面势"之"势"(实为"埶")，当释为形势，与"槷"并没有联系。《考工记》"审曲面埶，以饬五材，以辨民器，谓之百工"[4]，意指百工是审视曲直、观察形势、整治五材、制作器具的人。从《考工记》"槷"的用例看，"槷"与"埶"并不通用。《考工记》有用"槷"

---

[1] 黄侃：《文心雕龙札记》，第 110 页。

[2] ［汉］许慎撰，［清］段玉裁注：《说文解字注》，第 264 页。

[3] 董莲池主编：《说文解字研究文献集成·现当代卷》第三册，作家出版社，2006 年，第 747 页。

[4] 闻人军译注：《考工记译注》，上海古籍出版社，1993 年，第 117 页。

之处："匠人建国。水地以县，置槷以县，眂以景。"[1] 此处"槷"指测日影的标杆。《考工记》："直以指牙，牙得，则无槷而固；不得，则有槷必足见也。"[2] 此处"槷"指木楔。《考工记》也有用"埶"之处："凡沟必因水埶，防必因地埶。善沟者，水漱之；善防者，水淫之。"[3] 这里所谓"水埶""地埶"，即水的形势、地的形势——"埶"作形势解，与"审曲面埶"之"埶"含义相同。"埶"的这一含义，正是由其本义"祈祷禾苗长势旺盛"引申而来。

从先秦哲学文献来看，"势"作形势、态势解，是其较早的含义。《老子》五十一章："道生之，德畜之，物形之，势成之。"这大约是首次在哲学领域使用"势"字，其含义是趋向、态势。《老子》二十九章和五十五章两次出现"物壮则老"的说法。所谓"物壮"，指"物"之"形"；所谓"老"，指"物"之"势"，整句话是说当某物的形体长育到壮盛的极限时，便随即开始走向衰老[4]。《庄子·秋水》："夫自细视大者不尽，自大视细者不明。故异便，此势之有也。"《管子·君臣下》："夫水波而上，尽其摇而复下，其势固然者也。"这些"势"字均是形势之意。《管子》有《形势》《势》《形势解》三篇，明确势不能离形而成。万物及人事均有形势，有形必有势。故而势又作权势。《管子·法法》："凡人君之所以为君者，势也。故人君失势则臣制之矣。势在下则君制于臣矣。势在上则臣制于君矣。故君臣之易位，势在下也。"《管子·明法解》："处必尊之势，以制必服之臣。"《管子·形势解》："人主，天下之有势者也；深居，则人畏其势。"管子诸说，均是阐明君主掌握权势之重要。《荀子·正论》："天子者，势位至尊，无敌于天下。"《韩非子·功名》："得势位，则不进而名成。"亦明此旨。庄子对"势"的看法则与法家迥异，《庄子·盗跖》借子张之口说："故势为天子，未必贵也；

[1] 闻人军译注：《考工记译注》，上海古籍出版社，1993 年，第 130 页。

[2] 同上，第 120 页。

[3] 同上，第 130 页。

[4] 文达三：《老子新探》，岳麓书社，1995 年，第 11 页。

穷为匹夫，未必贱也；贵贱之分，在行之美恶。”庄子区分贵贱的标准不是权势的有无而是行为的美恶，故而与法家强调权势的观点针锋相对。

先秦兵法以兵势来说明军队的阵形、战局。《孙子·兵势》专门讨论了兵势问题，认为“战势不过奇正”，“激水之疾，至于漂石者，势也；鸷鸟之疾，至于毁折者，节也。是故善战者，其势险，其节短。势如彍弩，节如发机”，“故善战者，求之于势，不责之于人，故能择人而任势。任势者，其战人也，如转木石。木石之性，安则静，危则动，方则止，圆则行。故善战人之势，如转圆石于千仞之山者，势也”。激水能移动河中的石头，因为它有势；而善于作战者，会任势，就像拉满弓弩，也像在高山上转动圆石，态势逼人。《孙子》所谓“兵势”即有态势、阵势之义，包含着变动、趋向之意，虽然没有明言气势，但已包括隐含了这层意思。至汉代，兵家思想中出现了“气势”的概念。《淮南子·兵略训》：“兵有三势，有二权。有气势、有地势、有因势。将充勇而轻敌，卒果敢而乐战，三军之众，百万之师，志厉青云，气如飘风，声加雷霆，诚积踰而威加敌人，此谓气势。”[1] 因为“气”不可见，故而，因“气”而现的“势”之含义更趋抽象。

“气”是生命元质[2]，“气”与“势”联用，突出了主体的生命活力，“势”本义包含的主客体交融之力的属性，也更加突显。“气势”一词在汉代的出现，为“势”由哲学、兵法等领域进入审美领域提供了便利。

二、书法之“即形言势”与“尽形得势”

书法是一种“形学”，依“形”而生之“势”首先进入书论领域。“古人论书，以势为先。中郎曰‘九势’，卫恒曰‘书势’，羲之曰‘笔势’。盖书，形学也。有形则有势。兵家重形势，拳法亦重扑势，义固相同。得势便则已

[1] ［汉］刘安撰，许慎注：《淮南鸿烈解》卷十五，四部丛刊影钞北宋本。

[2] 詹福瑞：《中古文学理论范畴》，中华书局，2005 年，第 143 页。

操胜算。"[1] 书法重势，始于汉代。西汉萧何曾以兵势喻书势："夫书，势法犹登阵，变通并在腕前，文武遗于笔下，出没须有倚伏，开阖藉于阴阳。"[2] 这与他谙熟兵法的谋臣身份相吻合。他所言之书势，侧重于指通过运笔技法、线条照应所构成的富有变化的字体形态。

东汉崔瑗《草势》描绘草书字体形态的特点为"竦企鸟跱"、"狡兽暴骇"、"状似连珠"、"似蜩螗挶枝"、"若山蜂施毒"、"螣蛇赴穴"、"若隤岸崩崖"[3]，以外物的动态形象设喻，突出草书线条所表现的抑扬顿挫、勾连洒脱之力。东汉蔡邕沿袭了崔瑗做法，其《篆势》论篆书之势"颓若黍稷之垂颖，蕴若虫蛇之棼缊；扬波振撆，鹰跱鸟震；延颈胁翼，势似凌云"[4]，亦是广为设喻。这种"以物喻书"，在书法摹形层面呈现了外物客体之势，突出了书法之势是外物之势的影射与镜像，但对创作主体的作用，未有足够的强调。这恰恰是"势"进入文艺审美的最初阶段的反映，即强调"物势"。

书法肇始于模仿自然——连文字的创造也被视为仓颉观鸟兽之迹而模仿的结果——由模仿外物之形而得其势，即"即形言势"。正如蔡邕《九势》开篇所言："夫书肇于自然，自然既立，阴阳生矣，阴阳既生，形势出矣。"[5] 其《笔论》又言："为书之体，须知其形，若坐若行，若飞若动，若往若来，若卧若起，若愁若喜，若虫食木叶，若利刀戈，若强弩之末，若水火，若云雾，若日月，纵横有可象者，方得谓之书矣。"[6] 书法向外界物象取法，是古人"近取诸身，远取诸物"（《周易·系辞下传》）的思维方式决定的。不过，汉代书论强调对"物"之模仿，六朝书论则突出对"身"的模仿。西晋杨泉

---

[1]［清］康有为著，崔尔平校注：《广艺舟双楫注》，上海书画出版社，2006年，第163页。

[2]［宋］陈思编撰，崔尔平校注：《书苑菁华校注》，上海辞书出版社，2013年，第3页。

[3]［清］严可均辑：《全晋文》卷三十所载西晋卫恒《四体书势》引，商务印书馆，1999年，第297-298页。

[4] 同上，第295-296页。

[5]［宋］陈思编撰，崔尔平校注：《书苑菁华校注》，第283页。

[6] 同上，第4页。

《草书赋》“其提墨纵体，如美女之长眉”[1]，即是“以人喻书”。东晋王羲之《笔势论十二章·健壮章》“踠脚之法，如壮士之屈臂”，“行中廓落，如勇士申钩”[2]，更是开启了以人体的运动节奏而体悟书法之势的传统。后世诸如唐代书法家张旭观公孙大娘舞剑以及观担夫争道而悟书法之道，即是这种传统绵延不绝的显证。

外物的形态种类远远超过人体，适合于描述书法字形；但六朝书论的象喻取诸“身”，使与“身”相对应的“心”（包括“志”“意”“思”“神”等）进入书法“势”论之中，从而推动六朝书论由探讨字体的外在形态之势，走向对书法笔势中所蕴含的精神气韵的探讨，以及对书法创作过程中如何发挥主体精神进行书法造势的研究。王羲之《笔势论十二章·健壮章》恰是在这个层面探讨了书法之“势”：

> 放纵宜存气力，视笔取势。行中廓落，如勇士申钩，方刚对敌，麒麟斗角，虎凑龙牙，筋节孥拳，勇身精健，放法如此，书进有功矣。牵引深妙，皎在目前，发动精神，提撕志意，□剔精思，秘不可传。夫作右边折角，疾牵下微开，左畔斡转，令取登对，勿使腰中伤慢。视笔取势，直截向下，趣义常存，无不醒悟。[3]

王羲之两次提到的“视笔取势”，是与创作者“精神”、“志意”、“精思”紧密相联，已不同于汉代书论在鉴赏层面的“观势”，而是在创作层面探讨创作者“取势”的方法。这种“视笔取势”需要创作者精思妙得，“视”和“取”均蕴含着对书法笔势创造的斟酌、考量、取舍，实质强调了“意”对于笔势的决定作用。由汉代“以物喻书”到六朝“以人喻书”，书论对“势”的理解亦由“物势”走向了更为抽象的精神气韵之势。南朝梁代袁昂《古今书评》评蔡邕书法“骨气风远，爽爽为神”；评王羲之书法“如谢家子弟，

[1]［宋］陈思编撰，崔尔平校注：《书苑菁华校注》，第 301 页。

[2] 同上，第 10 页。

[3]［宋］陈思编撰，崔尔平校注：《书苑菁华校注》，第 10 页。

纵复不端正者，爽爽有一种风气”[1]，所谓“爽爽”、“风气”，正是重视精神气韵之势的表征。

南朝书论延续了王羲之论笔势重意的传统。萧衍《答陶弘景书》：“夫运笔邪则无芒角，执手宽则书缓弱，点撇短则法拥肿，点撇长则法离澌，画促则字横，画疏则形慢，拘则乏势，放又少则，纯骨无媚，纯肉无力，少墨浮涩，多墨笨钝，比并皆然，任意所之，自然之理也。”[2] 萧衍探讨了书法运笔中的邪宽、拘放，点画的长短、疏促、骨肉，以及用墨的多少，认为这一切都应“任意所之”，这正是当时书法论笔势重意之证。

由于齐梁以来书论在笔势问题上重意，这使得笔势的含义趋近于笔意。梁庾肩吾《书品》“尽形得势”说，就是这一观念的集中代表。庾肩吾《书品》：“若探妙测深，尽形得势，烟花落纸将动，风彩带字欲飞，疑神化之所为，非人世之所学，惟张有道、钟元常、王右军其人也。”[3]“尽”字值得细味。许慎《说文》释“尽”：“器中空也。”[4] 尽的本义是“空”，《小尔雅》释为“止也”，《玉篇》释为“终也”，《广韵》释为“竭也”，均由“空”这一本义引申而来。由此反观“尽形得势”这一命题，其中主张的绝不是滞于字体外形，势并不是形，它是形中蕴含的力度、趋势、韵致，实际是“形而上”的，近于意、韵、味这一类概念。书法上的“尽形得势”，类似于玄学上的“得意忘言”。庾肩吾认为书法要得势，离不开“探妙测深”的运思，这也是强调意对于笔势的决定作用。就书法形态而言，“尽形得势”的书法有“风彩”，字“欲飞”，这则又是笔势的反映。

中古书法“势”论整体上出现了从“即形言势”向“尽形得势”的转

---

[1]［清］严可均辑：《全梁文》卷四十八，商务印书馆，1999 年，第 515 页。

[2]［清］严可均辑：《全梁文》卷六，商务印书馆，1999 年，第 58 页。

[3]［清］严可均辑：《全梁文》卷六十六，商务印书馆，1999 年，第 731 页。

[4]［汉］许慎撰，［清］段玉裁注：《说文解字注》，第 212 页。

向。这种书论新趋势的出现，既受玄学之影响，更是当时“人的觉醒”[1]这一主题在艺术上的反映。

三、绘画之“情势”与“容势”

在中国画论史上，以“势”论画，首推东晋顾恺之。顾恺之在绘画上重神轻形，他主张绘画“传神写照”(《世说新语·巧艺》引)，“以形写神”(顾恺之《魏晋胜流画赞》)。他在《论画》《画云台山记》中多次以“势”论画，涉及人物画、动物画及山水画的“势”，有“布势”、“大势”、“情势”、“形势”、“举势”、“险绝之势”等不同的提法，含义不尽相同，其中以“情势”最为核心，与他的传神理论遥相呼应。

顾恺之《论画》首次使用了“情势”一词：“七佛及夏殷与大列女。二者皆卫协手传，而有情势。”[2]卫协画的七佛、夏殷、大列女之所以“有情势”，在于他抓住了人物的性情特点，加以传神写照。“情势”不是形似，它指向的是人物的神韵气势。谢赫《古画品录》将卫协列为第一品，评曰：“古画皆略，至协始精，六法颇为兼善，虽不备该形似，而妙有气韵，凌跨群雄，旷代绝笔。”[3]卫协绘画不重形似而“有气韵”，这也就是顾恺之所谓“有情势”之意。

顾恺之“情势”说贯穿在他的人物画品评之中。《论画》评大荀的孙武图：“骨趣甚奇，二婕以怜美之体，有惊剧之则，若以临见妙裁，寻其置陈

[1] 钱穆《国学概论》：“魏晋南朝三百年学术思想，亦可以一言以蔽之，曰‘个人自我之觉醒’是也。”李泽厚《美的历程》在《魏晋风度》一章结尾指出，魏晋南北时期“言不尽意”“气韵生动”“以形写神”的出现“离不开人的觉醒的这个主题，是这个‘人的主题’的具体审美表现”。此论甚当。“言不尽意”是哲学以及文学领域中的命题，“气韵生动”及“以形写神”是绘画领域中的命题。笔者以为在魏晋南北朝书法领域，同样存在作为“人的觉醒”这一主题反映的一系列命题，例如“尽形得势”，论笔势重意，以及“意在笔前”等。

[2] [唐]张彦远：《历代名画记》卷五，浙江人民美术出版社，2011年，第90页。

[3] 同上，第83页。

布势，是达画之变也。”[1] 这幅列女图描绘的是孙武训练女兵一事。《史记·孙子吴起列传》记载，孙武应吴王阖闾之请，以兵法训练 180 名宫女，他以吴王宠姬二人为队长，令她们各执兵器，列阵训练，可是她们大笑不止，不听号令，于是孙武不顾吴王阻止，坚决斩杀二名队长，于是宫女们才按规矩操练。顾恺之所谓“临见妙裁”指大荀的绘画抓住了最典型的场面，以宠姬的惊惧之态折射孙武军法严明。“置陈布势”之“势”当指情势。画面定格在宠姬的惊惧之态上，这种传神之态，气韵生动，引人联想。顾恺之《论画》又说：“凡画，人最难，次山水，次狗马，台榭一定器耳，难成而易好，不待迁想妙得也。”[2] 人最难画，因为人的神态最难把握。对人的描绘需要由外形把握其内心，这就要发挥神思，迁想妙得。顾恺之《论画》评壮士图：“有奔腾大势，恨不尽激扬之态。”[3] 对于人物画来说，只画出外形的大势是不够的，更重要的是以形写神、传神写照，画出情势。

如果说“情势”侧重于指人物画之“势”，那么“容势”则侧重于指山水画之“势”。中国画，六朝之前大多画人物，至六朝，山水画才开始兴盛。魏晋玄学推崇玄理，而山水作为道的外在表现形式，成为了体味玄理的绝好载体，正如刘宋画家宗炳《画山水序》所称“山水以形媚道”[4]。山水画正是在这种背景下兴盛起来。宗炳探讨了绘画如何在有限的尺幅之内，展现无限的山水：“竖划三寸，当千仞之高；横墨数尺，体百里之迴。是以观画图者，徒患类之不巧，不以制小而累其似，此自然之势。”[5] 这并非简单地将山水同比例缩小到画面上，恰如王夫之所言：“论画者曰咫尺有万里之势。一势字宜着眼。若不论势，则缩万里于咫尺，直是广舆记前一天下图耳。”[6] 画山水不能仅画其形，更重要的是画者将自己对山水景物的理解以及对之的情感融

[1]［唐］张彦远：《历代名画记》卷五，浙江人民美术出版社，2011 年，第 89 页。

[2] 同上，第 89 页。

[3] 同上，第 90 页。

[4] 同上，第 104 页。

[5] 同上，第 104 页。

[6]［清］王夫之：《姜斋诗话》卷二，四部丛刊影印船山遗书本。

入其中，这即是刘宋画家王微《叙画》所说的“容势”：

> 夫言绘画者，竟求容势而已。且古人之作画也，非以案城域，辩方州，标镇阜，划浸流。本乎形者融灵，而动者变心。止灵亡见，故所托不动。目有所极，故所见不周。于是乎以一管之笔，拟太虚之体，以判躯之状，画寸眸之明。[1]

王微指出绘画与地图不同，绘画需要“融灵”，使山水景物由视觉形象变成绘画意象，画出山水之韵，“以一管之笔，拟太虚之体”，这就是“容势”。所谓“太虚之体”即是道，即是山水中所蕴含的神韵。从这个层面来讲，山水画家不应简单地摹仿外在景物，而应绘画他心中经由他融灵的通于道的山水意象。可见，王微所说的“势”，并不是外在山水之“形”，而是意近于山水之“韵”。王微《叙画》开篇转述颜延之的话：“图画非止艺行，成当与易象同体。”[2] 文末又称：“岂独运诸指掌，亦以明神降之，此画之情也。”[3] 这些都证明王微强调绘画不以形似为目的，而是以展现山水之中的道为最高境界。绘画不重形似，而求神韵，正是魏晋玄学重神轻形思想在绘画上的反映。

六朝画论中的“情势”、“容势”之“势”，当然不能离开客观之“形”来展现，但又比“形”更为高级，它是创作主体“融灵”的结果——“势”之本义“祈祷禾苗长势旺盛”即可看作是主体对客体“融灵”——使得客体（山水或人物）具有超越于形体的神韵。

四、文学之“体势”

正如“势”在书法线条、绘画形象上，各有不同的呈现；“势”在文学

[1]［唐］张彦远：《历代名画记》卷六，第 105-106 页。

[2]［唐］张彦远：《历代名画记》卷六，第 105 页。

[3] 同上，第 106 页。

上也有丰富的形态。曹植作《柳颂》“因辞势以讥当今之士”[1]，他所谓“辞势”当指文字的引申性，因其意有所指，故包蕴着强烈的主体精神，正如王夫之所言“势者，意中之神理也”[2]。六朝时期，文学之“势”和“气”相勾连，刘桢认为：“文之体势，实有强弱，使其辞已尽而势有余，天下一人耳，不可得也。”[3] 所谓文学体势的强弱，本质就是语言气势的强弱，“辞已尽而势有余”即是气势极强的表现，所以刘勰评价说：“公幹所谈，颇亦兼气。”[4] 但刘勰并不赞同刘桢以气论势，他说：“然文之任势，势有刚柔，不必壮言慷慨，乃称势也。”[5]《文心雕龙》绕开了“气势”、“辞势”，而从物势之模拟以及风格之趋向两个层面论“势”。

中古时期的文学对外物的摹写达到了“巧言切状，如印之印泥”[6] 的精细程度。故而文学之势多指对物势的模拟。《文心雕龙·铨赋》评东汉王延寿《灵光殿赋》“含飞动之势”[7]，大致是说此赋描摹宫殿，曲尽其妙，如立纸上。这就是《文心雕龙·夸饰》所言“气貌山海，体势宫殿”[8]。这种飞动之势，是用精彩的语言描摹宫殿飞檐之势的结果。这如同绘画，“夫山有体势，画山水在得体势”[9]。在六朝文学追求“巧似”的风尚中，文学之势的获得某种程度上依赖于对物势的描绘。虽然《文心雕龙·物色》提出“物色尽而情有余”[10]，但在文学体势问题上，刘勰并没有走上“尽形言势”的道路，他主要是在“形而下”的层面论述文学之势。

刘勰还从文学的风格趋向上论“势”，《文心雕龙·定势》专论文学“体

---

[1]［三国魏］曹植：《曹子建集》卷九《柳颂序》，四部丛刊景明活字本。

[2]［清］王夫之：《姜斋诗话》卷二，四部丛刊影印船山遗书本。

[3]［南朝梁］刘勰著，范文澜注：《文心雕龙注》，第 531 页。

[4] 同上，第 531 页。

[5] 同上，第 531 页。

[6] 同上，第 694 页。

[7] 同上，第 135 页。

[8] 同上，第 609 页。

[9]［清］唐岱：《绘事发微·得势》，清乾隆刻本。

[10]［南朝梁］刘勰著，范文澜注：《文心雕龙注》，第 694 页。

势”即是。刘勰此篇对“势”下的定义是：“势者，乘利而为制也。”[1]所谓“乘利”，即顺其便利；所谓“制”，即使之成形。这一说法，语本《孙子·始计》：“势者，因利而制权也。”刘勰借用先秦兵家对“势”的定义，进而阐释说，弩机所发的箭形成了“直”的态势，曲涧的湍流形成了“回”的态势，圆规画出的圆形构成了“转”的态势，方矩画出的方形构成了“安”的态势；而文章的体势，也是如此，向儒家经典取法的作品，自然具有典雅之美；效法楚辞写作成篇的作品，必然具有艳丽出众的文采，这是“自然之势也”。刘勰主张根据作者的情志来选择适宜表达的文体，即“因情立体”；选定文体之后，乘着文体的便利形成风格趋向，这就是“即体成势”。文章体势不同于箭势、涧势，就在于它最终是由情志决定的。

刘勰在《明诗》至《书记》二十篇中对近三十种文体的风格特征已经进行了专门的论述，《定势》的主旨绝不是延续这些篇目对于风格特征的探讨，而是探讨如何诠别使用这些文体，从而“即体成势”，形成自己的风格趋向。他强调“循体”来形成文章体势，又主张“随变”来具体运用各种文体风格。《定势》虽曰“定势”，但刘勰首先阐明的是文章无定势。正因为如此，才需要“即体成势”、“并总群势”、“随势各配”。“定势”并不是确立一种固定不变的势，而是因情、因体，动态地确定文章写作中的体势。“《定势》篇的‘势’，原意是灵活机动而自然的趋势。所谓‘即体成势’，就是‘变通以趋时’，就是随机应变。在《定势》篇里，‘势’和‘体’联系起来，指的是作品的风格倾向，这种趋势本来是变化无定的。《通变》篇说：‘变文之数无方’，‘势’就属于《通变》篇所谓‘文辞气力’这一类的。这种趋势是顺乎自然的，但又有一定的规律性，势虽无定而有定，所以叫‘定势’。”[2]是为确论。

---

[1]［南朝梁］刘勰著，范文澜注：《文心雕龙注》，第529-530页。以下《定势》原文皆引自此书，不再一一列注页码。

[2] 詹锳：《〈文心雕龙〉的定势论》，《文学评论丛刊》第五辑，中国社会科学出版社，1980年，第177-178页。

在《文心雕龙》的篇目安排顺序上，《定势》位于《通变》之后，后者阐明“变文之数无方”，而前者承以“文变殊术”；后者主张“乘利无怯”，而前者承以“势者，乘利而为制也”。《定势》是在《通变》的语境中来讲文学体势问题，主张在殊变之术中选择正确的风格趋向；避免陷入一味求新的单一模式，从而导致“讹势”。“讹势”不除，长此以往，必然“势流不反，则文体遂弊”。纠正之途，即是“秉兹情术”，回到“因情立体”、“即体成势”的正确道路上来。

刘勰从通变的语境来谈定势问题，故而立论公允，其儒家宗经思想在定势问题上没有狭隘化。他认为词藻华丽、竟求新奇是讹势；而“爱典恶华”，也是“兼通之理偏”的表现。他既讲向儒家经典取法的作品的典雅之美，也讲效法楚辞的作品的辞采之美。文学体势在不同的文体之中，具有“典雅”、“清丽”、“明断”、“核要”、“弘深”、“巧艳”等不同的形态。定势就是“括囊杂体”加以铨别，持通变之观念，根据情志的需要，选择适宜的文体形式，形成相应的风格趋向。这才是“得体”之“势”，才是“因利乘便”、“即体成势”。“讹势”则是单一之势，离开文体规范，失却情志的依托，只求新变之势，在“雅俗”、“奇正”、“刚柔”、“典华”等方面陷入一端，兼通之理偏。某种程度上说，文学之“势”的差异性是由于作者之“习”的差异性造成的。曹植指出：“世之作者，或好烦文博采，深沈其旨者；或好离言辨白，分毫析厘者，所习不同，所务各异。”刘勰认为这段话说的就是由“习”所致的“势殊”。《体性》已经阐释了“摹体以定习”的重要性。就《定势》而言，刘勰主张“习”要广博，择“势”要懂通变。

刘勰将文学之势的形成机制界定为“因情立体，即体成势”，主张兼通各种体势“并总群势”；在创作中又要“随势各配”，根据不同文体的具体情况，形成特定的风格趋向。这是正确而深刻的。但刘勰讲的不是“情势”，而是“体势”，他所论之“势”尚未超越于“形”的影响，依然处于“即形言势”的层面，缺乏“形而上”的蕴含。这与六朝书画理论对“势”的阐释，有所不同，其中固然有表现媒介的差异性原因，但更重要的是刘勰《文心雕龙》以儒家思想为主导，较少受到玄学之影响，故而对于文学的形上之思，远不如书论、画论明显。

五、结语

“势”的本义“祈祷禾苗长势旺盛”，展现了主体的祈愿力以及客体的生长力。基于原始宗教，先民认为人们的祈愿能促进禾苗的生长。“势”本义包括来自主体与客体的两种力，它绝非客体本身。以往对“势”的研究，侧重于从客体的角度去分析，强调由客观之“形”而生“势”，“势”不离“形”，这固然不错，但忽略了“势”的主体因素。毕竟文学艺术之“势”不同于自然界的激水、滚石、利箭之“势”，后者是客体的运动趋势，是动能的展现；而前者依靠的不是客体的运动或动能，而是主体的创造和赋予。文艺之“势”的形成，起决定作用的是主体审美精神，而非客体的运动趋势。艺术家甚至可违反自然界的法则而使艺术形象获得“势”。例如八大山人将野鹿立足之山画得巨小，把鱼儿画到空中，这种艺术变形，不符合自然法则，但由于主体的创造，它们以悖论的方式获得了绘画之“势”，展现了八大山人作为明朝遗民在入清之后的立足困境及精神压抑。六朝书论“尽形得势”及画论“情势”的提出，恰是对“形”的超越，是主体精神力突显的表征，受到玄学之影响。六朝文学之“势”，基于刘勰深厚的儒学背景，其对“气势”的忽略以及对“物势”“体势”的强调，更多地侧重展现客体之力，但在运思表达阶段，无疑需要精神力参与造“势”。

“势”在中古时期的审美生成与演化，整体上存在从“即形言势”到“尽形得势”的发展趋势。此与儒学日衰及玄学渐兴的轨迹相吻合，是“人的觉醒”主题在审美上的反映。在文艺美学领域，由“势”本义所滋生的主客体交融之力的属性，依然有所保存，并在不同表义序列上有所呈现。对“势”字的释义以及“势”在中古审美生成之轨迹的探讨，有助于我们从源头上把握文艺审美“势”范畴的内蕴。

体认：中国古代文学理论创生的逻辑起点

郭世轩[1]

［摘要］ 中国古代文学理论的产生源远流长，而体认则是其产生和发展的逻辑起点。这主要与中国固有背陆面海的地理环境和古老精耕细作的农业文明密不可分。在大陆性季风气候环境下孕育出的农业文明直接制约着生活于其中人们的思维习惯、生活方式、审美情趣等，间接作用于人们的世界观和方法论。世界观的不同又间接决定着人们对宇宙人生、社会关系、自然环境、道德品格、审美感悟、文化制度以及文学创作与审美批评等方面认识的差异。人聚天地之气，成为万物之灵长，对世界自然的观察思考皆源于敏锐的心灵和敏感的神经，而作用或传达在身心上的烙印就是体认。正是体认的获得才使人们感知到春夏秋冬、寒来暑往的气候变化和生老病死、喜怒哀乐的生命律动。体认之浅深直接制约着生命质量的高下、审美体验之有无和创作成就之大小。可以说，没有体认就没有诗意的生活感受，自然也就没有艺术创作的冲动、艺术作品的产出与艺术批评和艺术理论的萌生。由此可见，体认是中国古代文学理论创生的起点。

［关键词］ 体认　中国思维　古代文论　创生性　逻辑起点

[1] 郭世轩，阜阳师范学院文学院教授。

一、体认是古代士人认知世界的基本方式

体认属于后出词语。体，在《汉语大字典》中最接近的义项是第21的"体贴"、"体谅"、"体恤"和第23的"亲身"[1]。在《王力古汉语字典》第五的"领悟"、"体现"和第九的"体谅，设身处地为他人着想"比较接近。前者的例句为《庄子·刻意》"能体纯素，谓之真人。"《周易·系辞》"以体天地之撰"。后者的例句为《礼记·中庸》"敬大臣也，体群臣也。"朱熹集注为"体，谓设以身处其地而察其心也。"《北齐书·神武纪下》"前持心血，远以示王，深冀彼此共相体悉。"[2] 而权威的《现代汉语词典》中的"体认"给出的解释是"体察认识：如体认生命的意义。"[3] 而在文艺理论著作中，体认出现较早的是董其昌的《画禅室随笔》第四十七则："作文又得解悟，时文不在学，只在悟。平日须体认一番，才有妙悟。妙悟只在题目腔子里。思之思之，思之不已，鬼神将通之。到此将通时，才唤作解悟。了得解时，只在信手拈来，头头是道。自是文中有神，动人心窍。理义原悦人心，我合着他，自是合着人心。"[4] 在哲学论著中，似以张载为最早。《张子语录·后录下》有言，"大抵心与性情，似一而二，似二而一，此处最当体认"[5]。清代的周亮工在《书影》卷一中记载，"每日能体认所行善恶"。

世界各民族在认识、改造和诗化自然的过程中，都有着自己独特的认知方式。中华民族却以体认这种独特的认知方式而闻名。这不仅与中国古老的生产方式和农耕文明相关，而且也与独特的背陆面海的地理环境密不可分。在古代，仰观俯察，近取远譬，感知体认，内外兼修，已成为汉人祖先认知自然世界、获取经验世界的一种范式。

[1] 汉字大字典编委会．汉字大字典．湖北辞书出版社，四川辞书出版社，1992.

[2] 王力主编．王力古汉语字典．中华书局，2000.

[3] 中国社会科学院语言研究所编．现代汉语词典．中华书局，2005.

[4] 朱良志编著．中国美学名著导读．北京大学出版社，2004.

[5] 张载，章锡琛点校．张载集．中华书局，1978.

顾名思义，体认，先体后认，是先身体力行而后去感知确认，并进一步从理性上总结提炼。由已知之物获得的体认而后提升到理性认知，再付诸行动，绝非贸然行之。神农尝百草、仓颉造字、伏羲做八卦等无不从体认出发。这样就可以实现认知事物的较为理想的循环印证过程。体即身体。作为动词则指体验、体察、体悟、体认等，是行为之始。身体力行，必须先有身体感受才有力行之过程。这是躬行、践行的第一步。在此基础之上才是认识的、理性的、验证的求知、求证进程。体是直觉、感性、感悟。体、认合一，才能保证知识的生存价值和生命维度，而非机械僵化的逻辑推演和概念循环。这样得来的知识和经验才是新鲜活泼的、富于生活气息的心理体验和情感体认。这也恰恰暗合了物质第一性、意识第二性的唯物辩证法。身体是行动的基础，是生命或社会实践活动的前提与本钱。没有身体这一物质基础，何来认识之后果？身体既是物质载体，又是心理认同和情感体验的意识基础。身体是物质和意识的中介，既可联系、验证着物质，又可孕育、铺垫着意识和理性。物质第一性，奠定了认识事物的第一前提。上天赋予“我”以灵气与才气，使“我”成为“三才”之一。人之为人就在于有身心。有了身体才区别于万物，有了心灵才区别于禽兽，有了慧心灵想才区别于众庶。由此可见，身体又不是一般的物质载体，它兼具物质与精神的合体，是世间最奇妙的物种，是大自然进化与创化的杰作。正因为如此，中国古代先贤才有如此的早慧：充分认识到这一突出特征，奠定了不假外求、反身而诚、自我印证的认知方式。“大学之道在明明德，在新民，在止于至善。”这是“三纲领”。“格物、致知、诚意、正心、修身、齐家、治国、平天下”是为“八条目”。[1] 这些就是中国古代先贤所总结与制定的成人、成仁的进步阶梯。正因为如此，中国古典哲学与文学才会走内向、内敛与含蓄的表现之路。这大概源于古代农耕文化、农业文明为主导的生产结构与生活方式！发源于内陆的文明更倾向于走内敛式的运思之路。相较于西方海洋文明，中国古代文明

[1] 朱熹．朱子全书（第六卷）．上海古籍出版社，安徽教育出版社，2002.

属于大陆文明，更近于内倾型的性格气质，无论在哲学、文学、诗学、史学诸方面莫不如此。西方文明主要以商业文明为主，源于古希腊和希伯来，属于地中海文明。地中海周边多岛屿山脉、丘陵与沙漠。北面的古希腊是地道的海岛半岛国家，山地丘陵纵横，平原较少，长期与海洋打交道积累了许多经验和分析的方法，逐渐趋向于科学与逻辑的运思之路。过海移民不同于陆上迁移，在陌生的空间不断与自然和族群的斗争使之趋向于筑城聚居、拓土征服。[1] 大体说来，西方文明属于智的文化，中国文明则属于德的文化。前者趋向于知性、智性，注重科学、客观、外在、逻辑、分析、分离等价值取向。而后者则注重道德、主观、内在、直觉、体验、浑融等价值取向。正因为如此，中国文化才具有不可替代的特色与样态。这在以经、史、子、集等四库全书面目出现的知识体系中所表现出来的文、史、哲、经、天、科等独特的文化样态，在一定时空范围内获得勃勃生机，至今仍散发着浓郁的生活气息和经验色彩。

“人体体认促进了中国传统文化的形成，丰富了文化观念的细节，而表示人体的符号则成为文化发展的载体和促动工具。”[2]一般说来，在生产活动、日常生活和社会生活中，人们通过五官感知、体认并诗化着这个世界。中国先贤不仅创立八卦对应着外在的八种自然现象，还把它运用于自然哲学以揭示自然、社会和人事的浮沉与兴衰，进而比拟于人的五官感觉和身体发肤。先秦的《尚书·洪范》不仅以人的貌、言、视、听、思与水、火、木、金、土相对应，而且还与自然天气的雨、晴、燠、寒、风相关联。《周易》不仅把八种自然物与八卦相对应，而且与父、母、男、女等人伦相联系，同时还与人的身体器官相匹配。“乾为首，坤为腹，震为足，巽为股，坎为耳，离为目，艮为手，兑为口。”秦汉还将人的生理结构与自然事物、社会现象相联系。“是故人之身首坟而圆，象天容也；发象星辰也；耳目戾戾，象日月

[1] 顾准．顾准文集．贵州人民出版社，1994.

[2] 冯凌宇．人体体认与汉文化．江汉论坛，2007（6）:130-132.

也；鼻口呼吸，象风气也；胸中达知，象神明也；腹胞实虚，象百物也；百物者最近地，故要（腰）以下，地也。天地之象，以要为带，颈以上者，精神尊严，明天类之状也；颈而下者，丰厚卑辱，土壤之比也；足布而方，地形之象也。……天地之符，阴阳之副，常设于身，身犹天也，数与之相参，故命与之相连也。”（董仲舒《春秋繁露·人副天数第五十六》）这既是董仲舒提出“天人感应”说的生理基础和生命体认的前提，也是“天人合一”说在宇宙论、世界观上的拓展与扩充。事实上，“天人合一”观念在汉字构造、词语组合与中医哲学等方面具有广泛而深入的运用。有人认为，六十四卦《卦序传》的排列顺序从纵、横两方面反映了事物发展的过程论和波浪式的规律。[1] 宇宙间万物相对相依的关系是生成汉语基本词汇并形成其相对相依的客观基础。由日月、星辰的相对直接推演出天地、乾坤、山水、男女、父母、龙凤、马牛等相对因素的关联。汉语在感性理性层面、在语音词汇句法等维度表现出阴阳聚合散发的结构形式，其结构模型就是易学模型、语（言）易（象）相通、字易相通的建构模式。[2] 从字源学的角度来看，中西方文字的差别在于表意的汉字体现意义的恒定性，而表音的西字呈现字随声转的不定性。因此源于西方文字与文化的解构主义是无法适用汉字文学和文化，不具通约性。[3] 大体说来，东西方由文字差异导致思维差异，进而决定文化差异。因此，东西方在文化思维模式上的差异主要表现为具象辩证思维与抽象逻辑思维、整体直觉诗化思维与系统实证科学思维、二元互为的诗性思维与二元对立的形式逻辑思维三个方面。“中国人千年以来在中国辩证诗意化的哲学认识形态影响下，其思维亦被模塑，习惯于以象显道，化抽象为具象或生命形态表征深邃的认识观照。而体现在语言上则是以隐喻的形态，以生命的具象表征自己的认识和思辨。”因此擅长具象隐喻和整体思维的汉民族如果阅读以抽象和分析思维见长的民族之文字，就需要甄别其间表达方

[1] 萧启宏．汉字通易经．东方出版社，1999.

[2] 同上。

[3] 张传彪．从汉字源头看解构主义翻译理论．四川外语学院学报，2006(4):103-108.

式的差异。英汉间动态与静态的表述差异主要表现为焦点透视和散点透视的差别。恶劣生存环境迫使游牧民族和海盗文明形成并发展了个体性、扩张性、直线性（现代趋向螺旋形发展）的性格。西方语言属单体式的精确性语言，其观察世界和表述世界的方式是原子论、推论式的，在关注实体的同时判断事物的属性，在认识事物中趋向于几何学的精确，属于静中求真的文化追求。而英语则属于形合的语言类型，其思维特征属于严密分析式的二项式形式逻辑。这种分析性的理性思维追求以谓语动词为中心控制全句的关系格局。这种形态的语言限定在“主谓框架”之内创生句子，其中的谓语自然由在人称和数上与主语保持一致关系的限定动词来充当。如果句中出现其他动词，就只能采用非限定形式以示区别。按照这种建筑学范式建构起来的句子结构严谨、以动词为中心来控制其他成分的嵌入，恰恰符合几何学静态的焦点透视。这种树状结构的句子呈现出向谓语焦点内向式聚集、客观静态地反映事件的倾向。而农耕文明占主导地位的汉民族则以“天人合一”、“圆融辩证”思维模式认知和把握世界，具有鲜明的综合性、灵活性等特点，始终注重生命体验和情感体认，并以神驭形。属于意合语言型、呈流水线状的汉语句子结构又以施事句、主题句和关系句为主，并以句、读、段的散点铺排形式彰显逻辑事理的发展，叙述方式遵循心理时间流动，并以意尽为旨趣。汉语句子从多视点看待事物或事象，属于散点透视运动。施事句型体现了一定的语言心理，具有叙述行为事件的功能，与某种叙述的心理框架相对称。其具体的动态图像可以归结为：时间、空间、施事者与核心事件模式，流动的视点营造出化整（内容）为零（句读段）的句式格局。施事者一贯到底，言语者遵循时间顺序和逻辑事理，进行体验与言说，使句式、语式与情势呈现出灵动的散点态势。[1]

而中医的学理哲理更能呈现体认、体验和天人合一的思维方式。辨证施

[1] 包通法．论“和而不同”跨文化翻译策略的哲学认识观．江南大学学报（人文社会科学版），2008（5）：110-114.

治既是中医治疗的基本原则和重要特色，又是中国古典哲学常变观念的具体运用。[1] 而常变观念又是六经之首《周易》的核心之一。易具有易简、变易和不易之意。易简是指卦象所代表的宇宙万物之阴阳对待、此消彼长规律的简明性和非神秘性。变易是指宇宙万物互根互化、生克制约、运转不息、变动不居之本相。不易是指宇宙变化规律的恒定性和不变性。变易、不易体现了常变的辩证观念，也是中医兴衰的哲学根基。“易之为书也不可远，为道也屡迁，变动不居，周流六虚，上下无常，刚柔相易，不可为典要，唯变所适。”（《周易・系辞》卷八）这种“变易”思想对诸子影响很大。“逝者如斯夫”（《论语・子罕》）、“周行而不殆”（《老子》二十五章）、“无动而不变”（《庄子・秋水》）、“天不变其常”（《管子・形势》）、“五行无常胜”（《孙子兵法・虚实第六》）、“体常而尽变”（《荀子・解蔽》）、“在常古之可与不可”（《韩非子・南面》）都是这种思想的辩证发展。此后，从董仲舒的经权论到王夫之的执常迎变、变而知常更是这种观念的发扬光大。这种思想还在医学药学著作中得到相应的传承与升华。从《素问》《灵枢》《黄帝内经》《伤寒杂病论》到《神农本草》《金匮要略》《本草纲目》无不体现出变常互化、执常达变、审变知常的辩证思维。变易思维在中医理论和临床运用中体现了整体把握和辨证施治的思想，把生命、身体和疾病当作一个有机体对待，并将人与自然、身体与疾病、环境、心理、气候、地理与精神等诸方面统筹兼顾，从而对阴阳之气和诊治变易进行多维性、平衡性的考量。这些皆源于对体认体验、生命关怀经验的提升。事实上，即便是同一种病也会因体质、气质、环境、饮食、气候等内外因的不同而区别用药；即使是同一种药也会因内外因的诸多差异而存在着方剂用量的不同。这就是应变而动、法随证立、方随证变的应变施治思想。中医哲学充分体现出天人合一的生命观、健康观和调治观，彰显出因人（时、地）制宜的灵活思想。[2] 哲学文化的差异形成

[1] 程雅君．“易含三义”与中医哲学．四川大学学报（哲学社会科学版），2009（1）：105-110.

[2] 张丽霞，吴水盛．天人合一哲学思想对中医防病治病的影响．时珍国医国药 2009（总第 20 卷）（4）：1017-1019.

两种不同的医学文化。大体说来，以还原论分析思维为主的西医旨在治“人之病”，贵在“治标”，呈现出单一性和精确性，对药与非药的界定异常精确与清晰，重在“治已病”，而现代西医的“生物医学模式”仅把人当做机器而忽视了人的整体性。资本市场的介入已使西医（药）成为牟取暴利的增殖手段，加剧了医德滑坡、医患恶化。而中医则以整体性的意象思维为主，旨在治“病之人”，追求“治本”而具多样性与模糊性，对药与非药采取辨证施用原则，崇尚“治未病”。相较而言，我们应采取生物、社会、心理、环境相统一的医学模式超越西医单纯的生物医学模式，大力强调“医者仁心”、“以人为本”的伦理道德。作为辨证施治的医学模式，中医（药）以“天人合一”为哲学基础，以望、闻、问、切为诊疗方法，整体把握人的生命机制，在辨明阴阳的基础上看病施药，具有强烈的人道关怀和人性体认。[1]

二、体认是古代哲人科学观察和诗人审美体验的基础

中西医之别关键在于医者对观察对象的取舍和目标期许的悬殊。西人常常见木不见林，一叶障目不见泰山。目标期许在一个具体而微的点上，对于焦点之外往往视而不见。这是原子论、元素论的视角在作怪。因此，西方哲学文化通常以科学逻辑分析见长，由见木不见林演化为见物（病）不见人，最终走向反人文主义立场。而中国哲学文化建立在以自我体认为观察点、推己及人、反身而诚乐莫大焉的人本主义立场，能够从森林的广度观察一棵树、从泰山的高度俯瞰一片叶、从人类的深度看待一个人，具体全面。深入得体，推心置腹，进而抵达恰如其分、恰到好处的境界。在西医颇为极端的是，医生面对病人通过高精尖医疗设备逐一排除，最终得出结论。事实上，最为痛苦的则是被诊的病人：医生仅仅问了他的感受和既往病史，将余下的

[1] 余谋昌 . 西医和中医：两种哲学和两种医学文化 . 郑州轻工业学院学报（社会科学版）2012（3）：7-12.

一切都交给了仪器设备，活生生的病人被置若罔闻。在西医看来，病人的病成为关注的重心，找不见病灶就否定了病的存在，而不去分析病因和病原。病因源于器质性、心因性、精神性等因素，主要靠医生的经验学识去综合考量。中医采取望、闻、问、切四步骤。西医仅采取了简单敷衍、礼貌性、习惯性的询"问"，而病人认真的诉说常被忽略：病人的主诉尚未结束而医生的处方即已完成。此时的医生用已有的医学知识和以往的医疗经验，尚未涉及到自己的体验和体认，无形中就置病人于不顾，真的是目中无人，看到的只是抽象的"病情"。这就在无形中增加了病人的苦恼：我有没有病只有我知道，你不是我怎么就这么不负责任地说我没有病呢？"子非鱼焉知鱼之乐？"（《庄子·秋水》）医生遵照西医常规的诊疗方法，按部就班地处理病情，本也无可厚非，问题的关键在于西医的治疗原则和见物不见人的分析哲学。甚至为了治疗癌症，常常是物理、化学、生物等手段无所不用，而病人的痛苦和绝望皆会被忽视。结果只能是病治好了人却奄奄一息，或病未治好而人已死亡。中医则按四步骤顺次进行。望，就是观察病人的病象，通过眼、耳、鼻、舌、身等（如肝病必然眼珠发黄，心脏病必然口唇发紫）体征的观察以推断病情。闻，就是闻闻病人身上所发出的酸、臭、腥、骚、苦等体味，然后为病情的诊治找出依据。问，就是询问病人的既往病史和现在病情，进行认真观察与体认。切，就是在了解病人的外部体征和"前世今生"之后，通过"把脉"来体察病人内脏的运行状态，以预测病人病情的将来。通过四步骤的顺次进行，从病人病情的已然、偶然和本然的状态推断出其未然、应然和必然的结果，从而做出细致分析和深度研判。这些都离不开医生对病人和自身的体认。事实上，这种体认包含三重体认，即病情、医生和病人三方面的情感与理智的体认。这是防患于未然，治疗着小病、现病，预防着大病和未病。这是牵一发而动全身、观一叶而知秋，将病灶病情消灭在萌芽状态。西医的最高境界是治好已病，而中医的最高境界是治未病，治好已病仅仅是下下策。扁鹊为蔡桓公治病的故事就是最好的说明。未病之预测遭到连续的拒绝，结果病情深入骨髓而不治。这就是中医以人为本、天人合

一、致中求和观念的充分体现。

不仅医生治病如此，作家创作也不例外。高明的医生观察的对象是已病之人，要进行望、闻、问、切以判断病情从而做出治好病的实践。而一个真正的艺术家也应该对已进入自己视野的生活进行望、闻、问、切，进一步做出自己的体验与体认，通过适当的艺术手段予以表现。其中的物感说最具说服力。而对物感说进行充分说明的莫过于钟嵘的《诗品序》。物感说的流程大致是这样的：气变—物变—体受—心感—情变—认同。气变就是指气候变化。气候变化了，春夏秋冬周而复始。春生、夏长、秋收、冬藏，四季的变化呈现出不同的"物色"。"望"见四季"物色"之变化，"闻"见万物变化之味道，"问"询自身及世界的原生态和应然态，"切"身体验，设身处地甚至感同身受，将自己的心灵体验和情感体认恰到好处地予以充分表现。这就是艺术家的世界来源，也是第二自然甚或第三自然的创造。"气之动物，物之感人，故摇荡性情，行诸舞咏。照烛三才，晖丽万有，灵祇待之以致飨，幽微藉之以昭告，动天地，感鬼神，莫近于诗。"（钟嵘《诗品》序）在这里，节气、气候触动或感动着万物，动植物感应着气候变化的召唤，纷纷以各自的精神风貌和本来面目适应着自然的召唤，使大千世界变得丰富多彩、美轮美奂。而已变换了的自然万物又再以自己的本来面目感动并召唤着人类。人一旦受到外在大自然的感召，就会根据自己的身世处境、情感状态、身体变化等做出不同的回应。但是美好的景致使人欢欣鼓舞，胸潮澎湃，情不能已，欣然命笔。而作为万物之灵长和"三才"之一的人类，充满着灵心慧智，情感细腻，感受着绚丽多姿的自然与社会风光。人类成为传达天地精神的沟通者、协调者和表述者。四季的变化，景观的幻灭，处境的陡转，身心的俱疲以及仕途的沉浮无不左右着情感的意向。"若乃春风春鸟，秋月秋蝉，夏云暑雨，冬月祁寒，斯四候之感诸诗者也。"（钟嵘《诗品》序）一年四季对诗人作家触动最大者莫过于春、秋。大陆季风气候决定着春秋两季的特别短暂和转换突然。冬季的漫长是由春季的姗姗来迟和秋季的来去匆匆而彰显。秋高气爽，水落石出，天高云淡，诗兴盎然，给人以无限美好的向往与诱惑，只可惜异常短暂，大有稍纵即逝之感。在漫长、炎热而难熬的夏季，秋天的高洁清爽令人兴奋莫名，可是这种来临仍然是不那么爽快，最初的“三暑里面加一秋”给人以期盼、预告、焦虑和诗兴。立秋预告秋天的即将到来，处暑接踵而至，宣告秋天还未真正到来，但白露又宣布秋天已经隐藏在身边。“蒹葭苍苍，白露为霜。所谓伊人，在水一方。”（《诗经·国风·秦风》）秋分前的白露是预告，秋分后的寒露是现实。这不，霜降真的来了，大地真的开始变冷，冬天就要来临了。赤橙黄绿青蓝紫的景色在一年中将会一去不复返，白茫茫大地真干净的日子就在眼前。繁花似锦转瞬变成万物肃杀。“悲哉！秋之为气也。萧瑟兮，草木摇落而变衰。”[1]这已成为“悲秋之祖”的写照。因此，悲与秋天然相关，愁乃秋之心。这既是汉字组合的巧妙，也是国人心理体验和情感体认的最好说明。“自古逢秋悲寂寥，我言秋日胜春朝。晴空一鹤排云上，便引诗情到碧霄。”刘禹锡的《秋词》之所以能够与历代诗人作家唱反调，恰恰是作者倔强不屈的改革气魄和参加王叔文永贞元年（公元805年）革新而遭打击的有力回应。这与其说是作者的激情澎湃，不如说是作者主观情志的坚强表现。这是他在革新失败后首次被贬朗州（今湖南常德）司马时所写。相较而言，与之同时被贬到邵州的柳宗元则思乡心切而难以忘怀，写下了著名的《永州八记》。同为春风得意的改革先行者被贬，但心情却绝然不同，其诗文格调也大有差别。一个愈挫愈勇，一个愈见消沉。在自然景观和自然气候的客观作用下，人们的心理体验和情感认同还是与自然保持着顺相应的趋势，个别诗人作家的“唱反调”依然难以改变诗文创作与自然节侯的一致性和顺向性。即使大才如苏轼的“豪气”也只能证明天才诗人的意气风发和故作豪放而已。“荷尽已无擎雨盖，菊残犹有傲霜枝。一年好景君须记，最是橙黄橘绿时。”《赠刘景文》一诗表现的恰恰是诗人对菊花气象的无私赞颂。而欧阳修的《秋声赋》则是这种心理体验和情感体认的忠实书写。事实上，秋分才是平分秋色的正式标志。漫长的严

[1] 朱东润. 中国历代文学作品选（上编 - 第一册）. 上海古籍出版社，1979.

冬令人索然无趣，沉闷的冬景使人倍感凄凉。柳宗元的《江雪》则是对冬日物色的天才书写和孤独绝唱。至于春暖花开、春回大地之时，百草变绿、莺歌燕舞的活色生香场景诱惑、启发着诗人情不自禁，自由书写胸中的真切感受和生命理想。春耕、夏耘、秋收、冬藏是四季给人的生理节律和节奏体验，表现在诗文中自然离不开大地的生命节奏与之相呼应。当然，自然的节奏是客观的、实际的，而一旦加上人文的、人事的、情感的、生命的因素，这节奏就会出现些许的生命变奏和奇异书写。因此，柳宗元的《永州八记》《江雪》虽为自然节奏的书写实为生命节奏的压抑之作。而刘禹锡的《秋词》、苏轼的《赠刘景文》看似阳刚豪迈的放歌实为压抑委屈之作。"嘉会寄诗以亲，离群托诗以怨。至于楚臣去境，汉妾辞宫；或骨横朔野，或魂逐飞蓬；或负戈外戍，杀气雄边；塞客衣单，孀闺泪尽；或士有解佩出朝，一去忘返；女有扬蛾入宠，再盼倾国。"（钟嵘《诗品》序）诸如此类的情感遭际自然激荡着你的心灵，使你胸潮澎湃、情难自已。此时的诗歌是最好的表达方式，其妙处一言难尽。"凡斯种种，感荡心灵，非陈诗何以展其义；非长歌何以骋其情？故曰：'《诗》可以群，可以怨。'使穷贱易安，幽居靡闷，莫尚于诗矣。故词人作者，罔不爱好。"（钟嵘《诗品》序）诗歌是人们情感表达的粘合剂、心理体验的释放剂和灵魂寄托的安慰剂。这种感情的来源不是自然而然就能够解释的，古往今来许多艺术家和理论家无不在绞尽脑汁为之解说、强说、曲说。但真正的理论界说无不充满着情感共鸣和心灵认同。"发愤著书"[1]是司马迁生命煎熬的诗意升华，"澄怀味道"、"卧游山水"[2]是宗炳一生献身艺术的绝好证明，"入兴贵闲"[3]、"病蚌成珠"[4]是刘勰对艺术家人生艺术化和艺术人生化的理性总结与创作经验的自觉体认，"人书俱老"[5]是孙过庭对一

---

[1] 张少康，卢永璘 . 先秦两汉文论选 . 人民文学出版社，1996.

[2] 朱良志 . 中国美学名著导读 . 北京大学出版社，2004.

[3] 牟世金 . 文心雕龙译注 . 齐鲁书社，1995.

[4] 同上。

[5] 朱良志 . 中国美学名著导读 . 北京大学出版社，2004.

生书法生涯的高度概括，“不平则鸣”[1]是韩愈倔强性格和艺术气质的形象总结，“无意于佳乃佳”[2]是苏轼对诗意人生的最佳注脚，“童心说”[3]是对李贽哲人气质和诗人情怀的天才说明，“出入说”[4]是王国维对前人和自己为学、为诗、为人的简洁阐释。总之，体认是古代哲人科学观察和诗人审美体验的基础。

三、体认是古代理论家进行文学建构的平台

在文学创作领域，陶渊明无疑是一位最典型的体认型的伟大艺术家。从入世到出世、从奔走公干到回归田园，鞍马劳顿、家境贫寒、老母弱子、精神煎熬等情感体验都在艺术创作中得到恰如其分的表现，成为千古景仰的精神航标。“结庐在人境……心远地自偏。”是心的呼唤、情的和鸣、灵的满足、神的畅达。之所以炳彪千秋，启迪后人，恰恰在于他的自然而然、平淡高远。“种豆南山下……但使愿无违。”（《归园田居》其三）“草盛豆苗稀”是生活语境的自然延伸和身体力行的忠实告白。没有“种豆南山下”的身体力行，何以观察得如此细腻深刻、描写得栩栩如生？“衣沾不足惜，但使愿无违”既是自我安慰，也是灵魂冒险之后的自我告白。身体疲倦、物质匮乏、劳动辛苦、农事繁琐皆不可怕，只要“愿无违”就会心安理得。他的一切行动、“折腾”、磨难、煎熬都是这一目标的衍生。“性刚才拙，与物多忤”（《与子俨等疏》）、“饥冻虽切，违己交病”（《归去来兮辞》并序），都是这个心“愿”在做主！这个“愿”景就是诗人的生命追求和人生理想，也是诗人梦寐以求的乌托邦。现实中就是“相见无杂言，但道桑麻长”的田园居生活，理想的生活空间则是“不知有汉，无论魏晋”、“黄发垂髫，并怡然自乐”的“桃花源”。正因为有“披草共来往”的生命体认，才有“桑麻日已

---

[1] 周祖撰．隋唐五代文论选．人民文学出版社，1999.

[2] 上海书画社．历代书法论文选．上海书画社，1979.

[3] 蔡景康．明代文论选．人民文学出版社，1993.

[4] 王国维．人间词话人间词．谭汝为校点，群言出版社，1995.

长，我土日已广”的细心观察和内心喜悦，自然拥有“常恐霜霰至，零落同草莽”的担忧和祈愿：辛苦一年，力求五谷丰登，皇天不负勤劳人。这与米勒《拾穗者》(1857)、梵高《农夫的鞋》(1866)有异曲同工之妙。对降雪的描写同样充满着他那独到的体验和体认。“倾耳无希声，在目皓已结”(《癸卯岁十二月作与从弟敬远一首》)之所以成为千古咏雪绝句，恰恰在于诗人独特的生命体验和生活经历。“大音希声”(《老子・四十一章》)是道家对无言之美的诠释。这两句非常高妙地对雪之精神淋漓精致的表达。诗人的生存环境是安静而清贫的，心情是复杂而单纯的。“萧索空宇中，了无一可悦”。虽有千载“遗烈”相安慰，但选择却是自觉自愿的，无需“君子固穷”来标榜，而是平津大道不想苟且依附而已。“性刚才拙”的心曲只能似皑皑雪野般充满着大美，需要心领神会，妙悟自然。“寄意一言外，兹契谁能别”的滋味又有谁能解得开？从弟敬远大概是他的一个知音。“此中有真意，欲辨已忘言”只是无需论辩甄别的精神愉悦。神交已久的朋友兄弟不需多言，正如这皑皑雪花就是最美的意境：大音希声，大象无形，大友无礼，大心无外。相较而言，柳宗元高远孤寂的《江雪》在意境上与陶渊明尚隔一层。我们从中不难解读出这是“千万孤独”的藏头诗。从他的身世来看，政治期许与现实处境间的巨大心理落差使之久难释怀。《永州八记》与《江雪》浓浓的政治情怀难以化开。河东望族的出身加大自我期许，进入改革集团加剧自我膨胀，巨大的政治打击使之措手不及。与刘禹锡愈挫愈勇的用世热情始终不减相反，现实绝望和理想期望始终煎熬着他。这种凄苦孤独、绝望无告的情怀充溢在作品中。而“玄都观”之诗则彰显着刘禹锡这颗铜豌豆的奇品异行。陶渊明的诗文一直是低调的、沉郁的、坦荡的、自然的，在平易中自然地流淌着。这种因性格气质、人生体验和心理体认导致的异同引起苏轼的高度关注。“所贵乎淡者，谓其外枯而中膏，似淡而实美，渊明、子厚之流是也。”[1] 陶柳相似、柳诗学陶已为后世诗人与学者广泛认同。这既是苏轼的独到发现，也是苏轼亲身体认的诗意表达。

---

[1] 北京大学北京师范大学中文系，北京大学中文系文学史教研室．陶渊明资料汇编．中华书局，1962.

体认在创作中的表现可以《和陶诗》为例。一般说来，伟大而优秀的诗人是无法模仿的，模仿者纵有奇特的天才也难以做到。作为中国文学艺术史上无可超越的伟大艺术家，苏轼在诗歌上却是忠实的“陶粉”。一个人在才能技艺上可以弥补，在性格和情感类型上却无法凑合与替代。这一点在苏轼身上得到很好的证明与确认。正是苏轼的大力推介才使陶渊明在宋代文人集团中享有极高声誉，正是苏轼的大力摹写使《和陶诗》成为古典诗歌中的奇葩与景观。苏轼在诗、词、歌、赋、文、书、画等方面的天才显示出他的全面发展与别开生面，成为时人与后人难望项背的表率。但在《和陶诗》的步韵和境界上，他欲与陶公试比高的愿景却遭到决然的拒绝。苏轼的《和陶诗》零星写作于知扬时期，大量集中于被贬惠、儋时期。经历黄州贬谪后，官场的风险与邪恶使之性情外露和放言无忌的个性稍有收敛，新旧党争的漩涡使他倍感宦海凶险，逐渐冷却了对功名利禄和政治事功的热望，真正认识到回归自然的珍贵。但在深入了解农村生活和农民气质等方面他与陶渊明还存在着某些差异，在创作中形成难以逾越的障碍。《归园田居》充分说明了体认对作家创作的制约性与导向性。苏轼在《和陶归园田居六首并引》中这样介绍“和诗”的语境。这是广陵之时和陶《饮酒二十首》的故伎重演。“要当尽和其诗乃已耳。今书以寄妙总大士参寥子。”这有双重目的，一是尽和其诗逞其才，二是与参寥共赏炫其才。并未深入生活后的为情造文使这一目的打了“折扣”。在这“心造的”环境中，作家的情感体认毕竟是有差异的。在《其一》的押韵和意象等方面，苏轼的天才可以左右逢源，将诗的技巧弥合得天衣无缝、无懈可击。如第一句就有欧公《醉翁亭记》开篇之影。但在诗歌的情感逻辑和构成要素上却存在着难以遮掩的“瑕疵”。这首诗通篇说的是一位士大夫身上的烟火味不足而文化气有余的生活体验。而陶诗《归园田居》（其一）强调“恋”、“思”之因，落脚在“开荒”、“守拙”，表明园田居的方位，进一步书写园田居的环境和布局，最后表达“复得归自然”的感受和心境，自然从物理空间的“余闲”延伸到心理空间的“余乐”。整首诗一气呵成，水到渠成，言简意赅，无懈可击。相较而言，苏轼的和诗则显得有些造作和人为。先写环境与空间，接着写时间、邻舍、田产、需求、生计、心态，最后归结为“自闲”、“悠悠”、“聊乐”。若从诗意的逻辑来看，诗歌写得确实有些突兀和造次。和诗之所以如此别扭与不适，恰恰在于苏轼的不接地气和不带体温。到山上转悠一圈就能体认出陶渊明用眼泪与辛酸换来的生命体验和心理认同，那岂不太容易了吗？诗歌是用心体会出来的，而不仅仅是用笔写出来的。这也许就是宫廷文学与民间文学、文人之诗与民间歌谣的根本区别：天然与人工、实感与才学之别。在艺术创造中，亲身实践与心里体认是不可或缺的。鉴于此，我们就不难理解“三曹”父子、“三苏”父子创作的差异，周氏兄弟风格的悬殊，朱自清俞平伯的同题散文《桨声灯影里的秦淮河》意境差异之所在。一句话，体认不同，即使你有再大的学识也无法取代别人的风格。

体认在鉴赏中的表现可在陶诗、杜诗的接受过程中得以充分体现。体认不仅是艺术家进行创作的必要前提，也是他们进行高级社会实践活动的物质和精神基础。如前所述，人的身体是个特殊的中介，寓物质与精神、存在与意识、触觉与情感为一体。不论是文学艺术家还是文学理论家和美学家，要真正进入艺术精神的金色殿堂就必须从体认出发。缺少体认的姿态和状态就会与艺术创作无缘，与艺术鉴赏和艺术理论隔膜。古今中外一切伟大的艺术家和艺术理论家无不深谙心理体认和情感体认的奥妙。如果没有司马迁的亲身体会，“发愤著书”就不会这么早被发现也不会这么有说服力。正因为他饱尝被曲解被诬陷被打击的深刻痛苦、心灵骄傲和生命危机，所以他才切身体会到从周文王、左丘明、孙膑直至屈原等人有所作为背后深刻的心理动机和精神助力。否则，他本人就不会那么刻骨铭心地大力加以阐释、呼吁和界定。发愤与著书的关联恰恰在于有所愤、有所屈、有所怨，所以才不愤不发、不屈不叫、不怨不悔。如果换成公孙弘，这一理论就会难产，“史家之绝唱，无韵之离骚”[1]的《史记》也难见天日，如今天的崇高与宏伟更是奢望。

[1] 鲁迅．鲁迅全集（第十卷）．人民文学出版社，1973.

同样，如果没有对古今作家的深入研究和自己创作的亲身体会，刘勰也不会提出“病蚌成珠”[1]、“入兴贵闲”[2]等主张。终生未婚、家贫而寄居定林寺潜心研读佛学的阅历以及著成《文心雕龙》之后邀约沈约引荐、推举的体认，对刘勰来说应当是刻骨铭心、没齿难忘的。珍珠之所以闪闪发光，人们只看到其表面的光彩，谁能理解河蚌的痛苦。在河蚌和珍珠、痛苦与辉煌之间发现其中的关联与奥妙，非有“天将降大任于斯人”[3]的奇特经历、生命煎熬和情感体认是难以胜任的。刘勰恰恰具备了这样的天赋与条件。正所谓风光的背后不是沧桑就是肮脏。“澄怀味道”、“卧游山水”[4]非有宗炳式的艺术体验和刻骨铭心的情感体认而难以提出。而“人书俱老”[5]是孙过庭对书法艺术的终生热爱和投入之后才发现书法与年龄、经历和纯熟、老态与老练之间的深刻关联。另外，“不平则鸣”之于韩愈不仅充分说明了作家本人不幸的遭遇，而且也间接表述了韩愈深刻的人文关怀和对不幸诗人的深切体察。“童心说”之于李贽具有同样的道理：正是李贽的无所畏惧、仗义执言、独立不羁和蔑视权贵才发现“童心”与“性情”、常识与“真理”之关系。事实证明，没有深刻的生命体验、情感经历和心理体认，就难以提出原创理论和深刻见解。文艺理论的建构与发展同样离不开这一规律。

体认是审美感知的基本范式。体认在文学批评中也同样重要。体认的有无和深浅直接影响着一个批评家对批评对象的价值判断和审美定位。陶渊明独特的艺术风格是一般批评家难以把握的。“高情淡采”的艺术风格和随意深刻的审美体验常常包裹在看似平淡而实为深蕴的词语下面。如果你在想象和体认不能兼备的前提下，就很难进入这一独特艺术世界。即使天才如苏轼也不例外。在对陶渊明的经典化历程中，苏轼的贡献是独到的和不可磨灭

[1] 牟世金. 文心雕龙译注. 齐鲁书社，1995.

[2] 同上。

[3] 孟子. 孟子. 告子下. 焦杰校点，辽宁教育出版社，1997.

[4] 朱良志. 中国美学名著导读. 北京大学出版社，2004.

[5] 同上。

的。南北朝一流的作家和批评家把他视为隐士者不在少数。之所以如此，恰因为他的文学创作太“另类”。“另类”指他的审美思想和文学观念与华丽奢靡、肤浅炫技的时尚趣味格格不入。谢灵运、沈约、刘勰看不上他，即使是忘年交颜延之对他的评价也不高。对他着力最多、贡献最大者莫过于昭明太子。萧统的贡献主要在于较为全面地为陶渊明的研究和定位做出贡献，具体表现在为陶渊明整理文集、撰写传记和集序、作出高评。钟嵘的中品评价也是在力挽狂澜中据理力争来的。但二人最明显的局限在于难以超越历史视角和时代熏陶，尤其是缺少深刻的审美体认和心理认同。恰恰这一点直接导致隋唐诗人对陶渊明整体评价不高。只有到了内敛大气、重文富足的宋朝，陶渊明的定位才尘埃落定。此时的优秀作家无不投以赞成票，即使是苛刻的朱熹亦给以高评。苏轼的评价更是无以复加，但其失误恰在体认不深、体验不实。即便在他深以“知音”、“独好”的前提下创作的《和陶诗》依然存在着严重的差距和误读。这里试以《归田园居》为例来分析之。在步韵、神韵、意象和诗意的逻辑结构等深层要素上存在着较大差距，其主因就在于他缺少真正的农耕生活、与田夫野老亲密相处的深度体验与情感认同。另在功名期待、个性性格的差异也不容忽视。“说不要就真的不要”、“心里很静”是陶渊明高于时人和后人处，苏陶之差距也恰在这里。李长之对司马迁、陶渊明、李白和鲁迅都有深刻的研究与体认。但在对陶诗的认同上颇费周折：20 岁不喜欢，30 岁感觉有点意思，40 岁后感觉有味道，有了深度认同。[1] 这既是他的肺腑之言，也是他对陶渊明逐渐体认的心路历程。对伟大作家的认同往往是循序渐进、渐入佳境的。就主观而言，欣赏者的生活体验、情感积累、思想积累和人生历练有个逐步深化的过程，由不知到知之甚多需要时间消化。20 岁任由感情好恶做选择。30 岁历经生活磨难后，突然发现生活的复杂、“三十而立”的不易。40 岁之后对人到中年万事衰已由深深的体味和领教。此时的情感体验渐趋深刻、心灵日渐成熟、思想逐渐深刻、认识逐渐

[1] 李长之．陶渊明传论．天津人民出版社，2007.

深入全面，偏激、偏狭、偏见逐渐远离。就客观来说，陶渊明是独特的文化存在。其深度创作尤其是代表作主要集中在四十二岁归隐田园之后。再加上陶渊明的诗歌创作属于元语言的[1]，无需修饰和雕琢，可以直译而无大碍。杜诗则属于精雕细刻之类，不易翻译。但在阅读理解上恰好相反，以佳句擅长的杜诗较易理解，而近于原生态的陶诗更需功力与体验，否则即使进入也难以久留和深度体认。所以天资聪颖、悟性独到的李长之在读陶时大费周折。而对“听雨”这一极平凡的事，倘若没有饱经沧桑的阅历与体认，既不会有蒋捷的美文流传也不会有后人心领神会的无言。由此可见，体认在阅读欣赏和批评鉴别上是非常重要的。

四、体认在当代文学理论建设中的作用

在当代文学理论建设过程中，建设有中国特色当代文学理论的基本指导方针是马克思主义、中国特色和当代性[2]，但要做到“中国特色”还须加上体认性。马克思主义属于西方哲学，在体认性上还需要中国元素的介入。只有体认性的介入，才能保证马克思主义哲学方法的辩证性，才能与中国特色的文学理论传统接轨。在这个基础上建立起来的当代中国文学理论才能接地气，体现出充分的中国特色。

体认是生存感知的基础。在日常生活中，人们一切常识的习得和知识的获得时刻离不开自身的五官感觉。眼、耳、鼻、舌、声等五官的功能就是感知和体认。一般心理学所说的在感觉、知觉基础之上建立起来的概念、判断和推理就是这样逐渐获取的。逻辑基础的建立和科学素养的培育无不与感觉相关。可以毫不夸张地说，没有感觉，就没有一切。光线之于瞳孔、声音之于耳朵、气味之于鼻子、食味之于舌头、气温之于身体的感觉自然建立起生

[1] 傅道彬，于茀 . 文学是什么 . 北京大学出版社，2002.

[2] 童庆炳 . 文学理论教程 . 高等教育出版社，2004.

活常识和科学知识。这既是最基本的身体观，也是建构社会关系的本体观。本体就是最基本的存在。没有本体化的主体存在，一切皆会成为无源之水、无本之木。没有刻骨铭心的生命体验和痛彻心扉的磨难，生命的深度和广度就无法深化与升华。大凡经历过生死考验的人往往会更加珍视生命和亲情，对金钱名利和权势地位皆会有重新的考量。死过一回、大彻大悟的人还怕什么呢？“未知生焉知死”，是孔子敬畏生命、珍重人生的具体表现。因为生命难以穷尽，保持谦逊之态方为明智。只有体验到人生历程中的酸甜苦辣，才有资格谈论人生。只有在生死边缘徘徊过的人才有资格谈生死。因此，“未知生”者就无法体验死亡的滋味，更无资格去“知死”！常言道，不养儿不知父母恩。的确如此，要想知道梨子的滋味必须亲口偶尝一尝。这是毛泽东的名言，是实践出真知的最好佐证，也是生命体验哲学的形象说明。生、老、病、死，喜、怒、哀、乐、爱、恶、惧等看似简单的抽象名词，只有在充分体认之后，才能真正体验其中无穷的奥妙和滋味。你没有参与生命的创造，你就难以体会生命的艰难和珍贵。十月怀胎一朝分娩，对于女人、母亲是多么伟大的壮举和痛苦的风险，是以生命的代价去参与人类创造的可敬壮举。激情的喜悦、妊娠的反应、食不甘味的痛苦、小心翼翼的呵护、坐卧不安的保胎、美丽容颜的消逝、美好体形的改变、分娩的阵痛、难产的绝望、生死边缘的徘徊，这一切只有做过母亲的人才知道，做母亲确实是伟大而艰难的。因此以下说法似不为过：未结过婚者是不全面的人，未生养过者是难有深度的人。未结过婚的人难以体验到两性的结合需要磨合与让步、付出与责任、体贴与担当。没有生养过孩子的人就不会知道生命的可贵和人生的艰难，就无法体验到养家糊口的责任与担当。因此古人才说修身、齐家、治国、平天下。没有修身、齐家的体认与修炼，怎么可能去指望你治国、平天下呢？当然，此前还有格物、致知、诚意、正心四个初级阶段。事实上，格物就是对自然万物的具体体认，在儒家为学与为人的序列中极为重要。在朱熹《大学章句》的“三纲领”（“明明德”、“亲民”、“止于至善”）、“八条目”（“格物”、“致知”、“诚意”、“正心”、“修身”、“齐家”、“治国”、“平天下”）

中，格物是根基之基、重中之重。没有了格物或体认，就无法谈论人生的一切，就还处在人猿混成的边缘。只有明晰了这一切，才完成了人猿相揖别的历史使命，逐渐走向正人君子的坦途。可以说，没有基础的体认就无法领略人生与世界的奥秘。

体认是创作过程的起点。体认既然是了解人生、认识世界的前提，那么它也自然而然地成为人类高级精神活动的基础与前提。毋庸置疑，体认也会成为文学艺术创作过程的起点和终点。我们之所以说体认成为创作过程的起点，恰恰因为体认就是个体参与生命活动、社会实践活动最基本的前提和出发点。如前所述，四季更替自然引发人们的身心变化，心理的不同感受自然会引发情感的别样认同。比如同是春暖花开时节，不同处境者的心理活动和情感倾向就会有所不同。得意之时，科场成功人士自然会喊出“春风得意马蹄疾，一夜看尽长安花”（孟郊《登科后》）；在青春受到压抑之时，少女便会喊出“良辰美景奈何天，赏心乐事谁家院”（汤显祖《牡丹亭·游园惊梦·皂罗袍》）；当生命自由受到压制时，作为阶下囚的李煜便会有“问君能有几多愁，恰是一江春水向东流”（李煜《虞美人》）的绝唱；当生死离别之际，欧阳修会感慨“离恨恰如春草，渐行渐远还生”；失意沉醉之时，柳永会咏叹“今宵酒醒何处，杨柳岸晓风残月”（柳永《雨霖铃》）；战友分别自然会有“劝君更尽一杯酒，西出阳关无故人”（王维《送元二使安西》）的劝慰；而远在边关的战士却会有“春风不度玉门关”（王之涣《凉州词》）之悲叹，背井离乡而又归心似箭的人却有着“昔我往矣，杨柳依依。今我来思，雨雪霏霏”（《诗经·小雅·采薇》）独到的体验与发现，满心忧郁而又充实的诗人自然喊出“面朝大海，春暖花开”（海子《面朝大海，春暖花开》），固守春闺的思妇油然而生“忽见陌头杨柳色，悔教夫婿觅封侯”（王昌龄《闺怨》）的悲怨与反悔……自然现象中的春季就在不同境遇、不同心态者心中激起无限诗意，便会生发出无限的咏唱甚至是绝唱。原因何在？客观存在的四季循环和气候变化一旦遭遇到身份地位、处境遭遇和健康状况等迥异者就会一石激起千冲浪，无限忧乐在愁肠。即使没有这样多的遭际，饱含生活激情者也会有“胸中勃勃，遂有画意”[1]的冲动。一般说来，创作过程的产生大致经历三个阶段，那就是艺术积累、艺术构思和艺术传达。而在第一阶段，材料的积累固然重要，思想积累、情感积累、理论积累、艺术素养积累等莫不与心理体认密切相关。在生命体验和心理体认上，这种神秘的感染力和制约力是无法传达与替代的，曹丕解释为气质差异，今天更多认为是体认差异。“虽在父兄，不能以移子弟”[2]，多强调先天的差异。而体认主要在后天的环境与经历。佛教强调“六根清净”，在眼、耳、鼻、舌、身、意中，正因为前五者属于感官，较为客观，而“意”则相对主观。前五根的差异就决定着第六根的绝对不同。佛教主张禁欲去念，我们从反向思考则会发现这六根恰恰是意识多样化、艺术多样化、审美多样化的根本所在。因此在唐宋八大家中，“三苏”父子的个性差异就很明显，因体认而导致的文学差异则更为巨大而突出。此前的“三曹”（曹操、曹丕、曹植）、“四萧”（萧衍、萧统、萧纲、萧绎），此后的“二周”（鲁迅、周作人），皆是父子兄弟间的差异。即使在父女、母女间也会存在着差异，如当代作家王愿坚、茹志鹃和王安忆一家三口间的差别就是最好的说明。即使是同一时间内的同一经历，不同人也会有不同的体认。前者如时任盩厔县尉的白居易、陈鸿、王质夫三人同游马嵬坡，《长恨歌》与《长恨歌传》就有很大差别。后者如俞平伯、朱自清的同题散文《桨声灯影里的秦淮河》也大异其趣。

体认是欣赏自得的前提。体认不仅是创作的前提，也是阅读和欣赏的前提。作为一位合格的读者务必要有丰富的人生经验和审美体验，仅有读书还不够。陆游说，“纸上得来终觉浅，绝知此事要躬行”（陆游《冬夜读书示子聿》）。董其昌也认为读万卷书和行万里路缺一不可。[3] 这充分说明了实践出真知，实践使阅读更高效、更切己。只有具备丰富的学养、阅历、体验、体认和想象力的人才能成为他所喜欢作家的知音。钟子期和伯牙的故事就是最

[1] 俞剑华．中国古代画论类编．人民美术出版社，1998.

[2] 郁沅，张明高．魏晋南北朝文论选．人民文学出版社，1996.

[3] 朱良志．中国美学名著导读．北京大学出版社，2004.

好的注脚。“伯牙善鼓琴，钟子期善听。伯牙鼓琴，志在登高山，钟子期曰：‘善哉，峨峨兮若泰山！’志在流水，钟子期曰：‘善哉，洋洋兮若江河。’伯牙所念，钟子期必得之。”[1] 这是高山流水遇知音的典故。钟子期之所以能够听懂伯牙的音乐，除了悟性和灵性外，最主要的是经历了最基本的孤独、困苦（包括艰难与绝望）等情感体验。而饱经忧患体验的伯牙之音乐恰恰能够打动钟子期。在艺术欣赏和艺术认同过程中，审美经验认同所导致的共鸣是一种普遍现象。政治家或政治情怀浓郁的读者往往很易认同曹操的《龟虽寿》。王仲楚每当咏唱这首诗时，常常挥舞着手中的玉如意下意识地将玉唾壶边缘敲达得参差不齐。[2] 在战争年代，岳飞的《满江红》能激起不屈服民族的群情愤慨，奋起反击。如果你是未婚的男女就很难理解《郑伯克段于鄢》中“兄弟睨于墙”[3] 起因于郑庄公的逆生使母亲产生厌恶心理。同样，没有经历过战乱年代生离死别的体验，就无法体会到杜甫“三吏”、“三别”的艺术魅力。在中国古代文学史上，“自得”是一种很高的艺术欣赏境界，远非“共鸣”所能比拟。它大致相当于今天的领悟和延留，也就是如醉如痴如狂的状态，是“余音绕梁，三日不绝”[4] 和“三月不知肉味”[5] 的陶醉。当然，这种欣赏状态的持久存留就会在不知不觉中改变着欣赏者的人格倾向和价值判断。此乃孔子“兴于诗，立于礼，成于乐”[6] 的经验总结。由诗歌进人审美状态，由道德规范确立人的行为规范意识，然后再由艺术熏陶来集成人的伦理规范。这种顺序既是做人、立人、成人的心理流程，也是“寓教于乐”的最佳说明与实践准则。

体认是批评升华的标准。体认不仅是生存、创作、欣赏的前提和基础，而且也是文学艺术批评的重要基础和前理解。事实上，源于文学艺术家体认

---

[1] 列子．列子·汤问．贾二强校点，辽宁教育出版社，1998.

[2] 刘义庆．世说新语．豪爽．张艳云校点，辽宁教育出版社，1997.

[3] 左丘明．左传．隐公元年．顾馨，徐明校点，辽宁教育出版社，1997.

[4] 列子．列子·汤问．贾二强校点，辽宁教育出版社，1998.

[5] 孔子．论语·泰伯．黄永年校点，辽宁教育出版社，1997.

[6] 同上。

基础之上的文学艺术创作还必须用相应或相似的艺术体验来进行“完型”建构。格式塔文艺心理学认为，一件艺术作品就是一个完整的艺术建构和系统的完型创造，任何部分的改变或挪移都会直接或间接影响着整体格式塔的建构或意向的变化。一个格式塔的建立充分体现出自身的系统性、抽象性、完型性和异质同构性。文学艺术作品的创作与欣赏同样如此。一件艺术作品就是一个格式塔质的建构与完型。其中定型之后的作品哪怕挪动一个字就会直接改写着作品的意象生成和意向指认。比如陶渊明的“采菊东篱下，悠然见南山”这一诗句就有很大争议。自陶渊明逝世以来，其作品的版本在传播过程中出现了些许变数。誊抄、刻印、水渍、虫蛀、风化等因素的介入使得作品在流布的过程中难免不受异见的篡改。此前的主流版本是“悠然望南山”，这样就因非成是地承传下来，几乎毫无障碍地被继承下来。到了宋代，苏轼以他无可比拟的天才悟性对此提出质疑，认为应该是“悠然见南山”[1]。“见”同“现”。虽一字之改，而境界却有很大差别。既然是“悠然”，那就不是故意张望、观望，而是在不经意间瞥见或面对着南山（庐山）。据记载，陶渊明的故里处于庐山北麓，高大的庐山耸立在南面，而忙于采菊的陶渊明在无意中瞥见庐山是很自然的。无需刻意张望就能看到庐山。既然是采菊，肯定是天高云淡、秋高气爽的时节。既然归园田居是陶渊明自觉自愿的选择，那么他的言行举止当然会很低调，无需张扬和招摇。既然是采菊东篱下，那就纯粹是个人的生活行为，一切皆会自然而然，无需如行为艺术家般故意做作。这样看来，“悠然见南山”既符合语境也符合心境，更切合意境，与“采菊东篱下”和“悠然”形成绝配。这也是铁杆“陶粉”苏轼的独到发明与发现。其他如“红杏枝头春意闹”、“云破月来花弄影”都是恰到好处的经典案例，都是“著一‘闹’（‘弄’）字，而境界全出”[2] 的匠心独运。杜甫、陆游有关知与行的名言无不强调体认的重要性。实践出真知、实践生体验。

[1] 北京大学北京师范大学中文系，北京大学中文系文学史教研室．陶渊明资料汇编．中华书局，1962.

[2] 王国维．人间词话人间词．谭汝为校点，群言出版社，1995.

如果没有真切的体认，纵使你是大学问家、大作家、大艺术家、大批评家也会闹出笑话。杜甫《古柏行》中的“霜皮溜雨四十围，黛色参天二千尺”主要着眼于作者对诸葛亮的憧憬和敬仰，而非实写。而宋代大科学家沈括在《梦溪笔谈》中却加以苛责，“无乃太细长乎”[1]则是科学思维对艺术思维的强干扰，也与对艺术创造缺少同情理解和体验不足有关。而今著名作家孙犁也出人意料地对蒲宁的短篇小说《乌鸦》作出伤风败俗、父子争风吃醋的酷评。[2]事实上，蒲宁的小说是象征主义小说，用实证思维来解读象征思维的作品肯定会造成圆枘方凿的硬伤。事实上，这篇小说揭露了帝俄时代父亲的独断专行和为所欲为的暴行，为了一己欲望可以扼杀儿子的美好理想。正如他的《轻轻的呼吸》也寄寓着象征主义的审美意蕴：美好的事物是短暂的、终究会被扼杀与毁灭。由此可见，没有充分的生活经历和艺术体认，做一个合格的鉴赏者和批评家也绝非易事。体认是艺术评论的必要前提。

由此可见，体认不仅是古代士人认知世界的基本方式、古代哲人科学观察和诗人审美体验的基础、古代理论家进行文学建构的基本资源，而且也在当代文学理论建设中具有不可忽视的重要作用。在当代小康社会和中华民族伟大复兴的进程中，体认就是最基本的前提。只有每个人都对幸福和谐和坚强自信有充分体认的时候，和谐社区、小康社会、民族复兴就会指日可待。

[1] 沈括．梦溪笔谈．讥谑．刘尚荣校点，辽宁教育出版社，1997.

[2] 孙犁．尺泽集．百花文艺出版社，1982.

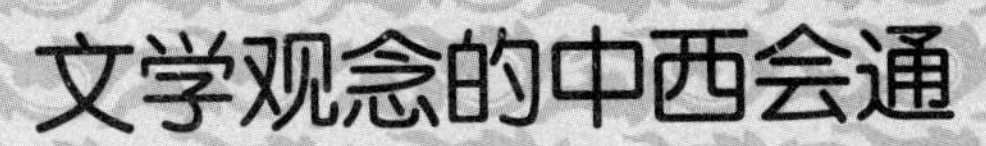

文学观念的中西会通

欧美中国文学史写作与文学史研究新变
——以《剑桥中国文学史》为例

韩　军[1]

［摘要］ 从19世纪末20世纪初直至当下，国内外有关中国文学史的研究已经出版了众多著作。其中，作为中国传统学术资源以及西方现代学术研究方法的辨正，这些著作都会涉及研究对象、问题意识、写作框架、研究方法等方面的斟酌选择，这也在不同时期、不同文化语境下形成了中国文学史的不同面目和研究特色。《剑桥中国文学史》作为欧美汉学界最新出版的一部中国文学史，鲜明体现了西方当代学术理念在中国文学研究领域的运用，对之开展全面梳理和反思，也有助于打开中国学界自身的研究视野，确立更为合理的中国文学研究方式。本文选择《剑桥中国文学史》两个核心编纂理念——“文学文化史”和“史中有史”，结合西方当代学术语境展开深入分析，具体说明了《剑桥中国文学史》在“文学文化”本位分期、经典化与去经典化、重构中国女性文学史、关注物质文化影响以及文学接受史几方面的研究特色，反思了其中存在的偏颇和不足，以希望对于中国学界自身的中国文学史研究提供有益借鉴。

［关键词］ 剑桥中国文学史　文学文化史　史中有史　去经典化

[1] 韩军，华中师范大学文学院教授。

一般认为，文学史研究作为一门从历史角度把握文学渊源流变的学问，是从 18 世纪开端，以英国学者托马斯·沃顿撰写的《英国诗歌史》为标志。此后，众多学者纷纷参与推动，共同使这门学问取得长足发展[1]。中国文学史研究的兴起，是 19 世纪末 20 世纪初中国国门向世界打开之后的事情。1880 年，俄国学者瓦西里耶夫出版《中国文学史》，1898 年，日本学者笹川种郎出版《支那历朝文学史》，1901 年，英国学者翟理思发表了自称为开山之作的《中国文学史》（因语种原因，影响也较大），自此之后，这类著作不断涌现。在中国传统学术中，原没有文学史一门，根据钱基博的考察，古代“文史”之名，“始著于唐吴兢《西斋书目》，宋欧阳修《唐书·艺文志》因之；凡《文心雕龙》《诗品》之属，皆入焉。后世史家乃以诗话文评，别于总集后出一文史类。《中兴书目》曰：‘文史者，所以讥评文人之得失。’盖重文学作品之讥评，而不重文学作业之记载者也，有史之名而亡其实也。”[2] 中国学者对中国文学史的编著，乃是 20 世纪初受国外影响才开始的。大致说来，林传甲于光绪十三年（1904）为京师大学堂编写讲义《中国文学史》为其滥觞，20 年代有谢无量《中国大文学史》（上海中华书局，1912 年）、胡适《白话文学史》（上海新月书店，1928 年）可为代表，30 年代有郑振铎《插图本中国文学史》（北平朴社出版部，1932 年）可为代表，四五十年代有刘大杰《中国文学发展史》（中华书局 1941 年出版上卷，1949 年出版下卷，古典文学出版社 1957 年重版）可为代表，60 年代有中国科学院文学所编《中国文学史》（1962 年，人民文学出版社）、游国恩等编写的《中国文学史》（1963 年，人民文学出版社）为代表，新时期以来，文学史著述颇多，大约也可以章培恒、骆玉明主编的《中国文学史》（复旦大学出版社，1996 年）、袁行霈主编的《中国文学史》（1999 年，高等教育出版社）为代表。中国文学史的编纂，以应用于教学为主，在现代学术意义上实承担着经典建构、薪

[1] 参见周发祥:《西方文论与中国文学》，江苏教育出版社，1997 年，第 61 页。

[2] 钱基博:《中国文学史》，中华书局，1993 年，第 6 页。

火相传乃至辨明史实等重要功能。而为发挥功能故，中国文学史的编纂中又有种种史观、识见、架构的变化。林本以笹川种郎著述为样本，内容庞杂，文学史等于学术史[1]；胡本始有“独见”，着眼于白话正宗的“活文学”；郑本着眼于“时代与民众”及外来影响；刘本着眼于各时代主潮及各种外在影响[2]；60年代版本有经典马克思主义的指导；新时期以来版本则承80年代以来“重写文学史”的呼声，或突出“文学即人学”的根本，或强调文学之多元因素聚合，体现出令人振奋的新色彩。迄至当下，西方学术话语依然占据主导，不过在重振中国文化精神的氛围中，已有不少学者开始重新审理中国文学、文化的固有品性，如林本当年看来芜杂的“文”，回返历史来看实有其特定的社会、生活、主体关联，当年看来不类文学史的诗话文评、著作目录、文集杂谈中，可能反而体现了中国学术的固有特质，即使说到理论，有没有理论是一回事，如何表述理论又是另外一回事……总起来看，中国文学史的讲述，自20世纪初直至当下，其中涉及的研究对象、问题意识、写作框架、研究方法等，始终都要面对中西古今的关系错综。在这个意义上，欧美汉学界的中国文学史撰著，虽说自有西方学术传统的基础、有面向西方读者的特定需求，但就知识的共通性、现代学术与中国传统的关系，还有在学术发展中对中国文学品质的深入发掘等方面，彼此之间还是有诸多可以相互借鉴和相互比较之处。值得注意的是，对那些在国内学界引起很大反响的欧美中国文学史著作，尤其需要得到学理层面上的细致分析，这样才能切实增益我们对自身中国文学史的思考。

---

[1] 林传甲《中国文学史》分十六篇，第一篇“古文籀文小篆八分草书隶书北朝书唐以后正书”，第二篇“古今音韵之变迁”，第三篇“古今名义训诂之变迁”，第四篇“古以治化为文今以辞章为文关于世运之升降”，第五篇“修辞立诚辞达而已二语为文章之本”，第六篇“古经言有物言有序言有章为作文之法”，第七篇“群经文体”，第八篇“周秦传记杂史文体”，第九篇“周秦诸子文体”，第十篇“史汉三国四史文体”，第十一篇“诸史文体”，第十二篇“汉魏文体”，第十三篇“南北朝至隋文体”，第十四篇“唐宋至今文体”，第十五篇“骈散古合今分之渐”，第十六篇“骈文又分汉魏六朝唐宋四体之别”。

[2]《朱佩弦先生序》，见林庚：《中国文学史》，国立厦门大学，1947年。

一、欧美中国文学史书写概观

自1901年英国著名学者翟理思发表《中国文学史》以来，一个多世纪的时间里，无论是作为描述史实的科学研究兴趣、异域文化的搜奇猎胜，还是作为西方文学史研究体系的完善，乃至于服务于特定目的的信息整理，欧美学者从未中断过对中国文学史的撰著热情。百余年间，以“中国文学史”命名的通史研究，还有相关断代研究、文类研究、问题研究等层出不穷，颇为繁杂。要想在这样繁杂的资料中清楚地梳理相关研究概况，确实存在着资料上、语言上，还有时间上的诸般困难。有鉴于此，本文只就文学通史类著作做重点关注，希望能以此起到以点带面的论述效果。此外，这些“点”在历史过程中，与欧美汉学的发展一道也呈现着阶段性的分布，这也为以时间为轴来组织文字提供了方便。

（一）早期欧美汉学界的中国文学史著作（1900—1945）

从20世纪开始到二战结束，为早期阶段。时值“中国文学史”学科刚刚创立，相关著作较少，但也对中国文学的早期海外传播及此后欧美汉学界的中国文学史研究产生了重大影响。代表性著作有：［英］翟理思《中国文学史》（1901）；［德］顾路柏《中国文学史》（1902）；［德］叶乃度《中国文学史》（1922）；［德］卫理贤《中国文学》（1926）等。综观早期欧美汉学界中国文学史书写，其主要特点有：

1. 注意作为文学媒介的语言文字的变迁情况。在跨语际文化语境下，语言文字带来的差异可能是最容易被关注到的事实，对语言文字的分析和描述也往往成为汉学研究的首要内容。如早在基督教汉学时期，美国传教士卫三畏（1812~1884）就曾讨论过“中国语言文字的结构”、“中国经典文献”、“中国的雅文学”等内容，有些论述颇能代表汉学研究的一般意见[1]。作为问

[1] 这本书已出中译本，［美］卫三畏：《中国总论》，陈俱译，陈绛校，上海古籍出版社，2005年。

题的延续，翟理思《中国文学史》也关注了相关内容，如在汉代讨论了许慎《说文解字》对写字规范化所起的作用，在宋代讨论了韵书、辞书及相应文献学发展情况，甚至谈到了纸笔的发明和活字印刷术的发明对推动文学创作的意义。

2. 文学观念驳杂。造成问题的原因，一方面是英文“Literature”以及其他欧洲语言相似词语本身就有“‘著作’，或‘书本知识’”[1] 的丰富含义，另一方面中国文化传统中早期“文学”也有“文献”含义，文史哲不分也是自身的传统特色。这些因素自然会影响到欧美汉学界早期中国文学史的书写，因此在德国早期撰写的中国文学史里，现代意义上的“文学”变成了经史子集中的一切著作。而翟理思的《中国文学史》里也“多杂有哲学和史学等典籍的评介，翟理思甚至把药书也写在了书内”[2]。

3. 译介性的文字较多，在介绍作品时，能够与本国读者熟悉的作品相比较。与现代汉学作为一门专门的、学术性的学科相比，早期汉学家承担着向本国读者介绍他国文学的使命。由于语言文化的隔阂，在介绍中国文学史时，首要的任务便是翻译和概述作品内容。比如在《中国文学史》中，翟理思“不惜用 28 页的篇幅介绍《红楼梦》的情节”[3]。为了便于本国读者接受，作者们还将中国文学的某些作品与本国读者熟悉的作品相比，比如翟理思在介绍《西游记》时与 17 世纪英国作家约翰·班扬的《天路历程》相比，卫礼贤认为《红楼梦》与瑞士小说《绿衣亨利》一样是自传小说。

（二）“二战”后至八十年代的中国文学史书写（1945—1980）

“二战”给世界各国的汉学研究带来重创，经过一段时间的恢复，欧美

[1]［美］乔纳森·卡勒：《文学理论入门》，李平译，译林出版社，2008 年，第 22 页。

[2] 周发祥：《西方文论与中国文学》，江苏教育出版社，1997 年，第 63 页。

[3] 李丽：《翟理斯的〈中国文学史〉中的〈红楼梦〉》，《人文丛刊（第七辑）》，学苑出版社，2013 年，第 343 页。

对中国文学的关注骤然升温，80年代在德国甚至形成了“汉学热”[1]。此阶段出现了多部中国文学史著作，通史类著作有代表性者如：［美］陈绶颐《中国文学史述》（1961）；［美］赖明《中国文学史》（1964）；［法］奥迪勒·卡尔腾马克《中国文学》（1964）；［美］柳无忌《中国文学概论》（1966）等。此外德国汉学家还翻译了法国、日本的中国文学史著作，美国汉学界也翻译了中国学界的中国文学史著作。

从以上所引可知，欧美汉学界华裔学者开始崭露头角。与西方学者相比，华裔学者有着先天优势，他们既深谙中国文化，又受过西方式的学术训练，因此在中国文学史研究中往往比较深入，成就也较为显著。与此同时，欧美汉学界经过了几十年的学术积累，研究内容也进一步加深。与前期文学史著作中花很大篇幅去概述内容相比，此阶段的文学史著作明显地从“译介”变成了“研究”。而且，“中国文学史”书写中的跨国和跨文化学术交流，也预示了中国文学史研究新时代的即将到来。

（三）20世纪晚期以来的欧美汉学界中国文学史书写（1980年至今）

伴随着中国改革开放的深入，社会经济的巨大发展，中国与欧美国家的联系日益紧密，中西之间的学术交流也达到了前所未有的高度，“汉学研究”也从某些国家的研究拓展到了“全球化汉学”时代。在此背景下，欧美汉学界出版了以下几部中国文学史著作：［德］施寒微《中国文学史》（1990）；［美］梅维恒《哥伦比亚中国文学史》（2001）；［德］顾彬《中国文学史》（2002）；［美］孙康宜、宇文所安《剑桥中国文学史》（2010）等。此阶段中国文学史编写的特点有：

1. 编写人数众多，华裔学者占有很大比重。剑桥版的主要召集人和第一主编孙康宜教授即是来自台湾的华裔学者，全书17位作者中，有“8位是移民自中国大陆、台湾及香港的华裔‘汉学家’，另有一位则是土生土长的

[1] 何寅、徐光华：《国外汉学史》，上海外语教育出版社，2002年，第514页。

美国华人"[1]。这在上一阶段的文学史编写中是无法想象的。而哥伦比亚版的作者也有四十多位，其中也有几位来自中国大陆的作者[2]。

2. 多种体例，多种样式。剑桥版是一部以年代划分的中国文学通史，分上（1375 年之前）、下（1375—1949）两卷。哥伦比亚版主要以文体来分类，分"基础"、"诗歌"、"散文"、"小说"、"戏剧"、"通俗和边缘的呈现"几部分来专论中国文学。顾彬版十卷本《中国文学史》蔚为壮观，古代文学部分也是以文体划分。

3. 采用新的理念、角度书写中国文学史。二十世纪被称为"批评的世纪"，各种现代理论、后现代理论相继产生。在此背景下，"二十世纪六七十年代西方文学史界提出了'新文学史学'的概念"[3]，开始致力于新文学史的理论探讨。文学史家们纷纷对传统的"实在论"、"实证论"的历史主义的文学史观展开批判，"反本质主义"、"新历史主义"成为文学史书写的关键词。受此影响，美国学界相继产生了一些新的文学史，如《哥伦比亚美国文学史》《剑桥美国文学史》等。《剑桥中国文学史》提出的"文学文化史"、"史中有史"的编写理念很明显受到了新历史主义、解构主义影响，这与国内以及之前的汉学界中国文学史的书写来讲，都是崭新的，甚至是富有冲击力的编写理念。而作为十卷本《中国文学史》的主编，顾彬在第一卷《中国诗歌史——从起始到皇朝的终结》中，别出心裁地将"迄今为止被人忽视的宗教观点"、"探讨'忧郁'在中国思想史或者文化史上的地位"、"探讨'个性'或者'个体'"[4]作为写作中国诗歌史的三条线索。在第七卷《二十世纪中国文学史》中，顾彬直言不讳地声称"借文学这个模型去写一部 20 世纪思想

---

[1] 孙康宜：《孙康宜自选集：古典文学的现代观》，上海译文出版社，2013 年，第 7 页。

[2] Victor H. Mair, *The Columbia History of Chinese Literature,* New York: Columbia University Press, 2001, preface xviii.

[3] 王敏：《〈剑桥中国文学史〉与新文学史学》，《上海交通大学学报（哲学社会科学版）》，2012 年第 5 期。

[4] 顾彬：《中国诗歌史——从起始到皇朝的终结》，刁承俊译，华东师范大学出版社，2013 年第 1-2 页。

史”[1]。

总体上讲，作为中国文学之“他者”，欧美学者在编纂中国文学史时，由于身处西方语境面对西方读者，在语言文字、编写体例、叙述方式等方面做相应转化都实属必然。与中国学者的中国文学史研究相比，也呈现出同异相伴的情况：所谓同，是说研究有共同的对象——中国文学史，所谓异，是说由于所处文化语境、文学传统的关系，欧美学者看待问题的角度、研究问题的方法与中国学者有异，导致很多问题有不同的结论，论述上也显示出不同的风格特征。《剑桥中国文学史》作为欧美最新出版的一部中国文学史，最能代表欧美中国文学史写作的动态与特色，以下即以这部著作为中心对相关问题展开讨论。

二、《剑桥中国文学史》的编纂及其理念

《剑桥中国文学史》（简称“剑桥版”）作为西方世界出版的最新一部中国文学史，已经引发了国内一些学者的关注和评论[2]。大致而言，目前国内学界对剑桥版的认识主要还是集中在“文学文化史”之理念辨析或者论述细节的辨正上，这些工作极有必要但尚需要更深入系统的分析和说明，在互为关联的意义上，“文学文化史”是作为西方学术思潮的投射还是研究上的中西结合的自然趋入？在文学的认识上是有利于我们视野的拓展还是进一步消解了文学具有的价值和功能？乃至于文学史写作是否具有某种边界等类似问题，都可以从对这本书的关注和讨论中生发出来，在这个意义上，剑桥版也可以说为我们确立了一个新的探讨中国文学史写作的学术增长点。

[1] 顾彬：《二十世纪中国文学史》，范劲等译，华东师范大学出版社，2008 年，第 3 页。

[2] 参与讨论的学者有蒋寅、陈文新、王敏、邵燕、刘毅青、张定浩等。

（一）《剑桥中国文学史》内容简介

《剑桥中国文学史》2010 年由英国剑桥大学出版社出版，简体中文版 2013 年 10 月由北京三联书店出版。该书以 1375 年为界，由哈佛大学宇文所安教授负责编辑上卷，耶鲁大学孙康宜教授负责编辑下卷，共十七位英美中国文学研究专家集体参与编撰。上卷共七章，从商周时期的甲骨文和早期青铜器铭文入手追述中国文学的起源，一直到十四世纪末期高度发达的商业印刷文化，囊括了上古时的汉语作品、文言文写作以及新兴的城市白话文：第一章“早期中国文学：开端至西汉”；第二章“东汉至西晋（25—317）”；第三章“从东晋到初唐（317—649）”；第四章“文化唐朝（650—1020）”；第五章“北宋（1020—1126）”；第六章“北与南：十二与十三世纪”；第七章“金末至明初文学（约 1230—1375）”。下卷共七章，以 1375 年明代前中期文学开篇，贯穿清代，直至 1949 年新中国成立。此处只介绍古代部分。第一章“明代前中期文学（1375—1572）”，第二章“晚明文学文化（1573—1644）”，第三章“清初文学（1644—1723）”，第四章“文人的时代及其终结（1723—1840）”，第五章“说唱文学”。

从以上概述可知，这本中国文学史的写作，无论分卷、分期还是对某些问题的认识，多有新意，这自然也会带来见仁见智的各种评论[1]。作为对于一些评论的回应，孙康宜、宇文所安、田晓菲、艾朗诺等人或针对全书的编写或针对自己写作的部分都曾发表过相应的说明。如宇文所安在访谈中就曾指出：

> 文学史写作中用朝代分期并不是绝对的做法。……柯马丁撰写第一

[1] 如美国科罗拉多大学汉学家 Paul W. Kroll（保罗·克罗尔）教授对本书所做的详细评论，他认为就写作分工而言，将上下卷分期定在北宋末更合适；就读者接受来看，该书没有实现可读性的目标；与《哥伦比亚中国文学史》相比，该书结构也不够严谨。除此之外，Paul W. Kroll 还以汉学家的视角对本书每一章均进行评论，在某些问题上提出了与编者不同的观点。Paul W. Kroll: *After Long Years: Reading The Cambridge History of Chinese Literature*. Journal of Chinese Studies. Jul. 2012, Vol.55, p.295-316.

章上古部分，就从春秋、战国时期的金文一直写到西汉。其中的道理在于，我们现在所谓的“上古”文本，都是西汉人编辑处理过的，中间虽然经过秦代，但是书写系统并没有改变，以简帛为主，技术不太发达。纸出现在东汉时期，大大改变了文字的传播途径，因此上古时期的下限可以划到西汉结束。……[1]

再如艾朗诺在谈到与《哥伦比亚中国文学史》的比较时，剑桥版的特色所在：

1. 结构合理。《剑桥中国文学史》的划分标准是时间、是朝代。这样的划分可以保证写作内容的全面性和合理性，比如可以保证这一时期的文章、书籍、题材都涉猎到。而《哥伦比亚中国文学史》的分类标准是文体，结果就显得不够系统，很凌乱。

2. 作者。《剑桥中国文学史》的作者都是成熟的作者，而《哥伦比亚中国文学史》的作者则是参差不齐。[2]

此外，孙康宜有段对作者的描述也值得关注：随着时间的推移，时代的发展，以及中国国力的崛起，中西方的交流越来越多。与此同时，美国的中国文化历史研究与两岸四地的联系也越来越密切。这一密切关系也可以在美国各个大学东亚系的教师组成的来源上看出一些端倪，那就是华裔教授的人数越来越多。尤其是来自大陆的青年学者中的佼佼者，已经成为各个东亚系趋之若鹜的征聘对象。要知道孙康宜教授在美国执教的时候，华裔教授在教授群中所占的比例是少之又少的。而目前《剑桥中国文学史》的 17 位撰写者中，华裔就占到了 8 位，这在以前是想都不敢想的。[3]

除了对以上分期和写作统筹安排的说明，其他意见还涉及编写缘起、写

[1] 季进:《另一种声音——海外汉学访谈录》，复旦大学出版社，2011 年，第 9 页。

[2] 同上，第 24 页。

[3] 孙康宜:《谈谈美国汉学的新方向》，《书屋》，2007 年第 12 期。

作宗旨、目标读者、编写理念、全书体例、具体问题的处理方式等各个方面。仅以以上几个问题的回应来看，几个人的说法中难免带有不同程度的敝帚自珍色彩，主要在他们看来，不同区域的汉学研究正日趋接近，自身写作充分尊重了中国古代文学发展的实际情况，参与其中的学者都是各领域的专家，具备必要的权威性。不过即使面对所谓的事实性基础，按照他们所依循的后现代学术观念来看，都难免带有某种主观性的观念选择和组织的痕迹。在分析评价中，谨慎、辨证的学术立场和必要的反思意识不可或缺。

（二）《剑桥中国文学史》的文学史编撰理念

文学史观念影响着文学史的编撰，如前所述，不同时期、不同编者往往就持有不同的文学史观。大致而言，从二十世纪五六十年代以来，西方关于文学史的认识就存在着三种观念的更迭，分别为“历史主义文学观（认为历史正确与否可以通过研究而确认，将文学作品放在历史的语境中去考察）、关注作品内在审美价值的形式主义观念以及激进的相对主义（接受解构主义以及新历史主义的观点，认为文学史是有历史性的，一代人有一代人的文学史）”[1]。那么，剑桥版的写作除了会受到西方学术观念的影响，作为学缘的交叉以及中国文学固有的某些传统内容，都可能会因缘聚合地体现在学者们的编撰中。结合剑桥版的编撰实际以及两位主编的有关论述，以下不妨就“文学文化史”、“史中有史”两个方面来对剑桥版的编撰理念进行具体分析说明。

1. 文学文化史。“文学史是对以往文学文化的叙述”[2]，这是宇文所安对于剑桥版的清晰定位。这种把文化学视角纳入文学史编撰的观念，在中国学界的中国古代文学研究中并不鲜见，1999 年袁行霈主编《中国文学史》（四卷

[1] 盛宁:《从〈哥伦比亚美国文学史〉和〈剑桥美国文学史〉看国外关于文学史撰写的新动向》,《中外文化与文论》, 2000 年第 1 期。

[2] 宇文所安:《史中有史（上）——从编辑〈剑桥中国文学史谈起〉》,《读书》, 2008 年第 5 期。

本），就曾指出："文学史是人类文化成果之一的文学的历史"[1]，这既是对以往文艺从属于政治的反驳，也是新时代下对文学新的认识。也就在当时，东方出版社出版了"日晷文库·中国文学史研究系列"丛书，作者为数年来获得博士学位的古典文学研究者，他们的研究不同程度上都体现出要从长时段对文学史做出整体把握以及重视"历史 文化"综合研究的特色。这些研究之间的相似性或曰相通性，一方面多少与二十世纪八九十年代以来文学研究从审美研究、形式研究重新转向历史文化研究有关，另一方面，美国的汉学研究已经和两岸三地的联系越来越密切，也说明中外学者对于中国传统学术的研究，日益有了更为深入、更为契合其应有面目的认识。

与以往文学史编写过程中仅把文化作为文学呈现及演进的背景不同，剑桥版中的文化则被认为与文学之间具有某种共生的关系，文化本身即是文学史叙述的对象[2]。用"文学文化史"取代"文学史"，相对也更为符合中国古代文学观念的"驳杂"状况。在这个意义上，以"文学文化"作为文学史叙述的中心，与审美意义上的"文学"相比，更具有现象的包容性和研究的适用性，"文学"于此也被扩大为一切具有文学性的事物。因此，柯马丁撰写"早期中国文学：开端至西汉"部分，从甲骨文、青铜器铭文谈起，并将其称为中国文学之肇源。而伊维德将木鱼书、女书这些说唱形式作为文学来讲述。同样由于文化学视角的介入，剑桥版则打破中国与西方汉学界书写中国文学史以诗、文等文学体裁分类的惯例，而"更偏重文学文化的概览和综述"[3]。文化也不仅仅是文学得以存在的背景，而成了文学史叙述的一部分。

除此之外，"文学文化史"观念直接体现了近几十年解构主义和新历史主义思潮的影响。文学史不再被看成线性的，而是多元因素的共生聚合；不再是著名作家的集锦，而是作为文学现象的整体被多层面的发掘；不再是固有的经典格局，而是历史中的读者接受与新观念下的新的发掘；不再是某种

[1] 袁行霈：《中国文学史》（第一卷），高等教育出版社，1999 年，第 3 页。

[2] 宇文所安：《他山的石头记——宇文所安自选集》，江苏人民出版社，2003 年，第 6 页。

[3] 孙康宜、宇文所安：《剑桥中国文学史（下卷）》，三联书店，2013 年，第 19 页。

统一的历史，而是一代有一代之文学……也就是说，将“文学文化”作为文学史叙述的中心，实质上是将以往文学史中以作家作品为中心的叙述惯例转向整个文学活动以及相关的历史文化语境的综合考察。特定时段的文学文化被置放在文学与经济、政治的关系，文学与其他文化形式诸如哲学、宗教的关系，以及文学内部的各种因素，如以往的文学批评、文学社团、选集编撰等几个层面进行考察，这就摆脱了以往文学史编撰过程中的社会历史决定论，而体现出社会政治、文化语境以及文学内部变化的多元错动关系。同时，剑桥版将文学作为动态的社会活动去考察，关注文本的形成过程、文本的传播与接受过程等等，如宋代选集的编订如何影响后世对唐诗的理解、13世纪南方对北方的文化建构、明代对元杂剧的改写等等讨论，这样不仅能够质疑长久以来文学史书写的惯性，还能引导读者思考文学文本的不确定性，以不同眼光去审视文学的发展。

2. 史中有史。“文变染乎世情”，文学史编撰的变化同样与时世有着密切的关系。戴燕在《文学史的权力》中为我们梳理了自 1904 年林传甲编撰中国第一部文学史以来百余年中国文学史编撰的历史变迁，从中我们不仅可以看到社会历史语境以及同时代的史学观念在何种程度上影响乃至决定了当时的文学史的编撰，也可以看到出于特定的文学史观念，实证主义者们是如何“运用想象、虚构来讲述中国文学史”[1] 的。在这个意义上，戴燕将中国文学史称为“历史主义的神话”，这种认识也与近几十年来西方文学史理论不谋而合。对于西方汉学家来讲，由于身处西方学术语境，他们对中国文学史的“历史想象”性质的认识，也集中体现在宇文所安所提出的“史中有史”这一编撰理念上。在宇文所安看来，文学史不是也不可能是我们对过去某个时期文学的“客观叙述”，换言之，文学史的叙述往往为当时人们的意识所中介，因此我们只能对文学史做出一个“比较好”的叙述。我们不仅要关注现在拥有的文本，也要关注那些流失的文本，关注它们自诞生以来的整个接受

[1] 戴燕:《文学史的权力 · 前言》，北京大学出版社，2002 年，第 7 页。

史并且梳理出这些文本如何为后世的意识所改写。因此新的文学史不仅仅是对以往文学的叙述，更是对历史上文学史书写的梳理，不同时期的文学阐释也会成为新文学史叙事的一部分，而不再是以往我们所相信的真实的历史。既然我们无法客观地再现过去的文学史，那么在编撰新的文学史时必须重新审视以往文学史中那些为人们所熟悉的甚至已经成为事实的叙事，必须关注现有的认识是如何为前人的意识所中介的。因此剑桥版关注文本得以流传的物质条件、社会文化语境及其如何影响对文本的接受；关注选集编撰对于经典形成的影响等等。从文学接受的层面观照作家作品，作品就不再是以往文学史那样是固定不变的，而具有了动态性。文学史就要描绘出这样动态的历史演变，而在以往文学史叙事中，每个时代都有杰出的代表作家、作品，每个作家都有相应的历史定位。在新文学史中，文学发展的复杂情形将得以呈现，不同时期价值观念的变化为理解作品提供新的视角，作品也将得到新的阐释。而这些新的阐释都将成为剑桥版文学史叙事的一部分。

（三）文学文化史观照下文学史书写

在“文学文化史”“史中有史”编撰理念的指导下，剑桥版的编者们对中国文学史进行了新的书写，具体体现在文学史的分期、经典化、女性文学、物质文化及其影响、文学的接受史几个方面。

1. 贯彻“文学文化”本位的分期。分期是把握历史的切入点，与传统按政治朝代分期的方法不同，剑桥版以不同时段的“文学文化”作为文学史分期的依据。这是因为，朝代更迭很明显会深刻影响到文学的发展，但政治史与文学史有时候并不一致，剑桥版编者们依从文学文化自身的独立性和延续性，确定相应的时段划分。此外，“文学文化”概念涵摄广泛，它不仅关注文学自身的演进，也充分考虑与文学发展密切相关的各文化因素的作用。如书写载体、传播方式等物质文化因素与文学发展关系密切，剑桥版也将此作为文学史分期的重要参照，如西汉以前的文字是用甲骨、青铜器以及竹简等来“书写”以及传播的，东汉以后纸张成为文学书写的载体，手抄本成为文学传播的主要方式，以此为标识，剑桥版将西汉及以前的文学划分为一时段，将东汉至西晋划分为另一时段，这又体现了当代学术发展中对于“媒介”的重视。

2. 经典的被经典化与“去经典化”。文学经典的“被经典化”是孙康宜、宇文所安等人一贯的主张。某一作家作品刚出现时并不是经典，而是在其接受过程中逐渐“被经典化”的。因此在讨论某一经典作家作品时，剑桥版的编者们没有像国内学者那样仅将经典作家作品放置在其生活、诞生的环境中进行叙述，而是梳理整个接受史，从中发掘经典是如何成为经典的。与“被经典化”相对应的则是“去经典化”问题，这也是为国内学者所诟病的地方。所谓“去经典化”是指剑桥版出于特定编写目的而对文学史中的一些经典作家作品有意的略写。以上卷第七章“金末至明初文学（约1230—约1375）”为例，论及元杂剧时竟没有提及关汉卿及其《窦娥冤》、王实甫及其《西厢记》，仅在散曲部分提及关汉卿及其散曲《杭州景》。类似例子还有不少，这招致蒋寅、陈文新等国内学者的批评。《剑桥中国文学史》（英文版）序言中有这样一种说法，中国学术界在写作文学史时有一种模式，往往以一位作家为主展开写作。以此类推，其他剑桥文学史的作品的写作模式往往也是如此。同样的，《剑桥中国文学史》也会探讨各个时代具有代表性的伟大作家。但是一般情况下，大多数人比较注重作家的写作方式和写作的历史语境，这种关注甚至超过了关注作家本身[1]。元杂剧在明代被大规模的改写，剑桥版编者们认为关汉卿、王实甫的生平并未与其代表作的接受融为一体，因此并没有在元杂剧一节中予以论述，而是论述这一时期杂剧创作的整体风貌。

3. 重构真实的女性文学史。在国内文学史著作中，女性作家基本被忽视，即使被收入也只是放在最后的一部分中，以致谈到中国古代文学，我们只知道李清照、蔡琰等人，这其实与中国文学史的实际大不相符。针对目前

[1] 孙康宜、宇文所安:《剑桥中国文学史（上卷）》，三联书店，2013年，第7页。

文学史忽视女性文学这一现状，剑桥版有意突出女性文学的价值，但这种突出并非意在强调性别问题，而是如孙康宜所说，“希望能够重构一个比较真实的历史”[1]。具体工作包括重新发掘女性作家作品，评价女性写作在当时语境中的意义，关注女性编选的选集，分析男性作家笔下的女性形象以及返回具体的历史语境中重新审视女性文学等。

4. 关注物质文化对文学的影响。书写载体与传播媒介对文学发展的影响，早在袁行霈主编的《中国文学史》中就有所涉及，比如宋代印刷术的普及对宋代文人以学问为诗的促进，近代报刊的兴盛与小说的繁荣等，而剑桥版则更进一步强调口头传播、手抄本文化、印刷文化对整个文学发展的影响。如宇文所安指出，屈原的《怀沙》不可能是自沉前“写”成的，而极有可能是屈原的口头创作，毕竟，“写出的文本”与“写下来的口头流传的文本”之间，还是有着极大的区别的。再如吕立亭在“晚明文学文化（1573—1644）”中强调晚明时印刷术普及所带来的影响，商业出版物的激增同时孕育了一大批城市读者，这既影响了诗歌等传统文学形式，也影响了白话短篇小说、南方戏曲等新兴文学样式[2]。而这一时期也正是《封神演义》《金瓶梅》等小说出版的时期。撰写新的文学史，就必须注意到这些物质文化因素对于文学发展的影响。

5. 注重对文学作接受史的梳理。迄今的文学史往往是将某位作家及作品单纯地放置在其所处的特定社会历史语境下探讨其价值、地位，而剑桥版则纵向地关注其在整个文学史上的接受史。我们都知道，文学史上的许多经典作家作品往往是在后世被“经典化”的，因此文学史就要解释这些作家、作品是在什么样的语境下以什么标准被确认为经典的，而不应该仅仅在作家作品所处或诞生的时代下，在已然成为经典的预设下进行书写。陶渊明就是一个很具代表性的例子。所有的文学史魏晋部分都十分推崇他，以至于

[1] 孙康宜：《新的文学史可能吗》，《清华大学学报（哲学社会科学版）》，2005 年第 4 期。

[2] 孙康宜、宇文所安：《剑桥中国文学史（下卷）》，三联书店，2013 年，第 91 页。

我们已经接受他是魏晋文坛的重要作家。而实际却并非如此。在其所处的六朝时期，陶渊明仅仅是作为一个隐士而存在，作为诗人的他在当时受关注度并不大。而几乎在六百年后的宋朝，陶渊明的经典地位才得以确立。所以在剑桥版中陶渊明不仅会出现在六朝这一章中，也会出现在唐朝以及宋朝的章节中。

总起来看，剑桥版藉由如上工作，为广大读者带来了一部面目一新的中国文学史，坚持“文学文化”的独立性与连续性，极大改变了固有政治朝代分期的格局；经典化与去经典化，极大挑战着人们既有的或曰先前被赋予的文学史常识；对女性文学史的书写，彰显了以往文学史中被压抑乃至被刻意忽视的部分；关注物质文化的影响，则为文学发展做出了文学之外的更多因素的说明；注重接受史，则使那些经典作家经典作品重新回到历史接受的动态过程中。这样说来，剑桥版要给予我们的并非以往文学史中的种种常识的增益，某些时候毋宁说它是对常识来源的分析甚至是对常识的拆解，在以上种种说明中，作为实存历史的面目早已经模糊不清，所谓历史只是不同历史文化条件下文本流传及文本改写的持续过程。可以说，剑桥版为我们打开了新的视野，但这视野带来的认识恐怕依然是动态的和需要不断思考的。

三、迁变的观念与迁变的文学史

新的文学史观念带来新的文学史景观，这既有西方当代学术思潮的影响，也有跨文化交流的现实需要。那么，文学史究竟为新观念下的叙述之物还是具备必要的客观性，学术研究应该讲究专业色彩还是追求普及和通俗，便与“文化文学史”的观念以及“讲故事”的叙述方式一道，给剑桥版留下了诸多需要进一步探究的问题。

首先，体例上的杂乱仍然存在。比如上卷第二章“东汉至西晋”部分分有四节，分别为“东汉文学”、“建安时期”、“正始时期”、“西晋文学”，一方面延续了政治朝代之名，另一方面又要体现“文学文化”的独立性，层次关系并不是非常协调。以往以文类作为书写依据的做法容易导致读者对中国文学发展历史整体认识的缺乏，剑桥版侧重对某一时期文学文化进行整体描述，也未能实现全部彻底的贯彻。

从某种意义上讲，以上体例的杂乱恰恰是贯彻“文学文化史”的结果。因为以“文学文化史”这一理念撰写文学史，自然会特别注重文学文化的演进，就要描述某一时期文学的整体状况，必须多角度考察当时与文学发展相关的所有文化因素。这种整体性的叙述方式，正如陈文新所言，是以“放弃作家叙述和文体叙述的完整性”[1]为代价的。或许在后现代的意义上，历史的展开并没有一个清晰的线索也没有一个明确的目的，以往文学史中对于发展线索和发展逻辑的描述，只不过是在特定情境中依从特定立场而对历史进行的某种叙述。如果说过于条理清晰的追求存在着对历史“本来面目”的某种遮蔽，那么剑桥版是否能在体例的混乱中就呈现了文学发展的复杂面目，似乎也缺乏必要的合理说明和解释。

其次，剑桥版与其他版本中国文学史的一个重要区别就是其独特的“讲故事”的文学史叙述原则[2]。宇文所安指出，文学史不能也不可能只是对过去某个特定时期的“客观”叙述[3]，他认为所有的文学史都是为后世的意识所中介的，因此我们无法对过去做“客观”的叙述，只能根据自己的知识、立场对过去做出“比较好”的叙述。类似观念实际上就是放弃了传统的“历史反映论”观念，而历史的“真实性”也变成了难以确定的问题。不可否认，“讲故事”确实能增强文学史的可读性，但把握得不好，也会给读者带来误导。如宇文所安在上卷第四章“文化唐朝”中，介绍李白仅有两页，对李白诗的风格特征、艺术价值等文学因素不做分析，反而着力叙述高力士为李白洗脚这些传言，唯一提及的《将进酒》这首“社会应酬诗”也是用来证明李

[1] 陈文新：《〈剑桥中国文学史〉商兑》，《文艺研究》，2014 年第 1 期。

[2] 孙康宜：《新的文学史可能吗》，《清华大学学报（哲学社会科学版）》，2005 年第 4 期。

[3] 宇文所安：《史中有史（下）——从编辑〈剑桥中国文学史谈起〉》，《读书杂志》，2008 年第 6 期。

白作为“职业”诗人为寻求资助者资助，为了让“主人”付钱而写。这种讲述经由宇文所安这样蜚声海内外的汉学家讲出，确实难以让人相信。我们更难以想象英语世界的普通读者，尤其是东亚系的本科生阅读后会做何感想。结尾处，宇文所安又做出下列学术论断：“在后世形成的诗歌经典中，王维、孟浩然、李白毫无疑问地处于中心（我们把杜甫放在安史之乱以后的时期加以详细讨论），但是我们应该避免通过后世形成的诗歌经典来思考那个时代”[1]。一方面是通俗化甚至是庸俗化的讲述，另一方面却给予李白以经典的地位，同时不忘记重申本书的撰写理念，这样杂乱的叙述也许正是“文学史故事”所带来的。

最后，我们不妨就上面的各种问题做必要的分析和说明，或者说要从剑桥版所认可的某种“比较好的叙述”中确认其中的学理逻辑及问题所在。作为剑桥版主编的宇文所安，曾在《瓠落的文学史》一文中，把人文学科的研究和自然科学类比，认为人文学科目前也应该有一个从经典物理学向量子物理学的转变过程，即要从直觉的清晰幻象走向对精确的复杂变化的把握[2]。这个说法很能体现后现代语境下的学术动态。而且作为人文学者，宇文所安利用物理学的发展来为自身的文学思考提供支撑，这既在一定程度上体现了自然科学在现代人生活和意识中的权威地位，而且也部分道出了人文学科日益萎缩的事实。那么，宇文所安的以量子物理学为自身证明的论说是否具备充分的合理性呢？从自然科学的发展看，人们的思维方式和日常观念确实深受其影响，当年伽利略、牛顿等人以数学真理来探求自然现象的关系、探求自然规律，一度改变了上古直至中世纪以来人们对总体和本质的关注，人与世界的有机关联也为主客二分的认识乃至改造所取代，古代的人们把宇宙视为活的有机体，现代以来，宇宙则被看成了按照力学规律运转的一架大机器[3]。

---

[1] 孙康宜、宇文所安：《剑桥中国文学史（上卷）》，三联书店，2013 年，第 349-350 页。

[2] 宇文所安：《瓠落的文学史》，见《他山的石头记：宇文所安自选集》，江苏人民出版社，2003 年，第 6 页。

[3] 张汝伦：《海德格尔和现代哲学》，复旦大学出版社，1995 年，第 2 页。

也正是在这个意义上，人文学科研究中也有依据证据主义对客观真实、规律目的的诸种探究。当然，也有学者敏锐地意识到了其中存在的问题，就像黑格尔仍然试图用绝对精神的自我运动来解释世界的统一，便与古典传统中强调绝对实体的自我显现有一致之处。二十世纪以后，随着量子力学和相对论的兴起，人们得以从更精微和更复杂的层面来看待世界，在打破了以往某些胶固狭隘的认识的同时，在新的意义上重新确立了精神世界与物质世界的关系。由个中关系来看待宇文所安的论述，他所建立的精神世界与物质世界的关系有几点颇可注意。其一，相对于物理世界的精微和复杂，所谓文学世界中存在的种种具象、边缘和疆界等都已不再是清晰的存在，这个说法的合理性在于指出了这些问题背后的观念性存在以及历史的发展过程，不过要是借此就要完全消除类似概念在文学史写作中的作用，不免有矫枉过正之嫌，这些概念的清晰也罢模糊也罢，都只是人们在特定阶段依据特定因素所做的判断，而这些判断纷纷在通过新理论突出了某些要素和关系的同时，恰恰也对于更大范围内概念之间的联系做了遮蔽。就像李白还有大量作者与其作品的流传，恐怕就不仅仅是历史中某些造势活动以及后世选本作者的有意选择所能说明的。宇文所安在突出强调了现象和物质存在的同时，恐怕多少忽视了诗歌之成为诗歌的更为精微的缘由。其二，宇文所安“更好的叙述”中明显存在着资料选择的倾向性。从学术求新求变的诉求出发，对于文学史中古来共谈的众多内容，宇文所安在不少地方有意地加以忽略，就连他所强调的文学史作为历史的形成过程，他也只是突出他所认为可靠的物质部分，而忽略其余。在这个意义上，对待史料的辩证态度尤为重要。其三，由宇文所安论李白的例子，还可以看到目前某些文学研究中较为普遍的对于文学特性的有意遮蔽，文学的阅读和评价如美国学者布鲁姆所说，是一件极为私人的事情，主要就在于其中读者和文本（以及文本背后的读者）的交流是精神性的，对于这方面的讨论显然并非单纯的物质现象所能说明。就像中国的古诗，跨越千百年后仍然能够给我们带来感动，甚至跨越异国后能吸引宇文所安这样的学者从事研究，这种跨越时间、语言乃至物质媒介的传播力量，主要就在于精神活动中有其独到的意蕴和传播方式。我们可以想象，唐代人对于李白诗歌的接受恐怕不是因为有高力士为李白脱靴所造成的轰动，也不是因为李白作为一个职业诗人善于酬答应对，最主要的还是因为他的优秀诗篇里具有一种让人精神飞腾的力量，这种力量能够打动当时的上层和民众，也能打动当下的读者。所以说，文化文学史不能只是刻意揭橥文学的物质性存在，而对文学文本及自身阅读的精神性存在有所忽视。

四、主体与他者：中国文学史研究反思

“文学史”这一术语本是西方经由日本的舶来品。可以说，中国文学史的编写自诞生之日起就处在中西交汇的语境中。而近几十年来，全球化语境下中西展开了空前活跃的学术交流，这也使欧美汉学界中国文学史研究越来越多地进入到国内学者的视野中。“他者”的研究自然能为作为“主体”的我们带来新的视角，也可以借此反思自身研究之不足，但与此同时，我们也要清醒地认识到西方汉学研究同样有其难以摆脱的“缺失性症候”。只有在充分理解、反思的基础上的利用才能推动中国文学史研究有新的发展。

（一）借他者之镜反观自身

与欧美汉学界中国文学史研究相比，在百余年的历史中，意识形态对中国文学史书的影响贯穿始终。上世纪初林传甲、黄人等编写的最早一批中国文学史即是为教学而编写，其中的一个重要目的就是借助对中国文学历史的讲述来“动人爱国保种之感情”[1]。新中国成立后，“中国文学史”这门课程被纳入到更为严格的教学制度中。用行政力量召集学者编写教学大纲，再以此为指导编写合适的文学史教材成为“文革”前通行的模式。意识形态对文学史书写的影响在50年代后期达到了顶峰。在“大跃进”的影响下，北京大

[1] 转引自戴燕：《文学史的权力》，北京大学出版社，2002年，第82页。

学中文系 1955 级学生集体编写的《中国文学史》出版，这部献给“亲爱的党和伟大的祖国”的文学史，其“前言”中有这样的观点，这部文学史是在中国共产党的正确领导下，以马列主义观点分析，采用集体合作的方式，最终而得的结果[1]。文学史书写为“左”的思想及庸俗社会学所统治，以阶级出身判定作家地位，用阶级分析取代对文学作品的分析，中国文学的历史因而变成了“阶级斗争史”。这样的时代烙印在游版中同样明显。“文革”结束后，随着政治形势的变化，人们开始反省中国文学史。章培恒版以人性作为文学史书写新线索的写法，袁行霈版贯彻文学本位，强调从广阔的文化背景上研究中国文学史的观点，以及八十年代末源自现当代文学领域继而扩展至古代文学研究领域的“重写文学史”思潮，这一切其实都是对以往文学史研究中庸俗社会学的反驳，是对当时思想解放呼声的回应。

此外，大陆出版的众多中国文学史著作中存在着严重的同质化现象，尤其是新时期以来各种类型的文学史教材更是千篇一律。其原因除了与教育制度、学术体制有关外，文学史书写的“惯性”也是一个重要原因。从分期上讲，虽然政治朝代分期的弊端已被大多数学者认识到，但是在书写中仍然延续着这一习惯。袁版虽然依据文学本身的变化提出“三古、七段”说，意在打破传统的朝代分期，但在实际的书写中，仍然保留着朝代分期的方法，将文学史按朝代更替分为九段，分九编讲述。章版文学史中，其“上古、中世、近世”的分法将社会的发展同文学的发展相结合起来，是一个新的尝试。但是具体到每一阶段，其划分的节点仍然依据朝代的更替。在体例上，国内文学史也往往十分相似：单列一章为著名作家作品，单列一节为次要作家作品，普通作家作品只占一段，这种安排的背后实际上是将作家作品视为文学史书写的中心，与这种体例对应的是采用如下叙述框架：社会背景——作家生平、思想——作品内容、艺术特色——意义及影响。这种模式化的书

[1] 北京大学中文系文学专门化 55 级集体编著:《中国文学史 · 前言》(上册)，人民文学出版社，1958 年，第 9 页。

写方式在建构文学史的同时，也对文学史的理解构成某种限制，不仅不利于读者从整体上把握某一时期文学史的全貌，而且也在放逐另外的作家作品。这样一来，文学史研究就面临着某种程度上僵化的危险。

（二）欧美汉学界的“缺失性症候”

欧美汉学界中国文学史研究以其独特的视角与方法为中国文学史研究注入了新的活力，汉学家们充分注意到中国文学、文化的独特性，努力克服自身文化传统的局限，以客观、理性的态度展开研究，得出了令国内学者耳目一新的结论。然而，与国内学者相比，汉学家们毕竟是中国文学传统之“他者”，缺乏国内学者所具备的文化意识结构，即使他们深受中国传统文化之影响，但是在潜意识层面，仍然无法完全摆脱其西方的文化传统及学术训练对其研究理路的影响。他们对于中国文学史的研究呈现出一种“缺失性症候”，缺乏对中国文化传统的深入理解与继承。

首先，虽然面对的是同一研究对象——中国文学史，但是欧美汉学家毕竟缺少国内学者先天具备的优势，作为中国文化之“他者”，在对中国文学史的建构上，在对具体作家作品的评价上，在文学史的分期上，都难以摆脱其西方的文化传统的影响。在对中国文学史的建构上，欧美汉学家基于其文化传统来审视中国文学史的特点尤为明显。顾彬《中国诗歌史》中提出的中国诗歌阐述的三条线索——宗教、个体、忧郁，以及中国文学起源于宗教的观点都是基于其西方的文化背景提出的。在具体写法上，顾彬版、剑桥版都延用西方学术著作中以世纪、具体的年代为时间节点的惯例。在对具体作家作品的评价上，源于西方根深蒂固的文化传统也十分明显。在田晓菲笔下，陶渊明的田园诗并不是一般意义上的歌颂田园之乐的宁静和沉寂，或者宣扬天人一体的和谐相融，而几乎变成了美国西部征服荒蛮自然的农场主[1]。脱离中国文化传统，以西方的价值观念阐释中国文学，这样的阐释实在难以让

[1] 孙康宜、宇文所安:《剑桥中国文学史（上卷）》，三联书店，2013 年，第 255 页。

国内学者满意。同样宇文所安抛开李白诗歌的内容与艺术成就不谈，而对其做出的庸俗化解读，也是由于宇文所安缺乏对中国传统文化理解所致。从根本上讲，在面对中国文学史时，西方汉学家在问题的提出、方法的选择都难免从“他者”的视角来审视中国文学史。而对于作为“主体”的国内学者而言，必须清醒地认识到这一点。

其次，身处西方的学术语境中，欧美汉学家的中国文学史研究很难不受西方理论的影响。二十世纪八十年代以来，后现代思潮占据着西方学术研究的统治地位，作为理论派别的解构主义、新历史主义等现在虽然难以像当时那样称雄于理论界，但其影响早已深入到西方的文学研究中。如关于文学经典问题，剑桥版过于侧重对其做出接受史的梳理，反而忽视了经典本身之所以能成为经典的文学因素。“文学史是由读者‘写成’的”[1],“经典当然存在，但经典是作为一个历史现象而存在的”[2]，这些观点与书写实践放弃了文学本身的意义，只能会让经典消失在对它无休止的阐释中。再如剑桥版关注口头传播、手抄本、印刷文化这些物质文化因素对于文本流传的影响，关注不同时期对于文学的改写，研究文本得以流传的文化语境，并在此语境下重新阐释文学作品。这就鲜明地体现了新历史主义的研究路向。同时剑桥版有意将这些为传统文学史所忽视的东西放大到足以改变文学史进程的程度，这样文学史就充满了不确定性，因此撰写新的文学史就必须考察文本流传的社会条件及物质文化条件，对这些不确定性重新阐释。汉学家的西方理论背景使得他们在建构中国文学史的同时，更是在解构着中国文学史。

（三）文学史写作的借鉴与融通

自二十世纪八九十年代以来，欧美汉学界中国文学与文论研究日益受到国内学者关注。对于作为文化主体的国内学者而言，如何看待欧美汉学研

---

[1] 孙康宜:《重绘一部可读的文学史——专访〈剑桥中国文学史〉主编孙康宜》,《华夏时报》，2013年7月12日。

[2] 宇文所安:《他山的石头记——宇文所安自选集》，江苏人民出版社，2003年，第25页。

究已成迫切的问题。对此，我们仍要倡导一种“双向反观”的研究方法：一方面，我们要回到海外汉学乃至西方语境中去把握其研究的背景，在此基础上对其研究路向展开学理上的分析，并对其研究特色、研究得失做出符合实际的评价；另一方面我们更要反观我们自身的研究，借此反思自身研究之不足。在此基础上展开的交流、对话，才能克服所谓“西方中心主义”和“文化保守主义”的种种局限，加深我们对于中国文学的认识，促进自身研究的发展。

在国内学者对剑桥版的分析评价中，因为没有回到西方理论语境及汉学传统中，有些评价不免存在偏差和简化的情况，如指斥其为“解构主义的招数”等。同时在那些严肃认真的汉学家那里，由于面对的是中国文学史，加之他们浸染中国文学、文化多年，因此在跨文化的研究中，汉学家在借用西方理论的同时，往往还是在从中国文学、文化的特殊性出发，选取合适的理论对中国文学进行新的阐释。不仅如此，一些汉学家的汉学研究还起到了修正西方理论的不足的作用。如剑桥版对女性文学史的重构，并没有简单套用西方女性理论中男性对女性的压迫一说，而是从中国文学、中国历史的实际出发，注意到了中国文化传统中对名媛、才女的重视，尤其是明清时期男性文人对女性诗集编纂的热衷等。这就在重构中国文学史的同时，也可以帮助西方学者丰富对文学、历史与女性理论的认识。

对于国内学者来讲，在中国文学史研究上同样要具有汉学家这种融汇中西的学术视野。近年来，海外汉学日益受到国内学者重视，国内大学纷纷成立了汉学研究机构，一些学术著作也相继出现。对于汉学研究成果，国内学者也从简单地否定或推崇转为较为理性的分析，并在此基础上与之进行有效的对话。这无疑能够推动中国文学史研究的大发展。纵观当今欧美汉学界中国文学史研究，几乎把二十世纪以来各种新的批评理论都运演了一遍，诸种研究不断带来各种新材料、新方法和新观点，大大增益了我们对中国文学乃至文化的认知，也极大促进了中国文学在世界范围内的传播。然而，反观国内中国文学史研究，其情形正如钱中文所言，很多学者囿于学科界限，很少接触西方批评理论，对于将西方理论与方法应用于中国古典文学研究的效果，也自然缺乏感性的及学理的认识[1]。其原因固然与中国文学史研究的特殊性导致其与西方理论的结合较之于其他研究困难有关之外，也与国内有些学者缺乏融汇中西的学术视野相关。由于语言的隔阂以及文化传统的制约，国内有些学者在从事中国古典文学、文学史研究时，仍然囿于自身之研究，在合理运用西方理论上做得仍然不够充分。这里并不是倡导全盘接受西方理论的观点，事实上，僵化地套用西方理论对中国文学展开研究早已被人抛弃。而是强调在当今全球化的文化语境下，我们需要一种迥异于我们自身的视角来审视中国文学传统并对之进行合理的阐释，这样的阐发不仅能丰富我们对中国文学史的认识，也能使这种认识具有更为普遍的意义。

---

[1] 周发祥:《西方文论与中国文学·序》，江苏教育出版社，1997 年，第 2 页。

中国小说英译中的“文化失语”与翻译变异

——以《红高粱家族》及其英译本的双语平行分析为例

肖　苗[1]

[**摘要**] 翻译远不是一种简单的语言转换过程，它可以利用种种策略或强化或削弱所涉双方语言文化的方方面面。因此，关注在新的语境下原文通过文化失语与翻译变异等策略所产生的新叙事，发掘其背后隐藏的深层原因，对比较文学学者而言也是极具研究价值的工作。本文对《红高粱家族》及其英译本进行了双语平行对比分析，结果表明：英译本中的中国文化失语现象明显，译者在翻译过程中使一些具有鲜明历史文化符号的源语文化集体“失声”；译者的某些翻译变异也超越了源语及其文化可以接受的范围，超出了源语文化享有的最终解读权；译者对部分源语方言、习语等孤立的高度直译，会使那些不懂中文的西方读者感到译文生硬拗口，晦涩难懂，这可能会吓跑很多读者，对初期的中国文学作品在世界的传播来讲也是某种程度的阻碍，这不能不说是些缺憾。

[**关键词**]《红高粱家族》及其英译本　中国文化失语　翻译变异

[1] 肖苗（1984—），汉族，山东济南人，博士，山东大学外国语学院翻译系讲师。主要研究方向：文学翻译、翻译理论与实践。

引　言

中国译介史上，很多中国小说，尤其是优秀的中国小说被译成外文传播至世界各地，这对外国人了解不同历史时期的中国社会文化、政治体制、经济状况、人文风貌等提供了一个很好的渠道。文献研究表明（王建开 2012；耿强 2010；倪秀华 2012；陈岚 2008；马会娟 2013 等），就影响力而言，能把中文作品译成外国文字并保持原著文学水准的，大都是外籍翻译家。谢天振（2014）也曾以莫言作品获奖为例，强调了汉学家、外籍译者的作用，认为他们的助力是莫言作品成功走向世界的重要因素。无可否认，正如学者们所认识到的，莫言获得诺贝尔文学奖，翻译工作者，尤其是海外翻译家功不可没。但中国小说英译的外籍翻译队伍背景复杂，译者水平和文化背景等也同时不同程度地制约了译作的质量和水准。比如，由于缺乏对小说中一些具体民俗民情、社会文化及文字内涵等知识的深入了解，外籍汉学家们也会生产出一些明显错误的或不恰当的译文。

2014 年 8 月 18 至 19 日在京召开的第三次汉学家文学翻译国际研讨会上，与会专家就对中国文学作品海外翻译成品质量表达了担忧，认为，海外翻译家除了选择作品存在年代、类型局限、故事风格缺乏多样化的问题外，中国文学作品海外翻译成品质量也一直无人把关，海外出版社更是缺乏评估机制，由于语言障碍以及对海外出版机构的陌生，中国作家对此也无可奈何，放之任之（许心怡 2014）。

目前，国内对外籍译家的中国小说译作进行双语平行研究的还不是很多，本文对《红高粱家族》源语文本和目标语文本进行了双语平行对比分析，主要考察译者在中国文化处理方面的一些失语现象及超越同源指向的翻译变异之存在状况，期望研究结果对中国文学作品外译、学界及翻译研究有所启示。

一、文化失语与翻译变异

“失语”本是一个医学名词，是脑血管病的一种常见症状，表现为对语言理解和表达能力的丧失。二十世纪九十年代，面对西方文学思想的入侵及中国古代文学思想的流失，文学评论家们提出了“中国文学失语症”，最早由曹顺庆先生提出。文学理论借用这个术语，是在隐喻的意义上表达对当代中国文论话语状况的一种忧虑。文学的“失语”是一场跨文明文化语境下的话语危机，不仅仅是文化身份和话语权利的失落，更重要的是作为我们母语的汉语无法言说我们的生存样式和诗性意义。文化失语症是一种严重的文化病态，而这种文化病态是中西文化强烈冲撞的结果（曹顺庆 1996）。随着时间的推移，“失语”现象的讨论逐渐从文学领域扩展到艺术及其他领域。目前为止，翻译中的文化失语研究还较为鲜见，但 2014 年的国家社科立项中已出现了这类研究的立项，如“翻译中的文化失语研究”，相信很快会有众多的此类研究出现。

关于翻译变异 / 变译。翻译变异是学界从社会语言学角度审视翻译活动的一种较为新颖的现象。提到翻译变异，人们常会认为这是翻译的“失真”，甚至是误译，但从社会语言学的角度来透析翻译活动就会发现，翻译变异是一种必然会存在的翻译现象，变异是语言使用的常规，也是翻译过程中经常采用的策略。“由于语言、时间、空间、文化等的差异，其传递的信息会不可避免地发生改变。所以，译文相对于原文，不仅在语言形式上，而且在语言内容上也会表现出变异，而文学翻译的创造性特点正反映在这种变异上”（吴琳 2007）。目前国内大多数学者在相关研究中使用翻译变异这个术语，而黄忠廉先生于 1999 年承担的国家社科立项及随后发表的一系列文章中都使用了翻译变译这个术语，他是从翻译策略视角看待这一翻译现象的，将变译界定为，译者根据特定条件下特定读者的特殊需求采用增、减、编、述、缩、并、改等变通手段摄取原作有关内容的翻译活动（黄忠廉 2001；2002）。2014 年国家社科立项中也有学者使用了该术语（林语堂作品的中国文化变译策略研究）。

“纵观翻译史，对原文信息总体上不增不减的翻译，应该说是我国翻译运作的主流，但也不乏对原作有增有删、有评有写甚至是偷梁换柱之作。细读上个世纪之交严、林的译作，不难发现主流下淌着的暗流”（黄忠廉 1999：80）。毛忠明也认为，“翻译变异的现象散见于一些作品中，有的作品，与原文对照，语言表述的形式发生了变化而原文的意思仍得到保留，‘形’变‘义’未失，有的则‘形’变‘义’亦失。总之，翻译变异已构成翻译活动中一个重要的侧面，这是一个不争的事实”（2004：6）。

二、《红高粱家族》英译中的文化失语

小说翻译过程中，如果译者想对源语文本进行改造时，译者首先须对源语文本进行严谨的评估，判定哪些词、语句或段落等对主题、修辞、人物塑造或故事情节等是重要的，而哪些相对次要，因为这些关键词或词句等的存在与否、被强势与弱势改造都会对源语文本叙事产生很大影响，甚至是颠覆性的。

通过对《红高粱家族》及其英译本的双语平行研读和对比，研究发现译作中有不少典型的中国文化失语现象，如“媒妁之言”、“九州十八府”、“八印锅”、“江湖（泛指四方各地）”、“（二十）啷当（岁）”、“亲（叔叔）”、“干（爹）”等。其中最为典型的是“共产党”、“八路军”、“毛泽东”、“延安”的失语，整部译作中共30多处，全部失声，请见下列例证（句中下划线部分为省略部分）：

例 1 江队长说：“我们希望余司令加入八路军，<u>在共产党领导下，英勇抗战</u>。”（p.178）

译文：“We want you to join the Jiao-Gao regiment.”（p.198）

例 2 “我们都受<u>共产党</u>滨海特委的领导，<u>都受毛泽东同志的领导</u>。”

“毛泽东？老子不认识他！老子谁的领导也不受！”

“毛泽东是当今的盖世英雄。”（p.178）

译文：“We all take orders from the Binhai-area special committee.”

“I don’t take orders from anybody!”（p.198）

例 3 江队长说，“我要向延安汇报国民党在胶东战场上破坏抗日民族统一战线的滔天罪行！”（p.287）

译文：I’m going to report you for the monstrous crime of disrupting the war against Japan on the Eastern Jiao battlefront!” Commander Jiang said.（p.300）

译者在《红高粱家族》英译本中使“共产党”、“八路军”失语的另一策略是“替代”，即用另一“其他”指称替代该指称，请看下列例句（句中下划线部分为替代部分）：

例 4 “我们是共产党，饿死不低头，冻死不弯腰，谁要认贼作父，丧失气节，我就和他刀枪相见！”（p.335）

译文：“We are resistance fighters. We don’t bow our heads when we’re starving, and we don’t bend our knees when we’re freezing . . . !”（p.348）

例 5 “爹，咱们投八路去吧，父亲说。（p.256）

译文：“Let’s join the Jiao-Gao regiment, Dad,” father said.（p.271）

Baker（2006）认为，“对每一项翻译任务，译者面对着一个基本的伦理选择：把现行的意识形态跟它在文本或话语中所表达的叙事一样地再现出来，还是压制或突出，还是通过拒绝翻译这个文本，使自己远离这些意识形态”（p.105）。共产党、八路军是小说描述的年代中抗日的一个派系，毛泽东是共产党、八路军的主要领导人，延安是中国人民抗日战争的领导中心、解放战争的总后方、万众瞩目的革命圣地。这一切都是历史，是现实生活中的客观存在和历史文化符号，但译者将源语文本中所有 30 多处共产党、八路军、毛泽东、延安的指称或描述段落全省略和替代，有意或无意地让共产党、八路军、延安集体失声。此外，小说中余占鳌土匪队伍和村民在抗日，花脖子为首的一股土匪也在抗日，国民党冷支队和共产党胶高大队也在抗日，译者将他们统称 / 译为 resistance fighter（抗日战士）。然而译者用 resistance fighter 来替代共产党这一指称显然是对共产党的一种压抑，一种变相的使其“失语”。同理，虽然胶高大队是当地八路军的一个支队，但是用胶高大队来替代八路军这个指称，以小代大也是对八路军文化的一种压抑和弱化，也是使该文化变相“失语”的具体表现，对传递源语文本语义来讲，也是一种文化扭曲。

三、《红高粱家族》英译中的翻译变异

超出同源指向的翻译变异

一般来讲，文学翻译应该是源语文本思想、内容、形式等的真实再现，但由于不同语言的异质性，译者必须依照源语文本的语境去寻求能够表达源语语义的目的语语言手段，这样，翻译中的变异就成为必然。正如特里尔所言，“每一种语言都有它自身的特质来构筑完整自足的现实图景，语言的现实要素绝不会以完全一样的形式出现在两种不同语言中，这就说明了要求译者在语言上做到与原作的同一是不可能的，原作的语言在翻译中是非变形不可的。译者在打破语言障碍，以另一种语言构建原作特质时，所真正要指向的是原作意欲表现的世界，这个世界即作品的源，同源的指向才是译作与原作本质上的关系，这种同源性确保了译作与原作不可分割的整体性……面对不同的语言，不同的文化，不同的读者，译作也就为原作打开了新的空间”（转引自许钧 2013：7-8）。

然而，仔细的双语平行研读后，研究发现《红高粱家族》英译本中有部

分翻译变异违反了汉语语言规范、扭曲了汉语语言文化的特质，完全超出了同源的指向。有的变异或美化或弱化或扭曲了原语文化，如“倭寇（dwarf invaders 矮的侵略者）”、“丫头（tramp 妓女、荡妇、轻浮女人）”、“九州十八府（all over here 这一片）”、“大葱（onion 洋葱）”等。其中最为典型的是下面这些汉语语言文化的翻译变异。

汉语中的“被子”、“棉被”在世界很多语言文化中都有存在。“被子”指的是“睡觉时盖在身上的东西，一般用布或绸缎做面，用布做里子，装上棉花或丝棉等”（现代汉语词典 1982：49）；“棉被”指的是“絮了棉花的被子”（现代汉语词典 1982：776），英语的对应词是 quilt、comforter。有道字典的网络释义中 blanket 也有被子的释义，但网络支持率并不是很高。但译者将源语小说中多处“棉被”、“被子”译成了下列不同的形式：“jacket”（夹克 / 短上衣），“bedding”（床上用品），“sheet”（床单）。很显然，像 jacket、bedding、sheet 这样的翻译变异完全超越了源语意欲表现的世界，即源语的同源指向，请看下列例句：

例 6 一条露出花絮的棉被 . . .（p.314）

译文：a torn jacket with loose padding . . .（p.327）

例 7 他把手放在被子上擦着，越擦越觉黏腻恶心。（p.94）

译文：He tried wiping his hand on the bedding,but the harder he wiped, the stickier it got, and the stronger his feelings of nausea grew.（p.106）

例 8 . . . 又拉过一床被子，盖在二奶奶身上。（p.326）

译文：covered her with a sheet.（p.338）

汉语中的“夹袄”（双层的 / 有里子的上衣 -lined jacket)、“皮袄”（用皮料做的袄 -fur-lined jacket)、“棉袄”（絮了棉花的上衣 -cotton-padded jacket)、“棉衣”（絮了棉花的衣服 -cotton-padded clothes）也是很鲜活的中国语言文化，各具特色，英语中也无对应词。译者也牺牲了这些源语文化各具的特色，将这些事物称谓统统简单译为jacket（夹克/短上衣）和shirt（衫/衬衫）。这样的翻译变异也同样超越了源语的解释权，也是对中国文化的一种扭曲。对那些想籍小说了解中国文化、人民生活的目标语读者或研究者来讲，这是一种严重的误导和损失，因为，也许他们阅读中国小说的目的就是想看看中国人吃什么、穿什么、住的怎样、用的怎样等，以对中国人有一个清晰真实的具象，对中国人的生存状态和精神状态以及汉语言文化做到真正的了解。请看下列例句：

例9 爷爷艰难地爬起来，拎起夹袄提起枪 . . .（p.279）

译文：Granddad picked up his jacket and his pistol . . .（p.292）

例10 . . . 双手用力撕扯着破烂的棉衣 . . .（p.298）

译文：. . . He ripped off his tattered shirt with both hands.（p.310）

汉语中的“褂子”（a Chinese-style unlined upper garment）是中式外衣或短上衣；“大褂”（unlined long gown）是身长过膝的中式单衣；“衫”（unlined upper garment）是单上衣，这些中国特有文化，各有其具象，英语中无对应词，对于这些英语语言文化中的缺项，译者统统译为英语世界的“jacket”（夹克/短上衣），这样的翻译变异也超越了源语意欲表现的世界，即作品的源以及源语语言文化的最终解释权。（例子略）

“伪忠实”的翻译变异

一种语言文化中的习语、谚语、典故、比喻等都有超出其字面意义的内涵，是一种语言文化中最丰富、最具特色的文化特产。如果这些源语语言文化的内涵在目的语国家还没有达到人人皆知的境地时，翻译中仅采用一对一的翻译（one-to-one translation），目标语读者可能会很难领略所涉语言文化其中的奥妙和真谛，也会使目标语读者阅读不顺，晦涩难懂。翻译中对这类词汇或词句的“字面忠实”就是“伪忠实”。“对于源语文化来讲，译者表面上采取了‘忠实’于源文本的翻译手法，而就效果和译文读者认知而言，由于出现了‘不透明’、‘不顺’，译文读者则不能像原文读者那样‘流畅’、‘轻松自然’地阅读翻译文学，在意义和效果上则属于‘不忠’。”（邵璐 2013：64）

如汉语中的“黄泉”在中国文化中一般指人死后所居住的地方，古人以地极深处黄泉地带为人死后居住的地下世界，也就是阴曹地府，其英文的对应词有 netherworld，hell 等。这也是独特的中国语言文化，然而译者将“黄泉”直译为“Yellow Spring”（黄色的泉）。这可能会适得其反，因为在没有任何脚注或其他注释的帮助下，不懂中国语言文化的目标语读者会百思不得其解。这样的翻译变异不仅使目标语读者阅读受阻，同时也使该文化语义在很大程度上失语，请见下列例句（句中画线部分为变异部分，下同。）：

例 11 罗汉大爷说：“兄弟，一刀捅了我吧，黄泉之下我不忘你的恩德。”（p.31）

译文：“Brother,” Uncle Arhat said, “finish me off quickly. I won’t forget your kindness down in he Yellow Spring.”（p.35）

汉语中的“耕云播雨”（make love）也是典型的中国隐喻文化，在其他语言中也很难找到直接对应。“云雨”是我国古代小说中描写男欢女爱、男女房事的常用词语，是委婉语。在《红楼梦》《水浒传》等古典名著中，作者写到男女进行房事的时候，无一例外地写道，“共赴巫山云雨”，或者“不免云雨一番”。中国人相信天人合一，所以人们将十分般配的情侣叫“天生一对、地设一双”、“天作之合”，把男欢女爱隐称作“耕云播雨”。译者将这些中国独特语言文化高度直译，其结果是看起来译文“流畅”，但也会使那些也不懂中文的目标语读者不知所云，请看下列例句：

例 12 他们在高粱地里耕云播雨，为我们高密东北乡丰富多彩的历史，抹了一道酥红。（p.63）

译文：They plowed the clouds and scattered rain in the field, adding a patina of lustrous red to the rich and varied history of Northeast Gaomi Township.（p.71）

译者对下面不同语境中的汉语方言、习语“老啦”（死啦 –be dead; die）、“山人”（此处指方士，属于道家隐士集团，后称道士，懂医理方药，对应的英语是：Taoist、doctor、necromancer。）、“羊肚子手巾”（方言：毛巾，对应的英文是 towel，loop towel，facecloth，washcloth）的翻译变异也同样是对源语语言文化语义的一种扭曲，请见下列例句：

例 13 罗汉大爷说：“行了，老啦！”（p.342）

译文：“Okay,” Uncle Arhat said, “She's old now!”（p.354）

例 14 爷爷焦急万分，说：“山人，您不能走...”（p.343）

译文：Granddad pleaded, “Mountain, you can't leave. . . .”（p.356）

例 15 奶奶从铜盆里捞出一条热气腾腾的白羊肚子手巾...（p.326）

译文：Grandma took a steaming sheepskin towel . . .（p.338）

例 16 盛殓二奶奶时，所有的人嘴上都捂着用高粱酒浸湿了的羊肚子手巾。（p.344）

译文：When her body was put in its coffin,all the mourners held goatskin chamois soaked in sorghum wine over their noses.（p.356）

例句 13 里的“老啦”在本句中意指“死啦”，译者对此误解为“老啦”的基本意义，即上了年岁 / 年老的，因此将其译为“old”；例句 14 中的“山人”在此指的是“道士”、“方士”、“巫师”，而译者将其译为“Mountain”（山 / 山脉）；例句 14、15 中的“羊肚子毛巾”即方言“毛巾”，而译者将其直译“sheepskin towel/goatskin chamois”（羊皮毛巾 / 山羊皮 / 鹿皮），这些不同的字面或意义直译都是伪忠实的翻译变异，也都超出了这些具体语境下的源语文化的同源指向和解释权。

四、成因分析

从本质上来讲，翻译策略的选择在很大程度上其实就是一种文化态度选择，也是一种伦理选择（Baker 2006），是受诸多因素制约的。译者总是有意或无意、或隐或显间在某种意识形态的影响下有目的地选择翻译策略，或突现或压抑他们所斡旋的文本叙事。

《红高粱家族》译者在整个翻译过程中将共产党、八路军、毛泽东、延安的指称及其宣传的段落基本全部省略零译，可能是很大程度上受到这些中国文化为一些有影响的欧美国家所排斥的影响。传统上的中国共产党及其领导人和其领导的八路军形象在欧美国家，尤其在美国人眼中大都是负面的、想从地球上根除的对象之一，麦卡锡主义恐怕是很多人不能忘却的例证。一些西方文学及其主流媒体对中国共产党不同程度的排斥、贬低、曲解的极端宣传也框架了西人对这些中国文化的认知。西方国家原有的这些中国形象，在很大程度上决定了译者对中文作品的选择与阐释以及读者对英文译本的接受与反馈。所以，出于商业利益或意识形态逻辑，译者或许不得不迎合目标语读者的喜爱，从而对这些中国文化进行压抑和零度情感处理，使其失语，避免成为共产党、毛泽东的宣传机器，以获取更多的译品销量。

译文中出现了一些超出源语语言文化解释权的翻译变异，如译者将汉语中的被子、棉被、褂子、大褂、衫、夹袄、皮袄、棉袄、棉衣几乎通译为 jacket。英语语言文化中的不同服装、衣物等都有其约定成俗的不同指称，一词指代如此多的不同服饰等恐怕在美国的日常生活中也不会是常态，否则，生活中岂不麻烦重重，因为交际双方肯定会花费大量的时间去询问和解释语境。也许这就是为什么在阿拉伯语言中，不同性别、不同年龄等的骆驼都有其各自不同的指称。所以我们不能简单地将这种现象解读为译者是为了目标语读者的阅读“方便”、“流畅”，也许是一时贪图表达之便。可是，栩栩如生的中国语言文化、栩栩如生的人物形象可能会因此而被变异成中国套话：中国人四季穿的、床上盖得全都是 jacket（夹克 / 短上衣）。

译者对部分源语方言、习语等的翻译变异，也值得商榷。也许是为了完好的保留源语文化，译者这种忽视目标语读者的接受度，孤立的高度直译，使译文生硬拗口，晦涩难懂，可能会吓跑很多读者，对初期的中国文学作品在世界的传播来讲也是某种程度的阻碍。不少欧美的中国小说译品评论家们也对此提出了质疑，如 Jenner（1990，2001）、Jess Row（2009）、Michael Upchurch（1991）、Ross Terrill（1995）、Vanessa Hua（2008）等。Michael Upchurch（17/11/1991）在《华盛顿邮报》上评论贾平凹《浮躁》译作时就认为，“要不是一些陈词滥调的话，译者的译文读起来会很舒服的。其中像 ‘hotshot（高手）’、‘to be tied（暴跳如雷）’ 这样的陈腐英语很多。也许这些都是源自原作中的原话，译者无法回避，但译者可以为这些大多数美国读者不解其意的习语或典故等提供一些有助的注释。比如，当英英称金狗是一个 ‘现代的陈世美’ 时，美国读者可能就不得而解”。Vanessa Hua（21/09/2008）在《旧金山报》上评论张炜《古船》译作时也认为，“那些不甚通晓错综复杂中国历史的读者可能要从小说之外的一些渠道去寻求有关 ‘大跃进’、‘文化大革命’、中越战争及市场经济刺激的有关线索及具体日期。尽管作家本人没有责任向外国读者解释中国历史，但读者还是很希望对此有相应的脚注”。Jess Row（5/3/2009）在《纽约时报》上评论余华《兄弟》译作时也认为，“在小说结尾处余华含蓄地把李秃子比作《红楼梦》女主人公林黛玉。此时，读者多么希望《兄弟》提供有关脚注”。

此外，Jenner（9/3/2001）《泰晤士报文学副刊》上评论高行健《灵山》译作时也认为，译者虽然是讲英语的学者，研究中国问题的专家，但她的译文过于直译，语言晦涩，翻译腔严重，“几乎没有哪段译文不是累赘拖沓的”。僵硬的直译法在文学作品翻译中很难行得通。优秀的中国文学作品如果要想在译入语国家成为独立的文学作品，译作应该像原作一样读起来“通顺易懂”。译文“需要被润色”，直到我们忘记它们是翻译作品，就像一扇明亮的窗户，我们几乎意识不到在我们和我们所视的东西之间存在着什么。

结　语

"'翻译应该忠实原作'已是译界的基本常识，无须赘言；至于应该'逐字译'、'逐意译'，还是两相结合等等，具有独特追求的翻译家自有其主张，也不必强求一律"（谢天振，2014：3）。但是，"变译并不是随心所欲地改变，取什么，舍什么，都有一定原则可循，要考虑到原作与读者等诸多因素"（黄忠廉，1999：82）。毛忠明也认为，"容忍翻译变异，并非意味着翻译可以天马行空，随意挥洒。唯有将译文导入译入语体系中固有的规范，'变'而不离译语之规范，'叛'而不失原文之真谛，才能使翻译达到理想的'神似'之'化境'"（2004：9）。

由于种种原因，《红高粱家族》译者在翻译过程中采用了不同的翻译策略使一些具有鲜明历史文化符号的源语语言文化失语，这也是一种文化病态；某些翻译变异也超越了源语及其文化可以接受的范围，超出了源语文化享有的最终解读权，在某种程度上损害了原文的艺术性和真实性以及中国语言文化的规范性，这不能不说是些缺憾。

毋庸置疑，很多外国译者一直致力于传播中国语言文化，对中国文学作品及其作家进入世界文学舞台做出了重要贡献。但是，在缺憾存在的方面，"我们是'尊重国外译者的选择'，还是就其偏颇的翻译实践对我国文学、文化、思维传统造成的抹黑与扭曲大声提出异议甚至抗议，起码使他们知道我们感受如何，似乎也值得进一步探讨。……强调译者对源语文化的尊重和责任对弱势文化是一种加权，有助于纠正不同语言文化之间权力关系的不对称"（刘亚猛 2006：16）。翻译策略的选择、对原文的增删和改写，都会不同程度地体现意识形态背后的操纵作用，意识形态的潜在操纵作用可以说无处不在，关注新的语境下原文通过文化失语和翻译变异所产生的新叙事，发掘其背后隐藏的深层原因，对比较文学研究而言也是极具研究价值的工作。

参考文献

[1] 曹顺庆 . 文论失语症与文化病态 . 文艺争鸣 . 1996.06. No.2. pp. 50-58.

[2] 侯羽、刘泽权、刘鼎基于语料库的葛浩文译者风格分析——以莫言小说英译本为例 . 外语与外语教学 . 2014，No.2. pp. 72-78

[3] 黄忠廉 . 变译（翻译变体）论 . 外语学刊 .1999 年第 3 期 .pp.80-83.

[4] 黄忠廉 . 释“变译” . 外语研究 . 2002，No.3. pp.66-68.

[5] 黄忠廉 . 变译观的演进 . 外语与外语教学 . 2002，No.8.pp.46-48.

[6] 李文静 . 中国文学英译的合作、协商与文化传播——汉英翻译家葛浩文与林丽君访谈录 . 中国翻译，2012（1）：57-60.

[7] 李叶 . 文学评论家：莫言得诺奖翻译功不可没 . 人民网，2012-10-11. http://society.people.com.cn/GB/n/2012/1011/c1008-19235129.html

[8] 刘亚猛 . 从“忠实与源文本”到“对源语文化负责”：也谈翻译规范的重构 . 中国翻译 . 2006，No.6. pp.11-16

[9] 毛忠明 . 翻译规范与变异 . 上海科技翻译 . 2004，No.4. pp.6-9.

[10] 莫娜 . 贝克、安德鲁 . 切斯特曼 . 重述之道德规范 . 赵文静，译 . 中国翻译 . 2009. No.4. pp.34-44

[11] 莫言 . 红高粱家族 . 人民文学出版社 . 2009.

[12] 蒲公英 . 透过社会语言学看翻译变异现象 . 外国语文 . 2013，06. pp.139-142.

[13] 单畅、王永胜 . “异域”风情中的“归乡”情结—以莫言《师傅越来越幽默》的英译本为例 . 当代作家评论 . 2014，No.3. pp.202-207

[14] 邵璐 . 莫言英译者葛浩文翻译中的“忠实”与“伪忠实” . 中国翻译 . 2013. No. 3. pp.62-67

[15] 邵璐 . 莫言小说英译中的信息凸显 . 当代外语研究 . 2014，No. 2. pp.48-53

[16] 吴琳 . 从文学变异学角度重新审视翻译中的变异 . 宁夏大学学报（人文社会科学版）. 2007，No.7. pp.173-176.

[17] 谢天振 . 中国文学走出去：问题与实质 . 中国比较文学 . 2014 (1). pp.1-10.

[18] 许方、许钧 . 翻译与创作——钧教授谈莫言获奖及其作品的翻译 . 小说评论 .

2013.2.4-7.

[19] 许心怡（记者）. 莫言：希望翻译家们做“信徒”，多些“菠萝盖”. 北京. 人民网，2014-8-18

http://www.bzcm.net/wenhua/2014-08/20/content_1557745.htm

[20] 钟志清 . 英美评论家评《红高粱家族》.《山花》. 2001，No. 1.

[21] 中国社会科学院语言研究所词典编辑室 . 现代汉语词典 . 商务印书馆，1982.

[22] Baker M. Translation and Conflict –A Narrative Account . London: Routledge. 2006.

[23] Balcom, John. Translating Modern Chinese Literature. In Susan Bassnett and Peter Bush（eds.）. The Translator as Writer. London:Continuum，2006.

[24] Goldblatt H. Red Sorghum. Penguin Books. 1994.

[25] Gray, Paul. Lost in the Translation. Time. http://www.time.com/time/magazine/article/0, 9171, 998738, 00.html. Retrieved 2012-08-1.

[26] Jenner W. J. F. Prize Woes. The Guardian, Saturday 30 November 2002

http://www.theguardian.com/books/2002/nov/30/featuresreviews.guardianreview29

[27] Jenner, W. J. F. Heading for the Hills.Times Literary Supplement, no. 5110 (9 March 2001). 2001: 22.

[28] Liu Jun. Faithful to the Original. China Daily, 2008-3-12. Also viewable at

http://www.bjreview.com.cn/books/txt/2008-04/02/content_108570.htm

[29] Row Jess. ‘Chinese Idol’. The New York Times. 2009, 5 March.

http://www.nytimes.com/2009/03/08/books/review/Row-t.html?ref=bookreviews.

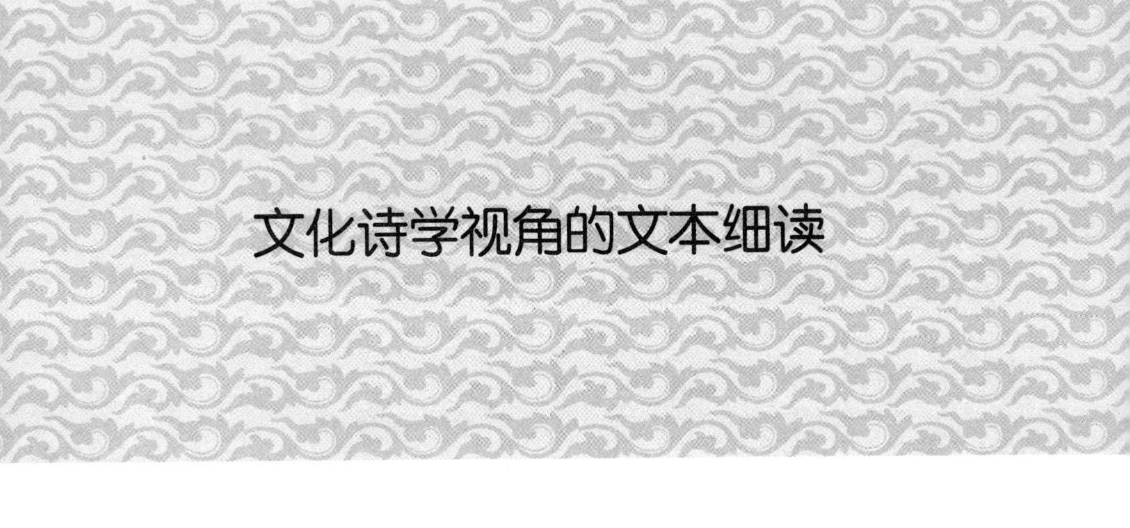

文化诗学视角的文本细读

论“桑林母题”的多元文化内涵[1]

——以三曹拟《陌上桑》为例

郭晨光[2]

［摘要］ 曹操、曹丕、曹植是现存文献中最早对古辞《陌上桑》进行模拟的文人，以往学界均认为三人只是借用古曲调，未涉及采桑之事。其实，拟作虽未与采桑故事有所关涉，但并未脱离古曲《陌上桑》的创作背景，主要是基于对“桑林母题”传统的多元文化内涵的继承，而各自的侧重点又与其兴趣爱好和人生经历息息相关。

［关键词］ 三曹 《陌上桑》 桑林祈雨 桑梓情深 扶桑求仙

引　言

古代文学中的“桑林母题”与先民的桑崇拜有关。由于桑树在日常生产中的重要作用以及强大的繁殖力和生命力，先民们便对桑树加以神话、崇拜和祭祀，这便是所谓的“桑林母题”。有关“桑林母题”最著名的文学作品当属《陌上桑》，章培恒、骆玉明指出：“中国古代盛产桑树，由于采桑之处

[1] 国家社科基金一般项目《东汉文学思想史》(14BZW026)。

[2] 郭晨光（1986—），女，河南许昌人，中国社会科学院文学所博士后，主要研究魏晋南北朝文学与文论。

女子很多，其地也往往成为男女恋爱的场所，《诗经》中所吟咏‘桑间濮上’之地，便是如此。也产生了一些有关采桑女的故事，其中一个主要母题，就是一个过路男子对采桑女求爱，鲁国的秋胡传说就是这种母题的故事，《陌上桑》则是这一母题在汉代的变奏。”[1]

考之相关文献，最早对《陌上桑》进行模拟的文人当属曹氏父子。以往学界对“三曹”拟作评价多与采桑毫无关涉，只是借用古曲调而已，与传统之间发生了断裂。因为乐府诗多用旧题，文人拟作在题材内容上或多或少受其影响，形成一个内部衍生系统。钱志熙即说：“有些文人乐府用旧题，单从表面的内容上丝毫看不出其与‘古辞’之间的联系。在这种时候，往往会产生文人拟乐府与古辞或旧篇毫无关联的印象。但事实上，每一拟作新篇，都是以其各自的方式，取得其所以以古题名篇的依据。”[2] 据笔者考证，三人拟作并未脱离古曲《陌上桑》的创作背景，传统的“桑林母题”具有丰富的文化内涵，拟作从不同方面继承“桑林母题”的文化内涵，其侧重点也反映了父子三人不同的思想状况和人生经历。

首先需要说明，《宋书·乐志》录《楚辞钞》有一首《陌上桑》，歌词为“今有人，山之阿，被服薜荔带女萝。既含涕，又宜笑，子恋慕予善窈窕……”改编自《楚辞·山鬼》而成，省略了一些“兮”字，几乎未作改动，句式为“三——三——七”体，很明显就无关“秦氏罗敷女”事。《通志·乐略》列举了《陌上桑》的不同名称：“《陌上桑》亦曰《艳歌罗敷行》，亦曰《日出东南隅行》，亦曰《日出行》，亦曰《采桑曲》，曹魏改曰《望云曲》。”[3] 可知《陌上桑》曲辞多种，主题非一，除歌咏罗敷事外，还包含其他类型的曲题。

---

[1] 章培恒，骆玉明：《中国文学史》，复旦大学出版社，1996 年，第 235 页。

[2] 钱志熙：《中国诗歌通史·魏晋南北朝卷》，人民文学出版社，2012 年，第 40 页。

[3] 郑樵：《通志》，中华书局，1987 年，第 628 页。

一、“桑林祈雨”——曹操《陌上桑》对“桑林母题”的继承

我们首先看曹操的拟作：

驾虹霓，乘赤云，登彼九疑历玉门。济天汉，至昆仑，见西王母谒东君。交赤松，及羡门，受要秘道爱精神。食芝英，饮醴泉，柱杖桂枝佩秋兰。绝人事，游浑元，若疾风游欻翩翩。景未移，行数千，寿如南山不忘愆。

“虹霓”意象——

许慎《说文》曰：“虹，螮蝀也。状似蟲。从虫工聲。段玉裁注：‘虫者，它也。虹似它。故字从虫。’”[1]《楚辞·天问》曰：“白蜺婴茀，胡为此堂？”王逸注曰：“蜺，云之有色似龙者也。”[2]“虹”在先民眼中属于龙蛇之属，陈梦家认为：“卜辞虹字象两头蛇龙之形。”[3]而且龙蛇可以致雨，李炳海指出，《山海经》中的蛇不仅是装饰物，而且有实际功用：助动与调节雨水。[4]山东祈水县韩家曲村出土汉代画像石中的虹神形象：呈两首龙形态的虹神，身体向上弯曲成圆弧形，两龙首低垂向下张口喷水，两龙首下方又刻画一人虔诚跪地，手举大盆于头顶，以承接由龙口中喷出的雨水。[5]先民常祭祀“虹龙”以祈雨，这种风俗一直保存到汉代，据《后汉书·礼仪志》载：“其旱也，公卿长官以次行雩礼以求雨。闭诸阳，衣皂，兴土龙，立土人舞僮二佾，七

[1] 许慎撰：《说文解字注》，段玉裁注，上海古籍出版社，1988 年，第 673 页。

[2] 洪兴祖撰：《楚辞补注》，白化文、许德楠、李如鸾点校，中华书局，2009 年，第 101 页。

[3] 陈梦家：《殷墟卜辞综述》，中华书局，1988 年，第 243 页。

[4] 李炳海：《蛇：参与神灵形象整合的活性因子——珥蛇、操蛇、践蛇之神的文化意蕴》，载《文艺研究》，2004 年第 1 期。

[5] 山东省博物馆山东省文物考古研究所：《山东汉石画像选集》，齐鲁书社，1982 年，图 448。

日一变如故事。”[1]

歌舞祀西王母——

全诗以西王母和东君为中心，是被拜谒的对象。汉代民间自发祭祀西王母非常普遍，多与祈雨活动有关，如《汉书·哀帝纪》载：“（建平）四年春，大旱。关东民传行西王母筹，经历郡国，西入关至京师。民又会聚祠西王母，或夜持火上反，击鼓号呼相惊恐。”[2]《太平寰宇记》卷三十二引《周地图记》载安定郡的西王母祠：“王母乘五色云降于汉武，其后帝巡郡国，望彩云以祠之。而云五色屡见于此，因立祠焉。每水旱，百姓祷祈，时有验焉。”[3]受汉代五行观念的影响，人们给西王母增加了配偶，也就是东君（东王公）。在汉画像砖中我们看到了许多有关歌舞祀西王母的画面，与此诗可相参照：山东腾州西户口出土的一对画像石，西王母的形象明确标志，画像分四层。一层，墓主人正面凭几座，两边是侍者。二层，六博和观者。三、四层，杂技表演和建鼓表演。画面上的主人公和西王母平起平坐，享乐舞之娱。徐公持指出：“曹操的游仙诗与宴饮诗内容非常接近，直可以同类作品视之，场面中都有一位主人……而此‘主人’非曹操莫当。”[4]可见，当祭祀西王母的宗教仪式因素褪去，宴会场面上的歌舞表演成为主导，具备娱神和悦人的双重属性。所谓“交赤松，及羡门……食芝英，饮醴泉”，虽云传说中的仙人“赤松子”等，但并非完全出于幻想，其实是当时乐舞百戏表演的一部分。曹魏宴飨仪式，记载缺乏。但是西晋的礼乐制度沿袭曹魏而成，我们可以从中一窥究竟。傅玄《元日朝会赋》对于当时宴飨仪式有细致的描写：“采秦汉之旧仪，定元会之嘉会。……阊阖辟，天门开。坐太极之正殿，严嵯峨以崔嵬。嘉广庭之敞丽，美升云之玉阶，□□□□□□乘羽盖之葳

[1] 范晔：《后汉书》，中华书局，2007年，第3117页。

[2] 班固：《汉书》，中华书局，2007年，第342页。

[3] 乐史：《太平寰宇记》，中华书局，2000年，第692页。

[4] 徐公持：《魏晋文学史》，人民文学出版社，1999年，第45页。

蕤。相者从容，俟次而入。济济洋洋，肃肃习习。就位重列，面席而立。胪人齐列，宾礼九重。群后德让，海外来同。束帛戋戋，羔雁邕邕。献贽奉璋，人肃其容。六钟隐其骇奋，鼓吹作乎云中。……是时天子盛服晨兴，坐武帐，凭玉几，正南面以听朝，平权衡乎砥矢。群司百辟，井阼纳觞。皇恩下降，休气上翔，礼毕飨宴，进止有章。六乐递奏，磬管铿锵，渊渊鼓钟，嘒嘒笙簧。搏拊琴瑟，以咏先皇，雅歌内，颂声外扬。"[1] 其《正都赋》曰："东父翳青盖而遐望，西母使三足之灵禽。丹蛟吹笙，文豹鼓琴。素女抚瑟而安歌，声可意而入心。起而鹤立，和清响而哀吟。"[2] 其中的宴会场面完全就是曹操描写的"驾虹霓，乘赤云，登彼九疑历玉门。济天汉，至昆仑，见西王母谒东君。交赤松，及羡门，受要秘道爱精神。食芝英，饮醴泉，柱杖桂枝佩秋兰"的翻版。另外，曹植《大魏篇》可宴乐群臣之盛事有所展现："黄鹄游殿前，神鼎周四阿。玉马充乘舆，芝盖树九华。白虎戏西除，舍利从辟邪。骐驎蹑足舞，凤凰拊翼歌。"赵幼文《曹植集校注》评："拊翼歌以上四句，是魏王朝承袭汉代正月朔日朝贺之仪式，故亦有技人装饰舍利、辟邪、麒麟、凤凰形象，于殿前舞蹈歌唱。"[3] 钱志熙针对吟叹曲《王子乔》指出："诗中的王子乔在人们的一片欢呼声中，果然下到人间……最后让王子乔'鸣吐衔福祥殿侧'，似是方士的某种戏剧式表演。"[4]"汉代人幻想中，传说中的神仙世界用舞台艺术表现出来。这一种象征性，是够资格作为一种戏剧艺术的。"[5] 主人公看似是西王母和东君，实际曹操这位"贤主人"在中间扮演者旁观者的角色，沉醉于美妙的歌舞表演，那一刻心里也得到了极大的满足，就像武帝欣赏司马相如的汉大赋一样，"飘飘有凌云之气"，他幻想着绝弃人世间的一切，"绝人事，游浑元，若疾风游欻翩翩"，同时也享受着幕

[1] 严可均:《全晋文》，商务印书馆，1999 年，第 456-457 页。

[2] 同上，第 457-458 页。

[3] 赵幼文:《曹植集校注》，人民文学出版社，1984 年，第 330 页。

[4] 钱志熙:《汉魏乐府艺术研究》，学苑出版社，2011 年，第 136 页。

[5] 同上，第 142 页。

僚给予的祝寿，“景未移，行数千，寿如南山不忘愆”这是东汉流行的祝酒词，觥筹交错之间表达着对主人长生延寿的美好祝愿。

求雨与桑林——

早在殷商时期，就有汤躬身祷于桑林之事。《吕氏春秋·季秋纪》载：“汤克夏而正天下。天大旱五年不收，汤乃以身祷于桑林曰：‘余一人有罪无及万夫。万夫有罪，在余一人。无以一人之不教，使上帝鬼神伤民之命。’”于是剪其发，磨其手，以身为牺牲，用祈福于上帝。民乃甚说，雨乃大至！”高诱注曰：“桑林，桑山之林，能兴云作雨也。”[1]同时“桑林”又是古乐舞之名称，如《左传襄公十年》载：“宋公享晋侯于楚丘，请以桑林（注：桑林，殷天子之乐名）。”[2]《庄子·养生主》曰：“合于《桑林》之舞。”袁珂认为“当是成汤祷于桑林之乐舞”[3]。不仅如此，“除祷雨外，一切在桑林举行的神圣活动中相伴的乐舞都应称之为《桑林》”[4]。流传下来的商代桑林祝祷韵语，冯惟讷《古诗纪》辑有《桑林祷辞》，严可均《全上古三代文》辑有《桑林祷》等。这些古老的韵语，就属于桑林祝祷时配乐演唱的歌词。据相关文献记载，上古求雨祭祀活动不仅频繁的举行，而且场面宏大，“奏舞”、“奏乐”，载歌载舞，融歌舞表演、音乐表演、器乐表演于一体，是上古时期大规模的乐舞盛会。这种乐舞盛会往往与祭祀活动相叠合。《诗经·小雅·甫田》曰：“琴瑟击鼓，以御田祖，以祈甘雨。以介我稷黍，以穀我士女。”足以说明击鼓奏乐用于祭祀求雨。闻一多释“桑”曰：“桑，桑林也……桑林，殷之社，故武王立汤后以奉祀之。”[5]举行祭礼的地方，被称之为“社”。所以，先民在桑林中求雨，必然伴随着宴飨等活动。三国时期仍

[1] 许维遹梁运华：《吕氏春秋集解》，中华书局，2010 年，第 200-201 页。

[2] 杨宽：《西周史》，上海人民出版社，1999 年，第 764 页。

[3] 袁珂：《中国神话传说词典》，上海辞书出版社，1985 年，第 336 页。

[4] 钟年：《论中国古代的桑崇拜》，载《世界宗教研究》，1996 年第 1 期。

[5] 闻一多：《古典新义》，载《闻一多全集》，三联书店，1982 年，第 566 页。

有士大夫在社祭时举行餐宴的情形，《三国志·魏志·曹爽传》注引《魏略》曰："蒋济为太尉，尝与范会社下。群卿列坐有数人。范怀其所撰，欲以示济，谓济当虚心观之。范出其书，以示左右，左右传之。"[1] 社祭与宴飨延续了上古的传统，仍然是紧密地结合在一起，上文腾州西户口出土的汉画中可以感受到两者的共存状态。

拟作取名《陌上桑》的原因，除了对《楚辞钞·今有人》在音乐句式方面的继承外，更是源于先民对桑林祈雨的原始崇拜。曹植《画赞·汤祷桑林》曰："汤祷桑林，祈福于天……皇灵感应，时雨以零。"《诰咎文》曰："桑林既祷，庆云克举。"即是此类心态和信仰的有力证明。考之建安时期文人有许多喜雨、求雨之作，曹丕、曹植有《愁霖赋》《喜霁赋》，曹植又有《时雨讴》《甘露讴》，王粲、陈琳有《大暑赋》等，描写了天下大旱，人们内心焦虑和渴盼甘霖的心情。不仅如此，西周宣王时期的祷雨乐歌《云汉》在魏晋时期仍然被继承和沿用，顾栋高《毛诗类释·雩祭》曰："晋穆帝永和时，博士议曰:《云汉》之诗，宣王承厉王拨乱，遇灾而惧，故作是歌。今晋中兴，奕叶重光，岂比周人耗斁之辞乎？汉魏俱别造新书，晋室太平不必因故。司徒蔡谟议曰:《云汉》之诗，兴于宣王。今歌之者，取其修德禳灾，以和阴阳之气，故因而用之，无庸更作。"[2] 说明了魏晋时期人们对上古祭祀求雨乐歌的普遍接受和继承。

台静农认为："在他（曹操）的乐府辞中，有一部分古拙到连韵也不用，其内容有的铺陈游仙而无玄意，有的装点儒术而失于空泛，像这一类作品，既非抒情，也不是写志，想是当时入雅乐的歌辞，以典重能入乐为主，而诗歌的艺术却居于次要了。"[3] 针对的即是曹操《气出倡》三首、《陌上桑》之类的作品。在此我们认为，曹操《陌上桑》继承的是上古桑林祈雨的祭歌传统，宗教仪式的因素已经退居到次要地位，宴饮娱乐成为厅堂上的主体。

---

[1] 陈寿:《三国志》，裴松之注，中华书局，1982 年，第 290 页。

[2] 顾栋高:《毛詩类释》，清文渊阁四库全书本。

[3] 台静农:《中国文学史》，台湾大学出版中心，2004 年，第 159-160 页。

《陌上桑》继承了雅乐的传统却是俗乐的性质。[1] 同时也反映了曹操个人在音乐、娱乐上的偏好,《三国志·魏志》注引《曹瞒传》曰:曹操“好音乐,倡优在侧,常以日达夕”建安十五年春,作铜雀台,上设伎乐。曹操的诗歌,包括存疑的三首,共二十二首,全部为乐府诗,其乐府诗的大部分都作于此时,在其弥留之际仍对铜雀伎乐念念不忘。

可见《陌上桑》有其丰富的文化内涵,曹操拟作《陌上桑》对“桑林母题”的延续主要是“桑林祈雨”的信仰,散发着宗教神话因素的神秘气息,总体属于原始宗教的范畴。

二、“桑梓情深”——曹丕《陌上桑》对“桑林母题”的继承

曹丕对《陌上桑》一变其父句法,为二言、三言、四言、五言、七言相混的杂言诗,以其早年跟随曹操出征的亲身经历为素材进行写的,历来被认为是曹丕从军之作的代表,现将其著录于下:

> 弃故乡,离室宅。远从军旅万里客。披荆棘,求阡陌,侧足独窘步,路局笮。虎豹嗥动,鸡惊,禽失群,鸣相索。登南山,奈何蹈盘石,树木丛生郁差错。寝蒿草,荫松柏,涕泣雨面沾枕席。伴旅单,稍稍日零落,惆怅窃自怜,相痛惜。

陈祚明评:“极仿孟德,荒荒苍苍,其情苦悲。‘稍稍’句佳,足知从军之久。”[2] 学界对此诗的理解多集中于曹丕借古题抒从军情怀,与古辞内容毫无关涉。笔者观点有所不同,此诗虽云从军,其实反映了曹丕浓郁的怀乡思亲之情,对“桑林母题”的继承侧重在“桑梓情怀”上。

---

[1]《宋书·乐志》记录了许多汉魏以来的俗乐歌辞,其中包括曹操《陌上桑·驾虹霓》篇,点明了其俗乐歌辞的性质。

[2] 陈祚明:《采菽堂古诗选》,上海古籍出版社,2008 年,第 142 页。

众所周知，中国是全世界最早饲养家蚕的国家，费孝通指出：“家庭蚕丝业是中国农村中对农业不可缺少的补充。”[1] 由于其在经济生活中的重要地位，桑树在家庭附近被大面积的种植，《孟子·梁惠王》载：“五亩之宅，树之以桑，五十者可以衣帛矣。”《诗经》中有许多关于“桑树”的篇章，《郑风·将仲子》曰：“将仲子兮！无踰我墙，无折我树桑。”《魏风·十亩之间》曰：“十亩之间，桑者闲闲兮，行与子还兮。”《汉书·食货志》亦载：“还庐树桑。”正因为桑树的种植环境与家庭、土地息息相关，有关“桑”的文化意蕴便延伸出“桑梓”一类，用来代指父母。《小雅·小弁》：“维桑与梓，必恭敬止。”毛传曰：“父之所树，已尚不敢不恭敬。”陈琳《为袁绍檄豫州》曰：“又梁孝王，先帝母坤，坟陵尊显，桑梓松柏，犹宜肃恭。”早在汉代，就有“桑梓”指代父母前辈之意。朱熹《诗集传》曰：“桑、梓二木。古者五亩之宅，树之墙下，以遗子孙，给蚕食、具器用者也……桑梓父母所植。”[2] 正因为桑梓是父母留给后代子孙的宝贵遗产，子孙见桑梓便产生思亲之感，态度上便格外恭敬。

桑梓自东汉代指故乡一类。张衡《南都赋》曰：“永世友孝，怀桑梓焉；真人南巡，睹归里焉。”人们用“桑梓”代指父母和家乡。在历代游子羁旅的诗作中，这种浓浓的“桑梓之情”随处可见。曹丕早年便远离至亲，征战于金戈铁马之间，使得他在这方面的体会尤为深刻。其《自叙》称：“以时之多难，故每征，余常从。建安初，上南征荆州，至宛，张绣降，旬日而反，亡兄孝廉子修、从兄安民遇害。时余年十岁，乘马得脱……生于中平之季，长于戎旅之间。”他有相当多的诗赋表达自己的感离之怀，《感离赋》其序曰：“建安十六年，上西征，余居守。老母诸弟皆从，不胜思慕……”其诗多游子思亲一类，其《杂诗》曰：“行行至吴会，吴会非我乡。安得久留滞，弃置勿復陈。客子常畏人。”《黎阳作诗》曰：“彼桑梓兮伤情。”《短歌

[1] 费孝通:《江村经济》，江苏人民出版社，1986 年，第 142 页。

[2] 朱熹:《诗集传》，中华书局，1958 年，第 140 页。

行》曰："长吟永叹，怀我圣考。"沈德潜评曰："此思亲之作。"[1]

基于以上分析，曹丕《陌上桑·弃故乡》篇继承的是"桑林母题"的"桑梓之情"一类，正是"桑"多元文化内涵的集中体现。相对于其父的拟制，曹丕更偏重人事家庭伦常之情，更加接近普通人的日常生活，更容易引发共鸣。

三、"扶桑求仙"——曹植《陌上桑》对"桑林母题"的继承

曹植拟作《陌上桑》现仅存五句残句，《乐府诗集》收曹操、曹丕二人拟作，唯独不收曹植，大约因其为残句之故。《太平御览》卷三百五十九收曹植《陌上桑》一首，从现存拟作的几句，大致可以断定为游仙诗：

> 望云际，有真人，安得轻举继清尘。执电鞭，骋飞驎。

《通志·乐略》所载曹魏更改的《望云曲》应是曹植此首拟作，取其前两字命名。虽为残句，但主题比较明显，属于游仙求长生之作，学界对此无异议。在此我们主要探讨曹植求仙之作与"桑林母题"有何关联，即取名《陌上桑》的原因。

"桑"是曹植诗赋中经常出现的意象。其《升天行》曰："扶桑之所出，乃在朝阳谿。中心陵苍昊，布叶盖天涯。"《艳歌行》曰："出自蓟门北，遥望胡地桑。枝枝自相植，叶叶自相当。"《游仙诗》曰："东观扶桑曜，西临弱水流。北极玄天渚，南翔陟丹丘。"《愁霖赋》曰："攀扶桑而仰观兮，假九日于天皇。"可见曹植拟作所继承的"桑"的意象多来源于"扶桑"。

何为"扶桑"？据《山海经·海外东经》载："汤谷上有扶桑，十日所

[1] 沈德潜:《古诗源》，中华书局，2006年，第93页。

浴，在黑齿北。居水中，有大木，九日居下枝，一日居上枝。”[1]《艺文类聚》卷八十八木部上引《海内十洲记》曰：“扶桑在碧海之中，地方万里。上有太帝宫，太真东王父所治处。地多林木，叶皆如桑，又有椹。树长者数千丈，大二千余围。树两两同根偶生，更相依倚，是以名为扶桑。”[2]《艺文类聚》同卷引《神异经》曰：“东方有树焉，高八十丈，敷张自辅，叶长一丈，广六尺，名曰扶桑。有椹焉，长三尺五寸。”[3] 从中可知，“扶桑”是一种具有神性的东方灵木，那硕大无比的枝干、累累的桑葚正是这种旺盛生命力的象征。正因为如此，人们希望借用这种神性而求得长生不死，《太平御览》卷第九百二十一引《广异记》曰：“南方赤帝女学道得仙，居南阳愕山桑树上。正月一日衔柴作巢，至十五日成，或作白鹄，或女人，赤帝见之悲恸，诱之不得，以火焚之，女即升天，因名帝女桑。”[4] 扶桑是人类渴望升仙的中介工具。曹植《述仙诗》云：“游将生云烟。”《仙人篇》云：“万里不足步，轻举凌太虚。”体现了他的游仙意识，仙境的种种美好是他心之所向。

曹植对待神仙的态度相对其父兄，显得比较复杂：一方面他受汉末薄葬、“死亡的自然主义态度”[5] 的影响，对待生命有其理性、达观的一面，其《秋思赋》曰：“松乔难慕兮谁能仙？长短命也兮独何怨？”《辩道论》曰：“岂复欲欢神仙于瀛洲，求安期于海岛，释金辂而履云舆，弃六骥而羡飞龙哉？自家王与太子及余兄弟咸以为为调笑，不信之矣。”另一方面其诗作《升天行》《苦思行》《游仙诗》等则明显可以看出曹植沉迷求仙的态度。张溥《汉魏六朝百三家集题辞注·陈思王集》曰：“既读升天远游仙人飞龙诸篇，又何翩然遐征，览思方外也。”[6] 赵幼文《曹植集校注》载曹植的游仙诗集中于人生的中后期所作，早年曹植没有写过一首游仙诗。也就是曹丕即位以后，

[1] 袁珂：《山海经校注》，上海古籍出版社，1980 年，第 260 页。

[2] 欧阳询：《艺文类聚》，上海古籍出版社，1985 年，第 1521 页。

[3] 同上。

[4] 李昉：《太平御览》，四部丛刊本。

[5] 余英时：《东汉生死观》，上海古籍出版社，2005 年，第 62 页。

[6] 张溥著：《汉魏六朝百三家集题辞注》，殷孟伦注，中华书局，2007 年，第 92 页。

对曹植多方面的打击和迫害使得曹植在人生态度上发生了根本性的转变。曹植从一介翩翩贵公子变成了“进无路以效公，退无隐以营私”的囚徒。中后期生活中，他一连写下了《谢初封安乡侯表》《写灌均上事令》《自戒令》等一系列责躬醒过之作，其内心的愤恨和无奈可想而知。

其众多游仙之作产生于此时正是曹植中后期郁郁寡欢又无处发泄、求于神仙传说思想的体现。他幻想着“乘龙九天上，与尔长相须”（《仙人篇》）、“蝉蜕同松乔，翻迹登鼎湖”（《游仙诗》），精神上远离尘嚣、翱翔于六合之外，继承的正是《楚辞·远游》的传统[1]，开后世真正文人游仙诗的先河，嵇康、郭璞、李白等人的游仙诗作中都不同程度地沿着曹植开辟的游仙道路继续前进，而这也成为后世文人情感失意、精神焦躁的情感润滑剂。

曹植《陌上桑》正是从远游求仙、高蹈出世的角度继承了“桑林母题”传统，在对原有的文化意象进行继承的同时又抒发了自己的情怀，是宗教神话和人事理性的完美融合。

余　论

《陌上桑》古辞曲题非一，具有多元的文化内涵：有“桑林祈雨”的乐歌，有表达“桑梓之情”的古辞，也有“扶桑求仙”的意蕴。父子对《陌上桑》的拟作来源于“桑林母题”渊源的丰富性，是对传统的继承而非背离，而不同侧重点也反映了三人不同的思想状况和人生经历。既有宗教神话的因素，又渗透着人事理性。以往学界对三人拟作，多认为其仅是借用乐府古题而另撰新辞，完全出于创新而非继承，这样看来并不符合实际。此外，三曹开辟、继承的《陌上桑》传统，在后世却少有文人问及。首先因为“秦氏罗敷女”事由于强大的魅力为历代文人所喜爱而奉为经典。其次随着时代的发展，人们对“桑”的宗教神话因素不断弱化，具备宗教崇拜的内涵逐渐被人

[1] 曹植《远游篇》，郭茂倩解题引述《楚辞·远游》章句，可证其题来自屈原《远游》。

抛弃，有关桑林祈雨和扶桑求仙的传统便少有问及；人事理性关乎的“桑梓之情”虽被继承，但诗题多冠以《咏怀》《杂诗》抑或《思乡》《怀亲》之类，很难再和“桑”联系起来。“三曹”拟作被认为脱离了传统的原因正在于此。

论中国古典“登高”诗中的行为和体验

陶楚歌[1]

[摘要] 登高是中国古典诗歌中一个重要的母题，而“登临”本身又是一个变化的过程，从低处行至高峰，随着空间位置的移动，视觉角度随之改变，诗人的身心体验并不相同。中国的诗人们如此热衷于这样一种步步前行，充满复杂变化的动态过程，因为行为动作上的往上，心态上的攀登，以及因为角度变化带来的感受，象征和隐喻了中国士人文人“修齐治平”的人生结构。自山脚而往上，“自卑”乃高山仰止，修身之始；而山中乃是云深之处，正如人生的中途，“迷”总是萦绕不去，需要在“云”起“云”落中体会往顶峰那漫长途中的五味；及至于登临山顶而望，诗人因为拥有无所限制的全知视角，打开了更为广阔的时空而感到快乐，同时也更为明了望而不见的，明了人生在世的限度所在，因而分外忧愁，诗人体验到的思绪的无限和身体能力的有限在此达到矛盾的极致；继而咏而思归，醉以忘怀。

[关键词] 登高　修齐治平　行为　体验

在中国，“登高”既是九九重阳的既定风俗、亲友郊游行乐的方式、帝王君主封禅表功的行为，在古典诗歌的发展中“登高”更演变为一个特定的母题。或许登高的最初精神内质和在高台之上祈求神灵降之的原始宗教情

[1] 陶楚歌，北京师范大学文艺学专业2016级博士研究生。

感相关，但作为从早期文明起就将眼光转向世俗生活的中国士人文人，他们从登高的过程（包含心理和行为过程）中体会到的远不止这些。“登临自古骚人事”，对经典典籍无不通了的文人，在登高时或许不会刻意想到《诗经·豳风·东山》中“我徂东山，慆慆不归；我来自东，零雨其濛。我东曰归，我心西悲”的诗句，也不会提及《楚辞·九歌·河伯》中所言“登昆仑兮四望，心飞扬兮浩荡。日将暮兮怅忘归，惟极浦兮寤怀”。但这些由历史和文化沉淀下来的登高情感却在某种程度上潜藏在诗人们的心中，成为他们登高时的“前文本”，成为他们写下的那些登高诗的互文。

杨载《诗法家数》中云：“登临之诗，不过感今怀古，写景叹时，思国怀乡，潇洒游适，或讥刺归美，有一定之法律也。”[1] 唐以后，登高诗在情感类型和写作方式上都趋向定型，《文苑英华》《唐文粹》《瀛奎律髓》等诗文选也多辟有“游览”“登览”一类。《文心雕龙·诠赋》言“原夫登高之旨，盖睹物兴情”，本文想要探究的不仅仅是如此一类诗中诗人在高处远望时或怀乡怀人，或追古思今的情感内指，而是想将“登高”看作一个时空变化的动态过程。在讨论登高的文化内容前，先将“登高”看成从低处往高处的一次前行，一种身体行为。因为如果直接从登高的历史内涵入手，很容易陷入陈旧烂熟的诗评语汇当中，进而遮蔽了登高本身的多个层次。在登高的过程中，空间位置的移动，同时带来了视觉角度的转换，风景的流转，诗人在此中感受着行路过程中身体—心理 / 内—外的多重刺激。而这种从下而上，从低处行至高峰，又历经山中回环，望而思归的过程才正是“登”所能带来的独一无二的感受。

身体的物理感受和心理的所忧所虑交织在此刻登临的情境以及历史文化的文本中，诗人所感受到的登高绝对不是空泛的、无所依凭的想象。

虽然这一整体感受极少完整呈现在一首诗歌当中，但当我们把古典诗歌中的登高诗作为一个关联整体来看，就会发现这一暗藏其中不必言明的行走

[1]［元］杨载：《诗法家数》，何文焕辑：《历代诗话》，中华书局，2004 年，第 733 页。

过程。虽然也有学者意识到登高“这一意象形态不是静止的，而是一个由物到心，由空间到时间的动态过程”，但将其动态阐释为：“首先是物的无限表现出崇高；然后是它给予心灵的吸引与推拒；……然后有一种反弹力、拒绝力从生命本体中生出，提升了生命的勇气与尊严”[1]三个阶段是不完全的。在研究诗人所写这一路向上攀临所见所感时，笔者惊觉“登高”的过程和中国士人文人的人生智慧有着极高的相似性。正如王国维之“人生三境界”，攀登山峰正是觉悟过程的相应模仿。

一、行远必自迩，登高必自卑

“风急天高猿啸哀，渚清沙白鸟飞回。无边落木萧萧下，不尽长江滚滚来。”这是杜甫《登高》诗的首颔两联，这首诗写于大历二年（767）重阳节长江畔的夔州。“风急”、“天高”、“无边”、“不尽”、“回”、“下”、“来”，此诗开篇就以呼啸的风声、猿鸣天地之景和广阔天地中不断运动的万物，宣告了作者所处的位置——高处。寥廓而苍茫的图景从读者一开始进入就铺展开来。似乎我们刚想窥入诗人的登临时，他就已经站在了高处将一切尽收眼底。此处与其说诗人是写登高，不如说他关注的其实是登高之后。的确，在古典登高诗中诗人们带着某种忧虑或者某种企盼走向高台和高山，极少提到在山脚下时的感受和心态，似乎他们的到来从来就不是为了出游，而只为了享受在高处的那一刻。

但还是有诗人注意到了“登”不同于“行”、“立”之处，并在“登”所具有的自下而上的过程性中，发现它和人生的某种相似。笔者目前所找到的两首写处于山下意及行远的诗，都是由宋人写就，将登高之途比于人生之旅，这或许和宋代极其重文重学的氛围以及理学的盛行有关。其一为南宋陈淳（1159—1223）所作《谨所之赠王氏子》：“……既慕圣贤学，须循圣贤

[1] 孙维城：《论“登高望远”意象的生命内涵》，载《中国韵文学刊》，1999年第2期，第1-7页。

规。圣功有次序，躐进徒尔疲。非益欲速成，孔深阙童讥。登高必自下，子思端不欺。道尔求诸远，孟轲尤所嗤。小学极织悉，无非固骸肌。洒扫进退间，三千其威仪。……”另一首为南宋陈普（1244—1351）所写《云庄劝学》：“……行远必自迩，登高必自卑。不从洒扫起，何以为类推。……”

这两首诗相较于我们所熟悉的那些登高而赋的诗，虽提及登高，但显然旨意并不在远望，而仅仅以此作为一种类比。和杜甫等诗人常从高处着手的眼光完全不同，“有次序”成为这两首诗的核心诗意，从诗题就可以看出其中浓厚的“劝学”意味。从这两位诗人的为学旨趣可以进一步明晰为什么他们会写下“登高必自卑”的诗句，他们并不是将登高仅仅作为所谓“风流从古记登高”文人骚客抒怀畅情的方式，而是将它视为“修齐治平”的人生之旅的某种映射。

陈淳与陈普都是当时著名的理学大家。陈淳为朱熹晚年的得意门生，南宋理学思想的重要继承者和阐发者，著有《北溪全集》，其中收有《四书性理字义》《北溪字义》等书。而陈普少有佳名，及长潜心探研朱熹理学，精通经史，学识超群，其一生撰著甚丰，有《孟子纂图》《四书五经讲义》等作百卷。

从二人对儒家经典，尤其是《四书》的熟悉程度不难了解，他们对《大学》中“知止而后有定，定而后能静，静而后能安，安而后能虑，虑而后能得”一句一定了然于胸。南怀瑾先生在《原本大学微言》中将之谓为“七证”，即七个修行的层次。[1] 朱子注此句曰：“止者，所当止之地，即至善之所在也。”也就是说人处在不同位置上，应该有不同的可为，所谓知礼，亦即知道节制，知道所当止处。陈淳与陈普二人皆认为“一屋不扫何以扫天下”，修身为己的功夫皆起于“洒扫之间”。道不远人，欲行远必从近身近处做起。

而“止”又兼有趾与止二义，趾言走动，止谓到达，一动一静，相反

[1] 南怀瑾：《原本大学微言》，复旦大学出版，2005 年。

相生，“登高必自卑”与“止于至善”、“知止后有定”整体构成了中国士人文人“修身齐家治国平天下”的人生理想和实现路径。如“登”、“趾”所体现出的脚踏实地的动作和稳步不息的状态，便蕴含了人应不懈努力之意，如《易经》中“天行健，君子以自强不息”言，这一具有积极实践意义的路径和追求，在一代代士人心中构成人生并不虚幻的前景和不断向上攀登的期待。

诗人们渴望登高，因为知道高处必有不同的风景，必有所望。这种并不在诗中言明的向上动力和心态如人格底色一般充盈在整个行走历程中，是我们在分析登高诗时首先应当注意到的。

二、只在此山中，云深不知处

步步前行渐入山中，诗人在山脚仰望群峰，或在楼底想要登高的心态随着脚步的移动而变得更为多样，身处其中自是另一番感受。置身山中高台，眼界更高风景更多，但也有更多的云雾。云雾缭绕本是山中望远最常遇到的情况。一方面因为并未真正达到高处，视野尚未开阔无阻，另一方面因为身处其中而具有的迷离感受。在中国古代登高诗中“云”与“迷”总是反复的出现，情景交融交织化成弥散开来的诗人情绪。

云，又作“浮云”或“白云”，是中国古典诗歌中常用的意象之一。《诗经》中多有对云的描绘，如《小雅·白华》“英英白云，露彼菅茅”，又如《曹风·候人》中的“荟兮蔚兮，南山朝隮”。至《楚辞》屈原则赋予了“云”人格象征的意义，成为小人或某种阻碍的象征。经过建安诗歌的发展之后，“云”的内涵更加丰富起来，云有时是诗人欲以飞仙的途径，有时是一种别有深意的自然物象。东晋陶渊明诗则常常借以描绘宁静淡泊的生活和幽幽渺渺的心境。而在登高诗中，“云”或“浮云”在唐以后使用渐多，或谓“莫道无心便无事，也曾愁杀楚襄王”（罗隐《浮云》），或也因为有云有雾让本可以一望无垠的景象增添了一眼望不尽的神韵，而颇有“乘兴杳然迷出处”之乐。

唐代诗人韩翃所写《宿石邑山中》:“浮云不共此山齐，山霭苍苍望转迷。晓月暂飞高树里，秋河隔在数峰西。”描绘的乃为山中旅宿所见。层云若有若无，诗人所见之不同似乎并不是因为眼光主动转移，而是被浮云的流动所带动。山在雾霭中渐渐隐去，月光减弱愈发迷蒙，河水的粼光闪闪在此时才为人所注意。浮云依凭自己变换的浓厚薄淡勾勒出不同的夜景。此为“迷”的魅力，也才让诗人在山中徘徊而不去，吟咏不尽。“登高见佳句，意会无非诗。顾视不即收，顷刻已失之。……从我仅一饱，万事无所知。岂不亦怪我，徘徊将奚为。”（方回《秀亭秋怀十五首》），“高处看浮云，一丘壑、中间甚乐”（辛弃疾《蓦山溪·饭蔬饮水》），这是未入山中时所不能体会的，也是已经登上顶峰后容易忘却的景色和心境。

在山中高处，诗人有时是快乐的，会忘乎所以，忘记了旅途的劳顿，忘记了高处不胜寒，也忘记了心中所思所虑。但云亦能蔽日、常使人愁，“白日掩徂辉，浮云无定端”。因为云雾的遮蔽让身处其中的诗人因看不到前路感到忧愁。在山脚的“迷”和在山中（已在一定的高度）的“迷”是不一样的感受和不同的境界。“登高必自卑”，此时“迷”是未入高堂，因为所见所识的不足而迷惑，所谓“云深不知处”；而当身处此中，情绪则夹杂着得与不得，因为有“云”想看而看不到会生出万般忧愁，也因为在俯仰之间所见的不同情貌萦绕身心。

作为唐代集大成的诗人，杜甫写了不少登高诗，除了前文所举《登高》外,《同诸公登慈恩寺塔》是另一首极能表现诗人感受和想象的登高诗。“高标跨苍穹，烈风无时休”，初写尚未登临而仰望所见，高楼仿佛横跨空中一般，烈风穿堂而过，因为高而似乎楼也不胜寒风与冷峻。继而“仰穿龙蛇窟，始出枝撑幽”写诗人在塔中扶梯而上，转来转去，一面仰头看着嶙峋高处层层的阶梯，一面在幽暗中登楼。这句诗虽然写的是登楼的具体情态，但用“龙蛇”、“枝撑”等，形貌宛然，使得诗人登临时感受到的整体氛围和气息生动逼人。黄山谷曰:“塔下数级皆枝撑洞黑，出上级乃明”，才有接下来的一转，“七星在北户，河汉声西流。羲和鞭白日，少昊行清秋”，仰观“七星”、“河汉”、“羲和”、“白日”，诗人仍有壮怀，但随着视线由仰视往下移动，直至平行远方，望见秦山破碎，泾渭难求。仰观天象，俯瞰众生，可惜“俯视但一气，焉能辨皇州。回首叫虞舜，苍梧云正愁”。诗人再也掩饰不住心中的百忧翻转。

安史之乱后，杜甫有两次创作登高诗的高潮，第一次是诗人从秦州到同谷、从同谷到成都期间，具有代表性的作品有《铁堂峡》《青阳峡》《石龛》《凤凰台》《木皮岭》《龙门阁》等；第二次是寄居夔州期间，代表作有《宿江边阁》《白帝城最高楼》《白帝楼》《秋兴八首》等。杜甫在这两个时期创作的登高诗中不断延续和强化了《同诸公登慈恩寺塔》中呈现出来的俯仰之间变化不定的复杂体验。如作于从秦州往同谷至于成都途中的《铁堂峡》，首四句写刚走近铁堂峡时扑面而来的山形气势，“山风吹游子，缥缈乘险绝。峡形藏堂隍，壁色立积铁”，铁堂峡谷和绝壁以其险让人不禁心生畏惧。接着写到站在半山仰观所见之情景，“径摩穷苍幡，石与厚地裂。修纤无根竹，嵌空太始雪”，仰视所见那满山的细长竹子和晶莹透亮的积雪，峭削幽秀，莫不让诗人感受到一丝轻盈和愉悦。但这仰望山巅的惊喜与暂时的忘却，在俯身时猛然惊醒，“威迟哀壑底，徒旅惨不悦。水寒长冰横，我马骨正折”，其深峻阴寒让诗人不禁想到“生涯抵弧矢，盗贼殊未灭。飘蓬逾三年”遂而“回首肝肺热”。

因此，“迷”有时不仅仅是因为有云这样外界的干扰，而更因为在此山中体验到的千回百转。“怀古心虽壮，登高思却迷。”（赵蕃《九日》）因为身在此山中，远方之物不见其真面目，但俯身下望眼见近景亦无所遁隐。所以诗人才会发出“欲穷千里目，更上一层楼”的感慨。但也尝有诗人于此不堪其愁而望归。南宋敖陶孙有诗《西楼》：“一层已是愁无奈，想见仙人十二层。”钱锺书先生曾论及此处：“登陟愈高，则悲愁愈甚，此中有正比例；一层临眺，已唤奈何，上推蓬宫瑶台十二层中人，其伤高怀远，必肠回心坠矣。”[1]

如果说自山脚而往上，“自卑”乃高山仰止，修身之始，那山中乃是云深之处，正如人生的中途，“迷”总是萦绕不去，在“云”起“云”落时候，变幻俯仰之间，总需要体会朝向登临所止之处漫长途中杂陈的五味。

三、会当凌绝顶，一览众山小

“荡胸生层云，决眦入归鸟”，这是穿破了层层浮云之碍，步步山路之难，能极目所望给视觉上和心理上带来的刺激和崇高美感。风定云开，一目千里，一旦登到最高处就没有了角度限制，既可“西北望长安”，亦可见“东南三千五百里”，“视牛若羊”、“视树若荠”，“远蔽其大也”[2]，而全知全能的视角，本就是乐感文化的基本要素。

在这一类写高处尽收眼底之景的诗歌中，登名楼而望远的诗篇颇多，而且多出名的佳作。中国古代四大名楼皆依山傍水而建，远看山势天际，近观水波风起。岳阳楼就是历代诗人登楼喜欢的去处之一，宋代文学家范仲淹在《岳阳楼记》中感慨：“予观夫巴陵胜状，在洞庭一湖。衔远山，吞长江，浩浩汤汤，横无际涯；朝晖夕阴，气象万千。此则岳阳楼之大观也。前人之述备矣。”

岳阳楼处洞庭之畔，可俯看湖光也可远眺君山。诗人刘禹锡有“湖光秋月两相和，潭面无风镜未磨。遥望洞庭山水翠，白银盘里一青螺”之句。诗人的视野从湖面转向远山，从开阔集中到一点，皓月之下湖光山色轻巧可爱，如何不引得诗人细细咂摸，引得后世黄山谷写下“满川风雨独凭栏，绾结湘娥十二鬟。可惜不当湖水面，银山堆里看青山”（黄庭坚《雨中登岳阳楼望君山》）的惜词。

[1] 钱锺书：《管锥编》第5册，中华书局，1991年，第201页。

[2]［清］王先谦：《荀子集解》，中华书局，2013年。

但登临高处带来的全知式视角，除了展现在极目所见的风景上，更突显在诗人整体精神意识脱离开尘俗而在古今往来中自由穿行。

在诗人的眼中风景从来不是冷漠无情的自然。于此刻而言物我相感，兴发交融，“我见青山多妩媚，料青山见我应如是”；于流动的时间而言，“今人不见古时月，今月曾经照古人。古人今人若流水，共看明月皆如此”。风景当中过去和现在得以重叠，历史得以沉默的姿态展现。“昔闻洞庭水，今上岳阳楼”，杜陵野老于天宝三年（968）到访岳阳楼，“昔闻”与“今到”之间，岳阳楼不再仅仅是登临胜地，更是留下了过去许多伟大人物的“遗迹”。这里有楚狂屈原生活过的湘江，有著名的斑竹、二妃墓，使人不断追想古代的君王和楚国的诗人。这种持续性发生在人们记忆中，每一辈人都在“昔闻”与“今到”之间感受着古今之间的无声交流。这样看来，无论是岳阳楼还是黄鹤楼，都不再是一种“昔人已乘黄鹤去，此地空余黄鹤楼”的失落的迹象，“更主要的是一种延续的姿态，发生在过去、现在和未来之间”[1]。

“往者已足鉴，百世悬可知。”李太白有乐府诗《登高丘而望远海》一首，以“登高丘，望远海”的行为为先声，以期“思接千载”、“视通万里”。“六鳌骨已霜，三山流安在。扶桑半摧折，白日沉光彩。银台金阙如梦中，秦皇汉武空相待。精卫费木石，鼋鼍无所凭。君不见骊山茂陵尽灰灭，牧羊之子来攀登。盗贼劫宝玉，精灵竞何能。穷兵黩武今如此，鼎湖飞龙安可乘。”[2] 此诗虽讽喻当代，但传说与历史在此不辨真假，引着诗人在时间中、在现实与虚境中往来追寻：《山海经》中精卫填海的神话，齐威、齐宣、燕昭求仙的故事，秦皇汉武闻道敬鬼神的故事。诗人在天地上下间沉浮：乘龙而去，潜江入海。这首诗虽然是乐府诗，但此题并非乐府旧题。虽然郭茂倩《乐府诗集》将其列于魏文帝“登山而远望”一篇之后，但文意并不相承。太白新拟此题想必别有深意。

---

[1] 宇文所安：《盛唐诗》，三联书店，2004 年，第 104 页。

[2]［唐］李白：《李太白全集》，［清］王琦注，中华书局，1977 年，第 222 页。

为何诗人们钟情于登高，我们还要考察诗人通常在何种情况下登高，亦即登高诗写作的场景，他们在高处试图想要看些什么：看人——怀人，如《九月九日忆山东兄弟》、“看尽千帆皆不是”；也看京城——忧国，看故乡——怀土，如《秋晚登楼望南江入始兴郡路》，“贬谪中的诗人注视着眼前的风景，视野中的每一种要素以转喻或隐喻的方式暗示他眼前处境的一个方面，或似乎给他的烦恼提供一种隐含的解决方式”[1]。登高而远望，看的似乎是山水，但看的也是国家时局的走向（杜甫《同诸公登慈恩寺塔》、李白《登高丘而望远海》）和自我的前途。

一代枭雄曹操“东临碣石，以观沧海”将二者融于一体。诗人见“水何澹澹，山岛竦峙。树木丛生，百草丰茂。秋风萧瑟，洪波涌起。日月之行，若出其中；星汉灿烂，若出其里。”登上碣石山顶，居高临海，视野寥廓，水势的壮阔景象尽收眼底。其时值乐汉末年，正当军阀逐鹿中原之时。建安十年（205）曹操处于南北夹逼的不利境地：南有盘踞荆襄的刘表、刘备，北有袁氏兄弟和乌桓。为了摆脱被动局面，曹操于建安十二年夏秋多次率军北征。九月，终于胜利回师。于是在途经碣石等地时，借乐府《步出夏门行》旧题，写了这一有名的组诗。可是为何只有登高才可看，只有在顶峰才能见天下，见众生，见自我？

《孟子·尽心》：“孔子登东山而小鲁，登泰山而小天下。”朱熹《四书集注》曰：“此言所处益高，则其视下益小；所见既大，则其小者不足观也。”[2]而这解释的何尝不就是人生。站得越高，视点也就越高，视野也会越开阔，从山脚到山中，再至于山顶，随着视野的转换，见识的不同，对种种人事物象乃至世界的感受也会有新的领悟。这时候“云”和诗人的关系不再是诗人被动地为云所障目，反过来诗人可以俯瞰云端，表现出主动的凌云姿态。《登太白峰》李白“西上太白峰，夕阳穷登攀。太白与我语，为我开天

---

[1] 宇文所安：《盛唐诗》，三联书店，2004年，第31页。

[2]［宋］朱熹：《四书章句集注》，中华书局，2011年，第333页

关。愿乘泠风去，直出浮云间。举手可近月，前行若无山”。又如明代刘基之“伫立望浮云，安得凌风翔”。有研究者将其称为一种“泰山心境”未尝不可[1]，但这未必是一种如其所言的青春生命的审美共鸣。从个体生命的成长历程来看，“为赋新词强说愁，更上层楼，更上层楼”的登高难能体会高处之境的真正内涵。

诗人站在现实的高峰或高台、高楼上，何尝不是在想补偿或照应着站在自我的、历史的某个高度上。钱锺书先生还为此从文字的本源上寻找依据，说：“徵之吾国文字，远瞻曰‘望’，希翼、期盼、仰慕并曰‘望’，愿不遂、志未足而怨尤亦曰‘望’，字义之多歧适足示事理之一贯尔。”[2]《韩诗外传》卷七第二十五章，孔子偕弟子登高而问志，想问的其实就是诸人想要达到的人生境界和高度。子路愿为“奋长戟，荡三军”之“勇士”，子贡愿为“不持一尺之兵，一斗之粮，解两国之难”的“辩士”，唯颜渊“愿得小国而相之”，德化百姓，君臣同心。登高见景，也看出眼界与心胸。

但“高台不可望，望远使人愁。连山无断绝，河水复悠悠”（沈约《临高台》）。悲伤因为所临的空阔而愈发浓烈，在尘世之中的时候，熙熙攘攘纷纷扰扰围绕着耳鼻口目之欲，而登高让人脱离。诗人写登临，往往是写一个人的状态和心境，“独上高楼”，面对自己，而极少写众人群聚的样貌。即便是《同诸公登慈恩寺》，所写的周遭仍是安静的，眼前所见是辽远的。只缘“胸中自有万古，眼底更无一人”，才有“前不见古人，后不见来者，独怆然而涕下”，不可说的孤独感。与此同时，正因为视角的打开诗人能望见的越发明晰，不可见的也越发了无可见的可能。思绪能得以自由驰骋，但眼目所能望的是那么有限。已临高处，诗人对无限和有限、能与不能之间限度的体会才更加深刻。“极目而望不可即，放眼而望未之见，仗境起心，于是惘惘

[1] 陈文忠：《一个母题的诞生与旅行——古代登高诗境的生命进程》，安徽师范大学学报，2008 年第 4 期，第 436-447 页。

[2] 钱锺书：《管锥编》第三册，中华书局，1979 年，第 878 页。

不甘，忽忽若失。”[1]

正如王国维说人生三境界最后一层乃是“独上高楼，望尽天涯路”，在具有乐感的全知中，深藏着欲穷千里目的期望。但可望不可见、可及与不可及，期望时常落空，高处不胜寒的忧虑常常难去，这是中国古典登高诗中最为复杂的体验。

四、结语

如上文分析，登高之途与人生之旅在这种“登”的过程中统一起来，成为一种既是身体也是心理的交互感受。望而思归，诗人在登高之后言及归家，总是归醉但无妨。这种“醉”的心态亦十分值得玩味。

且看一首李白的《下终南山过斛斯山人宿置酒》:“暮从碧山下，山月随人归。却顾所来径，苍苍横翠微。相携及田家，童稚开荆扉。绿竹入幽径，青萝拂行衣。欢言得所憩，美酒聊共挥。长歌吟松风，曲尽河星稀。我醉君复乐，陶然共忘机。”首句“暮从碧山下”，“暮”字引出第二句中“月”的临空和“碧山”转而“苍苍”。这种“碧”而“苍”的改变不是突然的降临，而是由第三句“却顾所来径”——诗人本写自己已从山上下来，却转向回首而望，这一转向所引起的视觉感受。“翠微”指青翠掩映的山林幽深处，“苍苍”两字加倍渲染夜色将至的景象，“横”有充满动态感的笼罩之意。诗人心中还留有山中的绿色，但当回首看去，山色已渐渐迷蒙，这是心中和眼里对终南山的余情。正是旖旎山色，使诗人迷恋不已。后至山人家中，欢言笑谈，美酒共挥，最后转到“我醉君复乐，陶然共忘机”。既写出酒后的风味，人情的欢畅，亦陶陶然把人世的机巧之心一扫而空，显得淡泊而恬远。李白还写有《与夏十二登岳阳楼》:“楼观岳阳尽，川迥洞庭开。雁引愁心去，山衔好月来。云间连下榻，天上接行杯。醉后凉风起，吹人舞袖回。”亦有

[1] 钱锺书:《管锥编》第三册，中华书局，1979年，第875-878页。

此意。

醉是忘怀的方式，在高处看尽了，转而归家，心中已了然，此如李白，或如范仲淹“肯随芳草歇，疑逐远帆来。谁谓山公意，登高醉始回”（《野色》）；也可能山中正遇“良辰美景”，可称“赏心乐事”了，但作者却别有怀抱，“既饱谁与乐，登高望南山。还归酌美酒，兴罢复陶然”（张耒《感春十三首》）；也可能不堪愁滋味，不忍再看，而想忘怀，就如杜甫亦言，“朝回日日典春衣，每日江头尽醉归”（《曲江二首》）。

钱锺书先生认为在古诗文中真正对“登高心悲”之境能“曲传心理”者，应该算是唐代诗人李峤的《楚望赋序》，其中详写“登高心悲”的心理过程和缘由。《楚望赋序》开篇即说：“登高而赋，谓感物造端者也。夫情以物感，而心由目畅。非历览无以寄杼轴之怀，非高远无以开沉郁之绪。……盖人禀性情，是生哀乐。”[1] 感物，不仅是静态的观望，也包括身体力行参与其中的体验。中国的诗人们如此热衷于这样一种步步前行，充满复杂变化的动态过程，因为行为动作上的往上，心态上的攀登，或许让人们在圣贤书、日常事之外，进一步地在自然和众生之中感受到“修齐治平”的人生结构并不僵化虚无，而与万物之理合一。

如果说自山脚而往上，“自卑”乃高山仰止，修身之始；那山中乃是云深之处，正如人生的中途，“迷”总是萦绕不去，在“云”起“云”落的时候，感触万千；及至于登临山顶而望，因为无所限制的全知视角打开了更为广阔的时空，思接千里，指点江山。而这正类似“修身、齐家、治国、平天下”的人生结构一层一层展开，居其位而安其职，尽其诚而不逾其度。要做到“止于至善”，要做到“心忧天下”，就要有人处在不同时位上时，明白不同的可行可为的“分”，而中国最高的人生理想就在其中。

人在此世之中存在，但在高处才能看到最美的风景。只有不断地攀高才能不断有新的发现。慕大夫、君子、圣贤，却想放弃为己之学去追膜，都

---

[1]［清］董诰等编：《全唐文》卷二四二，上海古籍出版社，1990 年。

是很模糊而空泛的夸谈，只有不断脚踏实地向上，才能知道自己的限制，继而提出和把握人生前行的可能性。只有爬上巨人肩膀站在顶峰，只有在时代的最高处，在人的最前沿，才有看清自己、看清国家时局、看清历史脉动的可能。人生的道路从来都是脚踏实地的。李白写登“危楼高百尺，手可摘星辰。不敢高声语，恐惊天上人”，虽然大有天与人相接的感觉，但天和人之间的界限依然分明。中国古人对天始终有畏，所谓天人之间，只是人和天赋予的造化合一，而不妄图与天平起平坐，突破六合。中国文化的智慧莫不在于，在有限与无限之间，尽人事而知天命。

论贾宝玉女儿观的文化诗学意义

王世海[1]

[摘要] 贾宝玉的女儿观，与《红楼梦》的主旨密切相关。贾宝玉欲以情为中心，用“意淫”——体贴的方式，最终造成了“情不情”的结局。清净和灵秀必然消逝，决定了贾宝玉的“女儿梦”必将灭亡。可林四娘故事的提示，说明真正地用情“体贴”，必须要全心付出，勇于担当。如此的人生才具有真正的文化诗学意义，也才能走出“虚幻”的泡影，谱写灿烂、真实的人生。

[关键词] 贾宝玉　女儿观　意淫　担当　虚幻

作为《红楼梦》的中心人物贾宝玉，从出生就表现出对女儿的倾心，其后逐渐提出了“女清男浊”说、“女子三变”说、“女儿灵秀”说等，为我们呈现出一个比较清晰、完整的女儿观。而《红楼梦》开篇的一段作者独白，又多少透露出自己写作此书的一个重要目的，即“为女儿立传”。足可见，贾宝玉的女儿观，应是红学研究中必不可少的一个课题。

楼霏在《论贾宝玉的女儿观》中对贾宝玉的“女清男浊论”、“真善美的女儿之情”、“意淫”三个方面作出了详细阐述，并指出：“发端于‘多情’、结束于‘无情’，这其间宝玉千曲万折地走完了他的情感生命历程，因情生、因情

---

[1] 王世海，男，1979 年生，汉，新疆伊犁人，文学博士，副教授，任教于厦门大学嘉庚学院，主要研究中国古代文论和美学，中国哲学及大众文化批评。

苦、因情空，贾宝玉不愧为‘千古情痴’！”[1] 这大致成为讨论贾宝玉女儿观的一个论纲。其后高月在《浅析贾宝玉的女儿观》主要针对贾宝玉女儿观的矛盾性展开了论述，认为“女清男浊论”并不能统贯贾宝玉对男、女两性的看法，男子中秦钟、北静王、蒋玉菡、柳湘莲等也是贾宝玉称赞的对象；其次，“女子三变论”中，未嫁的女儿未必是宝珠，如馒头庵的智能儿、马道婆等，而嫁了的女儿未必就是鱼眼睛，如王熙凤、李纨等；而“女子尊贵论”，更是不能一以贯之，贾宝玉对近身侍女如晴雯、袭人也会斥骂、脚踢，对众女子的命运也只做的了个“袖手旁观”。由此她认为，宝玉不以家世出身为意，而是以“美”、“才”、“真”为标准，把女儿们分为了三等。初级为“美”，着眼于外在姿色；中级为“才”，要求聪慧多才；顶级为“真”，追求灵魂上的纯净率真。这“美”、“才”、“真”，就是宝玉“女儿观”中所体现出的价值追求。[2] 贝京、王攸欣《论〈红楼梦〉女儿观的多重人性、文化内蕴》(《红楼梦学刊》2014 年第 5 辑）则将《红楼梦》的女儿观概括为三个特征，一是对青春少女的崇仰，略过了生殖崇拜而提炼出清纯性；二是对女儿爱情纯洁、忠贞、自主的颂扬，弱化了身体欲望的需要而强调了情的专一和性情的合一；三是对女儿独具的体验、思虑、才情、个性都给予了充分的表现和肯定，为女儿立心、立命。[3]

另有一些学者主要针对贾宝玉女儿观反映出来的性别意识展开论述。徐振辉的《论〈红楼梦〉的角色变迁》指出，男女角色区别是天然形成的，禀受着自然的赋予，同时也离不开社会的锻造。在共同的生活、生产中，男女双方相互交往、接触，乃至冲突，外在职责和内在潜能都处在缓慢的转变中，各自都从对方那里渗透自己、期待别人，实现一定程度的角色互补。这便出现了男子女性化和女子男性化的双趋向发展。荣格等西方心理学家更为这种转变确立起一些深层心理学依据，认为男人的无意识中有一个女性化的“阿尼玛”，女子无意识中有一个男性化的“阿尼姆斯”，这些因素自然促发男女

[1] 楼霏:《论贾宝玉的女儿观》,《红楼梦学刊》1995 年第 3 辑。

[2] 高月:《浅析贾宝玉的女儿观》，东北师范大学硕士学位论文，2011 年。

[3] 贝京、王攸欣:《论〈红楼梦〉女儿观的多重人性、文化内蕴》,《红楼梦学刊》2014 年第 5 辑。

角色的反向转化。《红楼梦》中贾宝玉的女性化，熙凤、宝钗、探春等女子的男性化倾向，真实反映了男女性别互转的现实，同时反映了明清以来男性角色的弱化倾向。贾宝玉的女性化倾向是自愿的，且表现出对自我角色的厌恶、反叛，而熙凤等的男性化倾向，却是被迫和矛盾的，不仅受着自身生理条件等的限制，而且受着社会舆论、封建礼制的约束和管辖。[1] 潘冬梅《〈红楼梦〉与中国文学传统中的女儿国原型分析》（湖南师范大学硕士学位论文，2005年）更从中国古代文化中的原型意象来讨论贾宝玉的女儿观，如清净、水，都与女性的"纯阴"、生殖有关，容貌、形态的自然化和喜咏自然物，也都反映出女性与自然生命休戚相关、融为一体的原始意识。[2] 范凤仙《〈红楼梦〉女性意识探析》则主要讨论到《红楼梦》女性意识的复杂性，如对女性的不同看法，有了"女子三变论"，对不同女性的行为，有了"痴情"、"泛爱"的不同，而对大观园外、大观园内、太虚幻境三个世界不同两性主题的赋予，有了"欲"、"情"、"空"的交错、冲突。她认为，"在作者的内心深处，对两性的认识是包容性的，这便是'双性同体'这一原型作为集体无意识在作者意识深处的反映"，"贾宝玉欣赏的女性除了具备作为男性观照的美貌以外，还享有如同男性一样甚至超越男性的才智、见识，以及自然真率的品质"。[3]

一些学者同时指出，贾宝玉的女儿观应是明清以来思想和文艺发展的自然结果。王富鹏《论明清时期新思潮与贾宝玉的女性气质》认为，明中叶以后思想界对理、欲观念有了新见解，如王艮肯定人的私欲，李贽大倡人的童心，王夫之、戴震倡理、欲合一说，在文艺思想界则出现了如汤显祖、冯梦龙等对女性才智的肯定和对女性情感的颂扬。[4] 薛海燕《〈红楼梦〉女性观与明清女性文化》则指出，明清以来女性文艺逐渐兴盛起来，出现了一些具有

[1] 徐振辉：《论〈红楼梦〉的角色变迁》，《红楼梦学刊》1992 年第 1 辑。

[2] 潘冬梅：《〈红楼梦〉与中国文学传统中的女儿国原型分析》，湖南师范大学硕士学位论文，2005 年。

[3] 范凤仙：《〈红楼梦〉女性意识探析》，首都师范大学硕士学位论文，2002 年。

[4] 王富鹏：《论明清时期新思潮与贾宝玉的女性气质》，《青海社会科学》2001 年第 1 期。

代表性的作家、作品以及评论，这些因素或多或少地影响到了《红楼梦》的主题命意和形象塑造，是贾宝玉女性化及双性化性格形成的一个重要因素。[1]而王富鹏《论传统文化的阴柔性因素对贾宝玉气质的影响》还进一步从中国传统文化中楚文化、佛道文化重阴柔特征论到对贾宝玉的影响。[2]

综上可见，贾宝玉的女儿观，有其复杂性，也有其矛盾性，但大体不出"男清女浊"、"女子三变"、"真善美的追求和确立"等主题。若从产生缘由来看，贾宝玉的女儿观，一则受传统文化中阴柔取向的影响，二则受人自身无意识存有的"双性同体"取向的规范，三则受明清以来肯定情欲、女性崛起风潮的直接促发。可这样的陈述，我们认为，还缺乏对贾宝玉自身意识的转变缘由和过程阐释。贾宝玉女儿观的形成和发展，不仅有外在诸多因素的促发和制约，而且有一个自身内在的转变过程和发展逻辑。同时，贾宝玉的女儿观反映出了一些固有的性别文化意识以及传统文化、明清思潮的影响，但未能充分说明贾宝玉女儿观体现出来的独特意义。为此，我们还需从文化诗学的角度对其进行更为充分的阐释，从而揭示出贾宝玉女儿观以及《红楼梦》特殊的文化意义。

一、贾宝玉的出身

贾宝玉的出身，我们不仅要关注到他现世的出身，还要关注他前世的出身。贾宝玉的身体、气血，直接来自西方灵河赤霞宫的神瑛侍者，而他的精神、性情，或更多来自大荒山无稽崖青埂峰上"无材补天"的五色石。[3]在甄士隐独女英莲失踪时，贾宝玉降生，口含一块宝玉。那块宝玉不离贾宝玉

[1] 薛海燕:《〈红楼梦〉女性观与明清女性文化》,《红楼梦学刊》2000年第2辑。

[2] 王富鹏:《论传统文化的阴柔性因素对贾宝玉气质的影响》,《红楼梦学刊》2006年第4辑。

[3] 五色石、神瑛侍者与贾宝玉之间的关系，可参看朱淡文在《贾宝玉形象探源上》(《红楼梦学刊》1996年第1辑)、刘上生《〈红楼梦〉的表意系统和古代小说的幻想艺术》(《红楼梦学刊》1993年第4辑）及王世海《论〈红楼梦〉中贾宝玉的身份来源》等文。

的身，意味着五色石始终与贾宝玉的身合为一体。如此一来，五色石无材补天，在僧道的导引下随着神瑛侍者落入凡尘，故经历了一番“由色生情，传情入色，自色悟空”的故事，便是由贾宝玉的所见、所感、所悟全全托出了。由此可见，这“色”、“情”、“空”必是贾宝玉身世的题中之义。

贾宝玉降生在一个“世勋贵族”、“诗礼簪缨”之家，宁荣二府众多男丁，也就他长的可人，聪慧明白，知书达礼，故不仅得到最高权威贾母的珍爱护佑，而且基本成为宁荣二府“光宗耀祖”的唯一继承人。可就是这么一个人，“潦倒不通庶务，愚顽怕读文章”，“行为偏僻性乖张，那管世人诽谤”[1]。大致来说，贾宝玉生来就一不读圣贤书，科考功名，走仕途经济，二不与世俗人交往，任性放荡。从整个《红楼梦》的叙述看，贾宝玉性格中的这两点是贯彻始终的。不读书，自然是“纵然生得好皮囊，腹内原来草莽”；不走仕途经济，自然是“可怜辜负好时光，于国于家无望”。当然，不读书，在《红楼梦》中自有它的说明。按贾宝玉的说法，“除了《四书》，杜撰的也太多呢”（第三回），“更有八股一道，因平素深恶，说这原非圣贤之制撰，焉能阐发圣贤之奥，不过是后人饵名钓禄之阶”（第七十三回），他反对的是非圣贤书，更确切地说，是那些假着圣贤名头沽名钓誉的书。他喜读《庄子》《西厢记》，表现出来的诗才又可推出他喜读古典诗词。而不走仕途经济，从他大骂那些“禄虫”、“国蠹”、“谤僧毁道”言论看，尤其是贾雨村的种种表演，更可清楚地看到，他反对的是欺世盗名、自私自利者。这些思想和言论，与李贽的某些言论可谓异曲同工。如李贽在《童心说》中言道：“夫学者既以多读书、识义理，障其童心矣，圣人又何用多著书立言以障学人为耶？童心既障，于是发而为言语，则言语不由衷；见而为政事，则政事无根抵；著而为文辞，则文辞不能达。”（《焚书》卷三“杂述”）读书、走仕途经济的诸人做的诸事，都已失去了本心、善心，说的做的全是假，对于贾

[1] 此处引文，见《红楼梦》第三回“西江月”词。文中出现《红楼梦》引文，俱依中国艺术研究院红楼梦研究所校注《红楼梦》本，人民文学出版社，2008年。因整体对《红楼梦》相关情节比较熟识，故对一些常用引文不再出注具体页码，而只标出“第几回”。

宝玉来说，是令人厌恶的，而且是让人痛恨的，又如何能让自己再去做呢？从这些正反的对立中，我们便可清楚地看到，贾宝玉或是作者在现世中所要极力践行和维护的，是遵从本心，真正为他人谋利的思想和行为。应该说，这才符合贾宝玉的五色石、神瑛侍者的身份。

可是，从贾宝玉的现世出身和前世隐喻来看，他又能或该做些什么呢？李贽转向了推崇民歌、戏曲、小说等俗文学，汤显祖创造了一个为情而死、为情而生的杜丽娘，贾宝玉则彻底转向了男女之情。但情和色、欲，必然混同一气，我们又如何不滑向色、淫，走出一个人间正情呢？

二、贾宝玉的情

《红楼梦》第五回警幻仙子引领贾宝玉入了太虚幻境，与他正式理论了一个概念，所谓“意淫”。警幻仙子自己解释说：

> 淫虽一理，意则有别。如世之好淫者，不过悦容貌，喜歌舞，调笑无厌，云雨无时，恨不能天下之美女供我片时之趣兴，此皆皮肤滥淫之蠢物耳。如尔则天分中生成一段痴情，吾辈推之为“意淫”。惟“意淫”二字，可心会而不可口传，可神通而不能语达。

首先说“皮肤滥淫”。“悦容貌，喜歌舞”，是从身形、身貌等外在形象来观看、欣赏、喜爱对方；而“调笑无厌，云雨无时”，便是在情上加上“性”，在身上加上“欲”，统括言之，就是满足性欲。通而言之，所谓“皮肤滥淫”，就是指主要从身形、性欲角度来观看、行为，与对方发生交往。其次是“意淫”。“淫”，从本义上说是过度，是滥，警幻仙子说“好色即淫，知情更淫”，“淫”就免不了好色、知情，从而沉溺其中。这种观点在秦可卿的判词中也得到证明，所谓“情天情海幻情深，情既相逢必主淫”。男女之间产生情，必有欲的驱使，情愈深也就意味着欲愈深，迷情必然带来过欲。而“意淫”者，“心会而不可口传，可神通而不能语达”，便是要超出对“色”、“欲”的接染、沉迷，进入到“心会”、“神通”的意想阶段，所谓“身无彩凤双飞翼，心有灵犀一点通”（李商隐《无题》）。而脂批提出的“体贴”二字，足可传神。甲戌本脂批云：“按宝玉一生心性，只不过是‘体贴’二字，故曰‘意淫’。”

正有此“体贴”二字，贾宝玉为“平儿理妆”、“香菱换裙”，替龄官遮雨、藕官担责，又与宝钗、湘云生分，与黛玉越发成为知己。体贴，不仅要体贴对方的意，而且要体贴对方的心志和愿望。宝钗、湘云以及袭人，不是不能体贴贾宝玉的意，但因人生志向的不同，便与宝玉隔了一层，体贴不得宝玉的内心痛苦，乃至宝玉的一些乖张、暴戾、寻愁觅恨等行为，自然会越发生疏了。而如宝玉、黛玉真可谓“心心相印”，才终能走到“心神合一”。我们就宝玉和黛玉的“渔婆”一段，来作细致分析。

《红楼梦》第四十五回写到天气转凉，黛玉旧病越发重了，先有宝钗来看视，说了很多体贴的话，让黛玉彻底服帖了宝钗。黛玉说道：

> 你素日待人，固然是极好的，然我最是个多心的人，只当你心里藏奸。从前日你说看杂书不好，又劝我那些好话，竟大感激你。往日竟是我错了，实在误到如今。细细算来，我母亲去世的早，又无姊妹兄弟，我长了今年十五岁，竟没一个人象你前日的话教导我。怨不得云丫头说你好。我往日见他赞你，我还不受用；昨儿我亲自经过，才知道了。比如若是你说了那个，我再不轻放过你的；你竟不介意，反劝我那些话，可知我竟自误了。

钗、黛二人在婚姻上是对头，两人的性情、志向又有不同，但在此处，二人的心却能想到一处，又各自体会出彼此的意，实焕显出了“体贴”的妙处。细究起来，这里的“体贴”，主要表现在两个方面。一是宝钗事后“教训”黛玉。正如黛玉所说，“细细算来，我母亲去世的早，又无姊妹兄弟，我长了今年十五岁，竟没有一个人象你前日的话教导我”。大家都知道黛玉的脾性，若宝钗心里不把黛玉当作自家姐妹看待，又有谁愿意自找没趣，到黛玉这讨这个“嫌”呢？湘云不会，她早与黛玉隔着一层；探春不会，她更多关注着家族、事业；熙凤不会，她主要依从着贾母的态度、意愿。真心关注他人的好坏、死活，那不是如亲情一般的真情，又是什么呢？一是宝钗为黛玉论病。宝钗见黛玉不见好转反而越发转重，说道："昨儿我看你那药方上，人参肉桂觉得太多了。虽说益气补神，也不宜太热。依我说，先以平肝养胃为要。肝火一平，不能克土，胃气无病，饮食就可以养人了。每日早起，拿上等燕窝一两，冰糖五钱，用银铫子熬出粥来，若吃惯了，比药还强，最是滋阴补气的。"这些都是家常话，却处处体现出宝钗对黛玉的关心。一则宝钗"昨儿"看到的药方，可知宝钗真正是一个有心人，又是一个知书达礼之人，今天说人参、肉桂多了，其实昨天见到了心里已觉出，只不过觉着是自己的判断，未必正确，所以只放在了心里。可正是这"放在了心里"，才见出她不自觉地关心着黛玉的病。今日见黛玉吃这药方仍不见好，才说出这个药方的不妥，使得黛玉也好接受。而其后的一段药理分析，又"每日早起"、"要吃惯了，比药还强"，不仅说得情景入画，细致入微，而且无论事理、药理都恰如其分。可见，宝钗此处对黛玉的关心，是到了"实处"。简单来说，所谓"体贴"，就是要根本从他人的立场来考虑和处理诸事，并能让对方获得称心如意的关心、照顾。而从这段故事的叙述，我们还应体会到，"体贴"还有一个必备的要素，那便是"自然"。如果宝钗的关心、照顾，让黛玉觉着是"有意为之"，那么，这个"有意"就会耐人寻味了。正所谓自然，所以无意；因其无意，才见着"真心"。

而宝钗、黛玉之间的体贴，与宝玉、黛玉之间比较起来，就是"小巫见大巫"了。秋雨绵绵，又至黄昏，"且阴的沉重"，宝钗觉着不便而不来，宝玉则"头上带着大箬笠，身上披着蓑衣"来了。一进来，别话不提，他就直问："今儿好些？吃了药没有？今儿一日吃了多少饭？"又脱去雨具，"忙一手举起灯来，一手遮住灯光，向黛玉脸上照了一照，觑着眼细瞧了一瞧，笑道：'今儿气色好了些。'"这段叙述，入画自然，又节奏紧凑，一则显出宝玉的心急，说明他虽不时时在黛玉身边，但心里时时都惦记着她；二则显出宝玉的用心细致，说明他时时处处都为黛玉想着，不仅懂得种种事理，而且清楚地知晓黛玉的外在状况、内在性情。先问“好了”没，是黛玉的整体状况，再问“吃药”没，是黛玉当下紧要之事，最后问“吃多少饭”，是黛玉状况好坏、药效有无的标志。三问紧密相连，一问紧似一问，一问切近一问。随后不得闲处，卸下雨具，就举灯照看黛玉，又怕耀着黛玉故用手遮着，还要细瞧，最后做一宽心语——好了些。这一连串的动作，只在二人相濡以沫、休戚以共的情意世界里才能见到。换句话说，宝玉的问和为，全然活现出一句话，那就是“我的心里只有你”！而黛玉在宝玉要走时的一系列言语，则又全然“回复”了宝玉的这份心、情。书中写道：

> 说着，披蓑戴笠出去了，又翻身进来问道：“你想什么吃？告诉我，我明儿一早回老太太，岂不比老婆子们说的明白？”黛玉笑道：“等我夜里想着了，明日早起告诉你。你听雨越发紧了，快去罢。可有人跟着没有？”有两个婆子答应：“有人外面拿着伞，点着灯笼呢。”黛玉笑道：“这个天点灯笼？”宝玉道：“不相干，是明瓦的，不怕雨。”黛玉听说，回手向书架上把个玻璃绣球灯拿了下来，命点一支小蜡来，递与宝玉道：“这个又比那个亮，正是雨里点的。”宝玉道：“我也有这么一个，怕他们失脚滑倒了打破了，所以没点来。”黛玉道：“跌了灯值钱，跌了人值钱？你又穿不惯木屐子。那灯笼命他们前头照着，这个又轻巧又亮，原是雨里自己拿着的。你自己手里拿着这个，岂不好？明儿再送来。就失了手也有限的，怎么忽然又变出这‘剖腹藏珠’的脾气来！”

黛玉看天色晚了，又下着雨，所以催促着宝玉回去。宝玉还未出门，就又回转来问明儿想吃什么，要亲自给老太太说。这样的描写正好应和了前文黛玉给宝钗说到的“事多讨人嫌”。黛玉知道宝玉此心，不去回绝，也不再说那些正理的话，只说“等我夜里想着了，明日早起告诉你”，明显是为了应和宝玉的关心，免去宝玉的挂念。接着黛玉便催促着“快去”，又随口问道：“有人跟着没有？”宝玉住处与黛玉住处紧挨着，不多几步路就转到了，只因天黑雨湿路滑，故有此问，而听说“点着灯笼”，遂立马想着自己的玻璃绣球灯来，硬要让宝玉带着，并说“跌了灯值钱，跌了人值钱？你又穿不惯木屐子”，将自己仅有的东西只拿给他用，并只在乎对方的安危和生命，并下意识地忽略掉了自己，同时，对对方性情、脾性的了解，又只在细小的穿戴中体现出来。这些言行举止，如歌所唱，“你是风儿我是沙，缠缠绵绵到天涯”（电视剧《还珠格格2》片尾曲），即所谓“一唱一和”。也只有双方互相知心、顺意、应从，才可能做到这样毫无挂碍、毫无牵绊的唱和。而正是这种“无意识”、密合无间的“唱和”，又将我们所说的“体贴”提升了一个层级。所谓“体贴”，还需有相互的会意，且在这相互的会意中实现毫无挂碍的言行唱和。

宝玉锻炼出“意淫”或是作者体会出“意淫”，正是在情的基础上进一步生出的“意”的契合。而此意，已然脱开了视听感官等的“色”取向，超出了性欲等交合的快感和愉悦，完全建立在互相知己、互相体贴、互相珍重等的言行举止的应和和交流中。因为我真正、深深地懂你，所以我要付出我的一切关怀你，帮衬你，应和你，跟随你；因为你和我始终在共同的世界、彼此的心灵里过活、生息，所以我对你的爱、情便映照出你对我的爱、情，你、我彼此的心都映照着对方彼此的心。这不仅是心心相印，而且是心心互融，情情相生而永继兴发了。

三、贾宝玉的“情不情”

因情，不能是单相思，而情之发生，又非只定为一个对象，故有了独情与泛情之别。李希凡在论述到贾宝玉的“情不情”时说：“作为‘千古情痴’的贾宝玉，在他生活中对大多数少女的‘用情’，被叫做‘意淫’（‘淫’字此处应作过分解）也好，叫做‘情不情’也好，却显然都是超越了儿女私情的界限，表现了尊重、体贴、关爱、平等相待的心的感情境界。”[1] 楼霏则

[1] 李希凡：《说“情”——浅析贾宝玉的“情不情”与明清启蒙思潮》，出自王翠艳选编《名家图说贾宝玉》，北京：文化艺术出版社，2007年，第189-205页。

专就脂批中“凡世间之无知无识，彼具有一痴情去体贴”之意，对“情不情”广加阐释。大体来说，贾宝玉的“情不情”确有“泛爱众”的嫌疑和趋向。正如李希凡所说，“凡此种种，有相识的，有不相识的，有领情的，有不领情的，贾宝玉都‘倾情尽心’，体贴她们，尊重她们，爱护她们，处处为她们着想”，甚至对那些花花草草、虫鱼鸟虾，都产生出了莫大的情思。[1]可是，贾宝玉还是在薛宝钗和林黛玉之间做出了明确的选择，以致在袭人和晴雯之间也做出了明确的区分。可见，我们对“情不情”，或者说是贾宝玉的用情，还必须从两方面来看，一则“不情”指不忠于一情，即贾宝玉的情感附着在众女子身上，甚至一切有生灵者上；二则“不情”指不是情或没有情，即贾宝玉的情感从最根本上说是无情。可无论怎么说，我们必须从贾宝玉的“情”延展出他的“不情”。

贾宝玉能体贴出林黛玉的情意，自可体贴出薛宝钗、史湘云等众女子的心意，可处处体贴，自会变成“顾此失彼”的“无事忙”，如《红楼梦》第二十二回写到戏子像林黛玉一段所示。凤姐惹出这个话题，或是一时兴起，宝钗心里明白而不语，是审时度势的“城府”。宝玉明白也不说，是纯为黛玉着想，体贴，怕黛玉难堪。湘云心直口快，径直说出，就是忘记了这份体贴，从宝钗等的角度说，是小孩子缺乏“城府”。宝玉此时给湘云使眼色，纯是为湘云好，体贴湘云。可在湘云看来，自己的这一快嘴全是天真无邪，没有他心，却遭到宝玉的“阻止”，心里自是不快，甚至有些委屈。于是，宝玉的体贴只转变成对湘云的埋怨：一是埋怨湘云为什么没这份体贴，二是埋怨湘云为什么没这份“城府”。到了黛玉那里，黛玉也不领他的情，黛玉指出，一是“我原是给你们取笑儿的，——拿我比戏子”，二是“这安的是什么心？莫不是他和我玩，他就自轻自贱了？……只是那一个不领你的情，一般也恼了”。对于第一点，宝玉只说“我并没有比你，并没有笑”，黛玉反说

[1] 李希凡:《说“情”——浅析贾宝玉的“情不情”与明清启蒙思潮》；孙逊:《“情情”与“情不情”:〈红楼梦〉伦理文明和生态文明的现代阐释》,《红楼梦学刊》2014 年第 3 辑。

“你不比不笑，比人比了笑了的还利害”，何也？黛玉此时已是父母双亡，成为一个完全寄养在贾府的孤儿，虽仍旧有贵族小姐的名分，可实质的内容也仅剩下一个“外孙女”的名号了。换句话说，黛玉此时的身份、地位都岌岌可危，这也自然成为黛玉最为伤心、最为脆弱的一处。可偏在此时，大家拿她与戏子类比，可不就把她的身份、地位以及现世的处境“一股脑儿”全部托出来了吗？戏子的身份、地位，就如赵姨娘骂芳官所言，“小娼妇养的！你是我们家银子钱买了来学戏的，不过娼妇粉头之流，我家里下三等奴才也比你高贵些”（第六十回）[1]，可以说是在贾府中最轻贱的人了。虽说是一种玩笑话，可对黛玉来说，这种类比不说是侮辱，但至少是一种嘲弄吧！而这种嘲弄却又有太多的相似处，又不得不让人坐实了这种看法。此番延伸的想象，是湘云不及考虑的，甚至对宝玉来说，似乎也过于曲折，但对于凤姐、王夫人、宝钗等就不可作简单的想象了。而宝玉说没比、没笑，黛玉说比说和笑还利害，原因就在宝玉不比、不笑，便可让黛玉认为，他也已经认识到这个类比的严重性，甚至就如凤姐、宝钗那样坐实了类比。后宝玉“无可分辨”，或是不知，或是默认，黛玉却于此不去深究，这也可体现出黛玉对人“恕”的一面，或大体来说，黛玉也深知宝玉没那么深的想法，所以说“这还可恕”。对于第二点，我们自可顺承着第一点解释而来，宝玉更是无言以对了。

宝玉一片好心，或说是“体贴”心、“意淫”心，可最终的结果往往如他自己所悟——“巧者劳而智者忧”、“山木自寇，源泉自盗”，也就是鲁迅评论宝玉的那段话，“昵而敬之，恐拂其意，爱博而心劳，而忧患亦日甚

---

[1] 此段文，《红楼梦》各主要版本差异较明显，故需略作一辩证。这段引文，甲戌本、乙卯本、舒序本缺回，庚辰本抄作：“小淫妇，你是我银子钱买来学戏的。”戚序本、列藏本、甲辰本同此。唯蒙府本抄作：“小娼妇养的！你是我们家银子钱买了来学戏的。”而梦稿本正文抄写如庚辰本，又在原文行旁作了明显的修改，划去“淫”，旁加“娼”，又在“妇”旁加“养的”，在“我”旁加“们家”，这样改过后，正同蒙府本。从叙述的前后逻辑看，“小娼妇养的”好于“小淫妇”，因为芳官还是一个十几岁的小姑娘，说“妇”不准确；同时，戏子的地位、身份如娼妓，与“淫妇”所指还是有很大区别。而且，赵姨娘再恶毒没脑子，也不至于愚蠢到这份上，若说“淫”，自有淫的对象，芳官此时与男性有接触的，近者来说，是宝玉，再者就是贾环了，不管谁，也骂不着的。其后，“我银子钱”和“我们家银子钱”，不用说也明白谁更正确了。梦稿本所示，基本可以体现出各版本的大致关系和优劣程度。

矣"[1]。他体贴了黛玉，又体贴了湘云，可不想对这二者的体贴，本身就有矛盾。若纯粹体贴湘云，则一定要对她"瞅了一眼"；若纯粹体贴黛玉，则一定要假装无事，顺意过去，其中的矛盾不言而喻。被体贴的双方都不领情，"有情"就变成了"无情"。这层意涵，正如宝玉那个偈所示，"你证我证，心证意证。是无有证，斯可云证。无可云证，是立足境"。我们将"证"换为"情"，此偈便是"情不情"意涵的最好注脚了：

你情我情，心情意情。是无有情，斯可云情。无可云情，是立足境。

其后黛玉还为此偈添了一笔，为"无立足境，是方干净"，意思是说，既然他无法对付，不如遁入空门，一走了之，所谓"真情要到无情止"。

可无情，方又要回到有情，所谓"色不异空，空不异色，色即是空，空即是色"(《心经》)。真正的佛家不是一个"空"的世界，真正的道家也不是一个"无"的世界。正如贾宝玉自悟所言，"是无有情，斯可云情"。若将情、爱固定在一个对象上，那只能是私情；但是，若情、爱不固定在对象上，又何来有情?

四、贾宝玉的"变"和"不变"

具体来看，贾宝玉用情，也不是不分对象的。其一，他对女子用情，对妇女就要大打折扣了；其二，他对女性化的男子用情，对普遍的男性不仅不用情，反而要生出厌恶了。其中的原因，他也说得极为清楚。在他看来，"女儿是水作的骨肉，男人是泥作的骨肉。我见了女儿，便清爽；见了男子，便觉浊臭逼人"(第一回)。女儿是水，因水清澈灵动，故见之让人清爽；男儿是泥，因泥之污浊混沌，故见之觉得浊臭。贾宝玉的影子——甄宝玉对此则道得更为明确，言："这女儿两个字，极尊贵、极清净的，比那阿弥托佛、原始天尊的这两个宝号还更尊荣无对的呢！"之所以要推崇女儿，原因即是女儿比男性更"尊贵"，更"清净"。可女儿也会随着时间的变化而变化。贾

[1] 鲁迅:《中国小说史略》，译林出版社，2014 年，第 196 页。

宝玉说，女孩儿未出嫁，是颗无价宝珠；出了嫁，不知怎么就变出许多不好的毛病来，虽是颗珠子，却没有光彩宝色，是颗死珠了；再老了，更变的不是珠子，竟是鱼眼睛了。（第五十九回）宝珠到死珠，再到鱼眼睛，一个比一个没了精神和灵性，也一个比一个没了尊贵和清净。而这根本的原因，如他所言，便是沾染了男人的习性。贾宝玉道："奇怪，奇怪，怎么这些人只一嫁了汉子，染了男人的气味，就这样混帐起来，比男人更可杀了！"（第七十七回）由此可见，贾宝玉热爱、体贴的，从性别上来讲，是偏向于女性，从性别的内涵特点来说，是偏向于清净和灵秀。他有时也自发感慨，为什么"凡山川日月之精秀，只钟于女儿，须眉男子不过是些渣滓浊沫而已"呢？现在看来，这不外乎两点原因。一是女儿不"淫邀艳约"，尽行"皮肤滥淫"之事。整部《红楼梦》写下几百女子，除去与贾琏厮混、强上宝玉的"多姑娘"外，似乎见不到一位女子主动求欢的。二是女儿不走仕途经济，不会成为"国蠹"、"禄虫"。宝钗、湘云劝他走这条路，便被骂"混账话"，而黛玉不说，便比宝钗、湘云"尊贵"、可亲了。可见，贾宝玉真正推崇的，就是每个人身上保有的那份清净和灵秀，而他所反对的，就是因人事的欲、利而玷污、掩盖和扭曲了这份清净、灵秀。[1]他的"多情"，就是对所有具有清净、灵秀的人和事物都有喜爱，都付与体贴；他的"无情"，就是这种喜爱、体贴，并不固定在一个对象上，可对每一个对象的喜爱、体贴，都是真，都是纯。他的"多情"在此，他的"无情"亦在此。

可是，一不让女子走仕途经济，为官为士，二不让女子涉淫粘欲，成婚

---

[1] 若我们从"双性同体"或"阿尼玛"、"阿尼玛斯"等心理学来解释贾宝玉及《红楼梦》的两性思想，显然是偏颇的，自会掩盖作者的真实意图。我们能否说，这些清净、灵秀特性仅是女性特有的性质，更进一步说是中国文化偏阴柔文化所致？现在看来，这种说法，大有商榷的必要。孔子说《诗经》，一言以蔽之，曰"思无邪"，老庄倡导返璞归真，佛家讲"戒定慧"，哪个文化、思想不倡导真、纯、清、灵、慧呢？正如贾宝玉所认知的那样，这些是每个人本有的性质，不分性别彼此，只不过在社会发展的过程中，男子更早失去了，且更难恢复，而女子或等到成人了，结婚生子了，才表现出更多"失去"的痕迹。而男性更早失去、更难恢复的缘由，若从"双性同体"角度说，则是无解，因是必然，而从社会、文化的角度说，则是男性越发没有了"担当"，从而越发阴柔、鬼魅、污浊、淫秽了。后文对此会有一些论述。

教子，难道让所有的女子都成为不吃不喝的“神仙妹妹”吗？随着年龄的增长，他越发意识到这种思想的虚幻性。

首先，儿时“清平和乐”的世界逐渐破灭。小孩子的世界，多是天真无邪、清净欢乐的，同时又是天然一体的，彼此不分的，也因为“不分”，又全是“自己”或属于“自己的”。贾宝玉说：“趁你们在，我就死了，再能够你们哭我的眼泪，流成大河，把我的尸首漂起来，送到那鸦雀不到的幽僻之处，随风化了，自此再不要托生为人，就是我死的得时了。”（第三十六回）这虽是谈论死，可连死都想众人为了他，围着他，足见他的“一体”和“独占”了。可龄官“忙抬身起来躲避”、紫鹃的厉声斥言、金钏晴雯被逐，都不得不让他意识到“成人后的生分”。他见龄官与贾蔷恩爱，回到房中和袭人长叹道：

> 我昨晚上的话竟说错了，怪道老爷说我是“管窥蠡测”。昨夜说你们的眼泪单葬我，这就错了。我竟不能全得了。从此后只是各人各得眼泪罢了。（第三十六回）

如此，才见到宝玉对人事、人生看法的增长。贾宝玉一不能包裹着所有的女子一生一世，二不能保护着所有的女子清平、快乐。女子必然会与男子发生分别，出现间隔，女子也必然要与一个男子接染，结婚生子。正如他在得知邢岫烟订婚后观杏时的感慨一样，“男女大事不可不行”，“不过两年，便也要‘绿叶成阴子满枝’了。再过几日，这杏树子落枝空，再几年，岫烟也未免乌发如银，红颜似槁了”（第五十八回）。成年后的成婚、年老、色衰乃至死亡，都是人及任何一个生物必不可免的发展规律。世事和人生的变化，无可挽回，也难以阻止。他感叹女儿身世的败落，又或是在感叹、惋惜自我儿时“合一太平”盛世的结束、破灭。

其次，欲、利对人生、人心的侵入。晴雯被逐，不能有丝毫的留恋；夏金桂生事，连“呆霸王”也无计可施。一个是清净女子的退场，一个是奸、妒、狠、泼的妇人的登场，宝玉虽一个唱出了华彩丽藻的《芙蓉女儿诔》，一个胡诌出了连王一贴这样的江湖骗子都没听过的“妒病贴”，但主要的功夫还是花在了逐渐增多的贾政提命上。应该说，贾宝玉也在逐渐调整着自己的行为和心理。周汝昌对贾宝玉的“女子三变论”评论道：“写女儿天真烂漫年华正好之时，也难尽免一个妒字。及至其嫁了男人，女儿之美日益衰减，世俗鄙陋之气日增，最终成为婆子，则不知情，不论义，一心只看在一个钱字上。雪芹写这等年老女人为了钱财，亲女义女一概不认，丑态毕露。”[1] 在成人的世界里面，不仅女性和男性自然有了间隔，更为关键的是，两性之间欲、利的关系越发突出，尤其表现在欲、利对女性的侵蚀和改变上。王熙凤的女儿般的才德、聪慧，大体还是可以得到贾宝玉的称赞的，但王熙凤的弄权使钱，逼死尤二姐等，又对成人化女性的欲利熏心做了尖锐的讽刺和揭露。而逐渐老化的赵姨娘、转为妇人的夏金桂，则完全活化出了“死珠”、“鱼眼睛”的真实状态。

由此可见，“女清”向“男浊”的转变，清净、灵秀的消逝，是人生发展的自然结果，是不可避免的客观规律。人生无欲，不生；人生无利，不活。我们对此，似乎只有慨叹、惋惜、忧愁，以及无奈了。我们无法改变生命老去的事实，也无法改变女子结婚生子的过程，更无法祛除人世间欲、利的主导，那么，我们是否也无力阻止清净、灵秀的消逝呢？或者说，清净、灵秀一定与时间、欲利产生冲突或具有不可调和的矛盾呢？

五、贾宝玉的“痴”

《红楼梦》第七十八回写道：“近日贾政年迈，名利大灰，然起初天性也是个诗酒放诞之人，因在子侄辈中少不得规以正路。近见宝玉虽不读书，竟颇能解此，细评起来，也还不算十分玷辱了祖宗。”在欲、利不再成为人生的唯一目标时，每个人还是更愿意保持住那份清净和灵秀，贾宝玉如此，贾政亦如此。或许，我们的问题应该是，如何在人生之欲、利的统贯下仍旧保持乃至发展、巩固这份清净、灵秀、真诚之心？

---

[1] 周汝昌点校、曹雪芹著：《周汝昌校订批点本石头记》（上），译林出版社，2011 年，第 707 页。

前文已说，贾宝玉本是无材补天，才混入尘世，落入了诸种情缘。谈情，必与欲相连，多数人都导向那“皮肤滥淫”之谷，唯宝玉能在其中开出一个新的做法，所谓“意淫”者。可意淫，只是作想，一味地去体贴众人、诸物，却不免又陷入了“情不情”的困境，所谓“多情却被无情恼”（苏轼《蝶恋花·花褪残红青杏小》）。又无论是有情还是无情，情的宗旨没有变，那便是一心向着真诚、清净和灵秀。但是，这样的梦想人皆有之，为什么会一而再，再而三地变化呢？根本的缘由，便是情脱开了情欲的沾染，却无法逃脱现世生活中的欲、利牵引。难道我们永远只能生活在成人护佑下的“孩童式的大观园”里吗？那样做，仅是一种逃避，而非承担。这便是很多学者诟病贾宝玉在金钏被逐、司琪被逐、晴雯被逐以及黛玉被弃等诸多与己戚戚相关的人事时做法的主要缘由。我们来看晴雯被逐时书中对宝玉的描写。宝玉“虽心下恨不能一死，但王夫人盛怒之际，自不敢多言一句，多动一步，一直跟送王夫人到沁芳亭”。而后虽气愤“谁这样犯舌”，并猜想到应是袭人等所为，可检讨到袭人时，却被袭人的一番狠言唬住，而袭人的这番言语更是直接对晴雯的辱蔑、对自己的高扬。袭人道：“那晴雯是个什么东西，就费这样心思，比出这些正紧人来。还有一说，他纵好，也灭不过我的次序去。便是这海棠，也该先来比我，也还轮不到他。”而宝玉听令着，却“忙握他的嘴，劝道：‘这是何苦！一个未清，你又这样起来。罢了，再别提这事，别弄的去了三个，又饶上一个。’”袭人听说，心下暗喜道：“若不如此，你也不能了局。”宝玉乃道：“从此休提起，全当他们三个死了，也不过如此。况且死了的也曾有过，也没见我怎样，此一理也。”（第七十七回）宝玉在大事上唯唯诺诺，又在情理上毫无自己的原则、立场，被亲近、有实际权威的人一唬一吓，一蒙一骗，就软下来了，就完全忘记了与不在场、失权势的人、事的所有情义和恩德，而“全当他们三个死了，也不过如此。况且死了的也曾有了，也没见我怎样”，就更显出了宝玉的“自私”、“无情”、“阴毒”和“纨绔气息”。除了人在时的情分外，宝玉对那些无论尊卑的女子乃至男子（如出卖蒋玉菡）的人身、生命，根本缺乏真正的尊敬、体贴、爱护。失去了这坚实的根基，所谓的“体贴”、“任情”以及对禄虫、国蠹的愤怒、谩骂，甚至“毁道灭佛”，都仅成为一时的泄愤“玩笑话”，如何能当真？

或许这一点，林黛玉早已看了出来。当宝玉写下那个情证悟偈后，黛玉和着宝钗、湘云一起到宝玉屋，黛玉先问宝玉：“至贵者宝，至坚者玉。尔有何贵？尔有何坚？”宝玉不能答。不仅宝玉不能答，或许脂砚、畸笏都不能答。脂批只说：“拍案叫绝。大都尚未答此机锋，想亦不能答也。非颦儿第二人无此灵心慧性也。”黛玉的两问，直指“宝玉”，而“宝玉”不仅对应着宝玉的“名”，更可视为对应着《红楼梦》的核心——五色石。贵者宝，坚者玉，可幻化为贾宝玉的“宝玉”，何贵之有，又何坚之有呢？贵者，尊贵也，是为天地灵气所蕴，自要顶天立地，可现今宝玉者何德何能？坚者，坚贞不二,万箭不催，可现今宝玉者何守何操？此问自是对宝玉当头棒喝，也是对宝黛爱情的一剂醒心。宝玉既不能为黛玉撑起一片天，更不能为众女子创造一个安乐之所；宝玉既不能为黛玉之情矢志不渝，也不能偿还了众女子付他之情。宝玉不能答，确是没有能力报答众人对他的恩情和付出。

可巧此时《红楼梦》转出一个林四娘故事。一般认为，“《姽婳词》这段情节，在小说描述晴雯之死的过程中是强行插入的，给人以一种仿佛是游离的，节外生枝的感觉”[1]，又认为将诗安排在《芙蓉诔》之前，是对《芙蓉诔》的铺垫、导引[2]。可不想，这个故事的安排，却是要对贾宝玉的“情”做一个新的导引，指出一个新的方向。

当日有一恒王，出镇青州，最喜女色，可“恒王好武兼好色，遂教美女习骑射”。恒王是男，美女是女；恒王好武，尚男性，美女“秾歌燕舞”，尚女性；恒王又好色，趋女性；美女习骑射，趋男性。按前述学者所论，恒王和美女都趋向于“双性同体”，所以特标出一个“兼”字。林四娘者，“姿色既冠，且武艺更精”，不仅统辖诸姬，还呼为“姽婳将军”，更是完美一“兼”，足称“千

[1] 蔡义江：《红楼梦诗词曲赋评注》修订本，团结出版社，1991 年，第 332、333 页。

[2] 可参看张云：《〈芙蓉女儿诔〉的文章学解读》，《红楼梦学刊》2008 年第 1 辑。

古第一风流人物”。此时黄巾、赤眉一干流贼余党抢掠民众，恒王轻剿，被众贼所戮。这些表现出男子世界中为了欲、利互相征伐斗争现象，各物也便有了一个自然消长的过程。若依一般人理解的道释思想来看，人自要随顺自然，有情无情，有证无证。可偏在此时，林四娘等一介女辈，大难之时，未见退缩，为报恒王往日恩情，同为义起，勇赴敌营，杀戮残贼，虽终因寡不敌众，惨遭屠戮。无论恒王还是林四娘等，在危难之时，均没有退缩，而是勇于担当，故志义可嘉，为人称颂。而正是在这种担当中，我们才真正看到，一则恒王身为王而不失身份，爱色而真有“体贴”，教女儿习武非是纯粹为了自我的娱乐，非视对方身份、地位和性情为“玩物”；二则林四娘等尊享富贵而非纨绔气息，熔炼姿色、武艺而非献媚淫逸，为情、为义献身赴死，全不失真诚、清净、灵秀。如此，人们才真可感到，这仙姿、灵窍不应是“皮肤滥淫”的“玩物”，又从心里自然生出敬佩、尊重乃至敬畏之情。进而，消受一切之尊荣富贵，皆是万民应有之义务，纯为护佐天下及平和兴荣。简单来说，无论我们身为何人、消受何物，又与何人、何物情爱缠绵，除去应有的体贴外，更重要的是有一份担当，愿为对方付出自己的生命及一切。如此，不仅见出性情中保有的真诚、清净、灵秀，而且能护佑、发展这份真意。

由此可见，人生之欲、利是生之根本，不可费，也无需费；而人性之清净、灵秀及体贴，是人之区别动植物特有之禀赋，不应灭，也不能灭。但生，并不是人性之根本，亦非人生之主要核心。无论男性，还是女性，至或是双性同体，人性之根本乃至目标非是要保存一己之私利、私欲的满足，甚至一己之泛爱、体贴、意淫的施展，而是要为不变的“体贴”、泛爱去献身，为保持着清净、灵秀而忠贞不渝，视死如归！如此来说，人生之欲、利才得其归所，人性之清净、灵秀及体贴，才得其正位。

六、贾宝玉的诗艺化想象

王国维在《〈红楼梦〉评论》中说：“故美术之为物，欲者不观，观者不欲；而艺术之美所以优于自然之美者，全存于使人易忘物我之关系也。”[1]其后他从“玉”——欲的角度特别谈论了《红楼梦》的艺术价值。其言：“夫以人生忧患之如彼，而劳苦之如此，苟有血气者，未有不渴慕救济者也，不求之于实行，犹将求之于美术。独《红楼梦》者，同时与吾人以二者之救济。”[2]朱光潜在《谈美》第十五章“慢慢走，欣赏啊”中说：“严格地说，离开人生便无所谓艺术，因为艺术是情趣的表现，而情趣的根源就在人生；反之，离开艺术也便无所谓人生，因为凡是创造和欣赏都是艺术的活动，无创造、无欣赏的人生是一个自相矛盾的名词。”[3]他提倡人生的艺术化，也是要让充满欲望、利益的人生自由，快乐，有趣味。而宗白华更追求意境，“化实景而为虚境，创形象以为象征，使人类最高的心灵具体化、肉身化”，又使“主观的生命情调与客观的自然景象交融互渗，成就一个鸢飞鱼跃，活泼玲珑，渊然而深的灵境”。[4]也就在这种时代风潮的感召下，蔡元培提出了“美育代宗教”的口号。

我们且不说美能否取代或替代宗教，仅就美与人生的结合来说，谈美之人无不崇尚于将“美”融化到生活中，又将从生活中熔炼出“美”，即所谓“艺术的人生化”和“人生的艺术化”。贾政、宝玉等众人对林四娘等诸事迹，都说“实在可羡可奇！实是个妙题，原该大家挽一挽才是”，确实要将这生活“艺术化”，“所以都要作一首姽婳词，以志其忠义”（第七十八回）。生活是林四娘等事迹，而事迹中已包含着人情和事义，且从事迹的发展和存在看，又多为众人所梦想、期许，在自我现实中不能、不可及无遇，故从事迹本身来说，所谓“艺术化”，非是要再创造一个艺术的事象和世界，而仅是将现实世相中所隐含、蕴育的情义、精神乃至志向焕显出来。如此做来，是“如实”，也是“自然”。我们且看贾宝玉对其的“艺术化”。

众人道：“二爷细心镂刻，定又是风流悲感，不同此等的了。”宝玉笑道：

---

[1] 王国维：《〈红楼梦〉评论》，出自《三大师谈〈红楼梦〉》，上海三联书店，2007年，第8页。

[2] 同上，第39页。

[3] 朱光潜：《谈美》，生活·读书·新知三联书店，2014年，第243页。

[4] 宗白华：《艺境》，北京大学出版社，1987年版，第151页。

“这个题目似不称近体，须得古体，或歌或行，长篇一首，方能恳切。”如众客所言，“每一题到手，必先度其体格宜与不宜”，就如量体裁衣，每一个内容都自有一个合适称体的形式来配，也合了“体用不二”之说。“这题目名曰《姽婳词》，且既有了序，此必是长篇歌行，方合体式。……或拟咏古词，半叙半咏，流利飘逸，始能尽妙。”张新之说：“诗意自明，可称合作，其粗处皆其细处，不劳改削。而凡诸人问答，都是此书筋节，作者自道一切惨淡经营处也，不比他处形容幕客口吻神情，幸勿忽视。”[1] 此言甚是。

依众清客和贾政所言，此篇共分四部分，第一部分从“恒王好武”到“污鲛绡”止，共六句，主要叙写了恒王和众女各自身份、作为、处境，主要人物交代比较完整。其中“口舌香”、“娇难举”、“芙蓉绦”“心力怯”、“脂痕粉渍”突出表现了女子习武的娇柔和妩媚，体现出女性在从事男儿之事的特殊性。第二部分从“明年流寇”到“鬼守尸”止，共五句，着重写恒王剿寇及将士战死情状，有叙有咏。“腥风吹折陇头麦，日照旌旗虎帐空”，用隐喻、象征、夸张等修辞手法，突出表现了战争的惨烈；“青山寂寂水澌澌，正是恒王战死时”，用“兴”的手法将恒王及众将士战死沙场的哀伤烘托出来；“雨淋白骨血染草，月冷黄沙鬼守尸”，用状景写境之法叙写死难将士的尸首和魂魄，渲染出众人对他们的哀悼之情。第三部分从“纷纷将士”到“骨髓香”止，共八句，主要叙写林四娘等女儿愤起宫闱、冲杀战场的整个过程，叙议结合。此段为中心，主要为林四娘等壮行，故整段行文气魄豪骏，句式参差错落，人物、事件、情理、意义穿插有序，一体圆融。男儿将士死，青州危在旦夕，其他男子只怯懦，此时不想闺阁中恒王平生得意女子，纷纷愤起，奔赴战场；可柔弱女子之身艺如何能敌得过刚性十足的铁甲钢刃，战死沙场是不可避免的事，故胜负本不是关键，一“忠义”、一“报”才是她们此举的核心意义。“绣鞍有泪春愁重，铁甲无声夜气凉”、“魂依城郭家乡近，马践胭脂骨髓香”，男儿战场残留的“绣”、“香”，便是她们渲染的“特殊风采”，此

[1] 刘继保、卜喜逢辑：《红楼梦：名家汇评本》（下），北京图书馆出版社，2008年，第604页。

时“愁”、“凉”、“依”、“践”，不仅有女儿对人间情义赋予的别样深重，而且有女儿对人间生死焕显的别样哀婉。生命的光彩，不是靠一旁的观看、欣赏、体贴就能实现的，而是要靠自我生命的投入、在实际而苦难的生活中锻造，才能呈露和铸就。第四部分从“星驰时报”到“尚徬徨”止，共四句，写出他人和“我”对恒王、林四娘等众女子事、情、义的反应，“伤悲”、“垂首”、“不及”、“叹息”、“徬徨”，面对此，还有什么能让那些男子和我们世人再生“逃意”、“悔意”、“伤意”以及“悟意”呢？一个简简单单的“彻悟”，一个“了却生死”、“看破红尘”，一个“树倒猢狲散”、“落了片大地白茫茫真干净”，就能将鲜活的生命、恩重的情义、誓死的忠孝等精神信念一笔勾销了吗？

由上可见，仅是一些文艺学家、美学家大倡的“美学”、“艺术”，还真未透彻人生的真谛！他们所倡的，也至多是一种“小资情调”，要求生活的美化，人生的艺术化，在自我的生活琐事、诸物和情意上赋予一层“优美”或“壮丽”的影子（光晕），[1] 来抚慰一下青春的凋零、生命的流逝和人身的死亡等的哀愁、苦痛、忧伤和无奈。我们回到生命的本身，来具体观看人生命的底色，见出生而必需的欲、利，更会见出人性的情义和悲悯。我们生活在此世，不仅要懂得付出，而且要勇于付出。玉要经过精心的雕琢才能成为精品，所谓“如切如磋，如琢如磨”（《诗经·国风·卫风》）；金要经过高火的淬炼才能得来纯正，所谓“凤凰涅槃，浴火重生”。贾宝玉至或《红楼梦》以恒王和林四娘故事来回应男女两性的生命价值和命运问题，而贾宝玉的《姽婳词》

[1] “光晕”这个概念，现在看来，应该有两个方面的阐释，一是王阳明所批判的“光景”，一是本雅明所怀念的“光晕（光韵）”。依蔡仁厚对其的理解，“光景”就是指人在静坐中出现的一个似是而非的幻影，这个幻影不易揭穿，常被人们认为是某种“神奇”的力量或意识所致。本雅明则认为，“光晕”是前机械复制时代艺术品独有的美学性质和价值，是“在一定距离之外但感觉上如此贴近之物的独一无二的显现”，而机械复制时代的来临，将艺术品的本真性、唯一性和距离感全然打破，“光晕”消失。两相比较，我们似乎可以找到二者的共通性，即人们于某个景象上建立起来的“美好的虚幻想象”。当你看到它时，你快乐、幸福、愉悦，当它消失后，你忧愁、痛苦、悲伤。可总结起来，这是否是一种“庸人自扰”呢？蔡仁厚：《王阳明哲学》，九州出版社，2013 年，第 88-89 页。（德）本雅明：《机械复制时代的艺术作品》，王才勇译，中国城市出版社，2002 年，第 12-14 页。

也正好为我们提供了一个“人生艺术化”的范本。生命的价值在于“行”，在于为人性禀赋的清净、灵秀、体贴付出，在于在欲、利牵引的生活中锻造出一份情义的深重和忠孝的执守。而“人生的艺术化”或“艺术的人生化”，非是要创造出一个迷幻、绮丽的虚妄世界，更非是描绘出一个个鲜艳夺目、秀色可餐的妙龄美人、美物，来逗引出“贪淫恋色、好货寻愁”的邪心、勾当，而是要在实际的生活中体会出那些人、情、事中蕴含的真正情义，体贴出那些人、情、事中切己的心思和想象，体悟到那些人、情、事上存有的天地灵秀和自然清净，同时也为自我和他人铸造出这些可味的人生、光辉的生命。

余语：贾宝玉的“幻灭”

晴雯，是贾宝玉房中一等一的丫鬟，服侍宝玉五六年，有“撕扇博一笑”的任性，也有“夜补孔雀裘”的痴心，有暴训红玉的奴性，也有清白无污的坚守。可待到临死，却是“已担了虚名”，被贾宝玉的母亲王夫人硬生生从病床上拉下来，又被几个婆子“架起来去了”。（第七十七回）书中又补叙道：“原来王夫人自那日着恼之后，王善保家的去趁势告倒了晴雯，本处有人和园中不睦的，也就随机趁便下了些话。”不管是王善保家的，还是王夫人，批评晴雯最核心的落脚点，还是“宝玉大了，已解人事，都由屋里的丫头们不长进，教习坏了”，即男女情事。王夫人对此最为悖心，道：“难道我通共一个宝玉，就白放心凭你们勾引坏了不成！”对于这些思虑，晴雯也是心知肚明，可晴雯对此自有道理，言道：“我虽生的比别人略好些，并没有私情蜜意勾引你怎样，如何一口死咬定了我是个狐狸精，我太不服。”其实宝玉对此也心里清楚，对着袭人说道：“只是晴雯也是和你一样，从小儿在老太太屋里过来的，虽生的比人强些，也没甚妨碍谁的去处。就只是他的性情爽利，口角锋芒些，究竟也不曾得罪你们。想是他过于生得好了，反被这好所误！”这即是说，无论晴雯还是宝玉，情意是有，但绝没有涉淫沾欲。强势邀欲的多姑娘，对此说得尤为明白，言：“就比如方才我们姑娘下来，我也料定你们素日偷鸡盗狗的。我进来一会在窗下细听，屋内只你二人，若有偷鸡盗狗的事，岂有不谈及于此，谁知你两个竟还是各不相扰。”

然而，不涉淫事，并不能成为辩驳“被逐”的有力理由。王善保家的等下人厌着晴雯，那是晴雯的性高，借着宝玉厌弃、压抑他们，自不在话下。其余人等，对晴雯就各怀鬼胎了。首推袭人。袭人已是王夫人线人，有被王夫人暗许为内房人，但从姿色、性情及与宝玉的关系看，都不及晴雯，所以晴雯是她的第一大威胁。当宝玉把晴雯比作芙蓉时，宝玉立马遭到袭人一番贬斥，把自己和晴雯的身份、地位的差异“亮”得一清二楚。这就是狐狸的尾巴，可不想宝玉不去深思，反而被袭人一个“死”字唬得服服帖帖。这也正是袭人高过晴雯的地方，晴雯是任性、任情，天真不可收拾；袭人则是巧用心思，后天补拙。其次是王夫人。王夫人一味善性、木讷，可大是大非上从不含糊。宝玉挨打时所言所行都恰到好处，点到为止，同时又入木三分；怒逐自己贴身丫鬟金钏，查检大观园，都是毫不含糊，当机立断，而且事理人情，样样条析清楚。宝玉是她这一生的“大防”，如何能在此事上含糊、马虎？晴雯和宝玉之间虽没有皮肤滥淫之事，可心性、精神乃至出挑的可人，又如何能与宝玉的“情”、“爱”撇清关系？对于王夫人来说，这颗肉钉必须拔除。再次是贾宝玉。宝玉年齿渐长，男女之事不仅早已历过，且对“好色即淫，知情更淫”更比他人通晓神理，乐享其趣。宝玉于晴雯身上不着“淫情”，又是何者呢？晴雯自言：“早知如此，我当日也另有个道理。”随后她将自己的指甲和兜衣解下送与宝玉，并说：“这个你收了，以后就如见我一般。快把你的袄儿脱下来我穿。我将来在棺材内独自躺着，也就像还在怡红院一样了。”如此作为，他们之间不是夫妻，也定是爱意深重的情侣了。宝玉只知顺情而下，一味体贴，晴雯也只是顺水推舟，任其发展。两人虽都是真性、真情，可成人的世界必须是男女有别，长幼有序，含糊起来不是淫情，就是乱伦。“情天情海幻情深，情既相逢必主淫！”我们只知道一味谈情，一味崇情，难道不知“小孩子”不分的情爱也需要“退步抽身早”吗？

晴雯冤死病亡，宝玉在众人的诱胁下，一方面“从此休提起，全当他们三个死了，也不过如此。况且死了的也曾有了，也没见我怎样”，走了个丫鬟，与己也无甚大关系，影响不了自己实质的生活，更遑论威胁到自己的前途、命运；另一方面甘愿听信无事丫头的“诳语”，还自我安慰说“听小婢之言，似涉无稽。据浊玉之思，则深为有据”，遂“大肆妄诞，竟杜撰成一篇长文，用晴雯素日所喜之冰鲛縠一幅，楷字写成，名曰《芙蓉女儿诔》，前序后歌”（第七十八回）。

作此诔文前，先有宝玉一大段的自斟自酌。知晴雯已死，且都化为灰了，自是悲悼，可想着晴雯已转作了芙蓉之神，“亦且去悲而生喜，乃指芙蓉笑道：‘此花也须得这样一个人去司管。我就料定他那样的人必有一番事业作的。’”“忽又想起死后并未到灵前一祭，如今何不在芙蓉前一祭，岂不尽了礼？”欲行礼，又觉必须“衣冠齐整，奠仪周备，方为诚敬”，并说“原不在物之贵贱，全在心之诚敬而已”，最后想出要一篇诔文挽词，“须另出己见，自放手眼，亦不可蹈袭前人的套头，略填几字搪塞耳目之文，亦必须洒泪泣血，一字一咽，一句一啼，宁使文不足悲有余，万不可尚文藻而反失悲戚”。在文辞上，他还要“远师楚人之《大言》……或杂参单句，或偶成短联，或用实典，或设譬喻，随意所之，信笔而去”。他费这些周折，无非想要做好三件事：第一，祭奠不仅要礼备，而且内心一定要诚敬，物之贵贱倒是其次；第二，悲戚之文要出自己心，发自真情，宁使文不足却要悲有余；第三，文辞要错落有致，新故迭出，涵义丰富且韵味无穷，最终还要“沛然如肺腑中流出，殊不见有斧凿痕”（元李公焕《笺注陶渊明集》卷五引李格非语）。如此一来，礼、情、文样样具备，就等宝玉的《芙蓉女儿诔》念出了。

《芙蓉女儿诔》前为序，后为歌，序如屈原之《离骚》，歌如屈原之《招魂》。《离骚》写屈原惨遭谗陷、曲志难申，抑郁而不知所终，《招魂》写召唤魂魄归来诸种盛事，贾宝玉以此为范来写晴雯，切合题旨。在序中，贾宝玉先交代了祭奠之由、时、物及“我”之宗旨，接着简单说明了他与晴雯的关系，“衾枕栉沐”、“栖息宴游”、“亲昵狎亵”，“相与共处者，仅五年八月有奇”。用上这几个词，我们很难想象二者的“清净”。晴雯从十一岁近身服侍宝玉，宝玉与之年龄相仿。女性十一岁已进入青春期，而宝玉在秦可卿处梦遗也证明已进入青春期，可以说两人都处在青少年性启蒙到性成熟的发展阶段，而如此的亲昵行为，如何能逃出“性”的激情和诱惑呢？其后，宝玉连用了四句排比，从“质”、“性”、“神”、“貌”四个方面对晴雯作出了全面评价。贵质、洁性、精神、色貌，从书中对晴雯的整个叙写来看，是比较准确地概括了她的特质。宝玉欲为女性立传，显然不是仅仅从性别角度来说，那么，这四个方面，便可看作是宝玉对女性最完整的界定，可作为女性人格塑造的一个“纲”了。可这样的女性，在现实的境遇如何呢？因其高标，被人妒恨（“高标见嫉”）；因其直烈，遭人陷害（“直烈遭危”）。而妒恨、陷害的人都来自哪里？“诼谣謑诟，出自屏帏；荆棘蓬榛，蔓延户牖”，便是与其日息相处的同类。我们太多关注男性与女性的“战争”，却忽略了女性与女性之间的“战争”，晴雯之死或许为我们提供了一个例证。

其后一连串的化用典故，多少证明宝玉对晴雯早已存有了一些“非常之想”。“镜分鸾影”、“梳化龙飞”、“楼空鳷鹊”、“带断鸳鸯”，四个典故分别化用《异苑》“鸾鸟记”、《晋书》“陶侃传”、《荆楚岁时记》“七夕”故事、唐人张佑诗句，其意直接指向了夫妻分离。[1]这些基本坐实了袭人、王夫人的想象。而宝玉在此似乎也已无所畏惧，直言：“钳诐奴之口，讨岂从宽？剖悍妇之心，忿犹未释！”对这些棒打鸳鸯之人，可谓恨之入骨，真欲除之而后快。可无奈的现实依旧是无奈，宝玉对此竟无丝毫还手之力，只好发出慨叹：“自为红绡帐里，公子情深；始信黄土陇中，女儿命薄！”男性在社会和家庭事务中失去了主权地位，对女性之间的“恶斗”也早已失去了控制能力。最终，无能的男性只能面对无常的时事说“女儿命薄”，或“我本无缘”了。

序文的最后，宝玉既不谈冤屈，也不谈情深，只说：“在君之尘缘虽浅，然玉之鄙意岂终？……始知上帝垂旌，花宫待诏，生侪兰蕙，死辖芙

[1] 详细注释，可参看蔡义江《红楼梦诗词曲赋鉴赏》之“芙蓉女儿诔（第七十八回）”，中华书局，2004 年，第 361-379 页。

蓉。……始信上帝委托权衡，可谓至洽至协，庶不负其所秉赋也。”如屈原一样，在现实困顿无法解决之时，人们便将希望寄托到了神身上。此时，无名丫头的话正好契合了心中所愿，宝玉遂大发奇想，不仅空对着芙蓉花祭奠，而且还煞有介事地摆着供品、挂下诔文，念念有词地祷告起来。试想，晴雯在天之灵，看此、听此，要做如何感想呢？

晴雯之死，是贾宝玉的“女儿”之死，是他的“梦”之死。林黛玉如鬼笑现，或是女子阴魂来与宝玉对话，让他彻底做完这个“梦”。那么，这个“续梦”是什么？一定是个关于“死亡”的梦。贾宝玉带着五色石，以幻化的笔法，写下这段凄迷惨乱的故事，最后以一篇可歌可泣的诔文结束对女子的刻画，或是对自我人生的一种合宜的告慰。

人间有情，可不得不涉淫；人间有义，可不得不涉争；人间有文，又不得不涉“幻”；人间有忠，只不得不涉亡。生无足可恋，死亦无足可惧，那飘飘忽忽地游荡在尘世之间，又将奈之若何呢？人生到头来都是一场游戏！你或担任主角，或担任配角，可每个角色都各有不可改变的命运，顺命也好，逆命也好，不都是最后“赤条条来去无牵挂”，“纵有千年铁门槛，终须一个土馒头”？此所谓“因空见色，由色生情，传情入色，自色悟空”！人生的美学，自要在现实和梦想中间，化出一些“五彩”的泡影，不知的人，欢喜地追逐它，知道的人，静静地观赏它。打破了，只供一时玩笑，也为生而具有的“天真”作一个人生的“戏法”。“假作真时真亦假，无为有处有还无！”庄子要看齐万物，同了生死，与胡蝶梦游，做一个永世的“逍遥”。《庄子·内篇·应帝王》言：

> 无为名尸，无为谋府，无为事任，无为知主。体尽无穷，而游无朕。尽其所受乎天而无见得，亦虚而已！至人之用心若镜，不将不逆，应而不藏，故能胜物而不伤。

雪芹阅之，喟然叹曰：“知我者唯夫其庄，灭我者唯夫其伤！郁郁乎乎，无与为长！”

编后记

“文化诗学”一直是北师大文艺学研究中心积极探索的文学研究方法。尽管究竟什么是“文化诗学”，迄今为止似乎依然是一个有待解决的问题，但我们认为，为之下定义或者建构一套关于“文化诗学”的理论体系固然重要，但更重要的应该是在实践中的积累与探索。唯有大量关于文学现象具体、细致而深入的研究才可以使“文化诗学”的“真面目”及其价值和意义显现出来。我们这一辑《文化与诗学》刊出的论文大多都是运用“文化诗学”方法研究文学现象的尝试。或者探讨现代文论观念的产生，或者剖析文学思想史上的重要问题与范畴，或者阐述中西文学观念交汇处产生的新问题以及文本细读等等，无不试图从特定文化语境立论，探究其中隐含的文化逻辑，都是“文化诗学”这一研究方法的实践。古人尝云“非知之难，行之惟艰”，真正使“文化诗学”研究方法获得普遍意义，从理论规划变为研究实践，并且取得实实在在的成果，无疑还有很长的路要走。

编者

2016年9月18日